U0821770

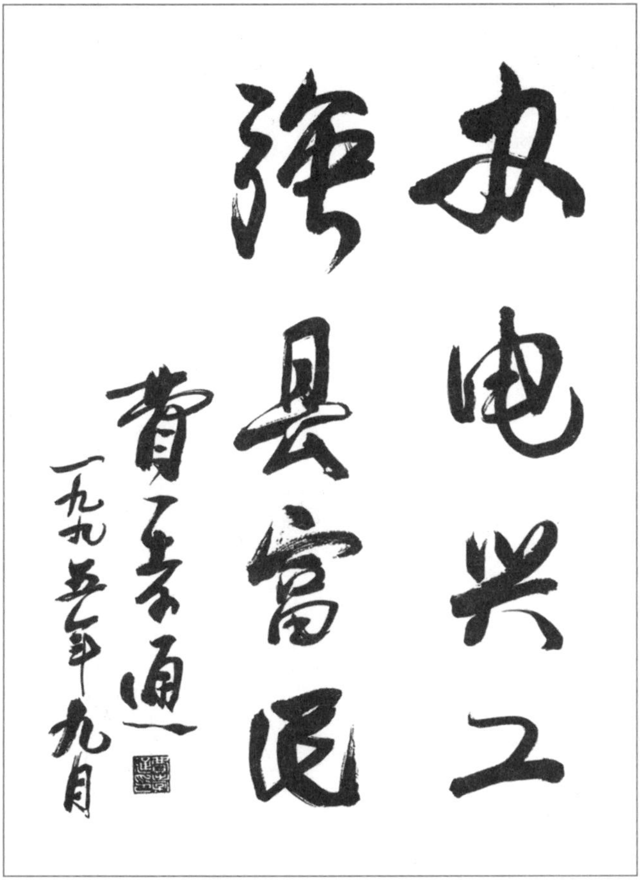

办电兴工　强县富民

费孝通题词

1984 年 9 月，费老第一次到定西，视察定西县小流域治理

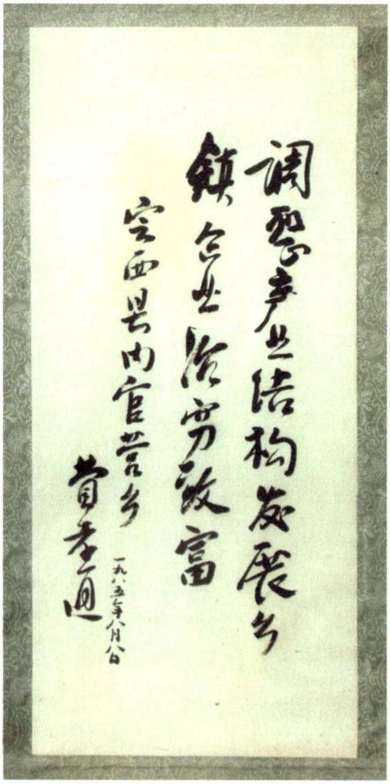

1985年，题词：调整产业结构发展乡镇企业治穷致富

1985年8月9日，费老第二次到定西考察，在时任定西地委副书记兼定西县委书记高存弟(左二)及县长卢秀华（右二）的陪同下视察民营企业

1985年8月，费老访问甘肃省甘南藏族自治州时着藏袍留影

1988年7月，在中科院兰州分院考察时题词

1985年，与定西干部合影

1986年8月，费老第三次考察定西时，与地委书记韩正卿（右一）亲切交谈

1986年，视察甘肃

1988年7月13日，民盟中央领导在黄河母亲石像前合影（左起：吴修平、周宜兴、钱伟长、费孝通、罗涵先、俞泽猷）

1988年7月16日，费老在中科院兰州分院考察时与民盟中科院兰州分院委员会部分盟员合影

1988年7月25日，费老参观定西镇龙沙发厂

1988年7月25日，费老第四次到定西时，在甘肃无纺织地毯厂视察，听取厂长李政清介绍情况

1988年7月25日，费老视察定西镇龙沙发厂时与厂负责人座谈

1988年，费老作学术报告

1988年，费老为金城联合大学题词

1989年9月，费老第五次到甘肃考察会见临夏积石山县县长等

1989年，费老在天水考察时参观麦积山

1989年9月，费老访问甘肃省裕固族自治县大和乡时与当地同志合影

1995年9月，甘肃无纺织地毯厂厂长向费老汇报生产情况

1989年，费老到甘肃省白银市考察

1989年，费老在河西考察参观莫高窟，时任敦煌研究院副院长的女盟员樊锦诗汇报莫高窟文物修缮、研究及旅游开发情况

1989年，费老在听取积石山县长的汇报

1992年9月，费老与冯之浚到兰州参加“中国首届丝绸之路节”时接见盟省委领导班子

1992年，时任民盟中央主席费孝通、副主席冯之浚在兰参加“首届中国丝绸之路节”，在宁卧庄宾馆接见民盟甘肃省委部分领导人（右起：赵燕翼、周宜兴、朱宣人、费孝通、戚民、冯之浚、陈利民）

2001年7月，费老在兰州接见民盟甘肃省委领导班子及兰大80岁以上盟员和负责人，这是费老第10次来甘肃，时年92岁

与会人员合影

2003年8月，费老第七次赴甘肃省定西考察时，在村民家里品尝新收获的老玉米和土豆

2003年，费老与省、地、县领导一起观看定西发展变化专题片

费老接受少数民族同胞敬酒

费老与甘肃省的同志在一起

费老在距甘肃省兰州市1000公里外的戈壁滩

费老与在兰盟员合影

费孝通与甘肃

FEIXIAOTONG IN GANSU

中国民主同盟甘肃省委员会 编

群言出版社
Qunyan Press
·北京·

图书在版编目（CIP）数据

费孝通与甘肃 / 中国民主同盟甘肃省委员会编 .— 北京：群言出版社，2014.12
（民盟历史文献）
ISBN 978-7-80256-670-5

Ⅰ. ①费… Ⅱ. ①中… Ⅲ. ①费孝通（1910 ~ 2005）—生平事迹 Ⅳ. ① K825.4

中国版本图书馆 CIP 数据核字（2014）第 283842 号

责任编辑 张津津
封面设计 群言艺术设计中心·齐立娟

出版发行 群言出版社（Qunyan Press）
地　　址 北京市东城区东厂胡同北巷 1 号（100006）
网　　站 www.qypublish.com
电子信箱 qunyancbs@126.com
总 编 办 010-65265404　65138815
发 行 部 010-65263345　65220236
经　　销 全国新华书店
读者服务 010-65262436　65276609
法律顾问 北京市君泰律师事务所

印　　刷 北京鑫瑞兴印刷有限公司
版　　次 2014 年 12 月第 1 版　2014 年 12 月第 1 次印刷
开　　本 880 × 1230　　1/32
印　　张 14
字　　数 290 千字
书　　号 ISBN 978-7-80256-670-5
定　　价 56.00 元

[版权所有，侵权必究]

前言

中国民主同盟成立于1941年3月，正值抗日民族统一战线遭到国民党独裁统治破坏的危难之际。民盟以贯彻抗日主张、实践民主精神、尊重思想自由、提倡依法治国为政治纲领。民盟凝聚了当时绝大多数进步知识分子和社会精英，可谓群贤毕集。在不同的历史时期，黄炎培、张澜、沈钧儒、杨明轩、闻一多、李公朴、梁漱溟、史良、胡愈之、楚图南、吴晗、费孝通……这些民盟前辈精英纵横捭阖、开阔放达，本着知识分子的人文良知和社会责任"奔走国是"，在政治、经济、军事、外交、教育、社会等领域都提出了明确的纲领和主张，将平等、民主、自由的思想播撒在中国的土地上。

在那苍黄翻覆、陵谷变迁的大时代，在那风云变幻、波澜壮阔的动荡岁月里，历史的浪潮将中国民主同盟，将有志于民族振兴的贤良才俊推上了风口浪尖，他们在改变中国命运的同时，也改变了自己的人生轨迹。他们为历史的进程，为国家富强、民族振兴和民主政治的进步做出了卓越的贡献；他们将自己的荣辱与民族存亡紧紧地联系在一起，为中国的民主、繁荣奋斗了一生，为后人留下了许多宝贵的精神财富；他们关于新民主主义社会的探索，至今仍具有巨大的影响和现实意义。

在和平盛世的今天，为了保存这珍贵的历史财富，为了让后人记住先辈们的独立之精神、自由之思想以及他们为国为民、励精图治的奋斗事迹，我们通过多年的精心准备和积累，出版了《民盟历史文献》丛书，这不仅仅是追忆往昔、缅怀先贤，也不仅仅是为了从学术研究的角度去厘清历史、臧否人物，更重要的是：通过回顾那段曲折的历史，传承民盟与中国共产党肝胆相照、荣辱与共的真挚感情；纪念民盟先贤为新中国做出的巨大贡献；呈现近现代中国社会的嬗变和进步知识分子的爱国情怀；同时也是为了民盟薪火相传、与时俱进的需要；为了让那些隽永传奇的人物和可歌可泣的历史再现后人的眼前。

路漫漫其修远兮，吾将上下而求索。《民盟历史文献》丛书的出版，是对先贤们多党合作历史的尊崇和传承。

《民盟历史文献》编委会

序 言

“志在富民”是费老治学的宗旨和毕生的追求。他一生不仅潜心于社会学、民族学、人类学等领域的学术研究，同时将自己的学术研究和寻求国家富强、人民富裕的途径有机地联系起来，他的足迹遍布祖国大江南北和长城内外。他在学术研究的历程中花去一大半时间深入实际，调查研究，形成了他独特的学术研究风格。这就是边走边看，走一路、看一路、分析一路、探讨一路，特别是深入边远地区和少数民族、贫困落后地区，走村串户，调查民情，献计献策，帮助指导群众致富，以此来实现它人生“志在富民”的目标和宗旨。

八十年代中期，费老开始关注内地和边区发展，把研究范围从沿海诸省扩大到西北地区。甘肃是费老深入调查次数最多的省份之一，从 1984 年到 2003 年的二十年里，他先后十一次来过甘肃，每一次都是轻车简从，且把大部分时间花在地县和乡村。每一次都带着“如何富民”的一些思考，通过走访、调查，然后与省里领导交换意见和看法，为甘肃的改革开放和经济发展提出了不少好意见和好办法。

费老1984年首次来到甘肃，将甘肃作为西北地区的典型开始分析研究。这不仅是因为甘肃兼有西部几省区经济的和地理的共同特点，更主要的是由于甘肃是整个西部地区的区位中心，在东西部地区联动协调发展和改革开放等方面有着特殊的地位和作用。二十年里费老走访了甘肃省十四个地、州、市中的十二个市州：在定西，他提出定西要在思想观念里“反弹琵琶”，来一次意识领域的革新；在临夏，他提出“东有温州，西有河州”的著名论断；考察甘南、肃南后，提出“两南兴藏”战略构想……经过在甘肃的几次调查研究，费老形成了一个振兴西北经济的大构想，这就是以开发建设黄河上游地区为“突破口”，加快西部地区经济的发展。费老的亲切关怀和国家有关部门的大力支持，有力地促进了黄河上游多民族经济开发区的建设，对带动、辐射祖国西部地区的发展，缓解和缩小东西部差距，实现区域经济协调发展，增进民族团结和边疆巩固、社会安定和谐等方面起到了积极的推动作用。

费老用毕生精力为中国农民的富裕和少数民族的振兴辛勤研究，早年他以《江村经济——中国农民的生活》、《乡土中国》、《中国士绅：城乡关系论文集》等著作蜚声中外。八十年代中期，本着全国一盘棋的精神，以逐步消除我国经济发展的不平衡现象为指导，以共同富裕为目的，他又提出了中国的经济发展应该“以东支西，以西资东，互惠互利，共同繁荣”的原则，对推动地方经济和社会发展产生了积极影响。费老的一生，为社会学的发展，为人民的富足和国家的强盛，为民盟的事业，做出了杰出的贡献。他毕生“行行重行行”的脚步将永远激励我们将他的精神代代相传。

为了弘扬费老重实践、重实际、重实证、重实效的精神，继承和发扬老一辈优秀传统，贯彻落实十八大提出的建立“思想库”的精神，民盟中央参政议政部策划了“民盟参政议政史料”——《费孝通在××》系列丛书。民盟甘肃省委员会组织力量，由宣传部搜集、整理、编写出《费孝通在甘肃》一书，记述费老20年间足迹踏遍甘肃大地的点点滴滴，同时收编了费老与甘肃发展结合的演讲、文章，希望此书能为读者了解费老的学术成就，学习费老调研的科学方法，弘扬费老重实践的精神和继承老一辈优良传统留下一份珍贵的资料。

目 录

第一部分

情系陇原

“志在富民”陇上行

——费老十一次甘肃考察纪实

“在我看来，社会学和人类学最终目标是改善人民生活……当前大部分世界是贫困的，我们有责任用知识去改变这种世界。”费老在一次接受采访时曾这样说。

回望费老的一生，无论从他等身的著作还是行行重行行的实践，可以说贯穿了一个指导思想，这就是“志在富民”。他在各地进行调查研究并出主意想办法，就是为了有助于农村提高生产力，使中国的农民富起来。在沿海，看到乡镇企业的蓬勃兴起，他感到极大地欣慰；在边区和民族地区，看到启动经济的苗头，他也抓住不放。以“小城镇研究”和“边区开发研究”的课题，把各地发展的经验总结起来，传播出去，更好更快地推动这一事业地发展，实现他“志在富民”的理想。

费老在中国“草根”性质的民生问题上，寄托了远大的抱负。1930 年大学毕业的时候，提出要了解中国，了解中国社会这样一个题目，而且认为要了解中国必须从了解农民开始。1936 年费老开始在农村调查，并撰写了海内外一致首肯的理论著作《江村经济》和《乡土中国》。

八十年代中期，费老本着全国一盘棋和共同富裕的精神，开始关注内地和边区发展，把研究范围从沿海诸省扩大到西北地区。他在《志在富民》一文中这样写着："近几年我又想到，中国的内地，那些以农业为主的地区怎么发展呢？现在地区间不平衡发展的差距越来越大，形成了当前很大的问题。我们允许有条件的地区先富起来，可是不能差距太大。换句话说，如何使内地的农村，特别是边区的农村赶快富裕起来，这是我 1985 年以后提出来的研究题目。为此我从兴安岭呼伦贝尔开始到阿拉善，差不多横穿了整个内蒙古，又到了最穷的甘肃定西，宁夏西海固，反复多次去看，去学习，想找出一条发展这些地方经济的路子。"

费老把研究重点转到西部贫困地区的第一站就是"陇中苦甲天下"的甘肃定西。从 1984 年到 2003 年，他 11 次到甘肃考察，多次踏上海拔 3000 公尺以上的高寒山区、大漠和草原，走访贫苦农民和少数民族牧民，进行社会调查；研究边远地区和少数民族地区社会、文化、经济的发展轨迹；为甘肃最贫瘠的地区寻求切合实际的发展道路。甘肃有 14 个地、州（市），费老的足迹走遍了 12 个地、州（市）的几十个县、区。甘肃省的藏、回、东乡、保安、撒拉、裕固等少数民族同胞和干旱山区、引黄灌区的广大农民都与费老结下了深厚的真挚友谊。他们感谢费老启迪、打开他们的心扉，使他们从单纯的农本、牧本的自然经济的封闭、半封闭状态投向商品经济，面向市场；从贫困走向温饱，走向富裕和小康。他 7 次去定西做田野调查，以定西为入口，解剖麻雀，以小见大，最终实现西部人民的富裕。

挖穷根子七进定西

二十年里，费老带领民盟的同志七访定西，为促进当地群众脱贫致富，出谋划策，引航指路，进行长期的跟踪研究。他看到开发西部边区，面临两大问题：一是如何变自然生态的恶性循环为良性循环；一是如何缩短、消除西部与东部之间在经济社会上的差距。提出用大系统的观点看待生态环境的改善和以东支西、以西资东、互惠互利、共同繁荣的发展设想。他在深入浅出地分析了定西的人口问题、资源利用问题、智力投资问题、发展工业问题后，提出定西要在思想观念里“反弹琵琶”，来一次意识领域的革新；要确认自然条件和商品经济规律是决定利用土地的原则；要改变见了土地就想种粮的观念。基本思路是：从实际出发，在只适宜种草的当地地区，调整产业结构，改农本牧业为牧本农业；靠资源优势和劳力优势，挖掉穷根子；要重视发展乡镇企业和小城镇建设，以工业和优势产业振兴地方经济。这些深邃的高见思考，给定西在思想观念上的转变带来了革命性的蜕变。

一

八、九月间的陇原大地，秋高气爽，气候宜人。1984 年 9 月 17 日，费老带领民盟中央的专家、学者一行十人第一次踏上这块黄土地，他带着如何缩小东西部发展的差距，加快西部地区发展等问题，首先走访了“陇中苦甲天下”的定西干旱地区。

定西地处甘肃的中部，带有黄土高原的典型性，历史上由于长期的干旱和水土流失，造成了这一地区生产、生存条件的不断恶化，自然灾害连年不断。针对这一现实，早在八十年代初，中央领导就提出定西要实施“反弹琵琶”的战略，以“种草种树，发展畜牧，改造山河，治穷致富”为近期发展目标。费老则把中央领导的这一指示视为改善生态环境，缩小我国东部和西部地区之间人口、资源分布不平衡，经济水平相差悬殊，实现共同发展，共同繁荣的战略方针。基于此，费老开始将定西——这块甘肃最贫困的地区作为重点对象，来分析研究、探寻西部地区如何加快脱贫致富的途径。

到达甘肃后，费老就提出要去定西走访。车队从兰州出发，沿着当时条件不太好的山区道路前行。一生拥有丰富社会学和人类学实地考察经验的费老有点担心自己的政治身份提高了，怕看不到定西的真实贫困面貌，想在中途下车看一两户农民家庭的真实生活。他想出一个办法，问身旁的司机：“你如何能让我们这部车停下来，而车队还能继续往前走。”司机回答说：“如果我说车子有点小问题，需要检查一下，也许可以试试。”费老说：“好，就照你的法子做。”费老乘坐的车子排在第三，车子停下来后，前后的车子都全部跟着停了下来。省委书记李子奇关心地走过来询问怎么回事儿，司机说：“车子小修一下就好了。”李子奇书记问费老是不是要换一辆车，费老说：“我有点困了，睡在车上打个盹，你们先到定西一步，把茶沏好时我也就到了。”

等到车队走后，费老就带领助手沈官宝下车寻找附近的农民房子。他们俩翻越公路旁的土坡，就近找到了两户农民，敲门进去，发现这是一个七口之家的农户，把房子里外扫视一遍，全部家当加起来只值十元钱以内，一家人只有一条裤子，谁外出谁穿，还有一个有缺口的铁锅。费老亲自看看这家人的面柜，伸手下去摸摸，摸到底了，手指才沾上一点面粉末。费老长得很胖，想寻找一个地方坐下来谈谈，没有发现凳子，就坐在一个木桩上，然后细心询问这家农户的生活状况。得知这里的农民普遍存在三个生活难题：缺柴烧，缺水喝，缺粮吃。他们俩到另一个农户家去看看，情况相差无几。

到定西地区行署后，晚上招待费老吃羊肉泡馍，可他的脸色很凝重，定西的贫困状况超出他的意想之外，一个晚上也没有心思动筷子。他当即说："定西这个地方，我以后要多来。"

考察组分为两组，专家组考察种草种树，费老专门调研定西的经济社会发展。甘肃省陪同领导是省人大常委会副主任王世杰，定西的领导是地委书记韩正卿、专员张国维。当时，定西没有宾馆，只有一个很破的招待所。定西地区非常重视费老此访，将地区领导的办公室腾出来让费老等住宿。一到定西，74 岁的费老即要求中共定西地委书记韩正卿给他谈情况。当天下午，韩正卿偕地委秘书长景培禄、行署办公室主任郑克基等向费老作汇报。听汇报后，费孝通说：我是第一次到西北来，到定西来，情况不熟，这次主要是看一看，要请大家多多地谈些情况。这并非费老客套，因为这次到定西，是他学术研究重点转移到大西北进行考察的第一站，所要考察的不单是种草种树，还有西北暨定西的经济、文化乃至人口、劳动、民族等等多方面的状况。

18日全天和19日下午,费老及考察组成员与定西地委农村工作部,地区行署农业建设办公室、计划处、林业处、商业处、供销合作办事处、计划生育处,地区教师进修学院的负责人、讲师们进行了连续的座谈。他也走上大街小巷,拜访当地群众。费老看了城关一户农民的磨面房。在去的路上碰到一个老汉推着一架子车马铃薯,他下了车,跟老汉谈了起来,然后抱着一个很大的马铃薯和那个老汉照了一张相。接着又看了一户兄弟俩搞得木器加工店。那是费老在定西看的第一个个体户,他们当时已经是本地比较富裕的人家了,有两层的一个小楼。

在座谈时,费老很重视计划生育处处长李志玲关于定西人口从1949年的130万增长到迄今即1984年的270万,且计划生育工作甚为艰巨的情况。遂粗略地计算了一下,如照此速度下去,到20世纪末定西的人口将会达到330万。他轻轻摇了摇头。座谈时还有这样一个情景,计划处负责人谈到全区工业方面十分缺乏专业技术人才时,很少插话的费老激动了,他高声说:“你们是否可以办一所工业学校,办一个班也可以,培养人才。没有人不能办事,没有人才更不能办事。现在大学要退休一批知识分子,你们是否请他们来,讲讲课也好。知识分子是愿意帮助人的,但要你去找他呀!”这多少代表自己心声的表白,给在座的定西干部们留下了非常深刻的印象。

19日上午,费老由中共定西县委副书记、定西县县长卢秀华等陪同,走访了城郊城关乡友谊村的五户农民专业户,他们是:5社养鸡户艾国俊、7社电焊工谢丽莎、9社农机修理户杨丽艳和种花户杨永胜、10社磨面户刘仰吉。他后来在《定西地区区域发展刍议》一文中写道:"他们大都是初中毕业的年轻人,是劳动致富促使他们刻苦自学,他们一面钻研科技书籍,一面就在实践中加以运用。文化技术与勤奋劳动相结合,即使他们的家庭年收入都超过5000元(有的已逾万元),又使他们成为懂技术、会经营、不满足于现状和有着强烈求知欲的初等技术人才。据说在定西地区的3.2万个重点户、专业户中,不乏这样的'能人'。这批土生土长的、理论与实践相联系的'能人'是定西智力开发的最宝贵的资源。"

20日上午,他和考察组参观了定西地区在定西县巉口乡进行种草种树综合治理的小流域之一——石家岔。在巉口镇三十里铺村村民剡茂林家,费老第一件事就是直奔水窖,问水质怎么样,够吃不够吃。据原民盟中央社会服务部副部长盛亦庆回忆,费老每到一个地方,从不对接待提任何要求。给什么吃什么,而且吃什么都觉得香。张国维专员带费老去巉口林场,在那儿费老吃了两个苹果梨。费老是不大喜欢吃水果的,但他在那儿吃了两个苹果梨。他是带着感情吃的,在这么干旱的地方,能长出水果来,而且是那么的甜,非常不容易。费老每到一个地方,很喜欢吃农家饭。他说定西的马铃薯就很好吃。

从石家岔归来,费老再度和定西地区负责人举行座谈。他说:"定西的贫困已很久了,现在还未达到自给状态。今后不要在粮食上老作打算。要打破定西经济结构的现状。种草种树是对的,是第一位的任务,但同时还要求转移,要转到工业方面去,转到服务方面去。"他指出定西地区"有可能搞三个10万人以上的小城市，如定西、陇西、靖远，这就要求每个县发展自己的重点企业。一个城市要围绕一个大的企业形成小中心，如服务中心、草粮加工中心。将来，十年后，每三个乡搞一个加工服务中心，就是小城镇，以小城镇带动农村。总之要赶快办工业，不办工业没有出路”。

费老在经过几天的走村访户、深入工厂和与省、地、县、乡领导的座谈、交流之后，开始对这一地区的全貌有了一个总的印象。他对这一地区的长期贫困原因以及定西地区的优势和解决贫困与发展等问题提出了独到的见解。对造成定西贫困的原因，费老和众多专家学者以及当地干部群众有了一致的认识。这就是自然条件的客观制约和经济、社会发展基础薄弱的历史原因。费老还认为该地区生态环境处在恶性循环之中，这也是导致定西贫穷的又一主要因素。因此，他认为种草种树是实现恢复定西生态平衡，奠定发展基础的重大措施。提出：定西要大力发展种草种树，逐步做到水土不再流失，变生态环境的恶性循环为良性循环。他提出西北地区在改善生态环境的同时还必须处理好“社会生态”的平衡问题。他的这一观点是在分析了定西地区人口与社会生产两大要素后提出来的。他给出了解决这一问题必须及早采取的措施：（一）做好农转工（或农转非农）的转移；（二）兴建小城镇；（三）兴建旱转水工程，实行人口内部调整。

费老的这一观点发表于 1984 年 10 月 14 日新华通讯社《国内动态清样》第 2609 期，习仲勋同志 10 月 21 日在这期上批示：“费孝通先生的调查，是理论结合实际，经过认真分析论证之后提出的好意见，是值得重视的，也是可行的。请子奇、光毅同志参阅，并制订出规划，提出具体措施，分期实行”。

时任甘肃省委书记李子奇10月31日批示：“仲勋同志的批示很重要。费孝通先生在定西地区调查时，提出西北地区改善生态环境的同时必须处理好社会生态的平衡。这和我们现在制定的方针和政策是完全一致的。我省中部地区中央领导同志是十分关怀重视的。最近胡耀邦同志对定西种草种树有过重要批示，去年紫阳同志对定西地区改变面貌也作过重要批示。在贯彻这些批示时，要坚定不移，一抓到底，力争三五年内出现一个新的局面。希望定西地区和农口等部门要切实加强这方面的工作，不断总结这方面的经验，借以指导全局。此件复印光毅、刘冰、志杰、宗宾、黎中、正卿诸同志。”

与此同时，费老还提出了两个问题：一是定西人在相对缓慢的自然生态恢复过程中，怎样走出一条行之有效的生存和富裕道路；二是在今后我国东部地区经济步入更快的发展阶段时，西部地区再寻求发展，时间就太迟了，东西部发展的差距也会更大。结合这两个问题和定西的现实，费老提出了包括定西在内的整个西部地区的发展设想，即用大系统的观点看待西部生态环境的改善，走“以东支西，以西资东，互利互惠，共同繁荣”之路。

21日，考察组其他成员继续进行考察，费老则离开定西返回兰州。在这次定西之行结束时，费老围绕上述主要观点向省地县有关同志做了报告，就定西的资源、区位相对优势作了详细阐述之后，指出了定西的发展还要重视地方工业、乡镇企业和教育事业的发展等，以促进这一地区尽快脱贫致富的大目标。

第一次到定西，费老给定西地区留下了“打破经济结构，兴办乡镇工业”的观点。

二

时隔一年，1985 年 8 月 8 日至 10 日，费老率领专家组第二次来定西考察。这次来的主要目的是为使连续三年的考察在改善生态条件、改善人民生活和改变地区面貌等方面产生实效。

此次甘肃之行，费老是应甘肃省委和省政府邀请，对甘肃省进行科学考察和研究工作。我们收集、查阅资料过程中，在甘肃省人民政府办公厅 1985 年 6 月 20 日的送阅件上，看到由省政府办公厅经济研究室整理的“费孝通教授谈八月份他将到甘肃考察”的记载，现将其中部分内容摘录如下：

> 六月七日至十一日，我们在内蒙古包头参加了由全国政协副主席、著名社会学家费孝通教授倡导召开的“边区开发”科学研究工作会议。会议期间，费孝通教授接见了我们。现将他的谈话整理如下：我愉快地接受甘肃省委和省政府的邀请，将在八月份到甘肃省进行科学考察和研究工作。同时参加在兰州举行的西部经济开发讨论会。在这个会上，打算就甘肃省的社会、经济发展问题谈些意见，所以希望这个会的会期一旦确定，就请甘肃省的同志尽早通知我。我要在这个会开始的前十天到达甘肃，深入到基层进行科学考察，准备和掌握第一手情况，然后到会上谈一些意见。这个会议结束后，我还要进一步深入到基层进行考察。

我希望利用这次来甘肃的机会，与甘肃的同志共同研究和探讨一些社会和经济发展的重大问题，例如，目前甘肃省社会和经济发展的主要问题是什么；甘肃与东部沿海的差距以及怎样缩短这个差距；甘肃的人才和资金外流问题；等等。关于我来甘肃考察的地点和路线，现在由于对甘肃的基本情况掌握不够，所以还不能确定，等到我进一步熟悉甘肃的基本情况后，与甘肃省的同志一同讨论确定。但是有两个地方我希望能去，一个是定西，去年我曾到过定西进行考察，提出一个十六字方针，就是“以东支西，以西资东，互惠互利，共同繁荣”，看到定西人民种草种树、治穷致富的奋斗，今年我要看看那里的变化。二是想到甘南去看看少数民族地区社会和经济的发展。

我这次到甘肃，不是以全国政协副主席的身份来的，而是以一位学者的身份来进行科学研究和考察的。所以希望省上在接待上不要讲排场，非研究人员希望不要陪同。这次到内蒙古进行考察，光是警卫人员就派了五名，希望甘肃只派一名警卫和一位医生就行了。希望尽量少请客吃饭，已是七十五岁的高龄了，加之负担过重，根本不能吃许多东西，频繁的请客吃饭，只能耽误考察工作，耽误休息。

1985 年 8 月，费老如期来到甘肃，在走访定西之后，走访了甘肃的临夏回族自治州和甘南藏族自治州。

在定西期间，费老一行听取了定西地委书记韩正卿、行署专员张国维的工作汇报，深入到国营敬东机器厂、定西、会宁两县进行实地调研,察看了内官营乡塑料编织厂和养兔、养猪、养大牲畜专业户,重访了谢丽莎的家庭电焊工厂和既开磨坊又新办榨油厂的刘仰吉。并为内官营乡题词:“调整产业结构,发展乡镇企业,治穷致富。”

考察当中,考察组总体觉得前两年专家组提出的意见很多,但地方上操作起来没有多大实效,地方上干部理解起来也有难度,于是提出在定西搞一个农牧业综合示范。示范点选在会宁县中川乡米家峡村。当时会宁县属于定西地区。费老听取了选点汇报,那是费老第一次到会宁。当时会宁招待所的条件非常差,全县只有一间用砖铺了地面的房子供费老休息,其他人住的房子都是黄土地面。

八十年代初的定西,乡镇企业刚刚起步,不仅规模小、技术也落后,只有一些粮食加工和榨油作坊和小型的地毯编织厂、布鞋厂等。1983 年定西工业产值仅占工农业总产值的 11%,农业产值占 89%。费老和定西的干部群众一起探寻在干旱贫困地区发展工业的路子。

定西地区胡麻种植面积大,除胡麻籽用以榨油外,胡麻的秸秆几乎全被当作柴草烧掉了,而这种胡麻实际上是一种亚麻。费老立即想到如果在定西办麻纺厂,不就可以使现在当燃料烧掉的麻秆得到了利用?费老请来了哈尔滨亚麻研究所的专家,研究开发利用定西亚麻的途径。哈尔滨亚麻研究所很快用定西的胡麻纤维成功地纺出了亚麻织物,使百年以来一直被烧掉的胡麻杆,不仅可以用来纺亚麻纱,还以胡麻杆为原料建起了规模很大的卷烟用的盘纸厂,后来胡麻杆成了定西亚麻加工业的重要资源。胡麻杆变废为宝的事实对定西人发展工业的启迪是深刻而长远的。费老在《贫困与脱贫》篇中写道:“在这一地区办一个亚麻厂不仅仅是为了发展工业,而且可以使农村的千家万户得到收入。不通过这个工业系统,农业产品不会值钱。办厂要投资,这样投资是造血的投资,而不是输血的投资,但归结的问题是我们应当找一个使千家万户富起来的办法。办亚麻厂不过是一个例子,可办的不单是这一个,要抓一个规划,看哪个地方有什么特点,产胡麻的地方我们就在胡麻上下功夫,产其他的就在其他上做文章,以工来带农,使得农业产品值钱。以工来带畜牧,使得畜牧业值钱。”

费老走访了定西城里的国营敬东机器厂。地区干部介绍说,1983 年以前工厂与地区老死不相往来。地区的同志觉得自己是种洋芋蛋的,而工厂是搞电子的,高攀不上;工厂也自成体系,凡事不求人。从 1983 年开始,地区和工厂的领导才互相走访,热络起来。就在那一年,工厂主动帮助地区扶持一家常年亏损、濒于倒闭的毛巾厂,改产由工厂扩散的电视机高频头的零部件,当年就扭亏为盈。除此以外,1985 年 4 月,敬东厂又拉出一条生产线,与地区劳动服务公司搞实体联合。即工人在总厂培训,技术由总厂指导,原材料供应、质量检验、产品销售等全由总厂负责。实际上是总厂的一部分,一年来该厂收入加工费 42 万元。1985 年 3 月,敬东厂资助 7.5 万元给城关的乡办塑压厂,塑压厂为敬东厂加工零部件。4 个月下来完成产值 30 万元,实现利税 3 万元,安排农村社员 50 人。

在敬东厂,厂长和工程师热情地接待了费老。他们坦率地说，扶持地方办厂是该厂发展的需要。工厂转军工为民用并搞对外协作，迅速发展起来。1984 年生产 185 万只高频头，85 年拿下 300 万只。据说全国每天生产电视机 4 万台，也就是说全国八分之一的电视机采用敬东厂生产的高频头。厂长总结说，产品救了一个厂，发展带动一大片，如果不搞扩散，达到这样一个生产规模，工厂就要胀死。

费老认为，敬东厂为所有的三线厂提供了很好的经验，它表明，国有大企业只有走开放扩散道路，扶持地方工业，形成区域性的工业发展体系，其自身才能保持经济活力。

在定西城关，费老还看了一个杏脯厂。这是 1984 年定西与北京市议定的 21 个项目中的一项。1985 年 8 月上马，9 月投产，春节前将投放市场。

1984 年第一次考察定西时，费老曾谈到在定西的万余个体户里有一批能人，其中的一部分可以脱颖而出，担当起发展乡镇企业的重任。一年后，他们情况怎样呢？费老选择了两家作了重访。

一位是姓谢的电焊工，去年新盖了楼房，屋内还是空荡荡的。今年他让费老在卧室边的会客室落座喝茶。一套捷克式的沙发，前面是茶几，书桌上放着四喇叭的收录机，沙发旁是 18 英寸的日立彩电。费老注意到他手上的表也由“海鸥”换成了“英纳格”。除此以外，家门口还停着一辆价值 2800 元的“嘉陵”轻骑。不用问，费老就可估出一年来他的收入不下万元。

这位初中毕业生告诉费老，他妻子虽然还在务农，但已学会了电焊操作，农余时间就做电焊工。可是他觉得家庭电焊工厂再办下去就要忙不过来了。因为从去年开始，他承包了县医院两幢大楼的建筑任务。他说,接受承包以后,他建起了一支有120多个农民组成的建筑队伍,现在大楼已基本竣工,费老听说承包合同签订后,建筑材料费涨了价。于是就问他有没有再向医院提出增加建筑开支的要求?回答说是既然订了合同,就得守信用。

费老从客厅出来,在他家的阳台上,看到不远处由他指挥盖起的那幢三层楼房,费老同时看到一个经营管理人才的成长。

第二位是一个开磨坊姑娘的父亲,他叫刘仰吉,40余岁。去年他正在制作自己设计的提斗,可以用电把麦子提升到一定的高度,倒进磨斗中。据说后来他一共做了七部提斗,有一部就装在他女儿的磨坊内使用,为女儿省了不少力。今年,磨坊中增加了他的儿子,只有17岁。大概那是为了女儿出嫁后,由弟弟来接班做准备的。

刘仰吉本人现在与另一位同村人一起承包筹建一个村办榨油厂。三大间新厂房,机器正在安装,预计到9月胡麻籽成熟后就可以开工榨油。费老听说县城早已有一家国营的榨油厂。就问他,如果他们办的油厂竞争不过国营油厂,投资收不回来怎么办?他说,他有把握在一年内收回投资数。因为村办油厂与国营厂比有三大优势,一是开工时间足,可以不受上下班限制。二是他肯定即将招收的20来名工人的服务态度要比国营厂好。三是办厂初期工人工资可定得略低些,并节约开支。

为了推动定西乡镇企业的发展,费老多次鼓励定西的干部到江苏的无锡、常州、苏州去考察。同时又与定西的干部算了两笔账。一是从1983年到1985年定西农村人均收入每年只增加5

元,而苏南地区则每年增加 100 元,差异主要差在乡镇企业上。二是算定西自己现有的乡镇企业,这些年对定西农业和修建农村公用设施、吸收农村剩余劳动力、增加农民收入方面的贡献。从而使定西的干部群众认识到,无论从发展农牧业商品生产的需要,还是从治穷致富赶上先进地区的发展水平出发,定西必须大力兴办乡镇工业,而且非办不可。费老还反复对定西人谈乡镇企业人才、外联和市场的对策,破除了他们对搞工业的神秘感。

考察结束后,费老发表了《边区开发 · 定西篇》。这是他在首次考察定西地区提出要用大系统的观点看待生态环境的改变和“以东支西、以西资东、互惠互利、共同繁荣”的发展设想基础上,对定西经济发展做出的又一重要论述。费老说,土地状况和自然条件表明,定西大部分地区不宜种粮而适于种草,然而人们并没有在种草上得利。问题就在于草的转化还不具备条件,自然优势受到原有社会经济结构的制约。他认为要发挥优势,就得从改变农村经济结构入手,大力发展畜牧业,为草的转化提供条件。同时指出在定西大力发展畜牧业,可以说是为生产率的提高找到了突破口,走上了正道。

费老说,无论从发展农、牧业商品生产的需要,或是从治穷致富、赶上先进地区发展水平的需要出发,定西必须大力兴办乡镇工业,而且非办好不可。那么技术资金在哪里呢? 首先要把眼光盯住东南沿海的城市和乡镇工业。

在讲到东、西部合作时,费老明确指出,西部与东部之间的钩能否挂上,还得看采取什么样的原则。西部地区的主要优势在于资源和土地,要互惠互利就得提供部分资源或场地给对方。

一句话，就是用资源换技术，借你的脑子，发挥自己的优势，共同发财。

费老对市场经济唱得很响亮。他说，发展畜牧业要考虑肉给谁吃，毛为谁用，发展工业更要考虑如何开拓商品市场。那么，定西工业和整个西部工业发展起来，它的市场在哪里呢？费老分析说，畜类加工产品和重工业产品可以占领全国的主要市场，轻工业产品完全可以借鉴丝绸之路的历史敲开西部亚洲、中东、欧洲和北非各国的大门。西北工业品市场的开拓或许比东南沿海更有发展的潜力。

在费老第一次考察过定西之后，定西行署专员张国维带着7个县的县长到江浙沿海地区考察学习。随之，中共定西地委、定西行政公署提出了“坚持念好草木经，全面调整农村产业结构，大力发展乡镇企业，促进经济全面发展”的方针，大大加速了乡镇工业发展的步伐。

这次考察定西，当费老看到在仅仅相隔一年之后，定西就发生了很大变化时，他高兴地说，定西人民正在走出一条改造山河，治穷致富的现实路子。在从定西返回兰州后，费老又参加了中国西部地区经济发展讨论会，在会上他专门做了题为“西部经济发展和各民族共同繁荣”的报告。会后，费老去了临夏、甘南考察。

三

“利用当地资源，开辟几个比较大的工业城镇，是贫困地区挖穷根的最好办法”，这是费老第三次视察定西时提出的观点。

1986年8月1日，中国农业经济学会、全国政协农业组和宁夏回族自治区、甘肃省联袂召开的"全国贫困地区经济、文化开发学术讨论会"由宁夏固原移师甘肃定西继续进行。前来参加这个会议的有薛暮桥、于光远、吴俊扬等一些国内经济学界有名望的专家和学者。时任全国政协副主席的费老接到会议邀请飞抵兰州。会议于8月4日开幕，在会上费老作了专题发言。在他的发言中着重论述了贫困地区的发展问题和西部地区如何尽快摆脱贫困、实现致富。并结合甘肃的省情就定西、临夏等地区如何加快发展讲了许多好建议和办法。应省委和省政府的邀请，费老还为甘肃省直机关干部作了专题学术报告。在三个多小时的报告中，费老就甘肃少数民族地区的发展和加强东西部合作，加快缩小发展差距等问题发表了精辟的见解。他的报告博得了全场千余人的多次掌声。

这是费老第三次来甘肃，到兰州后费老在甘肃省政协副主席、民盟甘肃省委主委朱宣人陪同下乘车赶赴定西县城。一路上，蜿蜒的林带随公路伸向远方，一座座村庄隐现在树丛之中。昔日空旷的沟川和裸露的山坡上如今都披上了绿装，尽管是浅绿。这次看到的情景和第一次是那么不同。费老凭窗远眺，不禁脱口吟出四句小诗：

三年雨润春草生，
千山浅绿染边城。
勤种草树得天助，
远客重来喜相迎。

时值盛夏，费老冒着酷暑，长途奔波，下车后只做了短暂休息，就催促地委书记韩正卿向他谈情况。汇报进行了两个多小时，费老兴致勃勃，边听边问。他说，我来定西三次，每次都是慎重观察，定西这几年发展快，真正走上了路子。费老非常关心定西地区乡镇企业发展的路子，去年他来时就提出了搞横向联合，利用东面的技术资源来开发西部的建设。这次他就这个问题专门让行署专员张国维汇报。张国维高兴地告诉他，定西地区对费老的战略设想正进行着实践，正在把沿海的技术引进来，争取把产品向西打出去，地方工业可以说是突飞猛进。张国维列举了渭源县水泥厂、临洮县皮鞋厂和陇西造纸厂分别与江苏、上海联营，提高了质量，打开了销路，盈利都在10万元以上的具体事例。

费孝通连声说这是成功的经验，西部与东部存在着事实上的差距，要承认这一点，要舍得花钱从东部请人请技术。凡是横向搞联合搞得好、搞得活的企业，就有发展，而且步子还快；相反，不搞横向联合，用封闭的落后的办法办企业，就不会有发展。本位主义、主观主义是办不成事情的。我们要把沿海和发达地区的技术引进来，把技术工人请进来，也可以高价买技术，用他们的技术资源帮助贫困地区挖穷根。

他后来在《海南行》中写道："现在西北开展横向联系，后进的地区不是靠上级补贴过日子，而是吸引外地投资来开工厂，提高生产力。人才不够就和先进地区搞合营，甘肃的定西就是这样做的。他们和江苏的镇江市结成了姐妹地区，由镇江派人带钱、带机器到定西来办合营工厂，这样就把定西的人培养起来，自己能办自己的工厂了。这是说开始时要别人拉一把,这不是‘输血’,是‘造血’。苏州姑娘刺绣很好,定西就到苏州请了三个小姑娘来教刺绣,包吃包住包路费,每人还给3000块钱。三个月后定西的一个村子所有的小姑娘都学会了刺绣,为成衣厂的衣服、头巾上绣点花。就靠这个手艺,这个村子发了财,苏州的小姑娘拿了3000块钱回家也很高兴。这件事看起来很简单,但道理却很深。”

张国维还告诉费老,两个多月前胡耀邦总书记亲临定西视察,根据这两年出现的新情况和实践经验,重新提出:“种草种树,振兴农牧,多种经营,以工致富”。这个新提法理所当然地得到了费老的肯定。他说:没有工业是不能致富的,就是种草养畜也要有工业自己配套,只有以工促农,才能挖穷根。贫困地区如何致富?要根据当地资源,开辟几个大的工业城镇,也还可以成立小规模的工业城镇,用发展地方工业包括乡镇企业的办法来发展地方经济。这样,把资源变成了商品,农民变成了工人,经济效益就会越来越好,这是挖穷根的一个好办法。救济的办法,不可能发展一个地方的经济,不要以救济代替治本。要靠自己的力量,靠群众的力量来发展。各级领导要培养和支持农民当企业家,靠资源优势和劳力优势挖穷根子。

费老提到利用当地资源,尤其是农业资源的问题后,重新阐述了“东引西进”。他向张国维说:“你们的市场在于西边,产品要往青海、新疆、西藏打,不仅这样,还可以打入南亚、中东,打入苏联、蒙古。”费老来一次定西,提出一次更高的要求,勾画一个更远的理想。向西,向西,再向西,这是一条艰难的切实要努力奋斗的路。

8月2日,费老重访国营敬东电视配件总厂。8月3日,一场夜雨将空气滤洗得格外清新,费老到民盟支边试点会宁县的米家峡访问。那儿的群众非常高兴,说:“你们做了好事,我们这个村子里面生活好了。”有人对费老说:“你看,我这房里就有一万斤粮食。”费老问:“一万斤粮食你吃得完吗?”他说:“三年吃不完。”费老问:“你怎么办呢?”他说:“没想。”费老说:“你是不是卖掉三分之二去搞副业呢?”他说:“这不成!卖掉粮食丢人哪!”费老认为这个思想很典型,这就是自然经济养成的头脑,在汉族农民里是根深蒂固的。

归来,即将结束的“学术讨论会”请他第二天做报告。一生中不知登过多少次讲坛的费老,这次竟然会为什么叫贫困,怎样才算贫困地区这个问题困扰着。据他自己后来的回忆:“我在定西发言前的一个晚上想这个问题翻来覆去睡不着,后来吃了两粒安定才安眠。”他要对“贫困”下一个科学的概念,因而是审慎的。

第二天,费老面对中央有关部门和甘肃、宁夏、四川、云南、广东、江西、安徽、辽宁等14个省(区)的领导、专家、学者和工作人员共200多人,就贫困问题做了系统发言。他认为对于贫困应该画一条线。什么是贫困?什么叫贫困地区?这个概念一般用两个指标来规定:人均口粮加上人均收入(不包括口粮)。凡是人均口粮南方在600斤以下,北方在400斤以下,人均收入在150元以下的地区被认为是贫困地区。在定西,眼下农民的理解有粮吃、有柴烧、有水喝就算温饱了。贫困应该是指全国大体上人均收入在150元左右的那些同大多数人生活的水平有差距的人，这些人大体有八千万到一亿人，占全国人口百分之八到百分之十。

接着，费老从历史的原因、社会的原因，诸如自然生态平衡的破坏、长期战争的破坏、政策上的失误和历史发展缓慢所造成，生产力的水平低下等原因分析了贫困地区所形成的各自不同的类型，指出治穷致富的道路也应该不同。费孝通联系他近几年考察的实践，讲了苏南，讲了温州，讲了广州沿海，也讲了华北，讲了西北。他指出这次会议最关心的宁夏西海固和甘肃定西要富起来，要一步一步地走。这集中体现在胡耀邦“种草种树，振兴农牧，多种经营，以工致富”的提法上。定西地区这三年来的变化，关键就是在种草种树的基础上加快了地方工业和乡镇企业的发展。要发展经济，就要按照这个方向走下去。最后，他特意强调不要小看乡村工业，要一步一步地把农民变成工人。农村要尽快把工厂办起来，只有出了一大批农民企业家，才可能促进农村生产力的发展，才可能真正富起来。费老的讲话激起了与会者的强烈反响。

费老这次为期四天的考察当中，还召集定西各方面人士举行了三个座谈会。

8月5日，费老赴临夏回族自治州。途经临洮县时，他和来临洮进行重点考察的全国政协农业组组长蔡子伟，原中国科学院中共党组副书记秦力生一道听取了中共临洮县委的工作介绍，并参观了八里铺乡地毯厂。

三次访问定西，费老一直被“怎样脱贫”这个问题占住了心思。他深切感到逢灾放赈的办法是不能解决根本问题的,所以一再呼吁扶贫工作要改变“输血”为“造血”的方针,就是说要扶助贫困地区恢复生态平衡自力更生地建立有发展前途的经济基础。但是怎样才能建立起造血机能呢?在这里费老认识到经济发展中启动作用的重要性,也因而让费老回头分析沿海各种模式不同的启动机遇和凭借的力量。面对西北地区广大城乡发展上所遇到的困难,他联系到沿海地区的情况。一相对照,看到了双方正可以互补短长。因而提出“以东支西,以西资东,互惠互利,共同繁荣”的说法。

这个思路使费老产生了“全国一盘棋”的观点,1988 年他提出“黄河上游多民族开发区的设想”是从这个观点中发展出来的。

四

时间进入 1988 年。定西地区地方工业已呈现一派欣欣向荣的景象。以通渭粉丝、陇西沙棘酒等为代表的地方工业产品不但远销全国,且已相继打进了香港、新加坡等国际市场。古老的农村经济结构也明显地得到改善,乡镇工业群雄竞起,已达27900个,其 2 亿 7 千万元的年产值在农村社会总产值中占据了“半壁河山”。

1988 年 7 月 25 日,正值酷暑,已当选为全国人大常委会副委员长,并已担任中国民主同盟中央主席的费老,来兰州亲自主持召开“甘宁青三省区发展战略与黄河上游多民族经济开发区建设研讨会”。会后费老沿临夏回族自治州到青海进行考察。他仍挂念着定西,特意绕道要再到定西看一看,在副省长阎海旺、省政协副主席朱宣人陪同下第四次来到定西。

费老一行在定西下榻后，先不听汇报，马上去参观厂家和访问他曾结识的几位农民朋友。费老一行先去无纺织地毯厂参观。陪同的有副省长阎海旺、省政协副主席朱宣人、地委书记韩正卿、行署专员张国维和副书记宋得寿等，定西县县长张根生等人也在。一路上，费老打开车窗探头向沿途搬运麦子的农民们微笑致意。农民们不知道这些人是干什么的，只是好奇地瞧着"小卧车队列"。

在地毯厂客厅里的沙发上一落座，费老便指着地上铺着的红地毯问道："这是你们的产品？"然后他躬身用手摸了一下。接着他又问了地毯的性能。看起来，曾于十八世纪就产生于西方，直到近两年才引进我国的"无梭织机"连费老都是首次接触。他颇有感触地说："这是新事物！社会反映怎么样？"厂长李政清略加思忖后答道："一开始我们把东西背到南京、北京去卖，人家连看都不看一眼，就是不相信西北人会生产出好产品。亚运会选准我们的'飞天牌'后，外地人很快就接受了。内地人看到外地人抢购，也逐渐认识了，1 分钟生产 7.4 平方米的地毯都满足不了市场的需要。我们的厂名（即甘肃无纺织地毯厂）就是受到这种启发，省委书记给起的。"当时定西县为省委书记李子奇的扶贫点。"定西人也是人嘛！"费老几近感慨地说。随后费老参观了整条无纺织针织地毯生产线流水作业。他亲眼看到了现代化管理水平，看到了 1 分钟 7.4 平方米的生产速度，高兴地不停和厂长、总工程师交谈。

费老每次来定西都不忘走访他的农民朋友。定西县城关友谊村的谢丽莎知道费老又来造访,早就做好准备迎候在门口了。谢丽莎的“会客室”虽小,倒也不失气派:墙角围了一圈豪华式转角沙发,地中间摆置着雅致的玻璃钢架茶几,窗口还有个不时嗡嗡作响的大风扇。再加上出现在他眼前的“老朋友”西装革履,今非昔比,费老就拍着小谢的肩膀说:“第一次我来时,你还是个修自行车的小匠人,第二次你就骑上了摩托,现在都成了一个阔老板了。”

谢丽莎听费老这般夸奖,脸红了起来。他有点腼腆地向费老叙说了他创办镇龙沙发厂的经过以及现状。当费老听到沙发厂月产量300副收入6万元,且在兰州、青海和西藏都办起了销售点时,发现现实印证了自己“东西合作”战略思想的可能性,惊喜地问道:“你怎么打到西面去了?”“沙发在当地还不走运。一般年轻人结婚购得多,农民积攒下钱,后半年购得多。当地人又爱买南方做的,不买自己地方做的。当地没门就到外地去找。南方不能去,就瞅准了青海、西藏那里。兰州的一个点,有娃他姑夫,是留职停薪后搞的。”谢丽莎一番智趣的坦白逗得大家哄堂大笑。费老随之问起了谢丽莎的全部情况,从弟兄五个(谢丽莎弟兄共八个)分工负责的大家庭企业到家中的责任田,从厂子的管理制度到扩大再生产后还问到了存在的困难。

谢丽莎从内心深处感受到费老对他的看重,一股脑儿地把自己心中的苦衷倾诉出来:“西岩寺公园建设,我捐了1000元,可我在马路旁一棵柳树上挂个广告牌,都让工商上的给摘掉了……”

“在外国提供广告场地是要收费的。”费老理解这个不无聪明但还不十分成熟,更缺乏理论知识武装的年轻的农民企业家,便开导般地对身旁的地委书记韩正卿提议,“咱们也可以搞广告宣传收费,双方得利嘛。”

韩正卿书记立即说:“新建的贸易大厦准备专门给他提供一个沙发展销橱窗。”

费老接着问谢丽莎:“下一步怎么发展?”“社会信息发展。”显然谢丽莎难以准确和概括地回答,他指着眼前的茶几解释说:“就是想搞这个。这是钢化玻璃的,三四个人站上都压不断,是从河南引进的。”说着他就站在茶几上跳了两下,只见玻璃板忽闪忽闪地,上面留下了两个大脚印,韩正卿也站上去亲自验证了一下,大家都看到这茶几承受力真绝,有人惊呼起来:“好家伙,真行!”

临别,谢丽莎请求费老为镇龙沙发厂题写匾额。一般不给工厂、企业题字写匾的费老为镇龙沙发厂留下了他的亲笔题字:定西镇龙沙发厂。

随后,费老一行驱车又来到定西城郊友谊村农民吴建业创办的友谊工艺厂,作最后一站参观。

定西友谊工艺厂同镇龙沙发厂一样,都是“戴着红帽子的孩子”。它招人注目的是修建在公路旁边的一栋崭新的似农家“高房”而又似城市“洋楼”的建筑物。费老驻足,抬头瞅着它仿佛若有所思。半晌,才走进了主人的客厅。客厅是“洋房子”的一部分,虽摆有沙发、高低柜,却有许多油黑发亮的盆盆罐罐。正堂的写字台前还摆着一个系了裙布的小灶桌,上面摆着两只大理石的三泡台茶具,倒也充满着浓厚的农家气息。

做过大队支部书记的吴建业，是在地县领导的帮助下，在原来油坊的基础上，和一位姓马的朋友联合创办的工艺厂，吸收农村闲散劳力，达到发展当地经济和脱贫致富的目的。他热情地请客人用茶，向费老讲述了在地县领导帮助下自己的创业史。费老询问了主人办工艺厂的起因和各自的分成、产品的售价等等。一位打扮颇为入时的姑娘捧来一个十分精致的盒子——夜光杯包装盒，费老很感兴趣地接过它。包装盒是红绒布裹做的，用骨头磨针作系扣。费老捧着盒子说："这东西古朴、典雅，具有民族风格。过去，这系扣都是用象牙作的！"

走访即将结束了，其时已过中午 12 点，大伙都已饥肠辘辘，而费老从吴建业家里出来却迟迟不上车，一步三回头地望着那"洋房子"，好像还沉浸在深深的思索中。中国农村问题、民族问题始终是费老极为关注和着力研究的问题。他对现实的容纳、选择、分析、提炼，具有一种独到之处：他总是将实地考察与战略性的思维联系在一起，同时，又绝不"先入为主"而是随时都在做出一种迎接现实挑战的准备。他的关键性的话总是具有明晰的倾向性和永远留有余地。

下午 2 时，地委宾馆二楼会议室。参加会议的有省上陪同的两位领导和地委七名委员以及部分处的领导，总共 20 来人。大家都早早来到，各自选择了属于自己就座的位置；在省上领导和地委行署领导就座的一排中间留出一个空位来——等待费老的来到。当费老穿着一身浅淡的瓦青色短袖衫，手里捏着一个笔记本，同他的随行人员走进来时，地委书记韩正卿和行署专员张国维立即站了起来，请费老坐在大家留给他的"主席"位子上。

可是费老却在左边的一个座位上随便坐了下来,那意思好像在告诉大家“主角”应该由东家自己来扮演!

汇报会就像座谈会一样,气氛融洽、活跃。会议由韩正卿书记主持,张国维专员作汇报。开始张国维十分简约地介绍了定西地区于1984年被国家作为“三西建设”以来,五年中所取得的基本成就。他说:“现在我们基本停止了植被破坏,农业生产条件有了改善,稳定了粮食生产。”接着他便从贫困地区的几大“出产”——救济、讨饭、饮水、农工资源等几个方面作了别具一格的汇报。

当张国维汇报到“山高地凉,五谷不黄”的岷县还有40万人靠救济粮的个别特殊情况时,费老挥笔在笔记本上记了一笔,便问:“记得你们有一句吃救济粮的顺口溜?”

“吃的救济粮,穿的黄衣裳。”韩正卿随即接上了话茬。大家会心地笑了起来,因为当年政府发放给定西农民的救济衣物是解放军的军装。

接下来,张国维汇报了乡镇企业的蓬勃发展和劳务输出的可喜成绩。讲到劳务输出时,韩正卿插话说兰州的定西保姆已有1500多人……我们的办法是千家万户,千方百计,千山万水。

“香港保姆,让菲律宾占领了,兰州让定西的占领了。”费老联想着说了一句,接着发表意见道:“你们的乡镇企业还不够,比南方还落后十年。”然后他又问了定西地区的工农比重和发展地方工业的打算。韩正卿说,工业可概括这么几句话:碗里端着,锅里煮着,地里长着,心里想着。这几年地直企业搞了三个6000万,第一个是32.7万吨(包括临洮峡口水泥厂)的大窑水泥,用的是国内补偿贸易,大投入大产出,锅里煮了个鸭子。第二个是铝厂,投资6000万,搞一万吨电解铝,也是国内补偿贸易,我们没有一分钱。亚麻开发十个厂也是6000万。听到这儿,费老说:“这个你可引进外资。可找民盟给你们牵个线。”韩正卿接着说,农业上我们也搞了个6000万,是用世行贷款。就是定西县 15 个乡 764 平方公里的关川河小流域治理。费老对韩正卿说的“碗里端着(更新、改造现有企业)、锅里煮着(大力创办再建设项目)、地里长着(合理挖潜可建项目)、经常想着(广泛蓄存各种信息)”的对策和大抓亚麻、豆类、兔子、地毯、洋芋、草编六个“龙头”的系列开发战略给予了支持和鼓励。

费老听完汇报,深情地表示定西的一切给他留下了深刻的印象。他说:“定西总的发展很好,但办工业,缺乏原料。现在总的形势很好,东南沿海发展缺少原材料;国际上南朝鲜、日本也好,资金涨得厉害,他要向外投资。所以,紫阳同志提出沿海经济发展战略。大进大出,没有原料,是被动的,靠西部供应,这就有个时间差,因为我们的原材料工业赶不上沿海的发展。这就需要东西互助,要有配套政策,西部供应原材料,条件是留下一部分发展自己的工业,促进西部的轻工业发展。这是我的大的个战略。原材料哪儿来,就是搞电,电有了,就可搞矿产品。西北这么大,重点放在哪儿?我考虑,将来把这个地区放在黄河上游,那么一来,西北整个就活了。这个地区发展了,就带动三个大的省区,政策用民族地区的政策。少数民族有个民族自治法,那里面含金量很大。如果将来中央定了,这个地区就发展了。在黄河上游一千公里、两岸一百公里、一千万人口,搞多民族经济开发区，我们有这么个想法，几个省区的领导都支持，这是作为沿海地区发展战略的配套战略。我的意见，能源、工业都要搞国营，老百姓得到的好处不多，要扩散到民间，发展‘草根’工业，让官富民也富，过去我们这个地区出去的原材料不少，但老百姓拿不到，要拿出一部分留下来叫民富。这次我来时间很短，浮光掠影，没有前几次深入。你们做得很好，你们需要我们帮助的，就来找我。我就是帮穷朋友，江苏富了，我就少去了。”

从当年吃国家的救济到时今农民们的存粮，从当年的出外讨饭至今日的劳务输出，从乡镇工业的崛起到工农产值的比重，从执着开拓的“牛劲”到今后发展的“龙头”，身着瓦青色短袖衫的费老和与会者谈笑风生，气氛十分融洽、活跃。

座谈后，他为“定西制鞋厂”“镇龙沙发厂”题写了匾额，为尚在编纂之中的《定西县志》题写了书名，结束了他第四次的定西之行。当定西地委领导再次表示用宴请的方式感谢他富有实效的帮助指导工作时，他深情地说：“咱们是老交情了，你们做得很好，也没有帮的什么忙了。我是专帮穷朋友的忙，你们好了，我就不来了，到少数民族那里去。有机会再来看你们六个龙头冒头来。”

在第四次来定西的座谈会上，他这样说：“我是研究农民，研究农村的，研究了几十年。我一辈子关心的就是穷朋友。定西是块穷地方，所以我多次地来。这一次来和我第一次来，感到定西的变化太大了。要是定西以后的变化还是这样大，我也就可以再不来了。”

五

1995 年 9 月 4 日，费老在省人大常委会副主任柯茂盛、常务副省长郭琨陪同下第五次到定西考察。陪同的定西地区领导有王仲保、刘念宗、陈兴洲、王纪。一到定西，还未安排好住地，费老就先到了位于县城边上生产“飞天”牌地毯的“定西无纺织地毯厂”参观。当他看到定西这个在全国小有名气的企业，这几年来有了迅速的发展以后，便高兴地挥毫题词，勉励企业“更上一层楼”。接着又访问了石羊鞋厂。

下午听了定西地委、行署的工作汇报后，费老说：我曾先后来定西 5 次，以前的感觉就是贫穷，印象很深。这次不同了，这几年富起来了，变化确实很快，改善生态环境的步伐也加快了，农民吃的穿的都发生了显著变化。在北京我听到你们的旱情严重，很担心，因为你们的农业现在还是靠天吃饭的农业，下雨就好，不下雨就不行。所以省里提出了引洮工程，我认为这个设想很好，工程上去以后，既能发电，又能提水灌溉农业，综合效益好。我愿意帮助你们，大家一起做工作，促进一下，争取早日实现这个宏伟的计划。针对定西的实际，费老提出今后的发展仍然要抓好种草种树；搞好农田水利基本建设，重视农业生产条件的改善；另外要抓好农副产品深加工，例如荞麦、土豆、小米等农作物的深加工，要像东部地区抓“锅巴”、“娃哈哈”那样去抓；抓好人才的培养和干部队伍的建设；大力发展乡镇企业，因为农业地区只有通过自身工业的发展才能走上工业化的道路。他强调在还很贫穷的陇中，乡镇企业不一定要搞一个很阔气的工厂，而是搞小加工,加工就是工业。开始就是家家搞,主要是搞庭院经济,用大农业观点。晚餐时,费老想到了他前几次访问过的一家个人办的“焊接服务部”,饭后他约请了服务部的谢老板到宾馆谈心。当他得知“焊坊”的生意愈来愈红火,并有了大发展时,高兴地说:市场经济是竞争经济,也是“能人经济”。并祝愿他的“焊坊”越干越大。

9月5日赴临洮,途中费老一行看了临洮的塔尔湾石家铺村,访问了几家农户,详细询问了农民的吃、穿、住情况,与农民群众合影留念。在塔尔湾乡天水沟村农户王海龙家,看到这个六口之家丰衣足食时,感到十分高兴。下午视察了位于临洮县境内的正在建设中的三甲水电站。对这座电站采取国家投一点,地方挤一点,群众投一点的筹资办法表示赞赏。他看望了电站一线的职工,并高兴地在洮河边与大家合影留念,并题写了“三甲电站”的站名。

费老听取地委、行署,临洮县委、县政府的汇报后,充分肯定了定西这几年的工作。他说,大西北主要是生态问题,这次专门坐火车沿途看到满目绿色,说明种草种树扎了根,生态有了改善。希望西部地区做好准备,在“九五”期间开个好头,迎接大西北发展高潮的到来。希望重视水利建设,支持引洮事业,提倡用水发电,用电提灌,用电开矿,促进各业发展。关于农业问题,费老希望有水走水路,无水走旱路,要重视旱农科研工作,把专家请回来研究一些办法。他说,不要把农业只限制在种粮上,要大力发展乡镇企业,着眼于农副产品、地方资源的加工开发,不要空想,要由小到大,一步一步地走。他强调要重视妇女工作,让她们学习当家理财、勤俭持家的本领，发挥女主人翁精神，不断积累资本，在经营活动中真正发挥妇女的作用。费老还希望各级领导要善于调查研究，通过对一个典型兴衰荣辱的跟踪调查，窥斑见豹，指导全局。

六

2001年8月2日，费老在省人大常委会副主任陈绮玲、省政府副省长李重庵、省政协副主席周宜兴、省人大副秘书长安晨光等领导的陪同下来定西地区视察。这次是他第六次定西之行。

上午，费老及省上领导一行在地区领导石晶、朱同心、张乃、武文斌、宋敬国、葛兴才和地直有关部门、定西县政府负责人的陪同下，深入定西县巉口镇三十里铺村，考察了解定西地区“121”雨水集流工程建设、改善农民生活的情况。

费老说，过去定西很贫困，根本原因是缺水。因此，他不顾年迈体弱和酷暑炎阳，坚持要看集雨节灌工程，看看农民的生活状况。下午，费老到定西县巉口镇三十里铺村，先后走访了两户农民。

在大堡子社农民马德家里，他详细察看了水窖蓄水情况。马德打了一桶水提到他面前，他把手伸到水里摸了摸，高兴地说：“水不‘硬’，很干净。”马德告诉他，现在有了“121”工程，不仅解决了吃水问题，还能利用水窖所蓄的水发展庭院经济。接着费老为马德题赠了“墨宝”。在剡茂林家，得知剡茂林夫妇依靠劳务输出，2000年全家人均纯收入达到2100元时，费老非常高兴，挥笔为剡茂林14岁的女儿剡娜娜题写了“好好学习，天天向上”八个大字。

在地委宾馆举行的座谈会上，地委书记石晶向费老一行汇报了定西地区各项工作情况及今后的思路和打算。

费老在讲话中说，定西的发展能到今天这种状况是很不容易的。希望各级党政领导再动脑子，再想办法，再找路子，外引内联，千方百计寻找并抓住发展机遇，加快发展速度。他强调指出，农业结构调整后，要利用高科技加工农产品，使其走向市场，这样才会有好的效益。他还就生态建设、支柱产业开发等讲了一些具体意见。最后，他深情地说：“让我们大家共同出力量，把定西建得更美更好。”

七

2003 年 8 月 31 日，费老第七次来定西考察。这次费老是想看看定西在农业产业化进程中，迅速发展起来的农村合作经济组织，是如何把一家一户分散的农民组合起来与市场对接的。定西从粮食生产向土豆、药材、花卉等方面的转变，是根据费老提出的依照自然条件决定利用土地的原则，从劣势中找出特色；而合作经济组织，则是根据费老按市场利用土地的原则，把农户组织起来把特色产品做强做大，变成市场需求的优势产品。

上午 10 点，费老在雨中到达定西。省政协副主席、民盟甘肃省委主委周宜兴，省人大常委会党组副书记、副主任姚文仓等有关领导陪同费老来定西考察。地委、行署和有关方面领导石晶、刘念宗、张乃、秦素梅、牛兴民、张月娥、葛兴才、吴丙申等热情地接待了费老一行，行署副专员牛兴民代表地委、行署向费老汇报了退耕还林、脱贫致富及经济发展运行情况。

地委书记石晶对撤地设市前费老再一次来定西考察表示热烈欢迎。他介绍说，近年来定西抓住西部大开发这个历史机遇，以实施退耕还林工程为契机，遵循自然规律、科学规律和经济规律，充分发挥资源优势，大力调整农村经济结构，探索出了一条发展生态经济战胜贫困的路子。根据多年的经验，制定了一套大力发展马铃薯、畜草、中草药、食用菌四大支柱产业的规划，用这四大支柱产业来带动一批相关企业的兴起，促进了定西产业结构的调整。定西人民已于上世纪末整体脱贫，现在正向小康迈进。今年降雨特别好，农民户有水窖3至4眼，吃水问题得到了解决。由于狠抓了以退耕还林为主的生态建设，生态农业已走上良性循环的路子。

费老说：变样了，太好了！山绿了，水也多了。我到定西来，一次比一次绿，一次比一次富。这次来，就是看看西部大开发后，定西人民得到的实惠有多少。

石晶说，全区七个县都是特产特色之乡，马铃薯、药材、草畜业、食用菌、花卉已成为支柱产业。我们把丰年当菜、灾年是粮的洋芋蛋变成了金蛋蛋，定西县成为马铃薯产业之乡，这一产业一定会做大做强。

费老高兴地说，我一生关注的是穷人的事情，是抓水抓人的学问。定西发展这么快，我很高兴。现在要撤地设市了，这是机遇，这是台阶，如果身体允许，我还要来定西，那时的定西市发展会更好。

这一次费老专门去了巉口镇的土豆贸易市场，走访了“洋芋专业协会”和因洋芋致富的小康村。费老看到的是每户都有一座面积在280到300平方米的两层小楼房,家家都有一个独立的院落,灶房用的是沼气和通过小水泵从水窖泵上来的水,如同自来水一样。

下午,费老还访问了巉口镇的两户农户。在王明家,王明告诉费老,家有4口人,5亩耕地,其中3亩退耕还林种了树,2亩种马铃薯。退耕还林的3亩地,每亩一年可以从政府那里领到200斤粮食和20元的补助。家里还买了一辆汽车跑运输,年人均纯收入2100元。家里盖了243平方米的二层楼,彩电、电话、家具样样都有。说话间,主人端出了一大盘刚刚蒸熟的、香喷喷的土豆和老玉米,热情地要费老尝一尝他们的特产。临别时,王明特意要费老到厨房参观他的“自来水”,原来他在水窖里安装了一个电动抽水机,用水的时候插上电源,水窖里的水就抽上来了。站在院子的雨地里,王明拉着费老的手说:“你老人家这么大岁数还打老远跑来看我们,老天爷都高兴啊,下了一天雨。”他又指着大门边的地上一个打开了盖子的洞口接着说:“这是水窖的进水口,你瞧,这雨水流得多欢!”大家在蒙蒙细雨中和费老依依惜别。

实践出真知,思路定出路。从“缺吃少穿”到“饱食暖衣”,从领导苦抓、群众苦干、部门苦帮的“三苦”精神到确立“顺应天时、遵循自然规律,顺应市场、遵循经济规律,顺应时代、遵循科学规律”的科学发展思路,定西确定了马铃薯、药材、花卉、食用菌作为四大支柱产业,走出了一条“退耕还草—圈舍养殖—沼气能源—优质肥料—绿色农产品”的生态经济路子。经过艰苦努力,终于在1999年基本解决了温饱,进而向小康迈进。

定西市二十年向贫困挑战的攻坚历程,是与民盟关注和支持定西的发展紧密相连的。进入新时期以来,民盟中央和民盟甘肃省委非常关注定西的发展,一些著名的专家学者多次率团到定西视察、调研,提建议,献良策。定西市将这些前瞻性的理论与本市实际相结合,确立了科学发展的思路。定西二十年的变化,对中国的发展具有特殊意义;定西的经验,对全国贫困地区的脱贫致富有很大的借鉴意义。

2003年,贾庆林在定西考察工作时,对费老和民盟多年来为定西的科学发展出主意、想办法、取得了明显成效的做法,给予了充分肯定。在当年召开的学习贯彻"三个代表"重要思想与统一战线专题研究班上的讲话中他说:"过去,甘肃定西地区是全国最贫困的地区之一,粮食不能自给,干旱少雨,生产生活用水极其困难。人们说:'鸟跟水车飞,牛跟水车跑。'今年4月,我到甘肃定西调研,看到了另一番可喜的景象。那里家家有余粮,解决了粮食问题。家家都有小水窖,解决了用水问题。如今定西的畜牧业产值已达到1.31亿元,占农业总产值的40%以上,从牧业中农民人均增加收入395元,近一半的农户通过发展畜牧、养殖业脱贫致富。这样可喜的景象来之不易,其中就凝结着各民主党派的心血和汗水。尤其令人敬佩的是民盟中央前主席费孝通同志,从1984年到2003年的20年间,费老先后11次到甘肃,7次到定西,为改变那里贫穷落后的面貌出谋划策,献计出力。针对开发西部地区面临的问题,费老提出首先要'反弹琵琶',来一次思想解放和观念创新,实现从农本牧业向牧本农业的转变。定西人接受了费老的建议,转变了观念,取得了显著的成效。费老的实际行动和高尚情操为统一战线各界人士树立了学习的楷模。”

费老的一次次田野调查与建言献策,与定西人民一步步调整思路、探索脱贫发展之路的思考与实践,始终息息相关、互相交织。费老的建议为定西脱贫致富提供了现实途径和理论依据,为当地形成科学发展方略做出了贡献。

费老把为经济建设“出主意,想办法,做实事,做好事”作为民盟的工作思路。在费老的影响下,一代代的民盟成员踏着费老的足迹积极帮助定西改变贫困落后的面貌,为定西的发展建言献策,积极引荐项目支持,并正式将定西确定为民盟帮扶的重点,全方位开展对定西的帮扶,加快了定西经济发展的步伐。

2005 年 4 月,全国人大常委会副委员长、民盟中央主席丁石孙,全国政协副主席、民盟中央常务副主席张梅颖带着对定西人民的深切关注和深情厚谊,亲临定西考察指导工作,与定西的干部群众共商发展大计。张梅颖副主席曾在一篇回忆文章中写道:“我每次去看望费老,他都会拉着我的手说:要走啊!要下去看啊!每当听到这话,我都非常感动。我想,就从定西开始吧。沿着费老的足迹,接过民盟先辈手中追求富民强国的薪火。全盟同志会把它烧得更旺、更亮,放出更多的光和热。”

2007 年 9 月,民盟中央主席、全国人大常委蒋树声,民盟中央秘书长高拴平一行踏着费老的足迹接过民盟中央的扶贫接力棒,参加“中国·定西 2007 马铃薯产业发展暨经贸洽谈会”,听取了定西市和安定区近年来工作情况汇报,深入调研了安定区巉口镇马铃薯产业发展和青岚乡大坪村扶贫开发及新农村建设示范点情况，并为民盟帮扶建立的贺家岔学校揭牌。

2013年11月8日，全国人大常委会副委员长、民盟中央主席张宝文率民盟中央调研组到定西调研。全国政协常委、副秘书长、民盟中央副主席徐辉，全国人大常委、农业与农村委员会副主任、民盟中央副主席龙庄伟随同调研。调研组先后在通渭县马营镇国家坡耕地水土流失综合治理涧滩项目区、通渭县工业集中区畜草循环经济产业园以及安定区巉口镇定西蓝天淀粉有限公司、甘肃圣大方舟马铃薯变性淀粉有限公司考察。

民盟作为参政党的一个重要任务是参政议政，参政议政的实质是要求我们提出利国利民的意见和建议。这些建议只能从我们投身到经济建设和改革开放的实践中去寻找。民盟中央领导一届接着一届薪火相传，对定西人民寄予了真切关怀，带来了巨大的智力支持。定西经济社会发展的每一个深刻变化，无不体现着民盟的关注和支持；定西经济社会发展的每一次大的战略思想、发展思路的提出和经济结构的调整，无不凝结着民盟的真知灼见。

在此期间，民盟甘肃省委朱宣人、周宜兴、张世珍等领导曾多次亲临定西视察调研，为指导定西的经济社会发展建言献策。

发挥民族优势脱贫致富

少数民族地区发展战略是费老学术研究的一个重要领域。如何帮助西部少数民族发展起来？在访问了甘南藏族自治州和临夏回族自治州后，费老提出依靠自身特殊的经济地理位置优势，发挥各民族自身特点，让他们自己发展起来。在1985和1986年的访问中，他发现临夏州和甘南州从古到今，一直活跃着一条与西藏通商和文化交流的民间渠道，引发他怎样开发青藏高原广大牧区的思考。指出："如果现代化和商品化是不可分离的话，甘南藏族已经在藏族地区起着商品流通的作用，为现代化开了门……甘南大有条件可以作为藏族现代化的一个起点。"在临夏费老提出"以商带工"的启动战略和"东引西进"的发展思路，指出不要忘记临夏曾经是历史上丝绸之路上的重要驿站，要利用该地区回族同胞善于经商和"茶马互市"的传统优势，重开现代丝绸之路，并称它是"西部温州"。临夏这个标本给费老的启示是进一步认识到少数民族的发展必须抓住它们的特点作为起点。临夏商业的繁荣不仅为费老提供了一个怎样利用传统优势脱贫致富的路子，而且也使他看到这是促进青藏高原现代化的重要环节。因而费老建议：甘肃临夏和与其相毗邻的青海海东，组成一个发展民族经济协作区，用它来促进青藏高原的经济发展。西部发展战略构想的雏形开始形成。

一、西部发展战略构想之："两南兴藏"

"上高原，访藏族"是费老从五十年代就确立而一直未能实现的愿望。1984年他随民盟一批专家第一次来甘肃，在考察定西种草种树时，听说甘南藏族自治州只有海拔3000—4000公尺，从兰州坐一天汽车就可以到达。于是打动了费老上高原、访藏族之心。1985年费老再一次跟这批专家去定西，回到兰州，就同专家组分道扬镳，单独南行。

临夏、甘南（特别是甘南）海拔高，气候差异较大，费老年事已高，省上领导和陪同人员担心他身体不能适应，再三劝阻。费老说：见不到藏族人民的实际生活，怎配做一个研究中国民族问题的人。在他的坚持下，省上就费老的临夏、甘南行作了安排，配备了随行专职医护人员，于8月13日从兰州出发开始了他的临夏、甘南行。

13日一早费老一行从兰州启程。同去定西考察的专家临行时在汽车旁一再叮嘱费老：少说话，少活动，少劳累。为慎重起见，一天的路程分两天走，中途在临夏打尖休息，小住一晚。临夏海拔1986米，离兰州160公里，刚逢有一段公路正在修整，从兰州东行近4小时。

14日从临夏出发直达甘南州首府所在地——夏河县合作镇。合作海拔3000米，比临夏高1000多米，行程107公里。地势逐步上升，很少陡坡，对新客威胁不大。费老闭目静坐，一任车座颠簸，不知不觉中已被提升了千米。海拔高、空气稀薄、氧分低，不习惯高原生活的人，突然被提升会有头痛、憋气的反应，心脏弱的人更会心跳加速，晚上不易入睡。费老这次在合作三天，在夏河三天，又几次越过3000米以上到草原家访，活动频繁而体检正常，除了每过几分钟，自然地深呼吸一次外，没有发生什么高原的特殊反应，随行人员深感快慰。

费老在甘南考察了草原森林情况，看到的草是“浅草没蹄”

而不是“风吹草低见牛羊”，树的破坏也比较严重。他强调草原退化、森林破坏问题一定要解决。考察了工业情况，参观了毛革厂。走访了几户牧民，通过翻译和藏民谈话，了解到他们对“三十只羊，两头牛，骑上马，满山游”生活状态的满足，但也看到了在这种精神世界里讲求发展商品牧业的困难。费老还听取了州上有关教育问题的汇报，用一上午的时间和甘南领导讨论教育和人才问题。8月16日参观了夏河拉卜楞寺。嘉木样大师视做客拉卜楞寺的费老为上宾，他与费老同起同坐、同车出游。出行时，所遇到的藏民无一不毕恭毕敬地低着头，鞠着躬，摊开双手，站立在路旁。车子一停，他们就一拥而上，把头伸过来，要求摸顶，有人甚至用头冲撞嘉木样大师和费老乘坐的汽车，这些行为，完全是他们内心世界一片虔诚的自发流露。

通过对合作、夏河的访问、调查之后，费老对甘南藏族自治州有了较为深入的了解，针对甘南的实际，对甘南的发展等问题形成了基本看法：

（一）是甘南在甘肃、在全国所处地位的特点和重要性。当地基层干部谈到甘南州每年给西藏提供150万斤酥油时，他就意识到这个问题的重要性。他认为这件事不能只看作是酥油，而应该看到这是一股经济的力量、文化的力量。甘南藏族自治州在甘肃和在全国民族工作中的地位应重新加以考虑。西藏现代化的问题，是关系祖国四化建设的大事，所以在甘南这个窗口上得花较多的力量，要有一套具体的规划、措施。这不光是为了甘南，更重要的是为了西藏，为了整个藏族地区的发展着想。如何发展藏族？就是要现代化。要使藏族现代化，先得发展藏族同汉族接近的地区。这些地区容易接受新知识,容易搞现代化。也可以说是反弹琵琶,西藏的现代化可从外围着手。甘南尽管仅占甘肃全省面积的不到 1/10,但它在藏族现代化的进程中有着极为特殊的作用和地位。这个重要性不是表现在人口比例上,而是表现在它是藏汉民族接触的前哨,是青藏高原和农牧业的过渡带,可以把甘南看作是整个藏族现代化的跳板。

(二)是甘南在着重发展牧业的同时,要把眼光放到建立和发展自己的民族工业上来。费老是在参观了毛革厂之后得出这一结论的。在合作市的毛革厂接待费老的是该厂负责人,一个藏族转业军人。这个厂原是夏河皮革厂的一个毛皮车间,1980年独立建厂,当年投产。现在已有职工 286 人,其中 158 人是汉族,73 人是藏族,还有回族、满族,是个多民族的工人队伍。1985年产值达 174 万元,利润 8.7 万元。一年定制皮夹克 2 万件,远销东北。厂里甚至想向国外"伸伸腿",已经和美商联系出口兔毛皮加工品和土拨鼠皮手套。费老问起他们的技术状况。他们说起先是从夏河制革厂里传下来的。这位藏族转业军人,就在夏河厂里结识了三个上海同行,建立了联系。一个是南京皮革研究所的,一个是南京虹光皮革厂的,一个是南京黎明皮革厂的。靠这三个人,合作市的毛革厂得到了传递信息的渠道和技术支援。他们每年来甘南几次,带来制革所需的机械和化学药剂。1985 年这个厂为东北制造的皮夹克就是他们穿针引线的。这也是费老曾说过的超距辐射。南京的技术能力可以直接辐射到甘南,不必经过中间梯度媒介。费老又问:南京人为什么愿意帮忙呢?他们说:一是有交情,二是靠优惠待遇,三是不要求他们长期住到高原上来。他们还在南京供职,每年来几次就行了。但是,到甘南来的时间,工资加倍。

毛革厂所走的路子是“能人战略”,他们请来几位南京皮革研究所的技术人员来帮助指导。这正是费老说过的东西部合作的典型,即“东引西进”,也是他曾说过的“乡镇工业细胞分裂法”的例子。当看到毛革厂的这番情景时,费老曾激动地说,这是甘南工业化的种子。

(三)是甘南发展的主要问题是人才问题。原材料和能源本地就有,缺的就是技术,而技术说到底就是人才的问题。费老了解到,从1979年到1985年这7年里,省里分配到甘南来的师资名额为193人,实际报到的只有157人;同期调走的教师为96人,结果实增仅61人,平均每年不到10人。分配来的是新手,调走的大多数是老教师。可想而知,在这种情况下,要保证教学质量是很困难的。根据当地教育机关的统计,目前各中学共有教师1400人,缺额达469人,竟占1/3;另一方面,自1977年恢复高考以来,从甘南录取的大专院校新生共605人,每年约75人,这些学生毕业之后回来的极少。甘南不仅教育战线上人才流动出现出超,其他战线上同样发生人才外流的情况,主要是外地干部要求回原籍工作。根据这种现实情况,费老提出了一个思路,这就是抓人才的培养和引进,重点则是培养当地的民族人才。费老还提出具体的做法:通过甘肃省的民族学院、师范学院和甘南联合办学校,专门培养民族地区的干部和师资。

(四)是指出拉卜楞寺不只是藏传佛教的圣地,它还是一座藏文化的高等学府。要建设现代化,它可以作为一个中心,作为发展和建设藏族现代化的突破门。应该充分利用这一民族文化中心把民族感情和现代化科学技术逐步结合起来,注入现代科技知识的教育内容,发挥甘南这个藏族现代化先行者的作用,以加快藏族现代化的进程。所以花力量进行甘南州的发展和建设,不仅是为了甘南州的20多万藏族群众,也是为了西藏自治区的100万藏族群众,发展甘南是发展藏族地区的重要门户。可以设想,把甘南州建成一个藏族现代化建设的发动机、根据地。

费老的上述四个观点,虽说是针对甘南而言的,但他的“视角”和“基点”远远超出了甘南州,对我国多民族地区的发展有着重要的指导意义。

18日从夏河返回兰州,费老心情非常舒畅,又受甘南草原迷人的景色所感染,因而在车上口吟一绝,诗曰:

朝辞甘南古寺前,
千寻高原早入秋。
草香醇处如客醉,
牛羊同群不羡仙。

费老一生有一个夙愿,就是要亲自访遍分布在祖国大地的55个少数民族。生活在甘肃张掖地区、祁连山麓的裕固族,是费老当时尚未亲访的民族。1989年9月,费老第五次来甘考察黄河上游多民族经济开发区建设情况后,绕道访问了肃南裕固族自治县。

肃南是我国唯一的裕固族聚居地区,位于河西走廊,背靠祁连山，牧草丰美、水源充足；肃南高山细毛羊闻名遐迩；全县有3.5万人口，是甘肃重要的牧业基地，年提供畜产品数量和农牧民人均纯收入都位居全省牧区县之首。

说起肃南之行，还有一段趣事。凡到过肃南裕固族牧场的人都知道，这里地处海拔3000米以上，局部达4000米以上，空气相对稀薄。因此当费老提出要去牧场亲自拜访裕固族牧民时，陪同的同志感到有些为难，因为考虑费老毕竟已年近八十，而且在高原上也没有生活过，为避免发生意外，经过商量，陪同人员采取了折中的办法，即从张掖到肃南县城红湾寺（这里海拔2000多米），与县里同志见面，然后再往山里行进十几公里，到一个小牧场。裕固族同胞在那里迎候费老。恰巧这一天是我国人民的传统节日——中秋节，牧民们用歌声和青稞酒招待费老一行。费老肩上披着五六条洁白的哈达，端坐在帐篷的中间。热情的主人端上招待远方贵客的羊背子（一只整羊），用刀切下一片羊尾双手捧给费老，费老毫不犹豫地吃了下去。裕固族兄弟们响起了热烈的掌声，唱起了敬酒歌。他们说，费老是肃南裕固族自治县成立35年来，到肃南来的年龄最大、职务最高的领导人。当费老知道在欢乐的人群中，有5位中央民族学院毕业的学生时，就非常高兴地与这些学生一起照了相，并勉励他们说："你们学了知识不是留在大城市，而是返回故里，为本民族的人民服务，这是可贵的。希望你们为这里的现代化做出更大的贡献。"在歌声和笑声中费老和裕固族同胞度过了中秋节的一个欢乐的白天。

辞别的时刻到了，裕固族告别时传统的"上马酒"，真是让人们喝得醺醺然乐以忘归。对于这一天，费老在后来的回忆中意犹未尽地说:“1989年的中秋节是一个难忘的中秋节。我有过一个愿望,要亲自拜访我国所有的少数民族,这次是我第一次与裕固族同胞见面,使我感情上受到的激励远比过去对肃南牧业的了解要深刻得多。”对于肃南,费老是这样看的:肃南这块草原具有良好的条件可以作为现代化牧业的试验场,因为它既有一个好的牧业基础,而且又处在河西走廊工农业发达地区的附近,这些都是促进牧业现代化的重要条件。

在离开肃南时,费老联想起曾访问过的甘肃另一片广阔草原,那就是甘南。肃南和甘南是甘肃的“两南”,这并不是名称上的巧合,在发展西部民族地区上都具有特殊的有利地位。它们都紧靠青藏高原的边缘,都是历史上与藏族有长期的密切往来,现在还有藏族聚居于这些地方,而且其他民族有些在这里定居后接受了藏族的影响改信了喇嘛教,裕固族就是一例。这种密切关系正给他们“反弹琵琶”的条件,可以成为藏族现代化的窗口。这些地区处于藏区和汉区之间,容易接受新知识,容易搞现代化。西藏的现代化可以从外围入手,逐步向中心深入。所以发展甘南和肃南对发展藏族地区具有重要意义。“两南”能不能看作是青藏高原的少数民族和中原地区各民族联系的两架桥梁?通过原属藏族重要文化中心的甘南这架桥梁,可以把现代化科技知识送入藏族地区;通过在牧业改良已取得成绩的肃南这架桥梁,把现代化牧业送入藏族内地。“两南兴藏”的设想由此形成。

二、西部发展战略构想之:临夏发展模式

1985 年 8 月,费老第一次走访临夏回族州,之后于 1986 年 8 月、1987 年 8 月、1995 年 9 月先后三次到临夏视察。费老每次的临夏之行,都深入到村镇、农舍,和群众拉家常、谈发展。在广泛深入调查研究的基础上,从少数民族的历史谈临夏民族经济发展的未来,提出了许多关于振兴民族地区经济的独到见解。费老每次的临夏之行,对自治州各级领导的决策都提供了新思路,对农村各族群众加快脱贫致富给了很大的精神鼓舞,更对临夏州民族经济的发展起到了重要的理论和实践指导作用。

第一次到临夏,费老是在访问甘南藏族自治州时,往返路上都在临夏停过,没有下乡访问,但从言传口说中听到了许多富有启发的提示。临夏本身是个少数民族自治的地方——回族自治州,而在它境内却还包含了两个自治县:一个是东乡族自治县,另一个是多民族联合自治地方,即积石山保安族东乡族撒拉族自治县。这是一个少见的多民族聚居的地方。

1986 年 8 月第二次去临夏,在那里活动了一周。先是在临夏市、临夏县做了两天调查,11、12 日两天在广河县的买家巷、城关、祁家集和三甲集镇的九家专业户,详细了解流通及乡镇企业的发展状况。11 日晚,费老与广河县委、人大、政府、政协有关领导同志座谈,座谈结束后,费老挥笔写下"团结奋斗,发挥优势,开拓前进,再展宏图"的题词。

费老串门穿户,接触许多当时所说的专业户。在广河县城关镇拱北村访问时,他走进了一所新盖的楼房。楼房的边房里,

贮满了一屋子的皮毛，气味很大。这家主人是个 20 多岁的回族青年，名叫杨麻尼。他家原来很穷，靠贩运蔬菜过活。1979 年听人说四川藏区的人们需要穿毛皮袍子，肯出价钱。他就在街上买了一些羊皮，缝了几件袍子，一路打听，换了几次车，到了甘孜。一下车就被人围住，争着要买。一件皮袍成本不到 20 元，在那里可以卖到上百元。从此，他家里的妇女一有空就缝皮袍子。他跑单帮往来售货，四年来已走遍甘孜各地。现在新房子也盖起了，一个小小的家庭皮袍作坊也很像个样子了。

走访了七、八家这样的专业户，一问竟全是回族。费老问陪同访问的当地干部，当前临夏在外地搞劳务和经商的人数。说估计全州 50 万个农村劳动力中外出的约 16 万多人，外出劳动力之多居甘肃各地区之首。其中大多数是回族。

沿着这个线索，费老发现了回族善于经商的特点。他又把这个特点联系上了回族的历史，找到了这个民族特点的历史根源。回族所信奉的伊斯兰教起源于阿拉伯，扩散到西亚和中亚。早年通过“丝绸之路”和海道有不少信伊斯兰教的阿拉伯和中亚商人进入中国，他们被称为“番客”，一部分就定居在沿海和西部商路上的城市里。到了 13 世纪，蒙古人入侵中亚，掳掠了大批信伊斯兰教的商人和工匠编入军队，为他们做后勤工作。后来蒙古人带了这些人回师中国，灭了南宋，建立元朝。这些人的子孙就留在各地，和早先来的番客结合而成回族。从这个民族的形成中可以看到他们的祖先不仅信伊斯兰教而且是有经商传统的人。他们在和汉族接触中虽则部分已接受了农业生活，但在不同程度上还是保留了善于经商的特点，直至今日。

费老几番临夏行，都要追溯这段历史，他认为，“一个民族的经商本领是积累下来的”。在他了解到临夏许多少数民族群众经商致富的情况后，预言“一个适宜于做生意的民族得到了他发家的机会”，提出“发展临夏的经济基础——经商”和“民族地区经济发展要依靠当地民族”的传统优势的思路。

费老在广河买家巷乡王家村见到一家靠沟通甘、藏贸易而发迹的回民。他名叫马达吾，35 岁左右，全家 18 口人，三世同堂，兄弟四人没有分家，但都已成亲，父母健全。1978 年开始加工皮衣，销往四川、青海等藏区。1981 年积攒了钱，买了一辆卡车，贩运小百货上西藏，回程从拉萨运回羊毛、皮子和尼泊尔的呢料，摸出了一条经商之道。在拉萨和西藏的一个汽车队联办了一个门市部，后来又自立商店，有工人常住拉萨，接着添置了一辆卡车，每周有车往返一次，可收入 1 万元。去年在临夏县城里开了一个门市部，家里盖了一座二层楼的住宅。他从 1982 年开始和同村的马继业合伙经营，先带一户，逐步扩大，现在已有 70 多人参加甘、藏之间的流通活动。全村只有 42 户，家家有人上西藏做买卖。还有些人家租车贩运啤酒到拉萨出卖，赚了钱自己买辆卡车往返拉萨做买卖。一辆卡车跑一趟拉萨，昼夜开车，5 天可以打个来回，净挣5000元。

陪同费老的当地干部告诉他，这几年像马达吾一样起家的人不少，确数不明，一般估计全州 6 万个出外经商的人中大部分是在藏区活动。现在拉萨的临夏坐商大约有 600 多家 2000 人，他们所开的铺子已形成一条街。临夏在青海、西藏许多城市里设立了清真饭店、民族旅社以及办事处——三位一体的贸易中心已有10处。他们在亚东有个站头,通过藏人和尼泊尔人做买卖,在临夏街上可以见到穿尼泊尔运来的西装的人。广河县公路两旁也出现了不少新办的小企业,费老参观了七八个比较大的家庭企业:有拖车厂、皮革厂、化工厂、翻砂厂、铁钉厂、食品厂、啤酒厂等,有少数是联户办的,并雇用一些工人。其中规模最大的有工人20多人,但资金总额没有一个超过20万元。厂房都是住宅的一部分或在院落中搭个工棚。由几千元的资金开始,经过一两年,许多已经盖起了新房子。有几个原来很破烂的穷村,已焕然一新。这样快的脱贫致富,给费老留下极深的印象。"这次我能看到回族经商的才能,而且认识到这种才能是回族的优势,我从这个认识出发,看到了临夏回族这两三年里在沟通青藏高原的牧区和中原农区之间的贸易上自发地做出的贡献。"

临夏的景象使费老想到了温州。临夏全区大概有一百几十万人,在外做工和做买卖的去年约有16.5万人,今年要到20万人,约占劳动力的1/3。听来和温州相似:先是劳动输出,接着搞贩运,再进一步搞小作坊和家庭工业。费老问他们主要到什么地方去做买卖。回答大多是青海和西藏。

当时甘、藏间的商品流动可能主要是靠这一支民间的自发队伍。费老了解到甘南有300多辆汽车,临夏有近1000辆卡车长年往返于西藏与甘南、临夏之间,有六七万人从事甘、藏间的商品流通。费老非常关心这支由回、藏同胞组成的民间商队的情况。当他了解到这些汽车绝大多数是用废旧卡车改装而成,既不实用,更不安全的情形,回京后,及时向国务院有关部门反映了这一情况。很快这两个自治州的个体运输户就得到了中央调拨的数百辆新卡车。但连接甘、藏间流通的这支队伍还没有引起应有的注意和扶持。对于这个问题,费老在《临夏篇》中这样写道:“如果我们认为要促进青藏高原的经济发展必须推动农、牧贸易,那么我们应当对这支民间自发的流通队伍加以扶助和培养,不仅在提供流动资金上可以做些‘便民’之事,流动过程中许多环节上都有‘便民’之事可做。比如资源供应、仓库设备、交通设施、运输工具、市场信息以至各种保险,处处可以为这些搞流动的个体户服务。更重要的我认为是如果一开始就以国家或集体的力量为这些积极性很高的个体商贩提供服务,我们就可以通过服务使他们不越出社会主义的大道运行。”

临夏州地处三个结合部,即青藏高原与黄土高原结合部、汉族地区与少数民族地区结合部、农区与牧区结合部。特殊的地理位置,使临夏州(古枹罕、古河州)早在唐、宋时期,就出现了中原地区的茶叶与西部牧区的马匹交易的“茶马贸易市场”。洪武七年,明王朝在河州建立“河州茶马司”,把唐、宋以来的茶马贸易活动用制度规定下来,一直延续到清乾隆年间。河州在历史上曾经是欧亚交通要道、丝绸之路的南道,商贾云集、繁荣一时。

费老这次视察临夏时,把历史上存在的河州“茶马互市”同今后临夏的民族经济发展联系起来。他认为,临夏“这个地区的特点,他的生命的来源,它的基础,建立在中原和青藏高原的贸易活动上边,商品流通上边”,“这个特点不是偶然出来的,是历史上长期表现出来的”,也是临夏所处的经济地理位置决定了的。如今临夏的民族经济发展,还要“抓他的关键,抓他的特点”。临夏州的广河县三甲集乡是一个大的羊毛皮张集散地，当费老看到那一带的农民把各个地方的羊毛、羊皮贩运到三甲集，经过初加工，然后又集中运往沿海地区时，他就指出，“这就是流通中心，每个农民、每个牧民都要依靠这个流通中心来丰富自己的生活”，如果利用临夏的地理位置优势，不断将流通扩大、辐射、延伸，临夏将会成为“一个大规模的商品集散地区”。

访问期间费老了解到，不仅临夏的回族正在大力开展青藏贸易，汉族也跟着参与劳务输出和出外贸易。其他几个少数民族又各有专长，大显神通。费老到临夏西北角和青海接界的积石山的滩谷里访问了三个村子，叫“保安三庄”，是保安族的聚居区，有8000多人。说是大约120年前从青海保安地方迁移到甘肃来的。原有语言带有蒙语的特点，信伊斯兰教。生活习惯和这里的回族相同。他们专长制造一种“保安刀”，是藏族牧民用来割肉就食的日常用品，有如汉族的筷子。保安刀制作精美，锋利耐用。刀把和刀鞘上还嵌上各种装饰的图形，实在是一种工艺品，保安族几乎家家户户兼做这种工艺品。自产自销，是青藏高原的畅销货。费老访问这里时曾吟诗一首，并书赠陪同他访问的民盟甘肃省委主委朱宣人。此诗未见发表，不妨辑录于此：

黄河奔腾下，凿断积石轴。
过峡入河州，山围宽滩谷。
坡田画棋局，麦黄牧草绿。
车绕山村过，儿童竞相逐。
遥指三庄落，保安自成族。

首镇吹麻滩，宰羊留客宿。
插刀嵌美玉，蒙藏畅销速。
富民仗特技，户户余积谷。
挥手依依别，请留多福祝。

就在保安三庄，费老去访问了和保安杂居的撒拉族，原有语言带有突厥语特点。撒拉族一共有大约6万人，大多住在青海，在甘肃的只有4000人。他们的特点过去是从黄河上游伐木，把木排放到兰州和包头。一路要经过许多急流的山峡，是一项惊险的行业。据说从这种行业里培养出撒拉族耐得住重活，在艰苦的条件下劳动的民族特点。在修建青藏公路时，越过唐古拉山这段，海拔在3000公尺以上，撒拉族工人大显身手。甚至有人说没有撒拉族，这段公路是修不成的。费老又一次强调：要促进少数民族的现代化，必须从它们所有的民族特点和传统优势出发，循序渐进地向前发展才能见效。

费老对临夏少数民族群众的传统经商优势寄予了深切厚望，他根据临夏州的商业发展势头，提出“东有温州、西有河州”。他认为，尽管温州和河州在发展步伐上是有区别的，温州先行一步，河州较滞后，但他们有一个共同点，“都是自发地参与商品流通而致富的”。温州已经出现了“以商带工”，河州也有这方面的发展趋势，“有可能走上温州这个模式而发展起来”。因此他提出临夏和它附近的地区，应当像温州一样，“以商带工”，制造青藏高原牧区所需要的各种商品，而不要停留在贩运这个环节上。这就是利用西边这个大市场的需要，进一步使这个走廊地区发展起日用品制造业来。其实这就是保安族的历史经验。温州千家万户的家庭工业就是从开辟了小商品的专业市场带动起来。在这个走廊地区可以制造的商品,在品种上大大超过温州。温州是从市场的夹缝里,拾遗补阙地办起工业的。这个走廊面对的是一个正在发展中的青藏高原,在这高原上工业还没有发展,但是有丰富的牧业资源。这正是这个走廊发展日用品制造业的大好机会。这走廊经济发展起来可以成为帮助青藏高原经济发展的基地。

费老由于身体条件没有去过西藏,但是经常在思考,这个占全国版图1/4的青藏高原的现代化的突破口在哪里?在考察甘南时,就提出甘南有条件可以作为藏族现代化的一个起点,这次到临夏访问看到了促进藏族牧业商品化的通道,它完全可以成为促进青藏现代化的一个基地。这一地区要接受这个任务,还得解决怎样发展工业这个问题。费老提出"东引西进"的方针,就是从东部引进技术,在本地区发展加工工业,向西开辟市场,为牧区服务。

费老在临夏市访问期间,市中心新建的民族市场正接近完工,他前往参观。市场规模不小,是座有7200平方米建筑面积的五层大楼,在临夏是最高的大厦。这座大楼全部启用后,商品总值约1000万元,这笔资金就是采取民间合股集资的办法得手的。每股2500元,有150户入股。股东有在大楼里租设商柜的优先权。大楼是请江苏、浙江的技工建的。

费老逛了商品一条街,几乎所有的商店全是出售藏族的生活用品,从妇女围在腰下的氆氇到代替念经的转轮,种类繁多,几乎像是置身于藏族文物馆里。费老问商贩:“这些东西将来你自己制造一下好不好啊?有市场就可以有工业嘛!”商贩道:“我不会制造呀!”费老说:“你请人啊!你就请江苏、浙江的技工来嘛!”

费老还参观了一个制造沙发的小作坊。这是个体户开办的小作坊,户主提供资金,出去购买木材及其他原料,接待来购买和订货的顾客。全部制造过程包给浙江来的一个青年工人。这个工人又从家乡请来了他的表兄,一共带上十几个学徒工,都是从家乡一起来的。主人计件给工资,并给他们膳宿。老板娘和一个姑娘管伙食和缝纫。这个作坊供不应求,看来很兴旺。工人们唯一的抱怨是伙食不够好。这个沙发厂正在增产室内家具、桌子、椅子等等,又另外请了一帮沿海的技工搞油漆。临夏市内正在兴建一个民间集资的百货市场。有几十个木工和十几个油漆工都是江苏、浙江来的。

从这几个例子,费老提到,他几次到内蒙古和甘肃,总是有人要他注意人才外流的事实。但同时,费老却不止一次地指出另一个人口流动的方向,那就是大批缝纫工、木工、机械修理工等等一直到弹棉花的、修皮鞋的杂工,数以万计地从沿海进入边区。值得注意的是他们如果不受欢迎,那就是站不住脚的。他们能站住脚,能生活下去,能挣了钱寄回家乡,说明他们是适应当地人民生活需要的。他们正在提供边区人民生活中所需要的服务,这些服务是有一定技术的,而正是这些技术符合当前边区发展的需要。

费老认为现在边区发展小工业所需的技术并不是那么高,

沿海地区有充分供应的能力，而且本身已有扩散的要求，“东引西进”的做法是切实可行。所以费老建议临夏的书记加强和已经来的外地技工的接触，安排他们，替他们解决一些实际问题，引进他们的手艺，培养一批本地工人，再通过他们去吸引这地区经济发展中所需的技术人才，撒种出芽，落地生根。

成千上万的沿海初级技术人员正在季候性地向西北移动，而西北这个走廊里的人，又是成千上万地向青藏高原季候性地移动。费老从临夏回族到青藏地区从事贸易活动这件事，想到了青藏高原如何开发的问题。要把那里的藏族发展起来，必须要从发展商品经济入手。由此，费老建议建立“临夏——海东经济协作区”，即在临夏和青海的海东地区（这两地在历史上本来是一个地区，一个经济区，叫河州），以回族为主，加上藏族、汉族和其他少数民族，建立一个发展青藏高原商品经济的基地，专门供应青藏高原各种商品，并把青藏高原的畜产品运出去，与外面进行交换。这样就可以把青藏高原的经济搞活了。一部分商品可以从东部各省买来，然后卖到青藏高原去，还可以逐步在这基地上发展适合本地区的工业，自己生产了商品，销到西部去。这叫“东引西进”，向东面引资金、引技术，向西面开辟市场、购取原料，并且“以商带工”，逐步把这商品基地的工业带起来。就成立协作区一事，费老于 1986 年 9 月 23 日向中共中央、国务院领导同志致信。这个协作区经批准已经成立。两省领导在临夏开了个会，一致认为，同一个经济区域里的开发工作必须大家一起想办法进行协作，中央也支持这个观点。

费老同时看到，如果临夏这个地区工业果真能发展起来，西方的市场还可以大大地扩张。因为历史上的丝绸之路这条陆路上的国际商道就是从长安通过包括现在临夏和海东的河州向西延伸的。如果临夏的食品工业能以青藏高原的牧业为基础得到发展,它就具有在伊斯兰世界市场上的特殊地位。他认为这个前景应当成为促进建设临夏地区的动力,也是重开丝绸之路的一个重要措施。

1995 年 9 月 6 日,费老来甘肃了解黄河上游多民族经济开发区工作的进展情况。考察结束后,费老前往临夏,沿途考察了临夏州的广河县三甲集镇,看了这个镇上的皮毛市场。这个皮毛市场,费老曾多次考察过,这次考察时市场年成交额已在亿元左右,在西北乃至全国都有一定影响。费老在看到广河县三甲集皮毛市场兴旺之势后,感慨地说:“市场经济既要平等竞争,又要光明正大”,“东有温州,西有河州”。早在 1986 年,费老就指出,根据临夏实际,靠有限的土地收入,农民难以致富,民族经济难以发展。最好的办法是利用地理位置和群众经商优势,在广大的农村把集市贸易活跃起来,然后在有条件的地方搞好集镇建设,以进一步搞活商贸流通,扩大市场的辐射范围,让更多的农民在流通领域得到实惠。在此基础上,政府部门通过政策引导和保障,把农民手中的商业资本引向工业资本,并从东南沿海地区吸引资金、技术和人才,发展自己的乡镇企业。他特别提出:民族地区经济的发展要循序渐进,先发展集市贸易,后建设集镇,以流通带动市场,在商贸流通中积累资金,并把商业资本逐步转变为工业资本,发展乡镇企业和地方民族工业。

下午到了临夏州府——临夏市。在与省、州领导座谈时,费老询问了他曾提出的临海(临夏和海东)经济协作区的有关情况。并且指出临夏要利用伊斯兰教的影响扩大与阿拉伯国家的经贸联系;要培养一批懂阿拉伯文字、语言的人才,发展临夏的商贸流通业,以商促工,以商促农。9月7日上午,费老一行游览了临夏市市容,并视察经济开发试验小区之一的临夏小区,

我们看到,费老在甘肃的草原、荒漠和高原上行行重行行,始终遵循这样一个原则来实现他"志在富民"的目标和宗旨:帮助少数民族加快发展,既不能割断历史,也不能超越现实,一定要从实际出发,首先搞清楚少数民族地区的经济情况。摸清情况必须进行调查研究。针对实际的处境,利用本民族和本地区的优势,选择突破口,做出有实效的榜样,来启发群众的积极性,循序以进,由点及面、由小到大的把能使千家万户富起来的办法推广开来,取得成效。"我提出关于发展我国少数民族地区经济的一些建议,目的是希望这些建议能够在我们党和政府实施西部大开发战略的时候,提供有益的参考。这也是一个社会工作者应尽的责任。"

立足区域推进经济发展西部发展战略构想之:黄河上游多民族经济开发区

对我国经济社会发展宏观格局的思考,让费老把甘肃作为西北地区的典型开始分析研究,这不仅因为甘肃兼有西部几省区经济的和地理的共同特点,更主要的是由于甘肃是整个西部地区的区位中心,在东西部地区联合协调发

展和改革开放等方面有着特殊的地位和作用。经过几次调查研究,费老形成了一个振兴西北经济的大构想。这就是以开发建设黄河上游地区为“突破口”,加快西部地区经济的发展。提议在以河西走廊为主的黄河上游1000多里的流域,建立12个大型水电站,以解决这个地带的能源问题。水电产生能源,能源推动这个地区丰富的矿产资源的开发。通过资源开发带动这个地区3000万人民致富,从而促进整个区域的商品经济的良性循环。这个经济启动的结果,将使这个开发区成为西北广大少数民族地区的一个经济发展中心。这个经济中心的建立和开展,更长远的意义就是重开向西的“丝绸之路”,通过现在已建成的欧亚大陆桥,打开西部国际市场。费老的思想中产生了区域经济的概念,于是提出在甘肃、青海、宁夏、内蒙古四省区建立黄河上游多民族经济开发区的建议。

一

1984—1986年,费老连续三次亲临甘肃调查、访问之后,对甘肃乃至西北地区的现状有了更加全面的了解,对甘肃的感情也越来越深,他也开始更多地考虑这一地区的发展问题。1988年4月七届全国人大会议期间,他和当时甘肃的贾志杰省长在主席团开会时并排而坐,这期间他们二人就甘肃的发展有过一些探讨。一位是曾三次亲往甘肃调查、研究的大学者,思想学识广博高深;另一位是甘肃省的主要领导,对省情和现状了如指掌,因此二人一谈,思路就对接上了。这就是把建立黄河上游多民族经济开发区作为推动甘肃乃至西部民族地区经济繁荣的突破口来部署。经过同青海、甘肃、宁夏等省区的领导商议，三省区一致同意建立黄河上游多民族经济开发区。

通过调查，费老认为这一地区资源富集，开发条件较好，又是多民族聚居地区，加快这一地区的开发和建设，对带动、辐射祖国西部地区的经济发展，缓解和缩小东西部差距，实现区域经济协调发展，增进民族团结和巩固边疆、维护社会安定，有着十分重要的现实意义和深远的历史意义。主要体现在以下几个方面：

（一）黄河上游地区是一个“金腰带”，水力资源、矿产资源十分富集，形成了发展工业的潜在优势。

（二）建立和发展黄河上游经济开发区，对于整个西部地区的发展和东西部地区的协调发展有着重要作用。

（三）加快黄河上游地区的开发，对于整个西部地区的对外开放有重要意义。

（四）建立黄河上游经济开发区对于深化企业改革，挖掘现有企业潜力，实现资源的优化配置，转变经济增长方式，加快产业结构调整步伐有重要作用。

根据商定的方案，民盟中央派出以副主席冯之浚为首的“西北三省区发展战略考察研究小组”，于1988年5月16日至6月9日对甘宁青三省区进行了实地调查研究，草拟出《甘宁青三省区经济发展的政策分析报告》，指出，在目前条件下，建立黄河上游多民族经济开发区的条件是优越的，时机是适宜的，应该说是到了破土而出、应运而生的时候了。倘能如此，我们国家整个经济的发展就有了一个大马力的稳定的支持系统，就会因此而更有秩序、更有后劲、更有活力。甘宁青三省区黄河上游多民族经济开发区建设研讨会就是在这基础上召开的。

1988 年 7 月费老第四次来到兰州。11 日亲自主持召开了黄河上游多民族经济开发区建设研讨会，会议论证了筹划中的黄河上游多民族经济开发区总体开发方案。费孝通、钱伟长、罗涵先同志在会上多次讲话，他们对建设黄河上游多民族经济开发区的意义、方略和前景都有精辟的论述，并表示民盟中央要把论证后的方案反映给中共中央和国务院，竭力促成这一方案的实现。三省区的负责人表示要团结一致、互利互惠、通力合作，共同为实现这一方案作出努力。

7 月 13 日，费老、钱老以民盟中央名义直接上书党中央、国务院，提出了《关于建立黄河上游多民族经济开发区的建议》。《建议》除了从战略高度阐述开发建设黄河上游地区的重要意义，还提出了开发建设黄河上游多民族经济开发区的具体设想和途径：

（一）发挥能源、原材料优势，建立产业聚集区；

（二）在大力发展原材料工业的同时，把发展农牧业放在首位；

（三）利用原材料优势，发展深加工、短平快的中小企业；

（四）坚持走西口，扩大对外开放；

（五）搞好国有企业，带动经济全局。

（六）黄河上游多民族经济开发区坚持以自力更生为主，中央资金“第一次”推动，政策支持和倾斜为辅的总方针。

《建议》中还提出开发区建设中应遵循的基本原则，即“统一规划，分别落实，互通信息，有无相济，互利互惠，共同繁荣”。对费老、钱老的《建议》，党和国家领导人极为重视，给予了肯定，分别做了重要批示，并指示由国家计委具体研究。至此，在党和国家的大力支持下，在费老、钱老等社会各界人士的关怀下，甘、宁、青、内蒙古（内蒙古是后加上的）四省区共同筹划的黄河上游多民族经济开发区开始酝酿并启动。

7月13日上午，费孝通、钱伟长、罗涵先、冯之浚、贾志杰、马英亮、宋瑞祥会见了在兰的新闻记者，就建设黄河上游多民族经济开发区问题回答了记者们提出的问题。

转瞬即逝，很快又过了一年，当时光将我们带进1989年时，费老又开始安排他的甘肃之行。民盟中央提出建立“黄河上游多民族经济开发”的建议，已经一年多了。这一建议提出后，地方上做了哪些工作？还有什么困难和问题？他非常惦记黄河上游多民族经济开发区的建设情况。1989年9月，费老第五次来到甘肃这块黄土地上。

八十年代发生在甘肃的大移民，是费孝通教授在甘肃考察时一直关注的另一个课题。以定西为代表的甘肃中部干旱地区（包括古称陇中的宁夏西海固地区），缺水的现象严重到连人、畜饮水都不能保障的程度。为了改变这里的生态环境，使土地得到休养生息，把定西和西海固的一部分无法生存的农民，转移到河西走廊和新开发的引黄灌区去，这就是著名的“三西”建设移民工程。这个移民工程在执行的最初几年里，由于受到客观条件和社会环境中一些尚未妥善解决问题的影响，加之农民主观上故土难离观念的阻力,人们对移民工程褒贬不一。

费老对甘肃的移民非常关注,9 月 7 日清早,在甘肃省长贾志杰陪同下,从兰州驱车一百多公里,赶到靖远县参加那里正在举行的“两西地区移民工作座谈会”,听取汇报;亲自到张掖的甘浚乡移民村、靖远的兴堡子川、刘川的景滩移民村和苏庙移民村走访了十多家移民农户。与移民们促膝谈心;到他们的粮仓与厨房里亲自察看储粮的多少和食物的水准;了解他们移民前后的生产与生活的变化;听他们谈移民之后的创业过程;与移民一起算收入与支出的经济账;听移民对未来的打算以及他们对故土的眷恋和对新移居地的感情。费老从移民们流露出的“吃饱了肚子还有数千斤余粮在手”的满足中,看到了小富即安的心态。费老对甘肃负责移民的同志说:“这里的农民纯朴忠厚,老实热情。他们很讲实际,在从祖祖辈辈居住的干涸贫瘠的土地上移到生机勃勃的灌区,平均每人能种上 3 亩水浇地,生活有了明显提高后,他们易于满足,缺乏创新与变革精神。如何把他们从脱贫的满足中引向为致富、为国家向更高的发展去闯路子。这是一个对农民进行教育,进行智力投资的重要问题。”

在听取省、地、县、乡干部对移民工作的经验交流之后,他根据自己考察时看到的实际情况,对甘肃的移民工作提出了肯定的看法:八十年代发生在甘肃的大移民,实际上是由政府创造条件,在农民自愿的基础上,有计划有组织地在省境之内的人口调配。它的目的有两点:其一是对迁出地来讲,是从中部干旱地区那些自然生态环境极度恶劣的极贫地方,也就是农民自己所说的“一方土地养活不了一方人”的土地上,移出大约三分之一到二分之一的人口到河西去开发、去致富。留在当地的另一部分人可以在比较宽余的土地上，通过种草种树保护植被，使土地得到生息，发展牧业和养殖业，使他们也可以永久性地稳定地实现脱贫并达到致富。其二是对迁入地来讲，可以很快地得到较充裕的，以农户为主体的劳动大军，用较快的速度建成新的商品粮基地。这无疑是一个好办法。

费老还从甘肃移民的目的、性质、规模和方式方面谈了看法：八十年代甘肃所实施的移民不同于21世纪二三十年代中国华北农民流向东三省的“闯关东”式的大移民，更不同于美国20世纪发生的西部大移民，那时的移民是移民们自发地去寻求新的、更好的生产与生存的条件，带有很大的风险，所以才叫作“闯”。他们得不到当时的社会和政府的帮助和支持，完全是一种个人的奋斗。现在甘肃的移民是自上而下的由政府组织的。农民没有风险，一切都由政府包了，这也体现出了社会主义制度的优越性。但必须帮助和教育农民改变什么都要依赖政府的心理状态。政府为每一个移民农户提供用于水利、土地建设方面的投资约一万元。能不能经过十年，在灌区经济发展的前提下把投资收回来，再去开发新的灌区。这也是一种滚动，这滚动来自受到智慧开发的农民。

费老从社会学的高度充分肯定了甘肃的移民工作，使甘肃的移民工程从褒贬不一的困境中解脱，并健康有序地发展起来。

之后费老先是去了被辟为甘肃黄河上游五个经济开发试验小区之一的宁卧庄新技术产业开发试验小区，与试验小区内高科技产业开发带头人进行了座谈交流。在这里他结识了被誉为西北“兰花王”的兰州大学谷祝平教授，并对兰州宁卧庄小区里的兰花基地产生了兴趣，对兰花作为小区内的新型产业大加褒扬。而后，按照费老的行程，省上安排费老一行重点走访了我省黄河上游白银、金昌等开发试验小区，并和当地的大中型企业领导，地方政府领导进行了多次座谈、讨论。

当他看到甘肃在黄河上游的一岸两翼建立了5个不同类型各有特色的试验小区，并在开发建设中经过探索取得成绩的时候，高兴地说，黄河上游地区的发展是大有希望的。尤其是对金昌、白银、连海、西成等开发试验小区依靠大中型企业，发挥地方政府和大企业双方优势，发展“一厂两制”集体经济的做法给予了很高的评价。他说，早在1984年我在内蒙古调查时，针对包钢内部的生产经营的困境，提出了要重视解决企业的“人文生态失调”问题。所谓“人文生态失调”就是指一个企业受到来自设备和制度的种种限制，无法消化企业内不断增长的人口以致无法继续增加投入，扩大再生产的现象。这是西部地区共同的问题，所有的“三线”企业都面临改革的问题。现在看来，陕西宝鸡的“城乡一体化”，使国有大企业所含蓄的巨大科技潜力，形成了乡镇企业的启动力；甘肃通过开发小区创造出一个特殊的小“气候环境”，大力发展“一厂两制”，是一条解决现阶段国有大企业普遍存在的问题的路子。也许可以说，“一厂两制”和开发试验小区的结合是在一定的历史阶段下广大群众的创造。他的这些结论都是在他参观、考察了金昌小区的镍都实业公司，白银小区、连海小区的一批地企结合型企业后讲出来的。

在从金昌小区调查之后，费老不顾旅途劳累，还饶有兴趣地继续西行,14日特地绕道访问了肃南裕固族自治县。继续西行,费老访问了西北最大的钢铁联合企业——酒泉钢铁公司。然后出嘉峪关,驱车400多公里,抵达河西走廊最后一站敦煌。

17日从敦煌飞返兰州。第二天参观兰州宁卧庄新技术产业开发试验区。晚上又听取了积石山保安族、东乡族、撒拉族自治县县长和民盟甘肃省委戚民、周宜兴同志关于甘肃民盟与自治县合作,共同规划建设大河家经济开发小区的工作汇报。20日晨抵天水,下午即赴徽县。参观了徽县丝绸厂和西成小区,了解了厂坝铅锌矿的生产情况。

22日返回天水,与省长贾志杰和省计委主任李萍等座谈。费老兴奋地谈了他这次甘肃之行的感想,他说:"我在这里具体地看到自从经济开发区的建议提出后,你们已经动起来了,而且劲头很足,发展得相当快。5个小区我看了4个,都在积极创造条件,有些小区已经创出经济效益,看来我们的建议是可行的。我特别注意到,一些县里的基层干部热情很高,主动想办法发展生产,这是做好一切工作的保证。"

接着费老就访问裕固族自治县后引发的,建立肃南裕固族牧业经济试验区的构想做了阐述,他分析了裕固族的民族特点和当前自治县经济状况后,建议省上将甘南、肃南和夹在中间的积石山县纳入经济区的规划中,促进"两南"和积石山沿祁连山一带少数民族的经济迅速发展,以此作为影响青海、西藏经济发展的"前沿阵地"。民盟甘肃省委已经和积石山县有了密切联系,在大河家经济开发小区的建设中做了不少具体工作,民盟中央也要给予支持。

费老又谈到国有大企业在西北经济发展中的特殊作用。由于历史原因,这些“注入式、孤岛型”的大企业与地方经济脱节,同时自身也出现了种种困难,发生了“人文生态失调”的现象。这次在白银公司和金川公司,看到了他们推行“一厂两制”,取得了很好的效果。这个问题应该深入研究,结合中国的特点,吸取外国的有益经验,认真总结、完善,看是不是可能创出一个发展西北经济的模式。

最后费老对移民、加强培养地方干部以及陇南地区发展蚕桑事业等问题发表了意见。

23 日午夜,费老乘火车离开天水,结束了行程4000多公里的甘肃之行。

1990 年 5 月,春暖花开时节,甘、宁、青、内蒙古四省区联合组织的黄河上游多民族经济开发区第一次协调会议在兰州召开了。这次会议是在民盟中央费老、钱老的倡导和国家计委的大力支持下召开的。这次会议的召开表明,“黄河上游多民族经济开发区”的工作有了良好的开端。

1988 年 7 月民盟中央提出建立“黄河上游多民族经济开发区”的建议后,受到中共中央、国务院的重视。中央统战部和国家计委都专门召开会议讨论。当年 9 月国家计委向中共中央、国务院写了报告,认为把黄河上游两岸作为西北开发重点是适宜的,并且希望甘肃、青海、宁夏、内蒙古四省区的同志按照“共同规划、分别落实、互通信息、有无相济、互惠互利、共同繁荣”的原则,共同拟定一个可行的方案。

在国家计委支持和指导下,四省区积极进行了各方面的准备工作。1989年2月和5月四省区在兰州召开了两次黄河上游多民族经济开发区第一次协调会的预备会议，对建立开发区的组织协调、方法途径、总体规划原则、利益关系、联合开发以及有关第一次协调会的准备工作，共同进行了商讨，并达成一致意见。四省区计委的同志根据国家治理整顿的精神，综合各省区的优势，从资源的合理配置、联合开发及重大政策措施等方面，进行全面研究，共同制定了《黄河上游多民族经济开发区"八五"总体发展纲要（草案）》。民盟中央应邀参加了这两次会议。

1990年3月七届人大三次会议期间，民盟中央费孝通、钱伟长、高天、罗涵先、吴修平等同志，在北京国谊宾馆会见四省区领导同志，再次就黄河上游多民族经济开发区有关工作交换了意见。经过各方面努力，黄河上游多民族经济开发区第一次协调会议于1990年5月7日隆重开幕。民盟中央高天、罗涵先、冯之浚、吴修平等领导同志也参加了会议。当时的国家计委副主任刘中一同志莅临指导，中共中央统战部、国家民委及国务院18个有关部门的负责同志也参加了这次会议。甘肃省长贾志杰、宁夏主席白立忱、青海省长金基鹏、内蒙古副主席刘作会分别率领四省区有关人员参加会议。民盟宁夏区委主委王祖旦、民盟青海省委副主委王丰才、民盟甘肃省委副主委周宜兴也出席了会议。

7日上午大会隆重开幕，甘肃省委书记李子奇到会表示祝贺。省长贾志杰致开幕词后，费老做了"开发大西北　迎接二十一世纪"的长篇发言。

10日大会胜利闭幕。通过了会议纪要并提出了开发区的

“八五”总体发展纲要和组织经济联合体的意见，各方面同意建立经常性协调机构。

中共甘肃省委书记李子奇闭幕时讲了话，他回顾了两年来四省区的同志不断拓宽思路，对建立经济开发区逐步取得共识，并做了大量前期工作。他代表四省区对民盟中央，特别是费老对发展西北经济、为贫困地区人民脱贫致富所做的大量工作表示衷心感谢。

费老再次抵达兰州参加第一次协调会，这也是他第六次甘肃之行。会议之后，费老又一次就黄河上游多民族经济开发区的有关问题向中共中央做了专题报告。四省区也再次向中央提出请求建立黄河上游经济开发区的报告。后来的事实证明，这些举措都不同程度推动了黄河上游地区的开发。

在兰州期间，费孝通、高天、吴修平同志召开有甘肃、宁夏、青海民盟负责同志和民盟甘肃省委20多位基层支部负责人参加的座谈会。吴修平同志在会议期间到甘肃省盟看望了机关工作人员。

1992年的9月，甘肃举办了一个以文化搭台、经济唱戏的大型节会——“中国首届丝绸之路节”。省政府邀请费老和民盟中央的领导到会参观指导。9月6日晚，费老一行乘火车抵达兰州，这是费老的第七次甘肃之行。这次费老是来参加首届中国丝绸之路节，但仍然把重点放在考察经济开发试验小区。因此，在他抵兰的第二天，就把省有关部门和7个（当时增加了临夏小区和敦煌小区）开发试验小区所在地及小区的负责同志请到了他的下榻地——宁卧庄宾馆进行座谈、交流。费老在听取了各开发区的工作汇报之后，非常高兴。他说：我对甘肃黄河上游的几个开发小区很有感情，你们的工作有成绩，希望你们的开发小区很快成长起来，做出榜样。对今后小区开发的路子，费老还提出了一些新的希望和要求。大家争相邀请费老到自己的开发试验小区视察指导工作。9 月 7—8 日，费老一行在省领导的陪同下先后参观了兰州化学工业公司、白银开发小区和白银四龙口疗养院，并在白银西区的办公楼前欣然提笔挥毫，为开发区的建设者们题词致敬。费老对白银市地方政府和白银有色公司双方按照“地企之间不比大小，互相尊重；不搞分裂，互相协作；不分彼此，互相支持”的“三不三互”原则，发展地企结合型集体经济的成功经验给予了很高的评价。下午费老抽空和省委、省政府的主要领导举行了座谈，着重讲了小区开发与“一厂两制”的结合、建设河西工业走廊、加快民族地区经济发展等问题。

费老说：从 1984 年开始，我基本上是每年来一次。这次来，本想去你们几个小区都看一看，可是时间太紧了，只去了白银、宁卧庄小区和兰炼、兰化几个地方。我和贾志杰同志、李萍同志谈论过黄河上游这一带总的发展问题。我一直在考虑，西部必须发展起来，虽然不能一下子赶上东部，可是不要使差距拉得太大，如果拉得太大，那会出现很多新的问题。所以，我们商量沿黄河上游两岸建立一个经济开发区。有了这个意思以后，甘肃先搞了五个小区（现在已有 7 个），这次来看到你们的小区发展很快，很有希望。这不单是增加几亿元的产值，对甘肃对国家做出了贡献，更大意义在于你们通过小区这个摇篮，发展“一厂两制”集体经济，进而搞活国有经济。我国搞的是具有中国特色的社会主义市场经济,不是抛弃社会主义,这是一个大题目。你们这几年,就是走的这个路子,而且产生了很好的成果,这个贡献很大。我们不搞西方那种“休克”,我们要在社会主义制度不变的情况下,在老本上长出新东西来,我叫它“接枝”、“嫁接”,把集体经济“嫁接”到全民所有制经济上去,把全民的技术力量拿去同集体经济结合,这一结合国有大中型企业就活起来了。现在,我们国家有几个主要问题:(一)就是国有企业怎么搞活。再就是我们怎么把农村、乡镇发展起来。我们对国有企业投了不少资,在西北估计有3000亿元,那时我们是按照前苏联的体制办工业,企业在运行中有很多问题,特别是年份长了,企业老化了,人很多,所以内部就出现了一个人文生态失调的问题。同时,这些大企业从开始建设的时候就和地方是分离的,互不来往。大企业成了一个“孤岛”,是不是可以把两张皮贴在一起,走地企结合的路子。这条路,你们小区走出来了,结果很成功。从大厂本身讲,“一厂两制”解决了子女就业、富余工人出路、大厂生产的配套和工种协调等问题。从地方上讲,它解决了发展地方工业所需的人才、资金、技术、市场等问题。但毕竟是试验阶段,不是说就没有困难了,希望你们多交流经验,促进小区的发展。这是第一个问题。

(二)是甘肃要走工农相辅的路子,努力把河西走廊建成工业走廊。我脑子里时常有几个问题,比如怎么搞活国有经济,怎么把乡镇企业搞起来,实现农村工业化,怎样缩小东西部的差距等。对于东西部的差距问题,特别是西部少数民族聚居区经济还比较落后,我是很担心的,所以,我向贾志杰等同志提议搞一个黄河上游多民族经济开发区。另外，我想甘肃还是要搞乡镇企业。我经常讲农村靠兴办乡镇企业致富，以工补农，走工农相辅的路子。农村发展工业并不是打击农业，而是促进了农业，工农相辅。农民从工业上挣了钱，可以去投资办小水利等。最早搞乡镇企业的江苏主要是间接依靠了原来上海工业的力量。因为上海基础很雄厚，有一大批掌握工业技术的人到了乡村，所以才有了苏南乡镇企业的发展。你们这里基础也不错，特别是有一大批三线企业，我说这是一个"隐蔽的上海"。你们已经走上了"以大带小、以城带乡、地企结合"的路子来加快乡镇企业的发展。发展西部从哪儿着手呢？我说从河西走廊入手。从历史上看，河西走廊历来都具有重要的战略地位。现在我们提出向西开放的问题，就要通过河西走廊向西去，但只有通道没有"后盾"也不行，这个"后盾"很重要。对西北来讲后盾就是甘肃、是河西走廊。你们要把眼光放远一些，把河西走廊建设成工业走廊，把工业逐步西移、扩散，重开现代"丝绸之路"。没有基地，不好扩散。你们已经有一些小基地。有金昌、武威、嘉峪关、张掖几个重镇，能不能把它们串起来，让你们小区生的"孩子"（指企业）走得远一些，不要老关在"幼儿园"里面，把它们扩散到河西走廊，把河西走廊建设成一个现代化的工业走廊。这是我这次来的一个新想法。

（三）是发挥优势，加快民族地区经济发展步伐。少数民族地区的经济发展，要靠大家来带动和支持。所以，我提出"两南兴藏"。肃南的裕固族和藏族历史上有很深的渊源，在风俗习惯等方面有相似之处，联系密切。肃南那里已有了一个较好的牧业基础，我看到的少数民族，牧业搞得好的还数裕固族，这是他们的优势。你们把武威、酒泉联起来，搞一个牧业示范区，向青藏高原延伸，通过牧业来影响西藏，促进西藏的经济发展。对于甘南的拉卜楞寺，我们不能只把它看成仅仅是一个宗教中心，它也是一个藏族文化的中心。甘南的藏族是比较接近汉族的，接近现代化的。所以我提议民族学院和甘肃师范学院合作，培养一批既懂藏文、又懂汉文的教师，通过加强现代化的文化教育来达到兴藏的目的。这就是我所说的“两南兴藏”的意义。

再一点就是抓好临夏州的商贸流通，发挥回族同胞的特长，把临夏搞成民族地区的商贸中心，把临夏—西藏—新疆作为一条贸易通道，来促进少数民族地区的对外开放和经济发展。

费老的这一番讲话，让我们看到他对西部各省特别是甘肃经济社会发展宏观格局的思考，以及他对“西部发展战略构想”的描述，这个构想就是“黄河上游多民族经济开发区”、“临夏发展模式”和“两南兴藏”。这个构想充分体现出费老“西部的发展战略必须考虑民族因素，通过这地区的经济开发使这一地区的少数民族发展成为现代民族”的思想。之后于2000年我国实施的西部大开发战略，在费老看来主要任务是发展少数民族和民族地区的经济文化，逐步消除事实上的不平等和缩小发展差距，最终实现共同发展和共同繁荣。而费老在1988年提出建立黄河上游多民族经济开发区的设想，为后来的西部大开发政策提供了参考。

1995年对于甘肃人民来说，是不平凡的一年，全省遭受了六十年来未遇的大旱，兰州近郊永登发生了5.9级地震。正是由于听到甘肃遭受了大旱和地震的消息，促使费老产生了再下陇原的强烈愿望。费老十分清楚甘肃的中部地区，如遇旱灾不仅农业生产要受严重影响，而且人民生活也会发生更大的困难。9月2日在刚刚参加完全国人大常委会的例会之后，费老便匆匆西行，开始了对甘肃的第八次考察。随同费老访问的有费老的警卫李海艇、女儿费宗慧、秘书张荣华及北京大学人类学、社会学教授周星、邱溥奇等。这一年，甘肃气候有些异常，上半年持续干旱，但是进入七、八月后却像到了南方的梅雨季节，阴雨不断，连续数日。

费老一行先抵达兰州，阎海旺、卢克俭、孙英、柯茂盛、郭琨等省领导同志前往车站迎接。9月3日上午，费老在宁卧庄宾馆听取了甘肃省常务副省长郭琨代表省上作的工作汇报，省委书记阎海旺、省人大主任卢克俭、省委副书记孙英、省人大副主任柯茂盛等领导参加了汇报会。

费老在详细听取了汇报后，十分高兴。他说：今年我已经85岁，再来甘肃的机会不多了。这次来主要是再看一看你们这几年的发展、变化情况，特别是我前几次来甘肃提出的一些想法和建议实现得怎么样，看一看黄河上游多民族经济开发区的工作有什么新的进展，还需要我们做些什么工作。听说你们省今年遭受大旱，所以我来之前，就有了要到定西等一些甘肃中部地区看一看的想法。你们在大旱之年，稳定了农民的情绪，保持了全省经济向既定目标的迈进，这是很不简单的，这表明省上工作是扎实和卓有成效的。

费老还指出：甘肃今后的发展一要重视兰州的地位和作用，

因为兰州是西北地区的区域经济中心,这一点有非常重要的意义。二要重视发挥开发试验小区的作用,发挥它的辐射、带动作用。三要重视河西走廊的建设,把河西走廊建成工业化走廊。

9月4日,费老在省人大副主任柯茂盛、常务副省长郭琨陪同下到定西考察。9月5日赴临洮。9月6日,费老一行继续南行,向又一个目的地——临夏前进。

9月7日上午,费老一行游览了临夏市市容,并视察经济开发试验小区之一的临夏小区,下午返回兰州。9月8日费老一行到白银市调查研究,走访了白银银铝公司、冶炼厂,白银开发小区等企业和单位。在和省、市及白银公司领导座谈时,费老对白银几年来取得的成绩表示满意,并指出:白银的发展就要靠大企业和地方协作,按照“三不三互”原则来发展。开发小区就像棋盘上的“棋子”,依靠这些棋子来发展城乡经济,棋子要向四周辐射扩散,以此来推动区域经济的腾飞。费老还谈到新时期怎么样为人民服务的问题。费老说,现在我们对“为人民服务”的理解,要有提高和发展。如果只认为老百姓有事来找,我们去解决就是为人民服务,这太简单了。真正的为人民服务应该是为老百姓想办法、出主意,带领人民脱贫致富,走上富裕之路。农民富了,国家就强了。费老的这番话,看似平常,实际正是他“富民”思想的内涵所在。9日,费老一行从白银返回兰州,这一天正值中秋节,晚上,省委、省人大、省政府主要领导同志专程到宾馆看望费老,共度佳节,祝愿费老中秋节愉快、健康。

10日上午,费老与省领导座谈。费老结合我省情况,主要讲了两方面问题。一是中国工业化发展道路的问题。费老说:我从八十年代初重操社区研究事业，已有十多年了，开始我注重的是农村经济、乡镇经济的研究，这几年侧重于对区域经济均衡发展的探讨与分析研究。来甘肃已经有8次了，我年岁也大了，应该回过头来总结一下。我时常想，像我们这样一个大国，农业人口占到80%以上，怎样才能以最快的速度走上一个共同富裕的路子呢？怎么样走上工业化的路子，这也是一个大家都在思考和研究的问题。我们的工业基础在城市，不在农村，怎样才能使城市工业和农村工业融为一体，成为一个有机的整体？我们不能走西方那种城市工业化的路子，这不符合中国的实际。在中国只有农村工业有了发展，中国工业化才有希望。现阶段农民奔小康，要从农业和农副产品加工方面做起。因此要重视农村工业的发展，靠乡镇企业的带动，靠城乡一体化和小城镇的发展来促进；农村要从庭院经济搞起，逐步发展加工业，真正把农村经济搞活。二是发挥好兰州这个中心和腹地的作用。费老说：当前市场经济促成区域间的联合，形成经济区域，而每个经济区域有个中心和腹地的问题，西北地区中心在哪里，我认为在兰州。这不仅是因为兰州的地理位置所决定，更主要的是由于兰州有较强的工业基础和便捷的交通、通讯网络。更重要的是兰州聚集着一大批科技工作者。一个经济区域要具备一定的条件，简要地说，它要有一个“中心”，就是具有一定经济实力的城市；要有由众多农户、乡镇、企业组成的生产和消费的“腹地”；还要有一个“口”，可以使区域与区域之间的产物能出纳吞吐自如，以对外贸易来讲就是进出口岸；另外还要“血脉”流通，也就是交通、通讯、商品流通网络顺畅。看来兰州具备这几个要素。继续抓好以兰州为中心的黄河上游地区的开发,发挥兰州这个西出阳关的大门作用,迎接国家经济发展战略的西移。他说:甘肃要一手抓中部的农业上台阶,把引洮工程促上去,一手抓河西的工业化建设。中部的农业有了基础,全省的吃饭问题就有了保障;河西地区条件好,工业已有相当基础,产业关联度高,抓住机遇,利用兰新铁路线优势,发展沿线经济,通过对外开放来促进发展,就会推进河西地区工业化的步伐,真正地把河西走廊建设成工业走廊。

9月11日上午,费老一行专程视察了我省商业骨干企业、“有陇原第一厦”之称的亚欧商厦。9月12日上午,费老一行乘火车返回北京。费老对甘肃的第八次访问、考察圆满结束。

2000年9月,费老在兰州参加西北民族学院建校五十周年庆祝活动并讲话。这是费老第九次到甘肃。期间主持召开了“西部人文资源的开发利用研讨会”,在会上谈了人文资源保护、开发和利用问题的概念及重要性。费老认为,对西部的开发应该是立体的,其中不仅是包括经济的开发,也包括自然资源和人文资源的保护和开发、利用。它的重要性应等同于经济的开发和自然生态的保护。如果只有经济的发展,而在生态的保护、文化艺术的发展、人的文明程度的提高等方面都很落后的话,其不仅不是一种进步,还很可能是一种破坏和退步。因此,对于西部的开发应该是一种全面的、全方位的,即从经济的繁荣到生态平衡的合理发展到文化艺术繁荣。

2001年7月24日—8月4日,费老第十次来到甘肃,在兰州参加由北京大学、西北民族学院主办的“第六届社会文化人类学高级研讨班”。7月26日,费老在“中国人类学、社会学第六届高级研究班”开学典礼上,发表了“人类学与二十一世纪”的演讲,提出了我国人民正在经历从农业社会到工业社会、再从工业社会到信息社会大转变的“三级两跳”,并以此而引出人类学、社会学在二十一世纪所面对的诸多研究课题。他满腔热情地鼓励我国的中、青年学者对二十一世纪的人类学做出不凡的贡献。费老在研讨班上还作了《民族生存与发展》的讲话。

7月30日,费老听取并回答了研究班学员们的问题。参加这次研究班的学员,大多是来自西部地区各大专院校和科研单位的年轻学者。他们中间有10多个少数民族硕士和博士生,可谓是一次民族学者的大检阅。这届研究班是由北京大学、国家民委、西北民族学院的人类学、社会学、民族文化研究所和研究中心共同举办的。有十多位国内外著名学者、专家在研究班讲学并与学员共同讨论了人类学、社会学方面的前沿问题。这届研究班在西北民族学院召开,其意义在于,在西部大开发的大环境下,如何更好地推进西部地区的人文社会的发展与进步。

费老参观了甘肃省博物馆。7月31日,费老召集青海、宁夏、甘肃三省区研究民族文化、艺术、民俗方面的学者,就西部大开发中对西部地区人文资源的保护、利用与发展课题的研究情况进行座谈。谈到如何认识人文资源在西部开发中的意义,费老说:“对于人文资源的态度首先要宣传,宣传我们的文化,要让人家认识到我们的美,我们文化历史的可贵,要用这些东西去打破中西文化之间的隔阂。这就是我们能发展出中国好的文化传统和艺术,把老祖宗给我们的传家宝继承和发扬出来,为我们国家服务，为我们中华民族服务，为取得世界人民的认同做努力……就像是敦煌的丝路花雨的舞蹈一样，我们不但要继承还要创新，让我们中国传统的文化艺术重新发扬光大。”“当我们考察和研究了西部的人文资源以后，我们就会知道我们究竟有多少家底了，这些都是我们发展未来文化的基础。现在你们要了解这些家产，找到一条发展的路子，不要只限于敦煌，敦煌只是甘肃省的一个地方，也不要只靠祖宗吃饭。外国人帮我们发现了敦煌，我们就只限于敦煌了，我们要把眼光放开阔一些，在丝绸之路上面，还有不少的人文资源未被发现出来。我的意思是说，第一，还有很多的宝贵财富我们可能还没有发现；第二，这些宝贵的人文资源还要靠我们去保护、开发和利用；第三，要提高群众的认识，知道这些东西是珍贵的文物，不能乱破坏。我们的责任就是把这些重要性讲出来，宣传出来。”讲话结束时费老说：“经济的发展也是为了提高文化，复兴文化。甘肃应该有一个这样特殊的责任，因为你们住的地方就是一个人文资源极其丰富的地方，要好好地利用这块土地。”

8 月 2 日，费老冒着 35 度的酷暑第六次来到定西考察。定西是费老从 80 年代初就给予特别关注的当时全国最贫困的地区。这次费老来甘肃，听说定西地区在“九五”期间，在农业结构调整、发展特色经济、增加农民收入等多个方面取得了很大的成功，非常高兴，当即表示一定要去定西看看。

回到兰州在听取甘肃省领导汇报会时，费老再次提到河西走廊发展和兰州建设的重要性。对甘肃河西走廊的发展，费老一直倾注了极大的关注，他曾多次讲到他对河西走廊有个梦，这个梦是从汉武帝开发河西走廊做起的。当时汉朝把中原先进的农耕经济带到西北牧区，在河西走廊设郡建制、屯田戍边，是第一次开发河西。此后，唐朝开辟古丝绸之路，是第二次开发河西走廊。我们今天开发河西走廊应当比古人做得更好，他列举了种种开发河西走廊的重要性，比如，河西走廊发展不光是可以辐射整个西部，就是整个中国的发展之中它还应该有一个重要的地位，并说从历史上看，没有河西走廊的开发与振兴，就没有整个大西北。费老时任全国人大常委会副委员长，他把他对河西走廊重要性的看法，亲自向江泽民总书记作了口头建言。1998年他以民盟中央的名义提出关于"加快河西走廊经济发展"研究论证会的重大参政议政建议。

1995年费老在甘视察时，就提到甘肃今后的发展要重视兰州的地位和作用，这次他强调兰州还要进一步发展，再高一个层次，发展成为西部的一个经济中心。在甘考察结束后，亲笔向中央有关领导写了"关于把兰州列入西部大开发的中心城市的建议"，认为兰州作为西北的铁路、公路和航空等交通枢纽，光缆通讯枢纽，政治文化中心，具有明显的区位优势，随着青藏铁路的修通，其区位优势更加突出，仅用经济总量来考核中心城市是不全面的。为甘肃的发展又一次做出了重要建言。

与此同时，费老提出建设小城镇问题。小城镇不是造出来的，规划出来的，而是根据经济规律自己发展出来的，是经济发展的最后结果。中国要向现代化发展，必然首先要人口集中，现在中国有大量的人正在脱离农业进入到工业领域里去，进入到第三产业里面去，作为农村来讲，大量人口要进城，要准备好一个地方来吸收他们,这个地方就是小城镇,这就是工业化的趋势。现在国家搞西部大开发,对于甘肃来讲是一个机会,在基础设施方面,国家投了很多资,花了很多钱,为甘肃将来的发展创造了许多有利的条件。当前的一个大问题就是农民怎么变成工人,他们住的地方不同了,要求不同了,这里面就涉及一个城乡关系。在城乡关系的发展中,我们要规划小城镇,规划就是重视,要一步一步引导。

在兰州,中共甘肃省委书记宋照肃、省人大常委会主任卢克俭、省长陆浩、省政协主席杨振杰和很多领导干部多次看望费老,感谢费老对甘肃始终不渝的关怀与支持。甘南、临夏的一些干部也专程来兰州看望费老。费老在甘肃是一位德高望重、倍受尊敬的长者。因此看望他的人,总是络绎不绝。副省长洛桑·灵智多杰,甘肃工业大学、甘南师专、临潭县等很多地方的领导干部都来看望并向费老汇报了青藏高原生态保护、发展民族教育等方面的问题。费老不仅认真地听,还与他们探讨一些问题,并帮助与支持他们的事业。省人大常委会副主任陈绮玲、副省长李重庵、省政协副主席周宜兴全程陪同了费老的活动。

2003年8月31日,费老去了定西,这是他第十一次到甘肃。这次费老是想看看定西在农业产业化进程中,迅速发展起来的农村合作经济组织,是如何把一家一户分散的农民组合起来与市场对接的。

费老后来在他的《又一次访问定西》篇中提到:“这次甘肃之行,时间短,去的地方也少,但是一路上的所见所闻,已经使我感受到在国家西部大开发的方针指导下,甘肃省的经济建设又取得了巨大的成绩，看到了我多年来惦念的心事，有了着落的基础。这些年来，由于贯彻了党的改革开放的各项政策，甘肃省发生了巨大的变化；定西县广大的干部群众，更是跳出了传统的思维模式，找到了根治贫困的新思路，思想上的大变化取得了大效果，从此走上可持续发展的道路。但是，我们的目标还没有达到，尚需不断努力克服困难，不断向前进。”

二十年间十一次甘肃之行，每次都是轻车简从，而且大部分时间是在地县和乡村活动。每次来都带着“富民”的重大问题，通过走访、调查，然后与省上领导交换意见和看法，再提出对策和建议。费老用社会学家的目光，集中全盟的智慧，为定西的发展出主意、想办法，做好事、做实事，为西部经济发展和各民族共同繁荣倾力倾心，走出当今知识分子为社会进步服务、参政党为国家建设出力的一条有效道路。

他担任民盟中央主席带领全盟以经济建设为中心，努力为社会主义现代化服务。脚踏实地，躬身实践，从一村一乡做起，发展到一个县、一个市、一个地区、一个省以至于几个省，在认真调查研究、充分论证的基础上，提出区域性经济和社会发展建议。民盟在区域性发展战略上进行深入研究，提出设想，是和中共党组织和政府的重视和支持分不开的。这是中国共产党领导的多党合作的一种生动体现，是推进决策科学化、民主化的好形式。是进行政治协商、民主监督的有效途径，是一种高层次的、深入的、有实际效果的参政议政。通过参与区域规划研究制订，我们比较有效地发挥了民盟的智力密集优势，同时，也在深入社会、调查研究的过程中，更多地接触了实际，了解了国情，贴近了生活，更深刻地理解了局部与全局的关系，眼前与长远的关系，参政议政与提高科学决策水平的关系。

时间的长河经久不息，智者的智慧亘古闪耀。陇原大地留下了费老和民盟人一个个动人的故事和行迹匆匆的脚印。

这个脚步还没有停驻，一代代民盟人正沿着费老“志在富民”的足迹继续前行……

参考书目

1. 中国共产党安定区委员会，定西市安定区人民政府，政协定西市委员会文史资料委员会.《情系定西：民盟中央帮扶定西纪略》，兰州：甘肃人民出版社，2008.

2. 费孝通.《费孝通民族研究文集新编》，北京：中央民族大学出版社，2006.

3. 费孝通.《费孝通与多党合作》，北京：中国社会科学出版社，2010.

4. 方李莉.《费孝通晚年思想录——文化的传统与创造》，长沙：岳麓书社，2005.

5.《犁过的土地》编委会.《犁过的土地——记“志在富民”的费孝通教授》，北京：群言出版社，1996.

第二部分

费老结合甘肃实际所作的文章

定西地区区域发展刍议*

（1984 年 10 月 4 日）

1983 年胡耀邦同志在视察西北地区时提出了该地区的任务是“种草种树，发展畜牧，改造山河，治穷致富。”根据这一指示，甘肃省委定出了三年停止破坏，五年解决温饱的近期目标。

上述指示是一个旨在缩短以至消除我国东部和西部之间人口、资源分布不平衡、经济水平悬殊状态，达到东西部共同发展、共同繁荣的战略方针。对此，我们应当根据各地区的实际情况来具体落实这一指示。这里我们依据在定西地区观察的一些情况以及干部群众提供的资料，对该地区在 2000 年以前的发展规划作一探讨性的分析。

一

定西地区处于河套的上游，除黄河外，流经该区的还有西面边界的洮河、南面的渭河。全区总面积为29100平方公里，现有总

---

* 本篇选自《费孝通民族研究文集新编》。

人口为 270 万。地区下辖 7 个县(县城均为建制镇),180 个乡。

定西是一个经济水平落后的地区,7 个县都属省内的困难县。自 60 年代开始,无论是丰年或是歉年,都是靠返销粮和救济款过日子,30 年来共吃了 26 亿斤返销粮。遇到严重旱情的 1981、1982 两年,全区的返销粮就达 6 亿多斤。1979 至 1983 年的 5 年中,定西农民的人均收入在 200 元左右,其中现金收入低于 50 元。半饥饿、缺钱花是定西人民生活水平十分低下的两个现实表现。最近两年,在落实农村经济政策的基础上,由于老天帮忙,下了较多的雨水,缺粮状态有好转。

二

定西地区长期处于贫困状态的原因是什么？当地干部着重介绍了两点:一是政策上的失误。缺乏连续性以及十年动乱等等的政治因素;二是该地区自然生态环境的恶性循环。

三中全会后,政策对路了,干部对建设连续性的问题也有了新的认识。但是生态环境的恶性循环却不能立时扭转,它使定西地区在正确政策下解放出来的生产力受到了严重的障碍。

定西地区的平均海拔近2000米,属于干旱地带,区内遍布黄土丘,年降雨量一般在 400 毫米以下。

在这个高寒干旱地区生态平衡被打破的历史由来已久。从全国解放后 35 年的近期来看,由于“左”倾政策的干扰和人口的失控;由于旱灾的连续不断,生态环境的恶性循环愈演愈烈。最突出的表现是土丘上的植被遭到了毁灭性的破坏。据说在 1981、1982 两个旱年,人们获取 1 市斤的干草柴,就得铲除 4 至 5

平方米的草根。由此留下了一片荒山秃岭,天晴时黄土飞扬,天雨时水土严重流失。

在这种情况下,要使人们的劳动热情有用武之地,真正解放劳动生产力,要开发和建设大西北,第一位的任务就是要种草种树,逐步做到水土不再流失,变生态环境的恶性循环为良性循环。

现在有不少专家学者到西北,考察与指导种草种树,体现了科学先行。广大群众也意识到生态环境对于自己生存的意义,做出了尝试与努力,现在种草种树(定西地区主要表现为种草)已有初步的成果。

三

恢复生态平衡对于自然条件恶劣的定西来说不是一件短期内能奏效的工作,它需要较长的周期。据一些同志估计,在定西要做到植被的全覆盖约需 10 年左右的时间。这就向我们提出了两个问题:第一是在相对缓慢的自然生态恢复过程中,定西人民怎样走出一条行之有效的生存和富裕的道路。第二是在这 10 年时间里,我国东部沿海地区的经济发展将会出现一个新的速度,如果我们消极地等待自然生态有良性循环之后再来着手建设西北,速度显然太慢,东西部之间的差距会越拉越大。不解决前一个问题,“三年制止破坏,五年解决温饱”就实现不了。不解决后一个问题,我国在 21 世纪的建设重点转移到大西北就会遇到由发展极不平衡而引起的一系列问题。

因此,我们在做好种草种树这第一步工作的同时,必须处理好它与现有人口生存、经济发展之间的关系。由此可见,自然生态的平衡问题只是整个社会经济发展大系统中的一个组成部分。这一系统的另一部分则可称为“人文生态”的平衡问题,要解决定西地区的人文生态平衡,我们还必须从定西的现状出发,找出一个突破口来。

四

定西的现状,主要应从全区的人口与社会生产两大要素来分析。

定西地区1949年的人口为126万,现有人口总数270万;35年来自然增长了1.1倍,据介绍,在1962年至1974年的13年间,该地区出现了持续性的高出生率,每年平均为34.7%,最高的年份接近40%。这一情况与1982年人口普查时所获的年龄中位数为19岁,35岁以下的人口占总人口的60%以上的数据相符。这一情况意味着定西的人口在此后的十几年中将还会出现前一个高峰的余潮,仍将持续上升。虽然目前正在实行计划生育,采取各种措施力求一胎化。但工作甚为艰巨,事实上也难以达到一胎化,我们访问的几对青年夫妇均有两个或两个以上的子女。所以据地区计划生育办公室预测:到20世纪末,定西的人口将达到330万,比现在还要高出60万人左右。

从绝对的眼光看,全区的人口密度为每平方公里123人,人均占有耕地为4亩,与沿海地区相比,完全可以说是一个地广人稀的地区。可是从相对于定西低下的生产力水平来看,人口仍有相当的压力。在定西1100万亩总耕地中,能做到干旱保收的水田只有1/9,为112万亩,其余均为旱地,旱地中收成在200斤左右的梯田 260 万亩,沙田和沟坝田 29 万亩,其他都是无法积留雨水的坡田。即使在风调雨顺的年景,定西的粮食依然很紧张。如 1983 年是个好年成,全区的粮食总产量为 12.7 亿斤,人均也只有 500 斤以下的毛粮。虽然勉强糊口,但还没有完全摆脱半饥饿状态。

荒山要养草植树,不适宜耕作的田地要退耕养草,干旱、灾年仍是一个现实的威胁。而在近期内,种草种树不可能使畜牧业有突破性的飞跃,但人口现在就有压力,而且还要增长 60 万,这是定西面临的最大矛盾,也正是这一矛盾启发我们提出一个初步设想:定西人口在现有的经济活动方式上能否做合理的转移和调整,从而走出一条新的生存、发展的路子来。

五

我们根据这次访问所听到的介绍和所见到的情况,认为要解决上述问题必须及早采取一些措施。除了首先要考虑自然的生态平衡外,还得注意改变当前的农业产值占 78% 的单一性经济结构和农业人口占 89% 的人口结构。改变经济结构首先要加重工业在生产中的比重,做到农转非农(主要是农转工)的转移。

定西地区的工业大部分是在 1958 年与 1980 年以来办起来的,现共有 333 个企业(包括全民、大集体与乡镇办集体),职工人数仅 2.4 万人,总产值为 1.2 亿元。在如此薄弱的工业基础上实现较大规模的农转工,有没有可能性?需要哪些条件?

从可能性上看,定西办工业有三大优势:第一是当地有较丰富的矿产与农副产品的潜力。已发现的自然资源有煤矿、铜矿、大理石矿等，其中大理石与煤均有相当的蕴藏量。除矿产外，还有陶土和大量的石灰岩。从农副产品来看，虽然定西的麦类粮食不足以自给，但土豆、黄豆等豆类却有余，可以成为大宗的商品，还有桃、梨、苹果、白兰瓜、西瓜等各种瓜果，以及稀贵的药材党参、工业原料黄麻和很有名气的发菜等。第二，定西是离甘肃省会兰州市最近的一个地区，定西县镇与兰州相距仅 120 公里。第三是有煤、有电，能源充足；而且铁路、公路运输相对便利。

鉴于这三个优势，有可能在定西地区兴办以矿产资源采掘为主，并辅以冶炼加工的一条龙工业；兴办以兰州市大中企业为依托的小型配件生产工业；兴办农副产品加工的食品工业。以这三类工业为主，可以在定西、靖远、陇西形成三个具有 10 万生产工人，规模约 15 万人的小城市，使约 30 万的农民转入工业生产。一旦这三个小工业城市形成，它又可带动相当数额的农民（约 10 万人）进入为工业服务的商业、服务业等行业的生产领域。

要使这一设想成为现实，需要满足兴办工业的各种必要条件，如资金、原材料、技术、劳力等等。创造这些条件需要有一个指导思想，那就是逐步消除我国东、西部之间经济发展的差距，走互利互惠、共同繁荣的道路。具体说来，就是在一方面以东支西，即东部沿海要以财力、技术与智力支援西部边区的开发与建设。在另一方面则以西资东，即西部边区要以自然资源提供、充实东部沿海地区的工业发展。

六

要真正做到以东支西、以西资东、互惠互利、共同繁荣，还得

结合西部地区的实际情况,确定若干条原则。如从定西的发展设想来看,我们认为有以下几点是值得考虑的:

(一)采掘资源截留分成原则

在边区特别是少数民族地区,国家投资包括吸收与利用外资的采掘和冶炼工业,除某些特殊产品外,其产品应定出一个适度的比例(如10%—20%之间)留给当地。这种恰当的资源分成可采取灵活多样的形式,使国营企业起到帮助与扶持地方兴办工业企业的作用。如地处定西境内陇西镇的西北铝厂若能给当地留成一部分铝材,就能使陇西镇成为以铝材加工业为重点的专业性小城镇,资源截留分成即使国营企业取材于地方,又使它植根于地方,真正成为我国工业化的骨干力量。在民族地区,这样做还可以促进民族团结,而且符合民族区域自治法的规定。

(二)当地劳力就业优先原则

国家投资的采掘工业,除科技人员、管理人员外,其职工来源应采取当地劳力就业优先原则。即优先择用,吸收当地的劳动力使当地居民在自然资源开采过程中获得充分的就业机会,也减少人口压力。如靖远煤矿可更多地吸收定西地区的劳力,在民族地区更是培养少数民族社会中无产阶级的重要措施。

(三)近距扩散与超距辐射相结合的原则

西北地区的大、中城市要真正起到附近地区经济发展的中心作用,应当采取近距扩散的方法,有步骤地带动周围地区的小城市和城镇,发展地方工业,使它们成为大、中城市工业生产的有机组成部分。这样大、中城市既依靠周围地区的滋养,又反哺、提高周围地区的工业生产能力和人民的生活水平。这就要求如兰州等城市做出大中企业扶持地区、县中小企业的规定。如定西可在现在为兰州电子器件厂生产高频头、录音机芯等部件的基础上,逐步扩大加工部件的任务,成为兰州电子工业的“龙尾巴”。这是已实行这原则的具体例子,可予以推广、扩大。

由于西部地区严重缺乏财力、技术和智力等兴办工业的条件,我们应当订出有利于东部沿海地区的工业企业直接进行超距辐射的各种具体规定,即东部地区的财力、智力、技术不必经过向西逐级连续的蔓延过程,而进行跨越空间的超距辐射。例如最近定西地区与上海挂钩,引进豆制品加工生产线,同时提供对方一定数额的黄豆。现在这种挂钩已扩展到与江苏、浙江、广州等地,共有 18 个项目。这种挂钩涉及一些具体问题,如运输紧张等等,对此应做出运输部门优先照顾东西部挂钩的货物运输,增加西北地区汽车分配比例等等的规定,使这种超距辐射得以顺利实现。

七

随着种草种树成果的不断扩大,定西地区将由原先的单打一的粮食生产转向以农牧结合为主导,林、副、渔综合发展的大农业生产。这种大农业生产的必然结果是农牧等产品的商品化程度提高,也必然引起生产性的服务需求。这就是说,农牧业生产的发展要有一个为其服务的商业流转中心和产前服务,产后加工的中心。这种小中心就是现在定西地区正在规划中的小城镇。这种小城镇要贴近农牧地区,规模不宜过大,收购、运输加工、服务方便灵活。在 10 年左右的时间内,定西地区 180 个乡政府所在地中，以3个乡建起一个小中心来计算，就有60个小城镇，它们将在那些交通便利、地点适中的乡政府所在地出现，从这些小城镇所承担的农牧产品流通、产前服务、食品粗加工、饲料工业的职能以及随之而起的生活服务、文化服务等职能来分析，其从业人口将在2000—3000人上下。这意味着，定西的小城镇建设将会吸收12万至18万的劳动力。这一项与小城市相加，到20世纪末，定西地区有可能蓄起50万左右的城镇人口，这些小城市与小城镇将对定西地区的发展会起到极其重要的作用。

八

从定西的情况来看，人口压力还发生于地区内部分布的不平衡。某些县由于未能充分利用黄、洮、渭三河的水源或水利失修而蓄留不住人口。如靖远县的北部平原地区就是一例，要改变该区的面貌，就要进行旱转水的工程，即引黄河之水灌溉靖远的平原，使原先的旱地成为有保障的水田。洮河和渭河也可根据各自的特点加以充分利用，这样定西地区的水田将从现有的112万亩扩展为250万亩左右。水田面积扩大一倍，一方面对于定西这个周期性易灾区的农民来说，具有温饱有保障的意义，另一方面由于新水田的出现，定西内部的人口分布要进行短途迁移。根据该地区以往的经验，这种甲、乙地之间的内部迁移，由于能够获得稳定的生存条件，人们都争着要去，容易成功，也能长久安居。定西在以后的15年内按水利工程的先后将有30万左右的人口要作内部移动。这就从区内分布上减轻了人口的压力。

九

要使定西地区的种草种树成果得到巩固，要使定西农民由半饥饿转为温饱，我们就应当牢牢记取不顾客观条件，搞“以粮为纲”和片面强调粮食自给自足的教训。在恢复生态平衡的养息期间，要继续固定国家给予定西的返销粮的数额（地区要求每年达到2亿斤），给定西人民喘一口气的机会。事实上，定西的优势并不在发展粮食生产，而是由农牧结合转向以牧为主。即使定西的旱转水工程全部实现，定西的粮食总产也不可能突破高寒、干旱区的限度，所以前面所述的农转工、农转牧等人口不可能再依附于该区的土地供粮，只能做到剩留在农业人口的口粮基本自足。从农业转移出去的人口则由返销粮供给。当然定西地区既可通过返销粮的途径保证粮食供应，还可以采取与东部有余粮省份或地区直接进行产品的交流协作，如在牧业发展基础上逐步做到以畜产品换取所需的粮食。这样既能进一步扩展东西部之间的互惠范围，又在一定意义上调适我国的大农业布局，改变人民的食品结构。

十

定西地区经济、社会发展的速度，在很大程度上取决于人才培养的广度和智力开发的深度。这一点已经引起了定西干部的注意，他们把“三学兴办”（三学即正规教育、职业教育和干部学校）列为10年规划的第一条，这样重视知识与智力开发是有远见的。

目前,地委、行署以及各县的领导机构中,都充实了不少有专业知识的人才,例如7个县长中就有5名具有大专文化程度。工、农、牧、商等各业的管理部门也都有一批学有所长的人才。此外,定西这个地区虽然贫穷,但每年考取大专院校的人数却不少,1983、1984两年都超过1000人,据说在省内处于较高的水平。由此可见,在智力开发方面,定西已有一定的基础,而且潜力还很大。可是我们应当看到,定西地区总人口中,有大专文化程度的仅占0.2%,有中专(包括高中)学历的仅占5.3%,而12岁以上人口中的文盲比例高达48%接近一半。显然现有的智力基础还十分薄弱,与经济发展不相适应。因此,智力开发、人才培养是定西的基本建设,是一项十分迫切而又艰巨的任务。

近年来,每年由国家分配到定西地区工作的大专毕业生百余人,这个数字只占离开定西进入大学的新生数的1/10,也就是说出去多,进来少。同时,几乎没有专业技术人员调入到该地区工作的。这种现象表明,吸收外来智力的途径在现阶段还走不通。这是因为这一地区生产力的水平与先进科技知识的运用之间还有相当的差距,一时结合不上;贫困的生活条件也很难留蓄高级的专业人才。因此定西地区的智力开发要走切合实际的道路,即借助、利用外力,诱发内因,逐步提高那些正刻苦自学、学以致用的初级技术人才。

这次我们走访的定西城郊的五家专业户,分别从事电焊、磨面、农机修理、种花、养鸡等专业劳动。他们大都是初中毕了业的年轻人,是劳动致富促使他们刻苦自学,他们一面钻研科技书籍,一面就在实践中加以运用。文化技术与勤奋劳动相结合,即使他们的家庭年收入都超过5000元（有的已逾万元），又使他们自己成为懂技术、会经营、不满足于现状和有着强烈求知欲的初等技术人才。据说在定西地区的3.2万个重点户、专业户中，不乏这样的“能人”。这批土生土长的、理论与实际相联系的“能人”是定西智力开发的最宝贵的资源。

开发这批资源需要进一步提高他们的文化素质和技术水平。根据定西地区还缺乏财力，近期还不可能将他们分批送出去培养的实际情况，我们认为可以采取各种灵活的方式把知识“请”进来，使他们得到一定的训练。

第一是要充分利用定西邻近兰州市的有利条件，选择聘请所需的专业人员去定西讲学，举办灵活多样、针对性强的短期专业技术培训班。第二是通过电台、电视、通信、报纸等多种通讯媒介接收科技信息，组织办电大、函大、刊大及中等科技班。从知识发射这一面来说，除全国性的业余教育课程外，甘肃省内应视本地区的特点尽可能地多开设这类无形学校，扩大成人教育面，并力求学用结合，使学到的知识在实际中发挥作用。

定西地区如何由种草种树，进而农牧结合再到以牧为主的过程将由各位专家去描述并提出规划设想，我们这里不再涉及。

这次到定西只有三天的工作时间，只能说是访问调查。我们受到了定西干部群众的热情欢迎，得到了许多启发，学到了许多新东西。但限于时间，资料是间接和有限的，调查是局部的。所以这里提出的只是一个刍议，作为今后进一步研究的引子。

开发甘南的意义和建议*

（1985年8月16日）

这次到甘南来，短短三天，学到了不少东西，现在讲讲我的体会。

我搞了多年的研究工作，对少数民族也有过一些接触，多数是去西南一带，对西北的少数民族我接触很少。只是最近几年到新疆、内蒙古搞了些调查研究。这次下决心到甘肃来拜访拜访少数民族地区。对少数民族我知道得不多，对藏族知道得更少。藏族是个有300多万人的大民族，在国家中处于很重要的地位。我去访问西藏自治区看来是没有希望了，这次来到甘南藏族自治州，对我来说是很难忘的，也是很愉快的。

来甘南州以后，我想到一个以前没有想到的问题，就是甘南在甘肃、在全国所处的地位，有什么特点，重要性在什么地方。你们谈到甘南州每年给西藏提供150万斤酥油时，我就意识到这个问题的重要性。从这件事我想到了许多问题。在封建社会

---

* 本篇选自《费孝通民族研究文集新编》。

里，统治阶级对藏族采取了控制，甚至于是消灭的政策。清王朝表面上联蒙联藏，实际上是控制、削弱这两个民族，如把蒙古民族给搞衰落下去，对西藏周围的100多万藏族，采取包围、封锁的办法，不让它发展。现在我们对少数民族采取支持、帮助、发展的政策，如何发展藏族？总而言之，是现代化。要使藏族现代化，先得发展藏族同汉族接近的地区。这些地区容易接受新知识，容易搞现代化。也可以说是反弹琵琶，西藏的现代化可从外围着手。

人们一讲到藏族，就想到拉萨。拉萨在政治上、经济上是一个很重要的地方，可实际上同汉族接近的、接触多的还是你们这个藏族自治州。我们可以设想从西藏周围的几个藏族自治州入手，建立西藏现代化的战略。这几个州是在甘肃、青海、四川。

这次来甘南，看到了甘南州的地位。甘南州有个拉卜楞寺院，它在藏族文化上的地位就很高。现在要建设现代化，它也可以作为一个中心，作为发展和建设藏族现代化的突破门。所以花力量进行甘南州的发展和建设，不仅是为了甘南州的20多万藏族群众，也是为了西藏自治区的100万藏族群众。可以设想，把你们这个州建成一个藏族现代化建设的发动机、根据地。甘南州对西藏的建设所起的作用，是其他地区不能比的，今后西藏经济、文化的发展可以从这儿流进去。你们每年有150万斤酥油进到西藏，对这件事不能只看作是酥油，而应该看到这是一股经济的力量，文化的力量。

你们这条通往西藏的路，我以前没有想过。当然坐飞机可以去西藏，但这只能是少数人，而广大藏族群众到西藏去这条路是一条现存的通道。我们必须充分利用这条通道,要从酥油扩大到各个方面。现在你们除了酥油还有挂面、啤酒、日用百货等运往西藏,有302部汽车跑运输。目前西藏的酥油价格靠甘南的酥油来调剂,以前我没有听到有人说到过这件事。我觉得这件事很重要。发展甘南是发展藏族地区的重要的门户,这一点是我来甘南后才有的一个看法。

从这一点出发,可以看到许多问题,第一点是甘南的地位,它的政治经济地位和作用。甘南州不是自治区,而是甘肃省的一个自治州,甘南要发展,局限性很大。不像内蒙古、西藏是自治区,地位不一样,人们一提到藏族,就想到西藏,往往想不到甘南,这就是它的局限性。甘南藏族自治州在甘肃省和在全国民族工作中的地位应重新加以考虑。西藏现代化问题,是关系祖国四化建设的大事。所以在甘南这个窗口上得花较多的力量,要有一套具体的规划、措施。这不光是为了甘南,更重要的是为了西藏,为了整个藏族地区的发展着想。

在体制上、地位上,在自治权方面,在甘南州要贯彻民族区域自治法,就要下放权力。对这方面的问题还得进一步研究。在一个省内,自治州的地位应当不同于其他非民族地区。我在临夏州、甘南州都听到有这个话,自治州形同虚设,空有其名。空有其名是不符合我们整个国家政策的。要落实我们的民族政策,实施贯彻民族区域自治法,就得把许多具体的权力规定下来,要清楚职权。昨天我讲到森林法,森林法中有一条是民族自治地方可以制定变通或者补充规定,这已经开了口子,现在是你们如何去用它。民族区域自治法也有一条,你们可以经营本地区的资源开发,怎么经营,就要拿出具体的办法。根据宪法和民族区域自治法,认真拟定一套条例,就是在少数民族地区的森林应该怎么办。这个特殊的条例是有法律基础的,是符合法律的,内容则应实事求是,因地制宜。总的来说,发展这个地区,用这个地区来带动西藏,要加重发展甘南藏族自治州的分量,就要加强对它的帮助。这是我来甘南几天一直考虑的问题。

甘南的优势在什么地方?我来甘南前去定西看了看,定西的面貌与这儿不同。定西是一片黄颜色,黄土高原的面貌很清楚,水土流失很严重。植被草木都稀薄。坐汽车从兰州到甘南来,黄色不多,多是绿色,有草有树,可是这儿的草、树都在退化,在破坏。三年停止破坏的这个宗旨在这里也是适用的。树的破坏我听到了,白龙江林业局这些年伐了不少树,木材是拿到了,在国家建设中起到了作用,可这个地方却受了很大的损失,不能让它的损失继续下去。在甘南,种草种树应有它不同于其他地区的意义。昨天我看了看这儿的草,草长得很低。我前年到内蒙古看到的草原比这里的好。这儿的草是“浅草没蹄”不是风吹草低见牛羊。当然这儿也有更好的草原,明天再去看一下。对这样一个草原,如何使它恢复起来,在这方面还没听到很多具体措施。内蒙古赤峰做了不少工作,草从这么低长到那么高,我写一篇文章叫《赤峰篇》,在《内蒙古日报》上发表了,以后给你们寄几份参考。如何恢复草原对你们是很重要的。

我所说的甘南两大优势,草原和森林,看来问题还没有解决好。林业有个政策问题还没有解决,林区 16 万多藏族群众有劲使不上,看着林木越来越少。这是一个人为的事情,应该想个办法出来。对这个问题我不太熟悉，但办法总归是有的。草原退化怎么办？你们讲牧区比林区富。林区人均收入只有40多元、60多元、80多元，牧区有二三百元，玛曲去年人均收入396元，相差是很大的。玛曲富不光是地利好，还有一个人的问题，应在这方面再了解一下。草原退化问题这是看见了的，你们这儿是草原退化，还没有到沙化，和内蒙古不同。内蒙古是治沙的问题，你们这儿是如何增加草量、改善草质的问题，即量和质的提高问题。这方面有什么经验、措施，再给我们讲一讲。昨天听说草场承包问题还没有完全解决，作为一种经济形式要有人管，没有人管是不行的。还要有一套适应这个地区的承包办法。甘南州的自然生态平衡破坏的不太严重，但草原退化、森林破坏是一定要解决的。

在这里问了几户牧民，都有30多只羊，20多头牛，一两匹马，可以解决温饱，大家很高兴，放放羊，唱唱歌。刚巧碰到藏族群众的香浪节，群众很热闹。这儿生活不错，空气又好，我很羡慕这里的田园生活，可这种田园生活在当今的社会里是很难维持下去的，应该说落后的帽子还没有摘掉。我们不能满足于30只羊，20头牛，骑着马儿到处走的小牧经济生活。这同内地原来说的“二十亩地一头牛，老婆孩子热炕头”的小农经济是一样的。这不是目标，目标是现代化。是搞现代化，就要搞商品化，经济越提高就越要商品化。现在小农小牧经济的时代已经过去了，但要打破它，也是很困难的。我个人从感情上是喜欢陶渊明诗中说的田园生活的，可是现在世界变了，变成一个商品交换的经济，在生产力迅速发展的时代，维持一种快乐的田园生活是不可能的。到甘南来的这一路，没有什么小集镇，这就是商品交换少的原因。临夏州比你们稍好一点，临夏地少人多，商品交换就好一些。你们这儿商品经济也开始了，看到了用马拉车跑运输，一天赚 10 多元钱。你们这儿集镇很少，汽车跑一天到一个县城才有一个小镇。在江苏，走 10 分钟、20 分钟就是一个镇。这儿集镇少，是商品经济不发达的一种表现。

你们甘南的两大优势，草原和畜产品原来都上缴，变成了原料供应地，怎么能商品化，最后只能达到现在这种生活，不到小康水平，是一个低级的自给自足经济。每年输出一些原料，换回些油盐酱醋、衣物，在这样一个交换中，是永远打不开局面的。畜牧业已经承包了，原料在群众手中，可以搞加工，先搞家庭加工业。你们生产酥油的方式一半是手工，一半是奶油分离机，是半机械化；再由半机械化向机械化发展。有 300 多部汽车跑西藏，这中间有汉族，也有藏族。这些藏族群众已经掌握了机器，是不简单的。你们州里有一半的牧民群众到过拉萨，这很好，因为要搞现代化，就要流动，一动就会发生变化。但人要和商品一起流动，为朝拜而流动变不出现代化的。

藏族群众能掌握汽车，说明他们有一定的文化知识，没有文化是不行的，这些就是有用之才。昨天见了多禾大队的支部书记，他识藏文，原来当过喇嘛。我想为什么不可以利用喇嘛庙来进行教育，不要怕它嘛！宗教也会变的。对宗教我们自己有迷信，认为宗教是鸦片烟，我们就怕它了。其实，你不用怕，宗教有它积极的一面。为什么我们不可以利用？这就要看我们的本领了。北京的回民，不敢买清真罐头，信不过。这次在临夏，我建议他们建立一个清真食品厂，生产真正的清真罐头，屠宰可以请阿訇来念经，生产出的罐头还可以运往阿拉伯国家。这就可以利用宗教，使它变成经济因素。这是很重要的，因为现在人们还有宗教信仰，等到他们的生活提高了，迷信也就没有了。我们不排除宗教的用处。

现在讲一下工业，搞现代化没有工业不行。在这儿工业怎么办？你们有的是资源、矿产，现在开放了，如何发展，要有个长远的观点。搞工业、矿产比较复杂，靠甘南现有的智力基础是不够的，这要靠外面的力量。昨天看了毛革厂，从南京、上海、兰州请了三个技师。一年来几趟，不在甘南时每月发 200 元工资，在甘南时每月 500 元工资，这是个很好的经验。一年花点钱，但得到的东西很多，一是提供信息，如生产什么样式的服装，否则样式不对，就没有人要。二是提供新的技术和制革材料。我们要用东部的脑子来发展西部的经济，简单地说，用人家的脑袋自己发财。这脑袋不在这里，守株待兔不行，谁到甘南来啊，一听海拔3000米高度，心就慌了。要花一切力量去引进，要宣传。现在也有自然流进的，在马路边修鞋的，是浙江人，有 20 多个，在这里一天少则挣四五元，多则挣十几元，平均每天可以挣八九元，大约算了一下，这 20 多个修鞋的，一年就挣你们 4 万元，你们的毛革厂全年的利润才 8 万元。修鞋的把 4 万元拿走了，这是一个新情况，叫劳务输出。你们可以算一下，一年几十万元就这样出去了，可以到邮局查一下汇款就知道了。

我们要改变甘南的传统的自给经济，就要做工作。要有商品经济意识，要把封建的传统改变过来。这虽困难，但是必须做的工作。现在已经在起变化了,可以调查一下,总结一下。浙江人来这儿修鞋是很苦的,可愿意待在这里,这叫利之所在,艰苦不怕。所以我们要用商品化经济来改变自给自足的小牧经济,要把发展经济同群众的实际利益结合起来。现在总的发展方向是很清楚的,开放、改革、走现代化道路。毛革厂是1980年从夏河分出来的,这叫细胞分裂法,也叫母鸡下蛋。这样去发展,将是很快的,现在有困难,市场问题,原料问题。我们的政府、我们的领导应该注意这个问题,要帮助,要做好服务工作。

我们搞支边已经几年了,这对发展民族地区大有作用。同外边挂钩,不是乞求。我有东西跟你们交换,有利益,可以搞联营、联办、补偿贸易等办法。我们不要一想就办个大工厂,要积少成多。藏族是很聪明的,昨天在毛革厂看见一个藏族姑娘搞裁剪,很不错。所以要以藏族为主办小型企业。可以到外面去跑一跑,看一看,学一学。省里的领导也应该帮助、支持你们。在这里千万要注意一个问题,以前民族工作最大的问题是认为少数民族落后、穷苦,我们要帮助他们,要去救济他们。这不行,越救济越不行。关键在于要帮助少数民族自己发展起来。最近,耀邦同志讲,对西藏我们不能输血,要造血。对少数民族不能输血,更不能抽血,你们这儿的林业局是在抽血,这是不行的。少数民族不能光伸手要钱,认为只有上面给钱才能办好事。一切事业,首先要靠自己,江苏也是这样开始的。有了钱不要铺张浪费,要好好用,要办工厂,一个厂一个厂地搞起来,叫它们细胞分裂,几年也就起来了。江苏才5年,现在一派繁荣。在这件事上要认真地咬紧牙根搞下去。

最后讲一下人才问题。你们这里在人才问题上教训是很大的。靠外边不容易,来了就要走。现在不靠外边的帮助还不行,但真正的力量要靠里边长出来。那么怎么办?今天早上听了教育问题的汇报,我认为对什么是人才要有认识,不要依葫芦画瓢。你现在需要什么有用之才,就培养什么人,不要图名,要图实。比如要养兔子,要兽医,要一套设备。我的家乡养兔子,兔毛产量全国第一,全拿到国际市场,后来国际市场跌价了,一跌价就不得了,家家杀兔子吃。我说跌价跌得好,要懂得自己搞加工业,不做殖民地,不光卖原料,于是搞起兔毛毛织厂。自己站住了脚。现在江苏已是亿元乡,20亿元的县。这不是很难的,是可以达到的。但是要从小处做起。你们有的是资源,有吃苦耐劳的藏族群众,还怕发展不起来么?

搞教育也是如此,要抓基本知识的教育,小学教育要普及。现在很难,没有好教师。搞好教育要有人,光房子好不行。在甘南第一要懂藏语,把知识能传达到藏族群众中去。要搞出一套藏语的系统教育。当然学习汉语是必要的,不能搞封闭,搞封闭只有自己吃亏,但真正要普及教育要靠藏语。要培养一大批真正为藏族人服务的教师。我想应抓一抓师范教育。你们现在有个师专,可以把师专扩大,质量提高,同外地的师专学院联办,请外面的教师来讲课。情愿拿钱去搞代培,培养好了,人家还不一定情愿回来,还不如请外面的教师来这里代课,培养的人才不是多一些嘛!我回去后可以做宣传,请省里支持一下。我知道西北师院的师资力量是很强的。请他们来帮助,待遇可以好一些,发挥知识分子、教师的作用。这也是帮助民族自治州发展的一个基础措施。请他们来把你们的师范教育办好，培养一批不往外地跑的当地的教师。甘南还应培养一批能用藏文藏语教中学的教师，向西藏输血，支援西藏。这是我的设想，请你们研究一下，看能不能实现。

关于技术引进问题，民盟可以考虑。你们提出具体项目，我可以发动民主党派来帮助你们。北京帮助定西搞了 21 个项目，定西的杏子很多，北京、天津来了几个专家看了，建议他们搞一个果脯厂。定西自己搞了个计划，要 21 万元，专家们看了只要 8 万元，今年 8 月上马，9 月投产，春节前投放市场，8 万元全部可以赚回来。所以你们要搞几个引进项目，我来给你们搭桥。我们是藏族自治州，藏族要发展、要提高，是会有人来帮助的。人们是愿意帮助民族地区的。不要自己先心虚，说我是少数民族，怎么落后。而要说我要发展，请你来帮助，给你利益，不要你的东西。提出项目，我们可以组织专家组来，叫他们来具体帮助你们。

来甘南时间短，但学到了不少东西。你们在这里责任很大，要看到自己不仅是藏族，而且是藏族现代化的先锋。要想到藏族是中华民族大家庭里的重要成员，藏族地区现代化是我们国家现代化的重要组成部分。而藏族地区的现代化要从你们这儿先走一步，用你们来带动西藏的现代化。所以，为了整个中华民族，为了党的事业，要一辈子做下去，干到底。

定西篇*

（1985 年 8 月 28 日）

开发西部边区，面临两大问题。一是如何变自然生态的恶性循环为良性循环；一是如何缩短、消除西部与东部之间在社会经济上的差距。去年 9 月，我首次考察了甘肃省的定西地区。提出要用大系统的观点看待生态环境的改善和以东支西、以西资东、互利互惠、共同繁荣的发展设想。今年 8 月，我再访定西。实际的变化使我认识到，定西人民正在走出一条改造山河治穷致富的现实路子。

一

地处甘肃中部的定西地区，就是历史上被人称作“陇中苦甲天下”的陇中。这块地方是在什么时候苦下来的？我没有考证。但贫困的原因和表现是显而易见的。高寒干旱，水土严重流失，生态恶性循环，使定西长期以来的灾荒不断。无以为生的人口，

* 本篇选自《费孝通民族研究文集新编》。

能走的就逃出去打工、要饭；留下来的便挖草根当柴烧，爬几十里山路去背水喝。解放以后，每逢遭灾年份，国家就得运粮解款。可年复一年的救济，仍未能使定西人民摆脱半饥饿状态。

1983 年，该地区旱象减轻，农民收到了一季好庄稼，情况有了转机。然而久灾造成的问题还是成堆。1984 年我第一次走访定西贫苦农户印象深刻。在一间除了炕和空锅别无他物的土屋里，一位中年农民流着眼泪诉说着他妻子的病况和断炊的困境。据说当时还有约 1/3 的农户与他一样不得温饱。干部还反映，一面在落实种草任务，一面仍有部分植被在继续遭到破坏。时过一年，再上定西，面貌有了较大的改观。

从粮食来看，在 1983 年全区总产 12.8 亿斤的基础上，1984 年达到 13.4 亿斤。今年的麦子正在收割，预计总产可达 14 亿斤上下。这三个数据表明，定西农村已连续有三年人均产粮在 500 斤以上。统计数字与我在走访时看到各家或多或少都储有粮食的情况是相符的。

在恢复生态平衡方面，定西的种草也初见成效。1983 年累计有草地 107 万亩，1984 年增加到 280 万亩。草的长势也不差，既提高了植被覆盖率，又产出了较多的干草。据估计，今年的干草和庄稼秸秆的收获量可达 21 亿斤。现在挖草根、铲草皮的现象已基本停止，路边还留着不少应当收割以待来年再发的柠条。

在日常生活用水方面，农民在这几年里修复了以往损坏的家庭水窖。据介绍，目前全区的农户平均拥有的水窖在两眼以上，每眼水窖蓄有 30 到 40 立方的雨水。

有粮吃，有柴烧，有水喝，这是眼下定西农民对于温饱的理解。在如此短的时间内,在“苦甲天下”的定西,温饱问题初步得到了缓解,这的确是一个了不起的变化。

应当看到,在上述变化中,气候条件是一个重要的因素。三年来定西大部分地区未受灾,平均降雨量都接近500毫米,这在干旱和半干旱地区是少有的。因此,定西干部在总结成绩时把“天帮忙”放在首位,并没有盲目乐观。

然而,我们必须充分肯定定西人民依靠自己去治穷致富的主动性,用他们的话来说就是“躺着吃不如干着吃”。明知随时有灾荒的可能而不屈服,可以得到救济而不愿躺着吃国家。这种边区人开发边区的主动精神与基本的温饱条件相结合,便产生了进一步提高生活水平的要求和实践。

二

前几年,为了贯彻种草种树、治穷致富的方针,甘肃省拨出专门的款项和粮食,补助给种草种树的农户。在定西,按照耕地种草和三荒地种草的等级,种一亩草分别补助5元或2.5元。这种以钱、粮补草的办法在初始阶段是有效的,它起到了提高群众种草积极性的作用。可是随着种草面积的不断扩大,以钱、粮补草的效果却越来越弱,甚至还引出了新的矛盾。

据介绍,因种草同进一步的经济利益还没有挂起钩来,在初步解决了烧的问题以后,有许多农民种草的积极性不高。他们只是为了完成任务和可以拿到补助款还在继续退耕种草。因此,有个别乡、村虚报种草亩数,还有个别农户发生了上年种草,下年度又把草地翻过去种上了粮食。

由积极种草到消极应付，原因就在于草的价值在定西农民心目中发生了变化。过去，因缺柴草，有救济粮也变不成锅里的饭，因此，那时人们视柴如命，加上种草还有补助，种草的热情也就自然高涨起来。可是，现在的定西，柴垛成行，干草有余，人们也就不再用煮饭不大方便的节柴灶，而将大把的草丢进炉膛中烧掉。柴草余量较多的农民，还觉得储草是个不必要的累赘。听说干部在动员一位家中只养一头小猪、却有三年存草的青年农民完成种草任务时，他反问道：草不能当饭吃，你还叫我种，难道让我吃草？

草不能当饭吃，这句话说明了一个道理，那就是种草种树、恢复生态平衡这件大事必须与农民切身的经济利益相联系，成为群众致富的手段，才能得到切实的保证。

草固然不能当饭吃，可是在一定的条件下，草可以转化为吃得更好的“饭”。在我的家乡吴江县，有好几个乡都腾出一些亩产超过千斤的好地栽种花卉和席草，还办了花木公司和编席厂，农民的收入远比种粮食高。在内蒙古，听说牧民不时为争草而发生纠纷，原因就在人食牛羊，牛羊吃草，草通过牛羊的转化成了他们生活的“食粮”。民以食为天，草的争执自然性命攸关。

因此，草的转化就不单是自然生态的问题，而是一个人文生态如何与自然生态协调平衡的大课题。这里所说的人文生态，是指社会劳动力，据其所处的经济地理条件和它达到的智力水平，形成何种生产结构以达到最高的生产率，以及劳动力的组织形式、劳动成果的分配形式等达到最佳配合的历史进程。说通俗一点，就是人们干什么最为有利？怎么干才最有效？

从定西的实际情况，该地区共有1076万亩耕地。其中在靖远、会宁北部和临洮、渭源西部有引黄河、洮河之水灌溉的水田112万亩，有梯田260万亩，其余绝大部分是广种薄收的坡田，坡田中已退耕种草的为280万亩。如果我们把在一般年份平均亩产粮食约200斤上下的梯田也算作适于耕种粮食的土地，再加上旱涝保收的水浇田，共计372万亩，只占总耕地面积的1/3强。除了水田，定西有90%的耕地要靠雨水滋养。然而据统计，全区耕地有70%以上处于年降雨量小于500毫米的干旱或半干旱地区，还有一小部分耕地在海拔2300公尺以上。

土地状况和自然条件表明，定西很大部分地区不宜种粮而适于种草。这两年栽种的280万亩草地长势良好也说明了该地区的种草优势。

有种草的优势，然而人们并没有在种草上得利。问题就在于草的转化还不具备条件，自然优势受到社会经济结构的制约，它不仅不能得到充分发挥，反而成了种草无用的证据。

鉴此，定西的干部意识到，以钱、粮补草的老办法应当改变。要发挥优势，就得从改变农村经济结构着手，大力发展畜牧业，为草的转化提供条件。他们设想将原来的补助款粮作为牧业生产的基金，发放扶助性的低息有偿贷款，实施以牧促草的新措施。

三

在定西大力发展畜牧业，可以说是为生产力的提高找准了突破口，走上了正道。可是从原有的经济结构上看，牧业不是正业。因此，要实施以牧促草的措施，必须认识定西经济结构的现状及其形成的历史原因。

1983年，定西农村的经济结构是，乡镇工业占总产值的11%，农业占89%。在农业产值中，包括畜牧业的产值。1984年，据定西县的一个乡介绍，种植农业占总收入的比重为76%，牧业比重为1.5%。其余主要为工业收入。另据有关部门的统计数据计算，1984年，全区每个农户平均饲养的畜禽数为：牛、驴等大牲畜1头，猪2头，羊2只，鸡4只，兔0.1只。

由此可见，定西经济结构的现状仍是以农为本，以种植业为主的封闭自给性结构。在这一结构中，牧业不但微乎其微，而且完全是从属于种植业、为种植业服务的畜禽饲养。据介绍，在全区每户一头的大牲畜中，绝大部分是毛驴，因为毛驴是上山下坡最好的脚力，运送肥料、种子靠它，驮回粮食、柴草也要靠它，其发挥的生产作用比城市工人上下班的自行车还要大。养猪、羊也多半是为了生产有机肥。定西干部称这种牧业为农本牧业。

长期以来，在一个基本上不适宜种粮的地区，居然能形成以种粮为本，畜牧为种粮服务的生产结构，这不能不发人深省。

根据1982年的人口普查资料，全区少数民族人口只占总人口的1.26%，其余均为汉族。那么这些汉族人是从哪儿来的呢？据考证，万历六年，整个西北地区大约只有400多万人口，清代大量向这一地区移民，使这一地区的人口急剧增长。我问了几个定西的老年人，他们都说自己的祖宗是从山西的"大槐树"迁来的。这使我联想到内蒙古的赤峰地区见到的情形。历史上汉族移民一到那儿，就在草原上抡起锄把开"荒"种庄稼，搞广种薄收，种一块丢一块，使土地大量沙化。游牧的蒙古族不得不一步步退缩，两种原始的生产方式的对立造成了民族之间的隔阂。据位于定西西南的甘南州的藏族同胞说，很早以前藏民游牧的地区比现在要广阔得多，后来才退却到现在这块海拔在3000米左右的甘南州。由此看来，在定西这个地区有可能是内地去的汉人，把自己数千年的农本传统，移植到定西这块不宜种植作物的土地上。

以农为本的传统发展到它的顶峰，便是不到10年前还普遍实行以粮为纲。这一政策在这地区带来灾难性的后果甚于其他地区。尽管不顾条件的以粮为纲使人们尝到了苦头，然而在以农为本的基础上培植起来的文化传统是不那么容易改变的。

看来，在思想观念里也要“反弹琵琶”，来一次意识领域的革新。要确认自然条件和商品经济规律是决定利用土地的原则。我在定西访问的几家农户，就看到他们中间已有一些专业户开始改变了见了土地就想种粮食的观念。

在定西县内官营乡，一户姓张的家庭由老兄弟三对夫妇及他们的子女组成，有15口人，10个劳动力。管家的是老二，他分工搞家庭牧业，养着十几头猪、几十只羊、一群鸡和几个蜂窝，老大负责种植业。由于牧业的需要，他已抽出5亩粮田种上了牧草。老三则开粉坊、磨坊和负责饲料加工。这是一个种植业、牧业和农产品粗加工混成一体的家庭经济结构。这户农民在没有搞牧业和加工业之前，1983年全家收入仅1083元，1984年收入一年就翻了三番，达到8470元，今年上半年仅出售羊毛一项就收入800元。

在同一个乡，有一户养兔专业户。那是一对有三个孩子的年轻夫妇，男的初中毕业，才31岁，他家的庭院内共有四个兔房，两个是半埋地下的泥土结构，每个混养着几十只皮肉两用兔；另外两个则是用砖砌成的分层隔笼式兔房，有6层，每层10个笼子，每个隔笼养一只长毛兔。在男主人卧室的墙上，一排挂着六种报纸，有《农民报》《市场信息》等。他告诉我，为了学习养兔，他自费跑了好几个省去寻师取经。现在家里的4亩水田也种上了兔草，夫妇俩一心扑在兔子上，全家收入也只靠出售兔毛和小兔。

这两家农户具有的共同特点是，靠发展商品化的畜牧业生产发家致富，而且都把种植业作为畜牧业的基础，使其为牧业服务。这一特点在定西被称为牧本农业，即以牧业为主，农业（种植业）从属于牧业的需要。

在由农本牧业向牧本农业的转化过程中，我们看到这两家的程度是不同的。前者保留了一部分农本，后者则完全是牧业专业户。这或许反映了定西发展商品化畜牧生产的必经之路，即由农本牧业到半农半牧再转向牧本农业。

四

定西的乡镇工业起步并不晚，1976年前后曾掀起过一阵工业的热潮，可此后又沉寂下去，走了一段弯路。

1983年，是定西乡镇工业摆脱起伏，走上健康发展道路的新起点。从统计数字上看，1982年全区的乡镇企业才220个，职工2万人，收入为1925万元。1983年企业数增加到766个，职工3.3万人，收入为4737万元。去年地委书记带着各县县长到江浙沿海去考察学习找差距，回来后办工业的劲头更足，到1984年底，企业数增至2913个，总收入为8000万元。

两年来，定西发展乡镇工业有三大特点：

第一是企业规模小。从现有企业数与职工数来看，每个企业不足6人。据介绍，定西对于发展工业提出了户办、村办、乡办、县办、区办五个轮子一齐转的要求，其中以户办为主。例如临洮县搞编织地毯的就有1000多户，今年该县的乡镇企业的收入正向亿元奔进。

以户办和户联办小企业为主，既符合现阶段资金薄弱、技术和经营水平较差等具体条件，也符合办工业要使千家万户富起来的根本出发点。因此搞工业的神秘感破除了，群众觉得工业不难办，在家里就可以干，热情一起来，门道也就越来越多。现在除了众所周知的农牧产品加工业，建设、运输、服务业以及小采矿业等，一些原来不为人注意的资源优势也正在利用起来。例如那些形状奇异的老树根被用来制成根雕艺术品，又如不少农家姑娘用新发现的一种低档玉做成可与酒泉产品媲美的夜光杯。据介绍，类似的工艺美术项目就有61项。由此可以说，办工业进一步挖掘了资源的潜在优势。

第二个特点是联系面广。听说渭源县有一姑娘嫁到陕西，她在那儿学到了刺绣技术，于是就动员丈夫一起回到老家，办起了刺绣厂。这是群众自发的联系。在定西的城关，我看了一个杏脯厂，女孩子坐在那儿一边剥杏核，一边说笑。这是去年定西与北京市议定的21个项目中的一项。北京市郊一家果脯厂派出一位女同志正在那儿传授技术，把质量关。这是政府之间的无偿援助。我到定西的前一天,该地区的专员领着各县县委书记刚从江苏回来,听说这次与镇江的四县一区已初步议定了大理石开采加工、猪毛加工等七个项目的联营或技术协作。这些项目还需要企业对企业进一步洽谈订立合同,这是企业之间的联系。在定西县的一个乡,从济南市以技术转让方式引进厂一个项目,我没有想到的是,这一联系是《市场信息报》发生的作用。

现在,定西正在组织专门搞横向联系的干部队伍,准备用各种方式加强地区之间的经济交流。

第三个特点是再生力强。在内官营乡,有一家与兰州化工厂挂钩的塑料编织厂,原料由兰化提供,制成的塑料编织袋送回兰化装化肥,有趣的是这个只有340人的小厂却蕴含着另外4个生产项目:涂料、超薄型地膜、丙纶和化妆品。这些项目虽说都属化学工业,但它们在工艺上与塑料编织完全是两码事。听说这些生产项目上路以后,就要分厂了。像这样一个厂可以裂变、孵生出几个厂的情况是很普遍的。

上述三个特点是定西乡镇工业健康发展的表现,它来自干部群众对乡镇工业地位、作用的正确认识。地区干部算了这样两笔账,一是从1953年以来两地区农村的人均收入每年只增5元左右,而苏南乡镇企业发达地区这两年每年增长值为100元。二是即使在工业基础较差的情况下。几年来定西农民乡镇企业直接获利人均55元,乡镇企业利润用于支农和修建农村设施的总额为2200多万元,还吸收占全区30万农业剩余劳力的1/5以上进了工厂。由此他们认识到,无论从发展农、牧业商品生产的需要,或是从治穷致富、赶上先进地区发展水平的需要出发,定西必须大力兴办乡镇工业，而且非办好不可。

五

要办好乡镇工业，当前突出的问题是缺资金、缺技术。一位同志到无锡考察，看到那儿的乡镇企业把泥土变成了值钱的惠山泥人，联想到定西农民用大理石垫猪圈的情形，他深有感触地说，有技术点土成金，没有技术金子化为土。

缺乏资金办不了厂，没有技术开不了工，怎么办？应当缺啥找啥，创造条件。那么技术资金在哪儿呢？首先要把眼光盯住东南沿海的城市和乡镇工业。

定西的干部这样做了，而且取得了初步成果。为什么会有成果呢？我认为那主要是东部的城乡企业到了必须向外扩展的时机。东部在这几年里发展很快，可是在城市受到土地、劳力（招工指标）的限制，在乡镇受到原料、能源的限制，使它们的技术与资金不能充分利用。然而市场的需求和竞争又不允许它们停顿下来，一停顿就意味着企业生命的终止。在这种两面夹击的情况下，它们要生存、要发展，就必须进行内部的改造和地域的扩展。这是工业发展的规律。所以西部的发展要到东部去找技术和资金，东部本身的发展也产生同样的需要，只不过需要的内容是场地、劳力、能源和原料。前两年苏南就有一些出资与边区共同开掘煤矿。今年由于宏观控制，在资金外流上表现不明显，但宏观控制不会是长期的，企业发展的经济规律还是在发生作用。因此，西部地区应不失时机地与东部地区挂起钩来。

当然，西部与东部之间的钩能否挂上，还得看采取什么样的原则。对东部来说，西部如果是穷亲戚上门，就不容易建立联系。定西的领导说，过去他们总有一个观念：我穷，请你来帮忙，结果就不那么理想，这就是说，只有单方面得利，联系不易建立，也不可能牢固。所以东西部之间的挂钩应遵循互利互惠的原则。

西部地区的主要优势在于资源和土地，要互利互惠就得提供部分资源或场地给对方。一句话，就是用资源换技术，借你的脑子，发挥自己的优势，共同致富。

最近，我听说西部地区的几个省为保护地方工业，相继采取了限制羊毛出省的措施，这种措施能否保住地方工业值得研究，在这种措施下羊毛实际的流通状况如何又值得研究。而类似羊毛等资源的限制，对于东西部的资源、技术互助的影响倒是实实在在的。鉴此，我建议有关部门订立一条原则，只要在对等基础上的技术、资源互换，就应当允许流通。

东、西部之间的挂钩，建立在各自经济发展的基础之上，这就要求在联系的过程中，采取企业与企业直接挂钩的方式。定西的干部就尝到过行政领导满口应承，跑到基层毫无踪影的酸果。当然，行政应当有领导权，可企业也必须有洽谈权和自决权。这二者并非一对矛盾。这里我想强调的是东西挂钩要进行毛细血管活动，即企业与企业直接见面、商定，这样的互通有无才有基础。

六

在对外协作联系上，定西乡镇企业提出的要求是背靠兰州，面向全国。这就是说，除了上述与东部直接发生的横向联系，他们把兰州作为省内纵向联系的支柱和乡镇企业的中心。问题是在西部重镇兰州市，是否起到了它对地方工业的应有的辐射作用？从上面说到的那个塑料编织厂来看，兰州化工厂的确是背靠的支柱。可从总体上看，兰州的工业体系尚未充分发挥这种作用。有人认为兰州的技术力量本身薄弱，再要扩散是心有余力不足，对此我了解得还不够。但从苏（州）、（无）锡、常（州）、（南）通四个中等城市的经验看，前些年它们采取“产品脱壳”、“一条龙”等各种形式扶持乡镇企业，结果是越向下扩散，城市本身的企业素质越强。道理有两条，一是通过区域性的联结，使企业取得了规模效益，这叫以多取胜。二是周围的乡镇工业发展了，就迫使城市本身作结构调整，并向上海、南京等大城市伸手求科技。这叫更上一层楼。

由此而言，兰州市的扩散是有潜力的。它不仅可以成为甘肃全省工业体系的核心，还能对整个西部地区的经济起到中坚、枢纽的作用。因此，兰州的地位十分重要，它有可能在将来建成“中国的芝加哥”，东部的经济力量通过兰州这块跳板，促进西部的开发和经济振兴。

由兰州市的地位，我进而想到甘肃各地区的首府、各县的县城乃至有条件的乡镇，都应当敞开城门，发散各自的力量，扶持乡镇企业。这种由上而下的层层扩散将造就一个错落有致的地方工业群落，这一群落的良性生长又能起到自下而上，层层保护的反馈作用。

五六十年代，中央各部在边远地区布了不少点，叫作三线工厂或二线工厂。这些企业现状如何？乡镇工业的发展是否也能借助它们的力量呢？这些问题值得有关部门深入调查。

今年我走访了就在定西城里的敬东机器厂。敬东厂是1970年由四机部投资1200万元办起来的三线厂，生产军用电子产品。地区干部介绍说，在1983年以前的十几年中，工厂与地区的鸡犬之声相闻，老死不相往来。地区的同志觉得自己是种洋芋蛋的，而工厂是搞电子的，高攀不上；工厂也自成体系，凡事不求人。

从1983年开始，地区和工厂的领导才互相走访，热络起来。就在那一年，工厂主动帮助地区扶持一家常年亏损、濒于倒闭的毛巾厂，改产由工厂扩散的电视机高频头的零部件，当年就扭亏为盈。1984年，这个已成为电子元件厂的小厂，产值达到140万元，实现利税15万元。现在小厂职工的人数已从最早时的100余人扩充到320人，今年计划产值为300万元，实现利税为22万元。

除此以外，在1984年5月，敬东厂又拉出一条生产线，与地区劳动服务公司搞实体联合。即工人在总厂培训，技术由总厂指导，原材料供应、质量检验、产品销售等全由总厂负责。实际上是总厂的一部分，一年来该厂收入加工费42万元。

今年3月，敬东厂资助7.5万元给城关的乡办塑压厂，塑压厂为敬东厂加工零部件。4个月来完成产值30万元，实现利税3万元，安排了农村社员50人。

听完地区介绍，我就到敬东厂，厂长和总工程师热情接待了我，他们坦率地说，扶持地方办厂是该厂发展的需要。原来，在1980年以前，这个中型军工厂按计划生产的产品销不出去，连年亏损，亏损总额达137万元。工资发不出，只得靠贷款吃饭，在这种情况下，工厂决定转军工为民用，生产电视机的高频头、偏转线圈以及骆驼牌收录机，这一转马上见了效。

1983年，工厂生产高频头的数量达到了50万只，为初转产时的8倍多，这时再要提高产量，工厂感到力不从心。招工指标不足，场地、资金都受到限制。扩厂不可能。面对市场上越来越大的需求量，怎么办？于是，该厂打开大门，采取实体联合、协作加工、外协合同等多种形式，与省内外的30多家工厂挂上钩。其中有上述定西的3个，省内其他地区8个和浙江十几个。一搞对外协作，这个厂也就如鱼得水，迅速发展起来，成为全国的先进企业。1984年生产了185万只高频头，今年有把握拿下300万只。工厂基本上只做总装，现在每天装配5000只。据说全国每天生产电视机为4万台，这就是说，全国1月的电视机采用敬东厂生产的高频头，1984年该厂盈利1200万元，还招了本地职工440人，现在共有职工2800人。

敬东厂的厂长总结说，产品救了一个厂，发展带动一大片，如果不搞扩散，达到这样一个生产规模，工厂就要胀死。

敬东厂为所有的三线厂提供了很好的经验，它表明，国有大企业只有走开放扩散道路，扶持地方工业，形成区域性的工业发展体系，其自身才能保持经济活力。

可是，只在生产上搞产品扩散仍然是半开放。敬东厂的企业结构仍然是封闭式的工厂办社会。对此，厂领导也颇感烦恼。职工宿舍要厂里造，分房纠纷还不少；职工子女要厂内包，托儿所、幼儿园、医务所都要厂来办。总之，职工的衣食住行、生老病死基本上都要由厂来管。幸亏这是一个年轻的工厂，老职工和成年子女还不算多。即使如此,厂领导仍必须拿出1/3的精力应付生产管理以外的事务。看来,长此以往,这里也会如同包钢那样发生人文生态的失调,即一个企业系统如果与环境割断了社会性的能量交换,那么由系统内部社会结构变化产生的力量就会形成内耗,内耗力量滋生到一定程度,原先的社会结构就会瓦解,系统也就崩溃。

定西地区和工厂的领导都赞同关于封闭性企业不能永葆青春的看法。我希望他们能够携起手来,再创造出一条好经验来。

七

要办好乡镇工业,必须有一大批精明能干的企业人才。这些人才从哪儿来?如果靠学校分配的大专生,定西每年只有百来名,其中绝大部分是教师,而且如果学校教育的内容与现实经济发展的需要不相适应的话,大学生也未必能顶用,如果靠引进,目前定西的人才流失尚未止住,而且从长远观点来看,必须要以边区人为主体开发边区。那么,造就人才的途径在哪儿呢?

去年我曾谈到在定西的万余个体专业户里有一批能人,我还走访了其中几位,觉得他们很有前途,只要各级领导注意选拔培养,其中的一部分是可以脱颖而出,担当起发展乡镇企业重任的。

一年后,他们的情况怎样呢?我选择其中两位作了重访。一位是姓谢的电焊工,去年他新盖了五楼五底的楼房,屋内还是空荡荡的。今年他让我在卧室边的会客室落座喝茶。一套捷克式的沙发,前面是茶几,书桌上放着四喇叭的收录机,沙发旁是

18 英寸的日立彩电。我注意到他手上的表也由“海鸥”换成了“英纳格”。除此以外，家门口还停着一辆价值2800元的“嘉陵”轻骑。不用问，我就可估出一年来他的收入不下万元。

这位初中毕业生告诉我，他妻子虽然还是在务农，但已学会了电焊操作，农余时间就做电焊工。可是他觉得家庭电焊工厂再办下去就要忙不过来了。因为从去年开始，他承包了县医院两幢大楼的建筑任务。他说，接受承包以后，他先后组织起了一支有 120 余人的农民建筑队伍，现在大楼已基本竣工，我听说承包合同签订后，建筑材料费涨了价。于是就问他有没有再向医院提出增加建筑开支的要求？回答说是既然订了合同，就得守信用。

从客厅出来，在他家的阳台上，看到不远处由他指挥盖起的那幢三层楼房，我同时看到一个经营管理人才的成长。

第二位是一个开磨坊姑娘的父亲，他叫刘仰吉，40 余岁。去年他正在制作自己设计的提斗，可以用电把麦子提升到一定的高度。倒进磨斗中。据说后来他一共做了七部提斗，有一部就装在他女儿的磨坊内使用，为女儿省了不少力。今年，磨坊中增加了他的一个儿子，只有 17 岁。我估计那是为了女儿出嫁后，由弟弟来接班做准备的。

那么，刘仰吉本人现在在干什么呢？原来，他与另一位同村人一起承包筹建一个村办榨油厂。三大间新厂房，机器正在安装，预计到 9 月胡麻籽成熟后就可以开工榨油。

我听说县城早已有一家国营的榨油厂。我就问他，如果他们办的油厂竞争不过国营油厂，投资收不回来怎么办？他说，他有把握在一年内收回投资数。因为村办油厂与国营厂比有三大优势,一是开工时间足,可以不受上、下班限制。二是他肯定即将招收的20来名工人的服务态度要比国营厂好。三是办厂初期工人工资可定得略低些,并节约开支。

如果地、县、乡各级领导能注意和重视类似谢、刘这样在基层成长起来的人才,用短期集训等各种方法为他们助长补缺,定西发展乡镇工业的人才是会层出不穷、源源不断的。

八

发展牧本农业要考虑肉给谁吃,毛为谁用,发展工业更要考虑如何开拓商品市场。那么,定西工业和整个西部工业发展起来,它的市场在哪儿呢?

从国内市场来看,至少可以在畜类加工产品和重工业产品两大类上占领全国的主要市场。在不便于运输的其他食品和毛纺产品上占领西部市场。我在甘肃三周,跑了三个地区,喝到的汽水都是上海生产的。我未曾作统计,但心想这样的瓶瓶罐罐,装运到数千里外的西北,所占的运输量比重一定不小。

从国际市场看,如果面向东面海外,则西部的产品恐怕很难冲出去。因为东面有两道关口,一道是与西部唇齿相依的东南沿海工业区,另一道则是环绕沿海的日本、南朝鲜、台湾、香港和新加坡等所谓东亚几只小老虎。这种格局至少在一段时期内相对稳定。

何立从东来,我向西方走,这是一句佛家寻找极乐世界的语言。西部能不能也向西方走,去找到西部轻工业产品的"极乐世界”呢？

我们的祖先曾用丝绸和瓷器，敲开过西部亚洲、中东、欧洲和北非各国的大门。这条陆上商道就是举世闻名的“丝绸之路”。这是可以借鉴的历史。

南亚有巴基斯坦、印度、尼泊尔等，中东有两伊，与新疆接壤的北部有苏联、蒙古，再向西是东欧各国。这块广阔的地区都有经济结构失重的方面，正是我们可以分析的现实。

这次定西考察之后，我又到了临夏回族自治州和甘南藏族自治州。在临夏，回民制作的羊肉的确是地道的清真，完全靠得住，而且味道鲜美。我建议他们与阿拉伯国家建立贸易关系，开拓伊斯兰市场。听说他们已经有了这种计划，而且实施计划的可能性很大。除了这些，临夏与阿拉伯之间还有不少民间关系和往来。在甘南，听人介绍说，甘南藏族不仅几乎独占拉萨的酥油市场，而且甘南出产的极普通的塑料底布鞋在尼泊尔市场大受欢迎。这可以说是甘肃人民重开丝绸之路的尝试。

有历史，有现实，有尝试，重开丝绸之路不仅可能，而且应该说是势在必行。问题在于我们必须对西北的工业方向作深入的研究，抓得准，抓得早。那么西北市场的开拓或许比东南沿海更有发展的潜力。

丝绸之路得有路，公路、铁路和空运都应该有一个适应开拓西方市场的计划，尽快改变那种类似马帮式的赶着牛羊、驴驮皮毛进行交换的西北交通落后的现状。

甘南篇*

（1985 年 9 月 25 日）

一、上高原访藏族

一个人大概总是会有一些想要做而事实上又不大可能做得到的事。在我来说，上西藏就是这样的事。1956 年，陈老总率领中央代表团去西藏，我当时还年轻，未过半百，而且又报上了名。但临行前却让医生给否决了，没有去成。我心里一直憋着一口气：不能上西藏，见不到藏族的实际社会生活，怎配得上说是个研究中国民族问题的人？时间过得真快，一瞬间已近 30 年，我亦老矣。年过 70 还要向医生乞求为我上西藏开绿灯，该认为不太有自知之明了吧。但是上高原，访藏族之心，我却并没有死。

1984 年我伴随民盟一批专家去甘肃，在考察定西种草种树时，听说从兰州坐一天汽车就可以到甘南。甘南是高原又是藏区，已建立自治州，称甘南藏族自治州。于是又打动了我上高

* 本篇选自《费孝通民族研究文集新编》。

原、访藏族之心。1985 年我再一次跟这批专家去定西，回到兰州，就同他们分道扬镳，单独南行了。西藏去不成，甘南不妨试一试。

西藏是世界屋脊，海拔平均4500米，拉萨市区据说不到4000米。甘南在青藏高原的东北隅，是它的边缘，和西北黄土高原相接；在长江和黄河的分水岭上，海拔在3000米上下。4000米我高攀不上，3000米也许还有我的份。我说服了接待我的主人，在保证"有反应，即回头"的条件下，取得试一试的机会。沿途还有医生同车，每天要检查血压三次。

1985 年 8 月 13 日一早，我从兰州启程。同去定西考察的专家临行时还在汽车旁一再叮嘱：少说话，少活动，少劳累。为慎重起见，一天的路程分两天走，中途在临夏打尖休息，住一晚。临夏海拔 1986 米，离兰州 160 公里，刚逢有一段公路正在修整，车行近 4 小时。

第二天从临夏启程去甘南州首府合作。合作是个地方，藏语的意思是羚羊出没的草滩，音近汉语"作"字，取民族团结之义，加上了个"合"字，这样的地名和青海的互助土族自治县，无独有偶。

合作海拔3000米。比临夏高1000多米。行程 107 公里。地势逐步上升，很少陡坡，对新客威胁不大。我闭目静坐，一任车座颠簸，时而瞌睡，时而清醒，不知不觉中竟被提升了千米。

海拔高，空气稀薄，氧分低，所以不习惯高原生活的人，突然被提升会有头痛、憋气的反应，心脏弱的人更会心跳加速，难受，晚上不易入睡。说来确实出于意料之外，我这次在合作三天，在夏河三天，又几次越过3000米以上到草原家访，活动频繁而体检正常，除了每过几分钟，自然地深呼吸一次外，没有发生什么高原的特殊反应。

18日从甘南归来，所见所闻的记录比较杂散，不宜成文，因用杂文体裁写《甘南篇》。

二、陇西走廊南端的民族

我这次从兰州去甘南是沿洮河，靠着陇西黄土高原西部边缘南下的。到合作就跨入了青藏高原的东界。紧接青藏高原的这一线黄土地区出现了一条成分复杂、犬牙交错的民族地带，不妨称之为陇西走廊。在现有的分省地图上，这条走廊正是甘、青两省接壤地区，往南延伸便到云贵高原的六江流域。这里是对民族研究工作者具有吸引力的地区。

我对西北各民族很不熟悉，过去只限于一些书本知识，书本上告诉我，在青海和甘肃接壤的地区居住着一系列的小民族。这些民族不但人数少，而且只在这地方有。其中不满1万人的就有撒拉族、保安族和裕固族。较大的土族不到1.5万人，东乡族不到3万人。为什么有这么多小民族挤在这个陇西走廊的南端呢？

这次路经临夏回族自治州，虽则只住了一个晚上，也没有下乡访问，但从言传口说中听到了许多富有启发的提示。临夏本身是个少数民族自治的地方——回族自治州，而在它境内却还包含了两个自治县：一个是东乡族自治县，另一个是多民族联合自治地方，即积石山保安族东乡族撒拉族自治县。这是一个少见的多民族聚居的地方。

从临夏到甘南的路上，汽车越爬越高，沿途我看到周围变化的景象，便开始体会到地形对民族分布的制约作用。海拔超过3000米之后，体质上不具备一些特有适应能力的人是住不长的，而且自然地理条件使高原上的生态环境与平原地带不同。这里一般不宜耕种；如要耕种，不长稻麦，只长青稞，但广阔的草原却适宜放牧。这些地方对于习惯农业生活的民族是不具有吸引力的。所以青藏高原长期以来几乎成了藏族所独占的生息之地。

当然，我不是说其他民族不能上高原或没有上高原的人，何况人的体质是有适应能力的。但是看来历史上许多来源不同的民族一上青藏高原，就会逐步接受已在这个地区创造了适应这个地方的生活习惯的藏族文化，而和藏族相融合。这段历史现在还没有被人发掘出来。但是我们知道不同地区的藏族自称不同：有自称“兑巴”、“藏巴”、“卫巴”、“康巴”；“巴”是藏语，译成汉语是人。在西藏北部、四川西北部、甘肃南部、青海地区的藏族却自称“安多娃”。藏语依地区划分为安多和卫藏及康三个方言，前者没有声调，而后两者有声调。这些事实表明藏族也和汉族一样，是个在历史过程中融合了许多不同成分的民族统一体。

那些上了高原的民族，很可能还留下一些人在靠近高原的黄土地区，或是有些外来民族移动到高原脚下就停住了。这样，高原的外围地区，如陇西走廊，就会存在一些保留了自己原有面貌的民族集团了。

现在居住在这走廊里的各个民族的人，大多还说得清他们祖先并不是本地人，而是从别的地方迁来的移民。从历史记载来看,汉族进入甘肃的时代很早,甚至早在秦、汉之前。但是,现在在洮河流域的汉人却很多还是明代移民的子孙。我去甘肃前从朋友处借到一本顾颉刚先生写的《西北考察日记》。这本日记是抗战初期 1937 年 4 月至 1938 年 1 月间写的。日记里有一段话说:洮河流域一带的汉人都说祖先来自南京、徐州、凤阳三地,乃“明初战乱来此,遂占田为土著”。许多人家如宋姓、李姓等都有家谱,记录着可以追溯到明代封过官的祖先。看来明代曾在这一带用过兵,中原的军队带进了一批移民,扩大了汉人在甘肃分布的范围。

至于这个地区的回族,一般都认为:13 世纪蒙古军队征服了中亚,回戈东征时把中亚信伊斯兰教的各族人民编为“探马赤军”签发东来,称“回回”。后来其中相当重要的一部分就在甘肃河州一带“屯聚牧养”,繁衍至今。临夏一带的回族就是其中的一部分。

在回族前后移入黄河两岸的还有驻扎在这军事要地的蒙古军队和其他中亚移民集团。他们的后裔形成了目前居住在这个地区的一批小民族。土族就是蒙古军队和曾经统治过这地方的吐谷浑的后裔霍尔人相混杂而成,至今说蒙古语。东乡族和保安族都是信仰了伊斯兰教的蒙古人的后裔,说蒙古语。撒拉族说突厥语,是另一群中亚的移民,信伊斯兰教。

至于这些外来移民进入之前住在这地区的究竟是什么民族?我现在还说不清。这次访问甘南时,听到当地藏族说,他们的祖先曾经在洮河流域居住过,后来回族进入才退居高原。这种传说是否有根据,我也不能判断。但联系我上面所说的话,可以设想,原来有一些居住在青藏高原外围的民族,在某一个时期,由于某些原因移上了高原逐渐为藏族所吸收,成为现在居住在青藏高原北部的藏族,即自称为“安多娃”的藏人。这只是一种设想,是否符合历史事实,还待进一步研究。

包含在一个较大的少数民族聚居区里的某些民族小岛有它们的特点。这种“少数中的少数”在民族工作上很容易被忽视。这个问题在现代化发展过程中更为突出。由于人少,他们必然要和其他较大民族紧密协作才能开展自己的物质和精神建设。而在这种协作中既能贯彻开放和改革的方针进行现代化建设,又要维持民族平等的地位,发扬民族特点,确是个必须重视的问题。

三、藏族现代化的跳板

甘南在甘肃的西南角上,西接青海,南通四川,占甘肃省总面积的1/10,约4.5万平方公里。地方不小,但偏居于偏僻省份的偏僻地区,历来不太为人所注意。我本人对它也只有耳闻,多少有一点过高难攀之感。直到这次亲身到了这里,才发现地势不算过高,在现有交通设备下,离甘肃中心兰州也不算远,当天就能到达,而且在促进藏族现代化的工作上有它特殊重要的地位。

甘南是甘肃省内藏族聚居的地方,所以成立了藏族自治州。甘南藏族人口24.7万,占甘南全部人口的46%。在甘肃省总人口中虽然只占1.9%,但在整个藏族382万人中却占6%,而且相当于西藏藏族的1/10。甘南的藏族重要性不仅在其人口比重上，而且还在于它地处藏、汉接触的前哨。它有条件成为藏族现代化的跳板。

我们一提到藏族，一般就容易想到居住在西藏自治区境内的藏族。其实西藏自治区里的藏族只有174万多人，不到全部藏族的一半。有一半以上的藏族住在自治区以外的青藏高原上，分别建立了10个自治州和两个自治县。这些自治州、县分布在甘肃、青海、四川、云南等省。甘南藏族自治州就是其中之一。

为什么各地建立起行政上不相隶属的同一民族的自治地方呢？这要回溯一下藏族的历史。在公元10世纪到12世纪期间，青藏高原分布着相互独立的许多藏族的部落，是一个分裂割据的局面。这时候甘肃中部和青海西部的藏族有些却已受中央王朝的册封，并发展了汉、藏之间的茶马贸易。元代结束了藏族的分裂局面，使其统一在中央王朝的统治之下。为了适应当时具体情况，设立了三个行政区域，平行地直属中央领导。现在的青海和甘肃的藏族属于一个单位。这里采取了土司制度，分别册封当地上层，受中央王朝管辖。明、清两代这些地区均沿袭这种行政区划，西藏地区则实行着和甘、青、川各地藏族不同的行政体制。清朝末年到民国初年改土归流，取消了土司制度，西藏地区之外都实行了和内地一般的行政设置。各省区内的藏族早于西藏地区得到解放，先后在50年代按原来的行政区划成立了自治地方。嗣后西藏地区和平解放，1965年西藏自治区才宣告成立。

这段历史告诉我们，藏族和汉族人民之间的接触最早是发生在青藏高原的西北部，也就是现在的甘青地区。我在这里提出这个历史背景是因为它还有现实的意义。藏族要现代化，必须和其他民族一样走开放和改革的道路。开放要有具体渠道。熟门熟路，甘南藏族聚居区的历史地位就值得我们重视了。

从地理上说，甘南离拉萨航空距离1400多公里，地形图上看去更使人吃惊：要翻越多座崇山峻岭，其中唐古拉山海拔6000米，真是比上青天更难。但是出乎我意料，听说甘南藏族竟有一半人到过拉萨，玛曲县的藏族去拉萨是人均1.8次。现在经常来往于甘南和拉萨搞运输的私人汽车有302辆，车上固然可以搭些人，但进藏的人并不都是坐汽车去的。他们和祖祖辈辈一样靠步行和骑马。

曾在拉卜楞寺住过多年的李安宅先生在他所著的《拉卜楞》一书中提到：从拉卜楞寺到拉萨共28个马站，就是说骑马要走28天，步行得好几个月。这样艰苦的路程对甘南藏族来说却并非畏途。这种勇气一般说来和他们的宗教信仰是分不开的。但是信仰后面却还有经济的动力。我已说过，在七八百年前甘南已经是汉藏茶马互市的中心。藏族生活上离不开茶叶，所以很早这个商品就成了汉藏接触的媒介。甘南也成了汉藏物质和精神文明流通的渠道。

甘南入藏的商道至今还是畅通的。上面所说302辆卡车主要是运输商品入藏的。其中单是酥油一项去年一共运出了75万公斤。这不是个小数目，试问在没有卡车运输的时代，要多少人、多少马才运得完？我们还听说，近来甘南运去的塑料底布鞋，在尼泊尔是项热门货。今天拉萨的自由市场据说基本上是由甘南藏族所控制的，拉萨市仅坐商中就有二三百人是从甘南去的。各种日用品都有出售，其中啤酒是重点。从西藏带回来的有不少从印度进口的手表、呢料，甚至西服。在拉卜楞，我们就看到有人穿印度制造的西装。

如果现代化和商品化是不可分离的话，甘南藏族已经在藏族地区起着商品流通的作用，为现代化开了门。我们看到合作市内有许多运输用的马拉板车，一问很多是藏族，不少原是住在郊区的牧民。他们这几年发现运输业容易致富，就投入了这个行业。这不是件小事，藏族牧民开始变了。

少数民族的现代化必须由少数民族的人自己来搞。藏族的现代化就得在藏族聚居区里由藏族人民自己接受新的科学技术开始。从历史上看和从这次我访问的印象来说，甘南大有条件可以作为藏族现代化的一个起点。也就是说，我们可以集中一点力量，帮助这个地区的藏族在现代化建设上先走一步。

四、白龙江话林业

开发少数民族地区必须从发挥它的自然优势着手，以甘南来说，就是林和牧。先说林。

我这次去甘肃，先是重访定西。从定西回兰州，通过兰州经临夏去甘南。车出兰州，进入洮河流域，心神为之一畅，那是因为我已被光秃秃的黄土高原憋了一个星期的气。尽管说定西这几年种草种树大有成绩，但荒山面积太大，种上草、种上树的还不过是集镇附近的一些山头。沿公路看去，被急流冲刷成的条条深沟，把黄土割裂成为无数大大小小的丘壑，这些黄土丘真像是剥光了皮，赤裸裸地撅起背脊，伏在大地上的大爬虫，看上去令人恶心难受。坐飞机去过兰州的人,谁也忘不了从机场到市区路上所见到寸草不生的一片荒山。想到这曾经孕育我中华民族文化的摇篮,现在被糟蹋到如此地步,怎能让人心平气和呢?!

一进临夏境内,景色焕然一新。四周山色,虽说不上郁郁葱葱,但满山浅绿宜人,我不禁回头和同伴们说,哪一天全甘肃都能装扮得这样就好了。山坡上有草、有灌木,偶尔还看得到一些范围不大的密林。平地上的村庄都有绿树为屏,公路两旁的穿天杨已粗壮成材。大田里的玉米长势正旺,割下的小麦,一垛一垛地排列成行。我好似刚从黄土堆里钻出来,看到这一派丰收景象,真觉得换了一个世界。向导见我露出欢愉的情绪,也笑了,但是接着他便说:假如你能早来20年,到甘南白龙江去看看,不知会高兴成啥样了。

白龙江藏名舟曲,东西横贯甘南南境,主要在迭部和舟曲两县境内,系嘉陵江的支流。甘南南部的岷迭山脉(海拔4920米),是洮河和白龙江的分水岭。洮河流入黄河,白龙江通过嘉陵江流入长江,属我国的两大水系。这两条河的两岸往昔同是甘南的富庶之区。

白龙江流域是我国重要的林区,盛产云杉、冷杉,面积220万公顷,木材蓄积量1.56亿立方米。这地区分属甘、川两省,但海拔都是三四千米,居民以藏族为主。1958年实现公社化,森林全部收归国有。1966年建立了直属于林业部的白龙江林管局。1972年下放到省,由川、甘分管。

自从林管局成立之后的20年里,林区的变化是很大的,向导所说白龙江媚人景象指的是20年前的事。据藏族人士告诉我,这个林区实际上并不同于东北的自然林区，绝大部分原来都属部落村寨所有。林区里住着16万多居民，90%是藏族。他们历代以林为生，这片森林同时也就受到居民的保护和栽培，因而能经久不衰，保持了山清水秀、熊猫出没的胜地美景。以林为生的藏民生活向来优于甘南的牧民和农民。但是，这20年里却颠倒过来了，林区居民已退居末位。甘南在甘肃原来是个偏僻的不发达地区，1984年全省人均收入是189元，甘南是156元，林区舟曲只有83元，最穷是40元。20年来的变化和林管局的经营大有关系。

看来林管局并不是依靠当地藏族来经营白龙江林业的。在这20年里，这里已从东北和四川移进了一万几千名林业工人，加上他们的家属现在已超过3万人。据说林场和原来林区的藏民不同，对这个丰茂的林区除吸取经济收入外别无感情。砍伐很积极，栽培则无心。想一想，一万几千工人整天用现代化工具在这林区里砍伐木材，像是用剃刀刮胡子那样，怎能不很快地把白龙江两岸的山坡一片片地刮得精光？林线后退，生态破坏。被撇在一旁的藏民，对这片有着深厚情感的森林，现在只剩下保护的义务，而没有染指的权利了。他们只能在高寒山坡上种青稞度日，日子当然越过越穷。

据统计，现在和50年代比较，森林面积已缩小了1/3，木材蓄积量已少了1/4。完全是过量砍伐造成的。因而白龙江的含沙量增加了60%，流量减少了约8%，生态平衡已遭破坏，白龙江成了“黄龙江”，这些变化使甘南白龙江流域水旱受灾面积达60万亩，仅舟曲岩石滑坡就有260处。上游犹如此，对长江中下游的影响更不言而喻了。

把破坏森林的责任全算在林管局的账上是不公道的。应该说,这主要是那个时代过“左”的政策造成的恶果。在少数民族地区这样对待当地资源,明明是违反民族区域自治原则的。1980年有了一些改正,村寨附近的林木大约4.3%的面积已划给藏族群众作为护村林,归群众自己管理,其他的还是由国家、州、县企业来经营,情况并没有根本扭转。问题不是在林场所有权上,而是在林木的经营权上。群众得不到直接利益,很难使他们对森林起保护作用。市场上买不到木材,在急切的需要下,就会纷纷到林场来自行砍伐。所谓乱砍滥伐的现象当然也就挡不住了。看来要使白龙江变成名副其实的白龙江,还得从经济体制上贯彻各民族共同繁荣的政策入手。这件需要下决心进行改革的事,在这“天高皇帝远”的地区,更需要有人替他们反映情况,说说话。

五、河源草甸的牧业

说过林,该说牧了。

甘南西部和青海接壤的边区,包括夏河、碌曲和玛曲三个县,地属青藏高原的边缘,海拔都在3000—4000米之间。这里是九曲黄河的第一曲,恰把玛曲县绕了个大半周。玛曲就是黄河的藏名。黄河的两条支流——大夏河和洮河都在这里起源。这里水源充沛,多开阔滩地。河谷宽广,形成一片片微有起伏的平岗。气候高寒湿润,适于长草,被称为亚高山草甸,是理想的优良牧场。甘南全州有草原3700多万亩,平均每亩产草165公斤,是甘南的一大资源，主要牧区就在上述三县。

这三个县坐落在高寒地区，常冬无夏，6 月里会下雪，而且阴晴变化无常，忽而晴空万里，忽而大雨倾盆。我到夏河草场赴宴，算是好天气，虽遇到两场雨，不算大，也没有冰雹，大家说我福大。这里没有无霜期可言。除了一些谷地外，显然不宜于种植其他农作物；农作物中也只有青稞适应这片土地。但是，青稞播下 20 公斤种子，也不一定能收到 100 公斤粮食。甘南全州在 1949 年只有 25 万亩粮田，后来强调粮食自给，毁草种粮，最多时达 110 万亩，总产量不过 1 亿公斤。现在政策对了头，已退耕还草 70 万亩，1984 年共收8500万公斤。看来，农业在这里是搞不好的，要发挥当地优势，只有发展牧业。

我们打算到牧业的重点县——碌曲和玛曲去访问，但是主人怕我吃不消，竭力劝阻，所以只能在夏河参观了牧场。车子离开市郊不远就是开阔的草地。空气清新，使人胸襟为之一敞。正值草花盛开之季，阵阵香风，令人心醉。

车子停下来休息时，我一阵高兴，弯腰摘了满手的草花，有白、有紫、有黄，十分欣赏。不料主人却指着这些草花对向导说："这片草地怎么退化到这样地步，你看满地是这样的花。"原来开花的不是好草，有不少还是毒草，牛羊不吃。草场退化是当前甘南牧业的一个严重问题。

当地主人支起了三个帐篷，就在帐篷里设宴招待我们。大家边吃边谈，使我了解到当前牧业发展上遇到的一些困难，草场退化据说主要是由于多年畜量超载。超载是指一片草地上负担的牲畜太多了，好草被吃掉，来不及长，毒草则蔓生，草场逐渐变质退化。

据统计,全州牲畜头数已有好几年超过了90万头。按每个羊单位需7亩草地计算(1头牛合5个羊单位),现有草地面积实际上已超载20万头。牛羊多而草少,结果越吃越不够。发展牧业不能只看存栏的牲畜头数,牲畜多不一定好。这是个牧业效益问题,在商品化之前牧民是看不到这个道理的。

有效地利用草地必须从自给牧业转变为商品牧业。也就是说,养了牲畜不是为自己食用,而是准备出卖,换得货币来购买消费品,从甘南来看,这种转变还刚刚开始。过去这几十年来,藏族牧民已过上了没有剥削的太平日子。我在合作镇通过翻译和藏民谈话,发现他们对当前生活充满着乐观态度。一家人养两三头牛、三四十只羊,骑在马上扬鞭驰骋,真是其乐陶陶。当地民谚:"三十只羊、两头牛,骑上马,满山游。"当然在这种精神世界里讲求发展商品牧业是有困难的。

比如说要讲求效益,就得讲究畜群结构,多养那些强壮年轻的母畜,幼畜出生率就可以提高。及时出卖,以减轻草地负担。同样一片草地,同样定量的饲料,回收的价值就大得多了。这应当是很容易明白的道理,但是在自给牧业中就难以做到。牧民们只看谁家牛羊多就算谁家富,牛羊群里壮大的牲畜多就算养得好。而这种传统的标准恰恰与牧业效益相反。效益重在出栏率,畜群结构重在生育期的母畜所占比重,要牧民从传统意识中转变过来,还得加强工作。

然而,现实却在教育牧民。草地超载,秋天牛羊吃不饱,抓不到膘,到冬天就容易死亡。这点牧民是清楚的。但是怎么办呢？近来甘南出现了一种新的办法，就是在严冬降临之前，就把畜群赶到北面的临夏去出售。关于临夏，我在前面已说过，是回民自治区。回民以务农为本，但各家各户都要养几只牛羊供自家食用。他们不从事放牧，而习惯于舍饲，各家各户把少数牛羊养在棚圈里，用饲料喂它们。这样到了冬天，既不怕寒冷的气候，也不愁饲料缺乏，因为这个地区种的是玉米，有大量的精饲料。他们在初冬从甘南牧民那里买回牛羊，舍饲一冬，长得肥肥的，过年上市，就可获得高利。这可说是商品牧业的开始。

我觉得这种区域间和民族间在牧业上的协作，是很值得有计划地推广的。这种协作可以使放牧和舍饲结合起来。甘南牧区闹牲畜超载，如果冬季把大批牛羊及时赶到临夏农区去催肥，不是可以减少目前畜群过冬大量死亡的情况发生么？看来发展牧业也需采用农牧协作的办法。这个办法会促进牧业的商品化。商品化使得牧民明白牧业效益的意义，而接受改良草地、防止退化的措施。不仅如此，这个办法也会在经济上把两个自治州结合起来，加强民族团结。这不是一举两得的好事么？

六、培养人才第一

按上两节所谈到的关于林、牧的情况来看，把甘南建成藏族现代化的跳板是不是空想呢？我看不能这么说，但得承认，要实现这个设想确是要费一番工夫。甘南要在藏族现代化上先走一步，就得恢复林、牧业和发展工业。发展工业一要原材料，二要能源，三要技术，四要资金。我说的不是空想，是因为甘南在原材料和能源上底子好，得天独厚；我说还得费一番工夫是因为技术和资金两不足。

得天独厚的资源主要是指森林和牧场。现在情况诚然不那么好；森林还在破坏，草场还在退化。但是情况一明，扭转局面决心就大，领导上确实是在为改变恶性循环、朝着平衡生态的方向努力，并采取了一些有效措施。金饭碗中竟还是金饭碗嘛。

说到能源，甘南不用愁。它有两条江，即白龙江和洮河。它们分别是长江和黄河的上游，水势湍急，落差很大，大可发电。据估计可以利用的水力资源有 2400 万千瓦。现在只开发了 20 万千瓦，还不到 1%，可谓潜力巨大。

技术和资金不足是甘南发展工业的最大困难。技术要人去掌握。从目前情况来看，能够或已经掌握现代工业技术的人在少数民族中确是不多的，甘南也不例外。要迅速发展甘南的工业，第一位重要的是必须抓紧人才的培养和引进。培养人才之关键又在于教育。说到这里我们不妨了解一下甘南的教育情况。

民族地区办现代学校教育可不简单，民族间语言不同。如果缺少会说本民族语言的教师，上课时学生听不懂老师说的话，教学实际上是无法进行的。甘南在 1974 年前就碰到了这个困难。甘南人口几乎一半是藏族，但是连小学都找不到合格的藏族老师。请了汉族老师来，学生不懂汉话，教室里秩序很难维持。据说有一位老师在教学生念书时，学生乱闹，他大声喝了声“不要吵”，全堂顿时齐声跟着说“不要吵”，还以为是在念课文。这样的课堂自然吸引不住学生，学生到校率很低。有些家长索性不让孩子上学，入学率因之也很低。

1974 年以后，情况好些，少数小学里对藏族学生用藏语上课了。目前这个问题据说基本上已经解决了。但是教师质量不高,小学的入学率还不过64%。我没有得到分民族的统计,说不出在入学率上藏、汉的比例。

这里的中学,除了民族中学外,其余都用汉语上课。之所以可以请汉族老师,是因为藏族学生已经学会汉语,语言上没有隔阂了。但是要到外地去请老师上高原来执教又很不容易。尽管已经采取优惠政策,在甘南工作的干部一律有高原津贴。现在一个小学教师每月的工资可以有100元,中学教师150元。可是这点优惠吸引力并不大,甚至留不住人。从1979年到1985年这7年里,省里分配到甘南来的师资名额为193人,实际报到的只有157人;同期调走的教师为96人,结果实增仅61人,平均每年不到10人。分配来的是新手,调走的大多数是老教师。可想而知,在这种情况下,要保证教学质量是很困难的。根据当地教育机关的统计,目前各中学共有教师1400人,缺额达469人,竟占1/3。

另一方面,1977年恢复高考以来,从甘南录取的大专院校新生共605人,每年约75人,这些学生毕业之后回来的极少。甘南不仅教育战线上人才流动出现出超,其他战线上同样发生人才外流的情况,主要是外地干部要求回原籍工作。

当地人才要当地培养最为可靠,这是这几年的一条经验教训。甘南教育战线已有打算。他们准备设立一所培养本地中小学教师的师范学院。这所学院的师资又从哪里去请来呢?这又回到老问题上了。但是,现在他们已经摸到教师的心理,要把他们调到高原来是困难的。有句话说:“上珠穆朗玛峰不怕,因为下得来;去甘南可不成,一去回不来。”因此,他们想出了个办法,这个学院筹划着要同兰州师范学院联办。教学部分由兰师负责,拨出一部分兰师的教师来甘南教课,每周、每月来回,半年、一年轮换都行,经费由甘南担负。

联办学校是一个提高民族地区教育的新构思,在甘南这样离开城市不远的民族地区是具有可行条件的。我想各地民族学院是否可以考虑采纳这种创见,灵活机动地发挥民族教育师资的作用,在民族地区就地培养本民族的工作干部。当然这种设想能否实现,还有待于甘肃省当局和兰师是否有决心、肯出力把甘南迅速发展起来。

甘南藏族的现代化可能是整个藏族现代化的先行者,而走上这条道路的第一步是培养人才,教育要先行。要办好教育,师资的培养又是第一位的。我对甘南师院的创建寄托厚望。

七、外助自立建设工业

我们花了一个上午和甘南领导同志讨论教育和人才问题,会上空气并不那么令人舒畅。虽则我们找到了联办师院的设想,但目前人才似乎还在流失。甘南是不是真的吸引不了人、又留不住人呢?

饭后,和我一起去的同志说皮鞋跟脱落,走不成路了。一打听,市中心街头就有修理皮鞋的摊子。我午休起来一看,那位同志的鞋跟竟然已经修好了,他兴冲冲对我说:“谁说人们不敢上甘南,街上有的是内地来的手艺人。”接着他讲了以下的情况:

修鞋的是一位女工,浙江诸暨人,在这里设摊修鞋已经两年了。同她一起来的有 20 人,都是修鞋的。她和另外一个同伴合租一间房,月租 14 元,每天收入多则十几元,少则六七元,一年净收入可以达2000来元。家里有个孩子由婆婆带,每年回家一次,家里的田地请别人种。

从外地到甘南来做活的人并不只是修皮鞋,更多的是做成衣的、干木工活的、理发的,等等。做成衣的南方叫裁缝师傅,他们在甘南有的只替人裁剪款式时兴的衣服;有的来缝料衣,还有的是备好各种花色的衣料,供顾客选择。顾客可以不费事就做成一件合身合意的衣裳,因此很受人欢迎。这些从内地来的手艺人有摆摊子的,有租房开铺营业的,有的还挂招牌。木匠大多是流动的,由顾客提供膳宿,承做各种家具,一家完工,再走一家,似乎没有空闲的日子,收入比修鞋的要多得多。最艰苦的要算养蜜蜂的人。他们以同乡关系结成一个小帮,搭火车,包卡车,到这遍地是花的草原上来放蜂采蜜。在公路上我们常常看到放蜂的帐篷。我曾经下车访问过他们。他们操着四川口音告诉我,他们每年结伙来草原,住四五个月,回家时可以净收2000多元,兼制蜂乳的人收入就更多了。采蜂的每人一个帐篷,食宿都在里面,基本上是各自经营,风风雨雨,生活十分艰苦。

这种流动的手艺工人,现在在边区各地都会碰到。1985 年我去赤峰,深入到小镇上去,就见浙江人挂牌的成衣铺。后来我在包头、伊克昭也见到这样的手艺工人。真想不到这次上高原,又遇到他们。他们分别来自浙江、江苏、四川等省,总数不好估计。从本乡来说,他们是劳动输出的一部分。我以前曾说过江苏省劳动输出大约有 1 万人,但只指地方集体单位同其他地方订立合同的建筑工人，并不包括这些单干的流动手艺工人。

这些流动手艺工人是以自己的劳力为边区居民服务的，所以受到边区居民的欢迎。边区城镇服务行业不发达，穿了皮鞋蹩了跟没人修。有这些手艺工人前来不是正中下怀么？这些外地手艺工人一方面是由于当前的户口规定不能落户，另一方面还有离乡不离井的习惯，所以他们有较大的流动性。通过这些流动手艺工人的手，边区每年要汇出大笔资金。我在伊克昭盟东胜市得悉，通过当地邮局每年汇到浙江去的小宗汇款总数达40万元。以每人汇去2000元计，50个人就是10万元。东胜这个镇上的流动手艺工人不下200人。如果以此类推，整个边区通过这个渠道外流资金必然数以亿计。

从表面上看，这可以说是边区的资金流失。但事实上，这些外地工人把手艺送上门来，比向外地购买时兴服装、家具等消费品，还是便宜些。归根到底，边区自己的工业还不发达，手艺工人还没培养起来，第三产业尚未发展，资金外流是挡不住的。目前边区经济的实况只能用原材料到内地去换工业品，入不抵出，就要靠中央补贴。这绝不是长远之计，可说是一种输血的办法。

变输血为造血，就应改补贴为投资。帮助边区发展工业。工业发展了，西北自己就有钱维持自己的行政机构，而且可以积累资金，自己发展工业了。这才是造血，也可以叫作外助自立。

当前边区技术力量不足怎样发展工业呢？看来，是得在人才上采取造血措施。上一节所说联办学校的意义就在这里。学校教育是基础工作，但远水救不了近火。当务之急是要引进一些手艺工人和工厂里的技工和工程师。手艺工人虽然已经来了,但是属流动性质。变流动为固定,首先是使那些愿意落户的人落下户来。更重要的是引进他们的手艺,培养一批本地工人。撒种出芽,落地生根。

我们那天下午参观了合作市的毛革厂。接待我们的是该厂负责人,一个藏族转业军人。这个厂原是夏河皮革厂的一个毛皮车间,1980 年独立建厂,当年投产。现在已有职工 286 人,其中 158 人是汉族,73 人是藏族,还有回族、满族,是个多民族的工人队伍。1985 年产值达 174 万元,利润 8.7 万元。一年定制皮夹克 2 万件,远销东北。厂里甚至想向国外“伸伸腿”,已经和美商联系出口兔毛皮加工品和土拨鼠皮手套。我参观这个厂,看到这番情景很激动,这是甘南工业化的种子,生机勃勃,充满活力。我问起他们的技术状况。他们告诉我起先是从夏河制革厂里传下来的。这是我曾说过的乡镇工业细胞分裂法的例子。这位藏族转业军人,就在夏河厂里结识了三个上海同行,建立了联系。一个是南京皮革研究所的,一个是南京虹光皮革厂的,一个是南京黎明皮革厂的。靠这三个人,合作市的毛革厂得到了传递信息的渠道和技术支援。他们每年来甘南几次,带来制革所需的机械和化学药剂。1985 年这个厂为东北制造的皮夹克就是他们穿针引线的。这也是我曾说过的超距辐射。南京的技术能力可以直接辐射到甘南,不必经过中间梯度媒介。

我又问:南京人为什么愿意帮忙呢?他们说:一是有交情,二是靠优惠待遇,三是不要求他们长期住到高原上来。他们还在南京供职,每年来几次就行了。但是,到甘南来的时间,工资加倍。

群众是聪明的，他们在实践中创造了符合当时当地具体情况的行之有效的办法。上述三条，我看也适用于其他民族地区。这是一条兴办新厂、吸引技术的道路。交情一条可以扩大一些，超出个人之间的关系，代之以支边的各种渠道。

我们对甘南人才外流的担忧，至少已看到了解决的办法。也就是说，"造血"有门了。如果能推广毛革厂的经验，最近几年甘南的小型企业就能搞出个底子来。更值得提出的是，在这里我们看到了少数民族工人队伍的形成。正是这支队伍在把甘南建设成藏族现代化的跳板。如果把这个实例和白龙江林区那种撇开当地藏民而去移入汉人来开采的情形相对照，何去何从，不是极为明白了么？

八、访拉卜楞寺

甘南行的最后一站是夏河拉卜楞寺。拉卜楞寺是甘青地区喇嘛教的圣地，每天有从各方来的藏族善男信女到这里朝拜。他们绕着寺院转经，口中念念有词，有些甚至每步一叩，四肢舒直，五体投地。拉卜楞寺门从开放以来又成了各国旅游者的胜地，他们手持相机，东跑西窜，寻觅新鲜镜头。

我去拉卜楞寺既非朝圣，又非猎奇，也许可说是还愿，偿还我很久以来的夙愿。人类学这门学科里最难念的一课应当说是宗教。一个无神论者怎样去认识另一个民族的宗教精神世界呢？耳闻不如眼见，我总想有个机会亲自访问一个藏族地区的喇嘛教寺院。这次既然到了甘南，怎能不去久已闻名的拉卜楞寺呢？8 月 16 日午休后，我们从合作启程去拉卜楞寺的所在地夏河，行程只有70公里，但因正在修筑公路，傍晚才到达。

车子在曲折的山冈里走了半天，夕阳西下时刻，接近夏河，眼前豁然开朗。遥望山谷里一片人烟稠密之区，平顶土屋中矗立着不少寺院的金顶。公路穿过市区，一座座宏大的庙宇，闪过眼前。夏河市容别具一格，和临夏、合作迥然不同。直到此时，我们才真正感到身入藏区。

拉卜楞寺初建于清康熙四十七年（1708年），正是《平定朔漠方略》编成的一年。这一年可说是清朝统一版图的鼎盛时期。其时与清皇室联盟的青海和硕特蒙古前首旗黄河南亲王创议在他的势力范围内的甘青地区建寺，一方面迎合清廷"兴黄教即所以安众蒙古"的政策，一方面用宗教巩固他的地方势力，他物色到了本地出生、正在拉萨"留学"的嘉木样大师，迎他返籍选择扎希奇谷地建筑这个寺院。最早称扎希奇寺，后来因为嘉木样的名声大振，就用他住所专称拉卜楞作为一般习用的寺名，而且在拉卜楞寺的势力扩大的过程中又被用成该寺控制地区的地名。

该寺创始人嘉木样一世，从他的传记来看，是一个好学深思，在神学上颇有造诣的喇嘛教徒。他矢志要在他的家乡建立一个可以和拉萨匹敌的喇嘛教佛学中心。拉卜楞寺不只是一般祀奉神明的寺院，而主要是个喇嘛教的高等学府。从嘉木样一世起，拉卜楞寺在230年中不断发展，陆续建立了六个学院，不但在神学上，而且在天文、历算、医药、艺术等学科上都有专业设置，在保持和发扬藏族文化上起了很重要的作用。

拉卜楞寺作为一个高等学府，它的主干部分是嘉木样一世创业时（1710年）建立的闻思学院。在这里进行喇嘛教经典的基本训练，因而也是藏族文学的研究中心。学习时间最长，课程也多。解放前在学院学习的经常有3000喇嘛。其次是续部下学院，也是嘉木样一世1715年建立的，可称之为神学院。第三是时轮学院，1763年嘉木样二世所建，可称之为艺术学院，学习宗教舞蹈和音乐。第四是医药学院，1784年嘉木样二世所建。第五是喜金刚学院，可称之为历算学院，1881年嘉木样四世所建，学习天文和算法。第六是续部上学院，是与续部下学院性质相同的神学院，1939年嘉木样五世所建。在这5个专科学院里学习的喇嘛为数较少，最盛时也不过百余人。

作为一个高等学府，该寺有严格的学制、课程、班级、考试和学位。无论什么人都可以入学，但必须拜一个在寺的有学问的喇嘛为师。一个老师只收少数学生，负责指导他们参加各学院各班级的日常功课学习。学生的生活都得自理，对寺院或老师不交学费，但要为老师服役。师徒之间存在着亲密的关系，听来他们确有尊师爱徒的好传统。寺内所有喇嘛都是由自己家庭供养的，只在有人来寺布施时才能吃到“大锅饭”。每个学院的公共厨房里都有个大锅，可以煮几百人的斋食。普通喇嘛生活清苦俭朴，当然寺庙本身过去拥有巨大的财产，因为许多信徒甘心情愿地把一生劳动的积累，一下子都施舍给寺庙，自己再去过乞讨的生活。

这座藏族的高等学府在群众眼里只是一般的大寺庙。在这里进香朝拜、做功课、祈求来世的幸福。我这个世俗者的心里实在有说不尽的感叹。这是一种社会制度，一个人生出来就在这种制度里成长，把这种制度的一切思想和行为规范视作当然，封锁在这笼子里过一生。他们那种忠厚虔诚的性格只应引起人们的尊敬，但是他们所得到现世的报答却是艰苦和悲惨，那又怎能使我心安呢？

我这次到拉卜楞寺做客被视为嘉木样大师的上宾。承蒙他和我同起同坐、同车出游，我对他的热情真是不胜感激。出行时，所遇到的藏民无一不毕恭毕敬地低着头，鞠着躬，摊开双手，站立在路旁。车子一停，他们就一拥而上，把头伸过来，意思是要求我们摩顶，有人甚至用头冲撞我们的汽车，这些行为，完全是他们内心世界一片虔诚的自发流露。我对他们真是感愧交加。他们是值得尊敬的人，因为他们是有理想的人，没有理想怎能这么虔诚？但是他们自小从社会接受的理想又给他们带来了什么呢？如果一个无神论者也可以用祈祷来表达他的心愿，我很想祈求他们所信奉的神明能允许他们在现世预支他们后世应得的报应。

我参观拉卜楞寺的藏书院和医药学院时，听到闻思学院1985年失火的事件。当我看到这么多珍贵的经书重屋叠架地堆积在黑黝黝的经堂里，想的却是这样一大批藏族文物的安全保障。与其受灾之后动用大笔款项去重建，实在不如赶紧采取一些防卫措施。亡羊补牢，未为迟也。

关于临夏

——海东民族经济协作区调查研究工作的意见

(1987年3月8日)

临夏—海东协作区的问题,从去年我第二次去临夏提出来后,调查研究工作已经有了很大的进展。民族协作区这个想法比较大,是从祖国四分之一的地区开发上来考虑的。我在临夏看到了甘肃的特点,甘肃是我国东部与西部的结合部,因此,祖国西部的开发,特别是青藏高原的开发,要与甘肃的发展联合起来考虑,也就是开发西北要与开发西南统一起来考虑。这是我的看法的基本点。临夏在西部整体发展中具有战略地位,与兰州联系在一起,可以成为开发青藏高原的经济基地。以前我讲过可以作为跳板,现在看要作为基地。临夏这个州跟青海海东历史上属于同类地区,本身就是一个经济协作区,同时又是一个民族地区,还有一个民族问题,这个问题解放后一直没有解决好。少数民族在政治上得到解放后,经济却不发展,没有注意到民族地区本身的规律性,民族自治形同虚设,影响了民族地区的经济发展,现在还处于"输血"状态。民族地区经济能否发展?

我一直在想这个问题。到临夏去,看到了一个经商的特点,受到教育,改变了过去那种民族地区一切都落后的错误看法。少数民族并非一切都落后,各民族都有自己的优势。藏族同胞能够在高原上生活,这就是藏族的优势。各民族要共同发展,就要发挥各民族的优势。在临夏我看到了回族经商的真实本领,到西藏经商的有几千人。西藏现在是自然牧业,需要有一个商品化的过程,才能有大的发展。而藏族目前还不太善于经商,迫切需要有人到青藏高原经商,把商品运到青藏高原上去,同时把当地的牧业产品变为商品。因此,需要利用回族善于经商的优势,实行藏、回合作,经商、牧合作,进一步还有农业的合作,在这个基础上发展工业。这个战略设想,从中央到地方都开始讨论了。我认为这个想法是可行的,可进一步探讨。一方面从调查研究入手,经过上下结合搞几年,就能够把问题搞清楚,另一方面要把调查研究工作与当地当前的实际工作结合起来,用调查研究取得成果指导经济工作。

目前要着手解决以下几个工作:

(一)做好前期调查。首先要了解在现有条件下青藏市场规模有多大,潜力有多大,今后发展方向如何。其次要了解当地生产状况如何,包括农业、牧业和工业,第三要了解消费状况。从市场调查来看社会发展和商品生产,逐步形成一个比较具体的构思和方案。我今年想先到青海去了解市场,回过去再到临夏,了解商业队伍情况,特别是农民流通队伍情况和商品流向,研究是否可以引进技术搞加工,促进地方流通和加工业发展。引进技术可以走两条路,一条是吸引东部农村手艺人进来传授技术,另一条是找东部企业家来办分厂。我同江苏苏州关系较深，可以为临夏当个红娘，可以给临夏搞一个协作关系或者是协作城，要看临夏能搞些什么项目，能转移多少劳动力。

（二）关于民族协作区问题。首先要弄清协作的基础是什么，临夏跟海东至少有三个共同点：一是经济地理相类似；二是民族状况相类似；三是面临着共同性的问题，需要加强信息交流。两地协作的内容要具体研究，要互惠互利，两地经济结构如何，有什么差别，两省间的关系如何沟通；要形成协议，双方共同争取一个相当于民族自治区的权利，要具体研究需要什么权利，包括对外贸易的权利，引进外资的权利，搞活金融的权利，不要提一般化的要求，也不要提过高的要求，要一步一步来，不要过分强调自治区的名义，要有实质性的要求，要一条一条搞。目前民族区域自治权没有落实，建议中央民委以临夏为试点，研究几条，涉及面不大，造成既成事实。具体讲，甘肃省省长提出的几条意见我很同意。具体工作州上要抓紧做。临夏这个地方有特殊性，可以作为落实自治州一级的自治法、促进地方民族发展的试点，请赵延年同志帮助具体落实，这个问题还要造点舆论，我准备找与西北有联系的人开个座谈会，请杨静仁、马玉槐等同志参加，请他们出出主意。工作主要靠地方做，请国家民委和甘肃民委联系一下，州上要下气力，今年我先到青海，再到临夏，时间大约在八月份左右，比去年早走二十天。

（三）关于研究队伍和研究方法。研究工作国家民委要参与。一是拿点钱作调查研究经费；二是民委要出人，特别是自治州的自治法问题，民委出面协调。中央民院力量比较雄厚，民族研究所索文清同志组织人下去调查。五月份就可以出去,搞两个月的调查,跟国家民委的同志一起去。北大社会学系、社会学研究所也参加。调查研究的方法是上面交流,下面平行,各有侧重,分块进行。

临夏行*

（1987年10月）

过去两年里我曾到甘肃省临夏回族自治州访问过两次。第一次是1985年8月，访问甘南藏族自治州时，往返路上都在临夏停过，听到了一些有关这地方的情况。第二次是1986年8月，先去定西，再到临夏住了一周。时间短，还是走马看花，了解不深。但现场观察总有一些印象和想法。早想写篇访问记，一拖已过半年。今天追记可能还没有完全过时。

一

临夏回族自治州在兰州之南，甘南之北，东接定西，西连青海的海东。黄河自西过境北上，地处青藏高原与黄土高原之间的过渡地带。从经济上看，正是介于青藏牧区和内地农区之间的一条走廊上。我在《甘南篇》里称它作“陇西走廊”。这条走廊沿着甘青两省边界，北起祁连山，南下四川，接上横断山脉的六

* 本篇选自《费孝通民族研究文集新编》。

江流域。民族成分颇为复杂。临夏处于这走廊的中段和古代丝绸之路的交叉点上。它是个回族聚居区。总人口145万,其中回族有51.6万人,占该州人口的35%。如果加上同样信仰伊斯兰教的东乡族和保安族,总数略大于汉族。临夏回族自治州建立于1956年,州内包括积石山保安族、东乡族、撒拉族自治县及另一东乡族自治县。

我初访临夏时,刚从荒秃的黄土高原进入洮河流域,精神为之一爽。四周山冈已染上淡淡的一层绿色,路旁农田里长着丰茂的庄稼。当时我心里想,这地方农民不至于太贫困了吧。这次在州内转了一圈,才知道该州脱贫还只有三年。1983年人均收入不到100元,1985年才提高到226元。为什么呢?原来这个地方也是吃了人多地少的亏。全州耕地只有220多万亩,人口1950年约70万,1985年增长到了145万,人均耕地从约三亩半减少到了1亩7分。粮食产量又不高。70年代以来,老是在亩产300斤上下摆动。人均粮食相应下降,50年代到过600斤,1985年却只有420多斤。

临夏要靠农业致富看来很不容易。靠工业一时还困难。1985年全州的工业产值,包括个体专业户在内,按1980年不变价格计算,约7700万元,为农业产值的1/3。农大于工,八二开。人均工业产值在甘肃各州中为数最低,仅33元。这样说来,这几年里怎样脱掉贫困帽子呢?

当地居民给我的答复是:临夏居民大约一半是信仰伊斯兰教的少数民族,其中回族有51万多人。他们善于经商,农业搞不过汉人,在以粮食为纲的时期,吃了苦头。所以他们对农业体制改革最积极。临夏是甘肃最早落实责任制的一个州。这并不是因为农民承包了土地提高了农业的积极性,而是因为农村里的劳动力从此可以自由流动了。这几年里大批劳动力从农业里解放了出来,有的外出劳动,有的搞远距离贩运,一下子把农村经济搞活了,生活很快得到了提高。

劳务输出看来是贫困地区脱贫最快的路子。因为这种致富措施不需要本钱,吃苦耐劳又是中国各族农民的最大优势。临夏输出的劳动力大多是到青海、西藏、新疆、宁夏等地去承包建设,其次是到黄河上游去淘金。搞建筑的小工每月可以有 100 元的收入,淘金的每天可以到手 10 元到 15 元。还有不少是到各城市去串门走户的工匠。这些人得来的钱除了养家糊口之外,还可以有些积蓄。出门惯了,熟悉了外地的门路,结交了朋友,不少人就搞贩运。贩运所得又刺激了家庭手工业的发展。一些家庭开始制造商品运到别处去卖。这几年,不少个体专业户或家庭小企业发了财,造了新房子,改变着这一带的农村面貌。

我在广河县城关镇拱北村访问时,走进了一所新盖的楼房。楼房的边房里,贮满了一屋子的皮毛,气味很大。这家主人是个 20 多岁的回族青年,名叫杨麻尼。他家原来很穷,靠贩运蔬菜过活。1979 年听人说四川藏区的人们需要穿毛皮袍子,肯出价钱。他就在街上买了一些羊皮,缝了几件袍子,一路打听,换了几次车,到了甘孜。一下车就被人围住,争着要买。一件皮袍成本不到 20 元,在那里可以卖到上百元。从此,他家里的妇女一有空就缝皮袍子。他跑单帮往来售货,四年来已走遍甘孜各地。现在新房子也盖起了,一个小小的家庭皮袍作坊也很像个样子了。

我一连走了好多家小作坊，几乎全是这样起家的。这使我想起了温州行。和温州相比，临夏的家庭手工业规模和水平还差几个档次，主要是缺少专业市场，还是停留在各家各户各自小本经营的阶段。

我曾问当前临夏在外地搞劳务和经商的人数。据估计，全州 50 万个农村劳动力中外出的约 16 万多人，占 33%。其中从事建筑的有 6 万人，在陕西、宁夏、青海、西藏、新疆、内蒙古等地承包建筑房屋、桥梁、堤坝、公路、铁路等；从事淘金、采矿、伐木的约有 3 万人；经商的有 5 万人，大宗商品是茶叶和皮毛。拉萨有2000多人，已形成了有 600 多家商店的一条街。广州、北京、南京、西宁、拉萨、乌鲁木齐都有临夏人开的穆斯林饭馆，共有 118 处。这些饭馆也是他们提供信息的中心。另外零星外出，三五成群，搞收购、修理等业务的，约 2 万多人。临夏外出劳动力之多居甘肃各地区之冠。其中大多数是回族，当地汉人也跟着多起来了。看来就是靠这批人把临夏人均收入水平提高起来的。

二

临夏是回族在甘肃的一个重要聚居区。回族善于经商可以说是他们的民族特点。如果要问个为什么，那就得从回族的历史和分布上去找答案。回族的先人是中亚各地信仰伊斯兰教的人。他们很早就从丝绸之路进入中国内地，海运通航后又有不少来到我国沿海诸港口，定居下来，繁衍生息，当时被称为番客，至今广州、泉州、杭州、西安等地均有他们遗下的墓地。

“回回”这个名称最早见于北宋的文献，但到元代才通行。

公元13世纪初叶,蒙古军队大举西征,横扫中亚各地。一路把所征服的各城市中的工匠、商人和文人编入后勤队伍,为远征军服务。据述撒马尔罕城陷落后被征的工匠即达3万多人。当蒙古军队回师灭宋,统一中国时,这支被称为"探马赤军"的伊斯兰教信徒的队伍随着进入中国,在各军事重镇"屯聚牧养",定居下来。其后即和早来的番客混合,并不断吸收汉人形成了各地大小的回族聚居区。这段历史说明了回族善于工艺和经商是有悠久传统的。

甘肃临夏和青海的海东这个地区在唐、宋时称河州,正处在上述陇西走廊和古丝绸之路的交叉点上。从民族方面看正处在藏、汉两大民族之间。藏族一向在青藏高原上经营牧业。在历史上虽曾多次扩张到平原地区,但是很少能适应低海拔地区生活,久住下来。汉族自古以农为本,擅长精耕细作,尽管有些汉人上了高原而且生存下来,但为数不多,更说不上大规模的移民。汉、藏两族杂居的情况比较少。这条陇西走廊可以说是汉、藏两族的分界,也是农、牧两大经济区的桥梁。

这两大民族和两大经济区并不是相互封锁和隔绝的。农、牧之间经常互通有无,彼此依赖。这种经济上的往来在史书上称为"茶马互市"。茶是牧民生活必需品,并用以泛指其他农产品和生活用品。马是农区所必需的畜力,而且是重要的军用品,当然也包括其他如羊毛、牛皮等牧业产品。"茶马互市"是农、牧贸易的简称。这条陇西走廊为农、牧贸易提供了便利的场所。河州原是欧、亚交通要道,丝绸之路的商站,从历史和地理背景就不难看到这地方在商品流通上的重要地位。明代就在这里设立了管理农、牧贸易的行政机构“茶马司”。

明代挑选建立内陆商埠的河州正是元初以来已形成的回族聚居区。即使撇开这地方由于回族经营了近百年在事实上已成为农、牧贸易的中心不说，也可以设想河州经济地理上的地位原来就具有十分适合于回族发展的条件，建立“茶马司”之后更便于他们进行商品流通活动，因而巩固了这个民族聚居区。

以上这段历史回顾，给我深刻的启发，结合当前形势，似乎在眼前展开了一幅重兴“茶马互市”和重开“丝绸之路”的前景。

三

自从前年访问甘南藏族自治州以来，我心里老是惦记着怎样开发青藏高原广大牧区的问题。现在这高原上的牧民基本上还是在自然经济里过日子。饲养牲畜主要是为了自己的食用。他们衣食住行的日用必需品大多取自牧业产品。自给自足，和外界往来很少。他们用畜群的大小来衡量贫富，以致较大的畜群里老弱牛羊占了多数，增加了草地载畜的负担，一遇风雪，大批死亡。因为商品经济的程度太低，谈不上科学牧业。这是藏族牧民长久以来摆脱不了贫困的经济根源。

怎样改变这种自然牧业为商品牧业呢？怎样使牧民为了出卖牲畜去换取消费品和生产资料而经营牧业呢？这一条改变青藏高原经济面貌的必由之路并不是短期里可以走得通的。最初的一步，我认为必须有人把提高牧民生活所需的用品送上高原去换取牧业产品。也就是说要在流通上找出个突破口。看来只有商品的力量才能逐步打开封闭性的牧业大门，使其改变成开放性的牧业。治贫致富有赖于牧业的改革,改革则有赖于开放,开放主要就是让商品流通。这样说是容易的,但不应忘记藏族牧民是居住在3000米上下的高原和交通十分不便这一事实。商品自己不会走动,要有人去运输,还要有人去出售。这支流通队伍在哪里呢?藏族牧民还很少有商品意识,汉人又大多不习惯上高原去活动。我曾为此发愁。这次访问临夏,却见到了这支队伍事实上已经形成,而且正在活动。这支队伍主要就是我在上节里所谈到的历史上形成的、生长在陇西走廊里的回族。

访问期间,我在广河窦家巷乡王家村见到一家靠沟通甘、藏贸易而发迹的回民。他名叫马达吾,35 岁左右,全家 18 口人,三世同堂,兄弟四人没有分家,但都已成亲,父母健全。1978 年开始加工皮衣,销往四川、青海等藏区。1981 年积了钱,买了一辆卡车,贩运小百货上西藏,回程从拉萨运回羊毛、皮子和尼泊尔的呢料,摸出了一条经商之道。在拉萨和西藏的一个汽车队联办了一个门市部,后来又自立商店,有工人常住拉萨,接着添置了一辆卡车,每周有车往返一次,可收入 1 万元。去年在临夏县城里开了一个门市部,家里盖了一座二层楼的住宅。他从 1982 年开始和同村的马继业合伙经营,先带一户,逐步扩大,现在已有 70 多人参加甘、藏之间的流通活动。全村只有 42 户,所以这村子里家家有人上西藏做买卖。

据说这几年来像马达吾一样起家的人不少。确数不明。一般估计全州 6 万个出外经商的人中大部分是在藏区活动。有人告诉我,现在拉萨的临夏坐商大约有 600 多家2000人,他们所开的铺子已形成一条街。他们在亚东有个站头,通过藏人和尼泊尔人做买卖。现在临夏街上可以见到穿尼泊尔运来的西装的人。看来,在过去不到 10 年里甘、藏之间的农、牧贸易已经在民间自发地恢复了。现在临夏的民间卡车有1000多辆,1985 年据说由卡车贩运的销售总额约 2.4 亿元。4 吨的卡车往返拉萨一次,可以获利3000到4000元。

目前甘、藏间的商品流动可能主要是靠这一支民间的自发队伍。他们还没有引起应有的注意和扶持。举例来说,商业活动需要资金。这些白手起家的企业家,一般是靠个体户劳动输出积累的资金开始营业的。要达到马达吾的经营规模至少要五六年。他们最感困难的是缺乏流动资金,现在唯一的办法是向私人借贷。利息很高,而且多是以市集周期计算,负担很重。1984 年在临夏出现过一个称为“便民银行”的民间金融组织,周转金只有 5 万元。当时很受这些跑高原的商贩欢迎。但是不久这个“银行”由于不符合国家规定而被取缔。我同这些搞商品流通的个体户谈起这事,他们还迷惑不解,因为事实上是帮了放高利贷的人而让搞流通的人吃亏。从大处看,也就是限制了这个正在发展中的流通渠道。“便民银行”违法固然应予取缔,国家银行是否也可以做一些“便民”的事呢?

如果我们认为要促进青藏高原的经济发展必须推动农、牧贸易,那么我们应当对这支民间自发的流通队伍加以扶助和培养,不仅在提供流动资金上可以做些“便民”之事,流动过程中许多环节上都有“便民”之事可做。比如资源供应、仓库设备、交通设施、运输工具、市场信息以至各种保险,处处可以为这些搞流动的个体户服务。更重要的我认为是如果一开始就以国家或集体的力量为这些积极性很高的个体商贩提供服务，我们就可以通过服务使他们不越出社会主义的大道运行。

四

处在农、牧中间地带的陇西走廊，应当自觉地抓住经济地理授予它的特殊地位，来发展自己的优势。上面只提到了作为农、牧间互通有无的流动媒介，我还看到农、牧结合的具体实例。

在临夏拜家村我们访问了一位阿訇。他有个儿子，28岁，很精干，会驾驶卡车，从当司机开始，现在已买了车，自己搞贩运，上个月才从拉萨回来。去年这位阿訇出了个主意，从甘南买进架子牛55头，在家宅边起了一个饲育场。经过一冬把这些牛育肥后，屠宰了，由他的儿子把牛肉运到拉萨去出卖。本地1斤牛肉只有2元，在拉萨却可卖4.5元。贩运一次净收1万多元。

这位阿訇兴冲冲地带领我们去参观他的饲育场，有100只羊买来不久，准备育肥后赶上古尔邦节出售。他说，只是牛奶一项，每月可收入350元。这几年里这位阿訇已成了一个面团团的农民企业家了。

这种从草原上买了“架子畜”到农区育肥是这地方的老传统，称作“养站牛”。在草地上放牧的牛或羊到了秋天骨架已经长成，肉层还没有肥厚，需要大量吃草的时候，由于已经超载的草地，供应不足，缺乏营养，到了冬天就有许多在冰天雪地里死去。牧民想出了一个办法，在冬天来临前，把牛羊赶到农区卖给当地的农民。农民有饲料，在冬天可在自己家里喂牛羊，使它们继续长膘，称作育肥。架子畜育肥是农、牧结合的一个方式，既充分利用了草地来放牧,又利用农田长饲料进行舍饲。放牧和舍饲相衔接,实际上是初级产品和再加工相结合,双方都可以取得较大的经济效益。我前年在赤峰访问半农半牧区时,曾提出过这种意见,主张在这类地区发展为牧业服务的农业,除了必要的粮食作物外,尽量发展饲料作物。粮食作物和饲料作物并不互相排斥,麦子和玉米可以衔接成两季作物。想不到这次在临夏访问到了具体的实例。而且听说,在临夏这种经营"养站牛"的人家正在增加,那是因为这几年临夏的农民手上有了钱,能出去买架子畜了。采购架子畜的地区也正在扩大,从附近的甘南、海东扩展到了川北、海西,甚至内蒙古、西藏;销售的地区也同样扩大,远到银川、西安和拉萨。原因是现在有了现代运输工具。临夏千辆卡车在改变经济面貌上起着重要作用。

养架子畜育肥是商品牧业的一种方式,是促进牧业发展一个值得重视的信息。

五

如果在临夏市上走一圈,确会得到一派兴旺的印象。同样地,如果到传统皮毛中心的三甲集去赶一次场,那种车水马龙热闹拥挤的景象,令人直觉地感到这个地区的经济正在苏醒,前途宽广。现在可以清楚地看出,近几年来这个地方经济转机的关键是在一个商字。经商是这个地区的老根子,这个根子,在当前政策的雨露下,正在茁壮成长。但是如果进一步去观察他们所从事贸易的商品,却可以发现其中绝大多数并非本地特产,还没有突破近千年来"茶马互市"的老框框。主要商品还是农区来的茶叶和牧区来的皮毛。换一句话说，现在临夏是在以贩运为主的传统经济模式里取得复苏的，刚刚开始有了一些贩运和生产相结合的苗头。临夏要再进一步，我认为必须注意使这些苗头发展起来，简单地说就是“以商带工”。

我在上边已经说过，临夏的工业底子是很薄弱的。但这几年中却出现了一大批户办和联户办的家庭企业，为数在1万以上，大多是我上面所说过的那种皮毛加工成皮袍一类的家庭小企业。业主既管企业，又参加劳动，还要从事贩运。劳动力来自家庭成员，全家老小人人动手。

我们在从临夏市经广河回兰州的路上，参观了七八个比较大的家庭企业，有少数是联户办的，并雇用一些工人：计有拖车厂、皮革厂、化工厂、翻砂厂、铁钉厂、食品厂、啤酒厂等。其中规模最大的有工人20多人，但资金总额没有一个超过20万元。厂房都是住宅的一部分，或在院落中搭了个工棚。据统计全州户办和联户办的企业1985年的总产值大约有7000万元，所以这还只能说是尚在初级阶段的一些可喜的苗头。

怎样才能把这苗头培育成长呢？我根据在温州所看到的情形来说，主要一条就是这种加工业必须与流通结合起来，工要联上商，也就是说，要掌握市场上需要什么，就制造什么。

临夏商品的市场在哪里呢？答案是很清楚的，现在是在西边，主要是青藏高原。我在临夏市上逛过一条街，几乎所有的商店全是出售藏族的生活用品，从妇女围在腰下的氆氇到代替念经的转轮，种类繁多，几乎像是置身于藏族文物馆里。我没有调查这些商品是在哪里制造的，看来大宗还是从别地贩来。

像临夏这样一个没有工业底子的地区，怎样从简单的手工业发展成较为现代一些的工业呢？这不是轻而易举的事。主要的困难，一是没有资金，二是没有技术。

论资金，向上看确有困难，国家投资希望不大是事实。能不能向下看呢？不妨先看看现在这1万户家庭小企业的资金是从哪里来的。大体上说，最初是来自劳务输出，接着是来自贩运。目前那近千辆的卡车每天都带回来可观的利润。这些钱分散在千家万户。问题是怎样能把民间分散的资金集中起来。

我在临夏市访问时，市中心新建的民族市场正接近完工，我前往参观。这市场规模不小，是座有7200平方米建筑面积的五层大楼。在临夏是最高的大厦了，造价240万元。这笔资金就是采取了民间合股集资的办法得手的。每股2500元，有150户入股。股东有在大楼里租设商柜的优先权。这座大楼全部启用后，商品总值约1000万元，全将由民间集资。我参观后觉得如果能发动群众，临夏要办小型现代工业，资金不会是个过不去的难关。

技术哪里来？这使我回想起前年在甘南看到的皮革厂。我在《甘南篇》里已经提到过，这个厂是由三个南京来的技术工人帮助建立起来的，现在这三个师傅已经回去，但是这个厂还是从他们那里得到信息和技术的支援。这个事例启发了我，为临夏提出“东引西进”的方针。从东部发达地区引进技术，在本地发展加工工业，向西开辟市场，为牧区服务。

现在“横向联系”这个名词已经不胫而走，确是这几年群众创造的一条发展较不发达地区有效的战略概念。横向联系的概念改变了过去想开发西北，眼睛总盯住国家投资的观念。现在看到资源丰富的西北地区如果能为东部工业保证原料供应，就能从对方取得技术支援。而且认为许多原料的初级加工可以在原地进行，把一批工业移到边区。这种内移的工业如果能和内地乡镇企业挂上钩，就能在内地培养出大批现代技工，边区工业也就生了根。

“东引西进”在目前向西固然还只能进到青藏高原，但是如果临夏这个地区工业果真能发展起来，西方的市场还可以大大地扩张。我们不要忘记了历史上的丝绸之路。这条陆路上的国际商道就是从长安通过包括现在临夏和海东的河州向西延伸的。更值得我们注意的是，这个商道经过许多伊斯兰教徒的聚居区。也许正因为这个原因这个商道上的临夏在伊斯兰教世界里被称为东方麦加，至今科威特和临夏还有民间的联系。这许多伊斯兰地区和国家正是一个待开发的市场。举例来说，如果临夏的食品工业能以青藏高原的牧业为基础得到发展，它就具有在伊斯兰世界市场上的特殊地位。这个前景我们应当及早看到，成为促进我们加紧建设临夏地区的动力。这是重开丝绸之路的一个重要措施，希望我们不致坐失时机。

保安三庄[*]

（1988 年 9 月）

1986 年 7 月，我去甘肃访问临夏回族自治州，专程去积石山保安族东乡族撒拉族自治县。从县名上就可以看出这是一个多民族的地区。在一个县境里居住这么多不同的民族，在全国是少有的，就因为这个特点吸引了我的调查兴趣。其实在甘肃和青海的接境地区，人数不多的小民族还不止上述三个。他们的北面还有土族和裕固族。由于这两个民族不在临夏回族自治州境内，我这次没有去访问。

这几个人数较小的少数民族按 1982 年人口数字排列是：东乡族279523人，土族159632人，撒拉族69135人，裕固族10568人，保安族9017人。从地理位置上说都在祁连山东北麓，是青藏高原和黄土高原的接壤地带。从民族分布来说，杂处于藏族和汉族之间的回族聚居区里。土族和裕固族与藏族一样信喇嘛教，在临夏境内的其他三个民族都和回族一样信伊斯兰教。

---

* 本篇选自《费孝通民族研究文集新编》。

我访问的积石山自治县正处在甘肃和青海的交界上。黄河从青海绕了几个大曲,向东直下青藏高原,被南北走向的积石山挡住去路,只留一个峡口可以通过。过了积石山就是有名的刘家峡水库,坡陡水急,落差巨大,是西北的电源。我们在巍峨的积石山高处,俯视黄河滚滚东来,入峡后流进一片起伏的滩谷,正是历史上著名的河州。时值秋收,禾堆密密地成行排列在坡田谷地上,点缀出丰年的气象。形如棋局的耕地中间显而易见地有三个为重重绿树所包围的村庄。这些是保安族聚居的地方,称"保安三庄"。

保安族的族名来自他们早年聚居的地名。据传说,他们的先人是蒙古军人,元明时代驻扎在青海同仁县一带垦牧,信奉了伊斯兰教。明朝万历年间,在他们的住地修筑了保安城。他们就被称为保安人。清朝同治年间因受当地喇嘛教势力的欺压,被迫东迁,进入甘肃,定居在积石山山坡和靠山的谷地上。他们和回族一样现在已通用汉语。

不到一万人的保安人还保持着他们的民族特点,主要表现在他们能工巧匠的锻造技术。他们几乎家家户户制造的"保安刀"是一种牧民用来割切牛羊肉的日常用具,有如汉族每餐用的筷子,畅销藏族和蒙族地区。我在他们村子里家访时,看到他们锻造的设备十分简陋,全部是手工,但制成的刀却锋利耐用,精致美观,特别是两把刀插在一个鞘子里的"双垒刀",刀把上还用黄铜、紫铜、牛骨加以装饰,图案美丽。中外游客,都以民族艺术品来收购。

晚宿自治县首镇吹麻滩,乘兴写了一首纪事诗:

黄河天上来,冲折积石轴。
过峡入河州,起伏多滩谷。
坡田如棋局,麦黄牧草绿。
车绕山村过,儿童竞相逐。
遥指三庄落,保安自成族。
首镇名吹麻,宰羊留客宿。
插刀嵌彩玉,蒙藏畅销速。
富民仗特技,户户有余谷。
挥手依依别,请留我福祝。

甘肃行*

（1989 年 12 月）

一、兰花出口

我每次去兰州访问总是住在名叫宁卧庄的招待所。这个名称很雅，事实上也很安静。旅途劳乏，在这里确可不用药物，安眠终宵。最近我又去访问兰州，目的是了解一下去年建立的黄河上游多民族开发区的进展情况。到兰州一问，最使我惊喜的是就用宁卧庄这个名称成立了一个新技术产业开发试验小区。原来甘肃省为促进黄河上游两省两区的开发事业，先在省内成立了五个小区进行试办。宁卧庄是其中之一。

我并不知道宁卧庄这个名称的来历，很可能是从那个招待所开始的。这个招待所周围大约有 3 平方公里的区域正是兰州市许多科技院校和机关集中的地方。各学科专门人才有7000多人，其中有职称的约1500人，还配备有高精尖仪器设备。1988 年

* 本篇选自《费孝通民族研究文集新编》。

就是在这个基础上办了这个新技术产业开发区。大概看中了宁卧庄这个名称,所以就叫它作宁卧庄小区。

首先是这个名称吸引了我,其次是我很想看看科学技术怎样转化为生产事业,了解一下知识分子怎样直接和国家的经济建设挂上钩。因此,我就抽空到宁卧庄小区进行了访问。这次访问印象最深的是已成为出口产品的兰花幼苗。

说起兰花,它是我从小熟悉的花卉。由于我妈妈的名字里有个兰字,我爸爸一直喜欢培养兰花,可能是用以表示他们夫妇的恩爱。后来妈妈逝世了,可是我老家的兰花依然盛开。开花时节,一进门就有一阵幽香扑人。年复一年,兰花也就自然地联系上了我早年温暖的家庭。现虽年老,其味犹存。

讲到宁卧庄小区,就听说"兰花出口",是好奇还是旧情,使我急于一睹。

地点是在兰州大学生物系的实验室,接待我的是副教授谷祝平同志。他就是兰州兰花研究开发公司的经理。招待我们就座的办公室并不大,桌子上已陈列了一行兰花标本。这些兰花和我小时候熟悉的有点不同。我熟悉的是苏州的品种,叶多于花,有如许多水墨画里所绘的那样,一枝瘦兰总有大丛兰叶相护。眼前陈列的可能是引进的洋兰,或是已经杂交改造过的新品种。花朵大,色彩多,花纹细,一株株亭亭玉立的细校枝挂着一串串花朵,上下连成层次分明的行列。每一个品种的花朵样式不同,最出奇的是叫兜兰,形似拖鞋挂枝。至于那些形似多彩纤纹蝴蝶的花朵,在这里已届很平常的了。一问才知道兰花品种多至两万以上,在这个实验室里培养的就有 280 多种。

随着，我们进入了他们的“车间”，一行行架子上一层层满储着尖形的玻璃瓶。这些就是兰花幼苗的培养瓶。花苗培养到一定程度就可以连瓶带培养液一起出口了。

培养兰花幼苗出口不能不说是件新鲜事。这事的始末是这样：谷教授原在兰大生物系细胞研究室工作，1984 年作为学术交流去美国加州大学访问。在那里开始接触到兰花，参加了该校培育兰花的实验，并且了解到培育兰花在美国是一项产业，有广大的市场。1986 年他回国时就有开发兰花产业的设想，向兰大提出作为科研课题。实验有了成果后，在兰州市科委的支持下，开始大量培育。接着他和加州大学联系，商定了出口方案。

恰巧这时甘肃省委决定成立宁卧庄新技术开发试验小区。这个原是实验室的研究课题便顺理成章地转化为开发区生产项目，于是一批批兰花幼苗在 1988 年开始出口了。1989 年 9 月我去参观时，已经外销了 2600 瓶（每瓶 30 株苗），创汇 2 万多美元。据说他们每月可产2000瓶。今年还将外销荷兰和南朝鲜，定货量已超过 1 万瓶。星星之火，前途可观。

兰花也能成为一项产业，我是从来没有想到过的。在国内兰花原是一种野生花卉。我从小听说有人到山里去掘兰花。兰花却喜欢长在人们难于攀登的山阴险处，正如我在武夷山看到的，大多挂在悬崖峭壁上，或溪旁大石的裂缝里。品种越好，生得越僻，采掘的人不冒一点风险难于到手。一般人家供赏的兰花大多是从深山里采来的老根上分出来的，要养三五年才开花，繁殖很慢。

我小时候就想过为什么兰花要分根而不直接下种培育呢？

这次问了专家才知道，兰花并不是不结果实的，但是一颗果实里有 10 万多粒种子，每粒种子小到肉眼看不清楚。由于颗粒太小，几乎不含营养物质，所以自然条件下难以萌发。兰花种下后，怎样使它能长成苗，也就成了生物学实验室里的一个课题了。谷教授从加州大学引进的就是这一手。这一手，就用得上生物工程了，也就是说可以通过细胞杂交的技术培养新品种。新科学技术就这样把兰花的培养从采掘经济发展成了产业经济。现在已进入大批量人工生产的阶段，并进入了国际市场。

“知识是财富”，会说这句话的人不少，而兰花出口却真的使它变成了事实。出国交流者多矣，有几个能像谷教授那样把生财之道带回国内呢？这是值得我们深思的。

二、“两西”移民

黄土高原名声不太好，连黄色都被连累成了贫困的象征。其实黄土高原就是怕旱，只要有水不难成为郁郁葱葱的绿色海洋，有点历史知识的人必然会明白，如果黄土高原自古以来就赤地千里，那就不可能有今天的中华文化了。令人痛心的只是这块我们民族的发祥地在历史的演进中不断地被破坏了，出现了水土流失，生态失调。高原上大部分地区树木砍光，草根挖尽，留下了一片片沙化的荒漠。

在这历史演进的过程中，甘肃的气候当然也起了变化，但是天还是下雨的，至今还有 1/3 的地区降雨量在 400 毫米之上。问题是没有了树木，没有了草皮，天上下的水就留不住了。一阵大雨，短时间里汇成的无数急流，把黄土层冲刷得龟裂破碎。

只要留得住天上下的雨水，只要用得上黄河里的流水，只要积得够祁连山上泻下来的雪水，只要提得上大片土地下的潜水……总之有了水，黄土高原还能养育我们的子子孙孙。

看来历史开始出现了转机，人们自己破坏的生态，开始自己修复。种草种树抵住了水土流失，电力提灌用上了黄河的水源，开渠修坝积住了高山的雪水，广挖深井，处处出现了绿洲。

我最近这5年，年年去甘肃，目的是看看这篇复兴黄土高原的大文章是怎样写的。今年又看到了一小节，起个小标题叫"'两西'移民"。

据说，80年代初中央有位领导同志到甘肃视察，从陇中到河西走了一趟。陇中是以定西为中心的甘肃中部干旱地区，有名的贫困典型。我在1984年也去访问过，留下了水贵如油的深刻印象。像我这样从小在水乡长大的人，不亲眼看一看决不会相信一家人全年的用水只靠一个不过几个立方米大的积水地窖来供应的事实。这里的人，日常生活全靠雨水维持，庄稼就不必说了。他们的农活没有我苏南家乡那样紧张，反正下了种，能收多少算多少，全靠老天，人是使不上劲的。而这片干旱地区，人口却特多。人越来越多，分得到的地却越来越少，怎能不成为贫困的典型?!

据说，那位领导同志从定西出来，又去河西。河西是指甘肃省黄河以西的地区，从地图上看去就是伸向新疆那个长脖子，一条狭长地带，北面是内蒙古的沙漠，南面是和青海分界的祁连山。就是这座绵长的祁连山山顶上积的雪，每年融化时流下的水，使这片雨量特别少的长廊，变成了辽阔肥沃的绿洲。

这条有1000公里长的河西走廊，在中国历史上做出过巨大的贡献，远在汉代之前是乌孙人、后来是匈奴人的牧场。汉武帝为了抗拒匈奴，首先占领了这个绿洲，开辟农场，成了他开拓西域的军粮基地。后来也就成了联系中西交通的丝绸之路的咽喉。直到海运取代了陆运，以往的若干世纪里，河西走廊一向是繁荣兴旺的。迄今名闻世界的敦煌莫高窟正是它的历史见证。不幸的是其后天灾人祸不断。解放前不久，我的朋友谷苞曾在调查报告中说：这里已是“农民的地狱”。但是山犹在，水长流，解放40年社会安定，兴修了水利，农业生产还是较快地恢复过来了，到了80年代已成了甘肃的商品粮基地。其实，这里毕竟人少地多，还有大片没有开辟的荒地。

可以想象，刚从定西出来，进入河西走廊的那位中央领导同志，面对这样显著的对照，很容易把“两西”—定西和河西—联结了起来，提出“以西济中”的两西计划，让人多地少、活不下去的中部干旱地区的农民，搬出一部分来，成为开发河西新开辟的灌溉区的劳动力。

正是这几年，黄河上游的水电站陆续投入运转。甘肃得天独厚，具备了利用电力就近把黄河里的水提升到地面进行灌溉的条件。原来中部干旱地区的荒地开辟成了肥沃的水浇田，称黄灌区。黄灌区和河西的粮食基地一样需要劳动力。于是“两西移民”里添上了“山川互济”的一条，就是将部分住在干旱地区山沟里的贫困农民转移到附近的黄灌区去定居。实际上两西计划就是由政府创造条件，在农民自愿基础上，有计划地在省境内进行人口调整。此举两得，一方面解决干旱地区的贫困问题，另一方面，解决了新辟的灌溉区所需劳动力的问题。

自1985年起的四年多来，从中部干旱地区迁出了17万穷困农民，其中在新开辟的黄灌区里就近安置了13万人，往千里外河西迁移的有4万人。据当地的经验，在贫困区里“移走一人，缓解两人，等于解决三人的贫困”。从这个意义上来说，这四年一共解决了50万人的温饱问题。估计甘肃中部干旱区到20世纪末，需要另找出路往外迁移的约60万人，实际受益达180万人。现在打算在今后三年内，再移出30万人。

两西移民在解决贫困地区农民的温饱问题上是起了作用的。绝大多数移民都做到“一年搬迁，两年定居，三年解决温饱，四年迈开致富步伐”。我分别访问了靖远的黄灌区和河西张掖市的移民村。上面这句话基本上是符合事实的。下面说几个实例：

离定西不远的靖远县兴堡子川灌区有个景滩子移民村。这个村子的304户全是从本县永新乡9个贫困村迁移来的，一共移出了原地20%—30%的人家。我访问了三户，是老汉吴恒的三个儿子的家。大儿子在附近煤矿工作，儿媳介绍说全家五口人，种10亩水浇地。劳力不够，给大女儿从宁夏中卫县招了个上门女婿。1986年盖了新房，材料主要是原地拆运来的。1988年收小麦6500斤，玉米2600斤，还有蚕豆、胡麻等。温饱已没有问题。堂屋里有一台六喇叭的收录机，还放了一段秦腔给我们听，最近家里还添了一台18英寸长风电视机。二儿子家四口人，种7亩水浇地，家景也很好。老汉和刚刚成家的小儿子住在一起，都住进了新建的砖瓦房屋。他们对移来后生活的变化都十分满意,一再说:“不回去了,回去没吃头。”

我到河西张掖市后就到甘浚乡速展村去看望由临夏州东乡县迁来的移民。移民章宪东在1986年单身先来河西,当地政府按他家原有三口人计算分给他20亩田。他用政府给他的周转金购买了小牲畜和农具,扎下了根。第二年再把全家接来,当年口粮就够自给,还盖起了7间新房。1989年可以收粮上千斤,还养了20只羊,1匹骡,1头牛,3头猪。我到他们的厨房一看,锅里炖着一锅羊肉,桌上堆着一大沓白面馍馍。看来日子是好过的。这村35户,全从东乡迁来。

贫困户移出了贫困村,缓解了贫困区人口压力,让出地来种草种树,发展畜牧业,生产和生活都得到改善:迁入的地区有了劳动力,农业生产也提高了,加上成套的扶贫措施,甘肃两西的面貌有了显著的变化。据统计,1988年和1982年相比,河西粮食总产量由17亿公斤上升到20亿公斤,农民人均纯收入由223元增加到445元。中部地区粮食总产量由8亿公斤上升到13亿公斤,农民人均纯收入由72元增加到280元。当然这样大的变化,不应当全归功于“两西移民”计划的实施,但是不可否认“两西移民”在这个变化中也是起了相当作用的。

我们必须为黄土高原恢复名誉。黄色是绿色的底子,贫困可以征服。两西移民不过是朝着这个方向发展迈出的一步。我乐于写此小记。

三、一厂两制

1988年甘肃、青海、宁夏、内蒙古两省两区共同提出了建立黄河上游多民族经济开发区的设想和方案，经过中央批准，各省区都分别开始进行具体的开发计划和工作。我通过这次去甘肃考察，对这个方案的实施很乐观。甘肃已经开动了。看来，开发大西北已不是学者们的空谈，而是千百万边区人民扎扎实实在干的大好事了。同时，我认为他们还为搞活国有大企业找出了一条可行的路子。这条路子就是国有大企业通过城乡结合、城乡一体化建立他们称为“一厂两制”的办法。

早在1984年我在包钢考察时就提出“人文生态失调”的观点。所谓“人文生态失调”，简单地说就是一个企业受到来自设备和制度的种种限制，无法消化企业内不断增长的人口的现象。当时，我看到像包钢这类大企业，为了自身解决这个失调问题，在大厂里办了许多层次的集体所有制的小厂。这其实就是“一厂两制”的雏形。这几年我访问了甘肃和陕西，看到了不少国有大企业存在着同样的情况。也许可以说，“一厂两制”是一定历史条件下群众性的创造，也是目前阶段国有大企业用来解决这个普遍存在的问题的办法。

新中国成立以来，国营企业一直是我国经济的主要成分，好几千亿元的投资，好几千万的职工和大量的科技力量都集中在这些企业里。怎样搞活这个巨大的力量，是有关国家兴衰的大事。甘肃历来是国有大企业集中的地方之一。一提到经济开发，首先就应当解决这个问题。甘肃采取的“一厂两制”的办法，把孤岛式的国有大企业和地方结合起来，开办很多集体性的中小企业。预计到1990年，几个开发小区里，仅一厂两制这一块的产值就可达10亿元。

我在这次访问中,先后和白银公司、稀土公司、805 厂、金川公司、酒钢公司、厂坝铅锌矿的经理人员和这些企业所在地的地方党政领导,多次讨论了“一厂两制”的经验和问题,很受启发。

给我深刻印象的是,这些事实里所显现出大西北开发过程的某些特点。

从历史上看,这些地方的重大飞跃几乎都是由外注入的。汉代大批汉人进入河西,把农业带了进去,改变了这里单一放牧的经济,出现了繁荣的粮食基地。新中国成立之后,现代大工业进入西北,大批企业由中央定点,投资设立。我听到一个典型的事例,据说有一位将军奉命来甘肃建厂。他摊开地图,找到了一块他认为即使发生战争,原子弹都影响不到的地方,用笔一圈。现在已有几万人的与四周隔绝的稀土公司就是在荒无人烟的山沟里建起来的。

这些注入式的大企业,一开始就和当地的老百姓是分隔的。它们如同一个个自给自治的小孤岛。工厂重地,行人止步;门禁森严,设有岗哨。大西北每年报表上工业产值都不低,这些企业确实也为国家做出了很大贡献。但是这些厂的产品几乎全由国家调走了,留给地方上的极少。工厂周围的老百姓看不到,分不着,几十年来面貌变化极微。

大西北的广大农牧民受不到现代工业的惠泽,只是这种经济格局的一个方面;另一方面是这类孤岛式的大企业自身也难于发展和维持。在原来的体制下,除非国家继续不断地投资,企业自身无力更新和扩建,而国家又哪里有这样大的力量呢？日子久了,企业老化。然而,企业里边的人却一代代地生长,越来越多。50年代办的厂,到70年代那些办厂后出生的孩子都要就业了。这批新生力量,这些孤岛式企业自身是消化不了的。这个问题成了这些企业领导者最头痛的一件事。在这种很具体的压力下,“一厂两制”萌芽了。

但是,“一厂两制”在孤岛里实行还是解决不了问题。1984年我在包钢看到的那些为职工子弟开办的集体小厂就是关在孤岛里办的。它们实际上又成了大厂背着的一个个小包袱。这次我在甘肃参观了几个开发小区,看来他们已经闯过了这一关。他们把厂门打开,伸出手去和地方结合,搞城乡联系。就是说,大企业提供技术、管理、运销的经验和人员,地方提供土地、设备和劳力,双方联合开办各种中小型企业,利益均沾,共同负责。这种打开厂门办一厂两制的做法,为各企业职工的子弟提供了出路,人文生态失调得到缓解。

这种形式的扩散企业对西北地区的工业化具有深刻的意义。我们不能指望西北边区能像苏南或珠江三角洲那样由农民自动地引进新技术,发展自己的乡村企业。大西北工业的发展还得顺着地方特点,由上而下地注入。试想,如果不是大企业打开大门,原来的边区农民怎能接触到外来的现代工业?“一厂两制”不仅使大企业卸下了自己的包袱,同时工业之风也吹向了广大农村。真可谓一举两得呀!甘肃就是这样做的。他们以原有的国有大企业为核心,建立了四个“一厂两制”的经济开发试验小区:白银、金昌、西成和连海。另外还有一个性质和“一厂两制”不同的宁卧庄科技产业开发区,我在《兰花出口》一文中已经做了报道。

金昌小区里的金川公司总经理王德雍同志向我谈了他的体会:“公司在产品经济体制下的27年里,一直是单打一地搞镍和钢的生产,路子越走越窄,困难重重。自从成立镍都实业公司,发展‘一厂两制’的企业以来,三年间与地方合作,共建了96个集体经济的工厂,其中几个年产值1000万元的厂,只用10个月的时间就建成投产,发展速度很快。1988年这些集体企业的产值达2亿元,1989年可达2.7亿元,正好是全公司1983年的产值。这不也正好说明‘一厂两制’发展集体经济,不仅三五年工夫就可带出一个公司的产值,而且对促进地方经济的发展十分有利。”

孤岛式的大厂打开大门和地方结合办中小型集体企业之后,企业和周围的群众关系也搞好了。过去厂内、厂外的差距太大。墙外看墙内是另一个世界。四年前金川公司职工的年人均收入是2000元,而公司周围的农民年人均收入不到100元。1986年开始搞“一厂两制”,公司从技术上、设备上、资金上帮助地方发展乡镇企业,1988年农民的年人均收入达到了600元,农民和公司的关系很和谐。

我在路过永登县时,参观了一个甘肃铝业公司和该县合办的碳素厂。永登县的西部大通河两岸就是连海小区。这个碳素厂就是从小区核心辐射出来,国营和地方结合办起的企业。铝业公司提供技术和管理,派有经验的人员当该厂厂长。地方提供土地、厂房和劳动力。流动资金由双方分担。70%的产品由公司包销用于公司所属的铝厂。利润分成,公司得5.5,地方得4.5。全厂有300名工人,全是当地农民,月工资120元—180元,比当地一般农民的收入明显提高。据魏县长介绍,永登县有不少像碳素厂性质一样的乡镇企业，全年产值达1.7亿元，全县44万人口中已有11万从事乡镇企业。永登县的面貌这几年有了显著的改变，可见开发小区的“一厂两制”已经在农村里发生作用了。

1984年我在包头看到的厂内搞小集体和1988年甘肃看到的开发小区，使我发现“一厂两制”本身有了发展，从企业闭门扩大走向企业开门扩散。扩散显然比扩大前进了一步。这条搞活国有大企业的路子是群众走出来的，“一厂两制”不失为一条很有前途的活路。

四、“两南”兴牧

今年国庆前，我抽空去甘肃访问，横穿了河西走廊。河西走廊是指黄河以西夹在内蒙古腾格里沙漠和甘青分界线上祁连山中间的一块狭长地带，东西1000多公里而南北最短的距离只有100多公里。这是一块黄土高原上有名的绿洲。

河西走廊久已闻名，它是古代丝绸之路所经之地。其后海运畅通，贸易改道，丝绸之路也就成了怀古的对象。但是现代铁路和公路的兴建，特别是空运的开拓，欧亚商品流通的路线正在再度调整之中。重开丝绸之路，大有前途。我虽年老，犹有赶热闹的兴趣，总想在有生之年，至少在这条路上踏上几个脚印。所以这次去甘肃，重点就放在河西走廊。

访问河西走廊除了想看看这个绿洲的农业怎样发展外，我还有一个私愿，就是想去看望聚居在祁连山麓的裕固族同胞。甘肃本身是个多民族省份，特别引人注意的是沿着甘肃和青海的边界上聚居着一连串人数较少的民族。我前几次访问甘肃时去看望过南部的撒拉、土、东乡、保安等族的同胞。这次既去河西,就下了决心要去看望裕固族的同胞。

说起裕固族,研究中国民族的人大都知道它,因为它曾引起过一个理论上颇有意义的问题。简单地说,裕固族分东西两部分,语言上有相当大的差别,有人认为可划分成两种语言。据专家考证,西部的裕固语留有明显的古代回鹘语的痕迹;而东部的裕固语却留有古代蒙古语的特点。但是不论说哪种语言的人都认为自己是裕固族的人。那么没有统一语言的人能构成同一民族吗?这就成了个问题。

用"裕固"这两个汉字来做族名是解放后该民族群众自己提出来的。他们口语自称"尧呼尔",这两个汉字近于音译。名从主人,这个族名就这样定下来的。至于一个民族的人说不同语言的情况,在中国少数民族中,并不是只有裕固族是这样。在漫长的历史过程中,来源不同的人群在一定的具体条件下,各自带着原有的口音和语言,认同为一个民族的事实并不是个别的。在民族识别工作里,这可以说是中国的历史特点。

裕固族这个名称虽则是新提的,但作为一个民族实体已有悠久的历史。据比较可靠的历史资料,加上一直流传至今的民间传说都认为现在的裕固族人的祖先是曾经聚居在蒙古高原上的回鹘人,在史书上也称回纥人。回鹘人所建立的汗国大约于公元 840 年被推翻,大部分人向西迁移立足在今天的新疆吐鲁番一带,是现在维吾尔族的祖先;另有一小支东迁到河西走廊,就是现在裕固族的祖先。

聚居在草原上的游牧民族,流动比较迅速,幅度也比较宽广。某一个游牧民族强大了,常会去攻击其他民族,占据其草原,原来的民族如果不迁走让开,也就被并吞了。就拿河西走廊这块绿洲来说,有历史记载可据的,已经几易其族。这地方最早是乌孙和月氏所居,后来匈奴把他们赶走了。到公元前 1 世纪,匈奴降汉,汉代在该地区建立了政权。北方的一些民族和屯居其中的汉人就开始在这个走廊里杂居,共同开发这块绿洲。从那时起,统治过这地方的民族除汉族外,前后还有吐蕃、羌、蒙古、满等。他们都带来了一些不同的民族,也排挤过一些民族。这段历史使这地区形成了一个多民族的杂居区。

以裕固族来说,他们是在这块土地上居住较长的一个民族,从公元 9 世纪中叶回鹘人东迁进入河西算起至今已有1000多年。这个民族在 9 世纪末曾控制过这地区,长达 140 多年。这段时间也正是丝绸之路繁荣的时期。11 世纪初才亡于西夏。看来裕固族臣服了西夏后并没有撤离河西,而坚持在祁连山麓的草原上,发展牧业,并在和藏族和蒙古族接触中信仰了喇嘛教。

肃南裕固族自治县是 1954 年成立的。以现在的行政区划来说,这是一个地广人稀的县:东西长 650 公里,南北宽 120 公里—200 公里,土地面积达 2 万多平方公里。人口总共有 3.5 万多人,其中裕固族8000人,藏族7000人,汉族 1.7 万人,其他如蒙古、土、回等分别不过几百人。这8000多裕固族人聚居在面积达 1.4 万多平方公里的祁连山草原上,主要从事牧业。这片草原牧草丰美,水源充足,至今是著名的牧场所在地,是甘肃省重要的牧业基地之一。

我向主人提出看望裕固族的意愿时，确实给他们出了个难题。因为裕固族的牧场都在海拔3000米至4000米的高坡上。对于我的年龄和体质，主人们多少是有点过虑。最后只好同意我从张掖去酒泉时绕道自治县府所在地的红湾寺。我由此进山几十公里，在附近的一个小草场上和裕固族同胞在白天共度了一个中秋佳节，晚上到酒泉安宿。这一天的安排使我看到了裕固族同胞的生活面貌，领受了他们好客的热情，在以传统形式招待我的酒会上，不断的歌声和真挚的笑容让时间飞驰过去。直到我不能不告辞时，单是留客告别的“上马酒”还得唱上半个多钟点。我在感情上受到的激动远过于我想对他们牧业建设的了解。因而在这篇杂写里我能报道的眼见事实不多，但是从我听到多方面的介绍却启发我对发展我国西部少数民族地区特别是青藏高原的牧业有了不少想法。

在汽车上我贪婪地倾听关于肃南草原的开发情况。从怎样用草库伦扭转在退化中的草场说起，一直讲到怎样建设“基本草场”，大大增加了收割饲草的总量。关于牲畜，他们20世纪50年代开始绵羊改良工作中遇到种种阻力后又怎样步步进展，讲到80年代被确定为“甘肃高山细羊毛”育种基地的经过。这片草原上所产羊毛的长度、细度、密度和油汗质量都属优级，能纺60支纱。听来，肃南牧区现有的特点是在生产高质量的细羊毛，振兴牧业的指标当然不能只看存栏牲畜的数量，主要是在看牧业的基础建设，要在饲料、品种、畜群结构和防治灾病等上下功夫来保证畜群数量和质量的优化。关于这些，我从在汽车上所听到的介绍里得到了一个很深的印象：肃南的牧业不仅有历史的传统，而且近几十年来的改革工作也是有显著成绩的。现在的问题是怎样在已有基础上进一步发展，目标是为广阔的青藏高原建立一个牧业现代化的前进基地。

关于牧业改革我是外行，在这方面用不着我多说了。我想到的是如果在肃南这片草原上能有效地做出兴牧的榜样，不仅在经济效果上会大大改变当地的面貌，而且在西部中国许多少数民族的发展和团结上将带来深刻的影响。我一向认为我国西部地区的民族团结最后还得依靠减少到消灭民族地区间的经济差距，而经济差距的缩小主要在于发展西部高原的牧业。我自己这几年在西北边区观察得到的印象总的说来是，从草到畜，从原料到加工，一项项地分开来讲，各地方都有了切实可行的办法了。但是从原始性的放牧发展成为为加工工业提供畜类原料的饲养业，作为一个系统工程，还缺乏综合性的规划研究。这就是说，怎样把已经行之有效的各项牧业改良工作，从饲料到加工工业直到制造成品看成是一条龙，一节节地加以衔接配套，提供一个可以给各牧业区开发作示范的模式，还有待我们去试验和实践。

我之所以看中肃南这块草原，是觉得它具有良好的条件可以作为现代化牧业的试验场所，首先是上面提到的牧业基础；其次是它正处在河西走廊工农业重点建设的附近。而靠近现代化农场和工业中心都是促进牧业现代化的重要条件。

我这次是从武威绕道进入裕固族地区的。武威正是甘肃金昌开发小区的所在地。金昌亦称镍都，是我国产镍的一个重要基地。我在《一厂两制》这篇杂写里已讲过，这个开发小区这几年采取国营和地方结合扩散工业的方针，一批中小企业已经成长。中小企业的扩散已可以为各地方特产的原材料提供加工的机会，同时也就推进了当地原材料生产的发展。牧业现代化主要是在使畜产品成为加工工业的原料。发展纺织、皮革、食品工业才能把牧业带进现代化经济。但是少数民族地区发展工业最大的困难是缺乏资金、技术和经营人才。既然肃南靠近武威、酒泉等国有大企业的基地，那么就可以近水楼台先得月。这些现存的条件摆着不利用是十分可惜的。

从客观上讲，振兴肃南牧业条件是具备的，当前所欠的“东风”是主观上对这种发展的可能性和重要性的认识。只要“争”到这股东风，肃南兴牧在不久的将来是可以成为事实的。

在离开肃南时，我不禁联想起了三年前我去访问过的甘肃另一片广阔草原，那就是甘南。关于甘南那次访问，《瞭望》的读者可能还记得我那篇《甘南行》。肃南和甘南是甘肃的“两南”，这并不是名称上的巧合，它们在发展西部民族事业上有着密切联系。它们都紧靠着青藏高原的边缘，都是藏族和与藏族有长期历史关系、甚至已信仰了喇嘛教的其他民族（如裕固族）共同聚居的地方。这“两南”能不能看作是青藏高原的少数民族和中原地区各民族联系的两架桥梁？我在《甘南行》里曾提出过通过甘南这架桥梁可以把现代化科技知识送入藏族地区。这次肃南之行又启发我想到加上这架桥梁，把现代化的牧业送入藏族地区。因而我把这“两南”联系了起来，称这篇杂写为《“两南”兴牧》，并加上这一小段题解做结。

又一次访问定西*

（2003 年 9 月）

经过近两个小时的飞行，我们搭乘的飞机降落在兰州机场。出机场登上中巴车，汽车很快就驶上了不久前才通车的高速公路。我抬头向窗外望去，路两旁目力所及的黄土高坡上，显出淡淡的一层绿色，定睛细看，原来那满山的绿是贴着地皮长出来的青草和已经成活的树苗；公路边上栽的柳树、槐树、杨树有的已经长得老高；远处山顶上成片的松树也显得郁郁葱葱。接待我的甘肃省人大的同志指着那片绿高兴地告诉我：这几年省里下大力气抓生态建设工程，5 年来完成公益林建设 654 万多亩、退耕还林 645 万多亩。我们现在看到的路两边的树和草，就是你每次来都要问到的兰州市南北两山绿化工程实施的结果。今年老天爷帮忙，雨水多，你看这些山头都绿了。可是水仍然是个大问题，目前虽然有部分山头已经可以引水浇灌，但是树苗的成活率还不是很高，天一旱，山上的草就会枯死……

* 本篇选自《费孝通民族研究文集新编》。

今年的8月底，我又一次踏上甘肃的黄土地，算起来，自1984年起，我是第十一次访问甘肃了。那一年，我在家乡农村搞调查工作，听说甘肃的定西县是个干旱贫困的地方，历史上有“陇中苦甲天下”的说法。我很想亲自去看一看。当年的9月，我就抽时间到定西访问，从此与这片黄土地结下了不解之情。

一

定西县的确是一个比较典型的干旱地区，我在那里第一次看到一家人全年的用水，就靠积存在水窖里的雨水供应的状况；第一次看到为了减少水分蒸发而压了一层卵石的地里，从石头缝里长出庄稼的奇特现象。这里气候恶劣，高寒干旱，广袤的黄土坡上，光秃秃寸草不生，死气沉沉，沟壑纵横，水土流失严重，生态恶性循环，灾荒不断。然而在毗邻定西县的靖远，我却看到因为有抽水站把黄河水抽上来进行灌溉，开辟出了大片的水浇田。人们说，只要有水，黄土地上就不难形成生机勃勃的绿洲……

我第一次访问定西县的时候，听说这里还有2/3的农民没有解决温饱问题，乡镇企业刚刚起步，整个地区乡镇企业的数量少、技术低、规模小。定西的干部群众虽然憋着一股劲要摆脱贫困，却苦于在这个大部分地区只适合种草，而不适合种粮的地方，还没有找到一个突破口和有效的路子来改变这种传统的以农为本，以种植业为主的封闭自给性经济结构。当时我听说定西地区胡麻的种植面积很大，胡麻籽用来榨油以后，杆子几乎都当柴草烧掉了。这种胡麻实际上是亚麻的一种。那时亚麻制品很流行，我就想按照家乡的办法，帮助定西办个亚麻厂，于是请了哈尔滨亚麻研究所的专家来帮忙。但是由于种种原因，亚麻厂并没有推广开来。那么定西应该走怎样一条路才能摆脱困境呢？这个问题一直挂在我的心头。

后来我每次到甘肃，只要有时间总要去定西看看。令我感到振奋的是，每次去定西，都能看到定西人一步一个脚印地在向前走。

这次来甘肃，已经到了兰州，当然要去定西看看。按照日程安排，8 月 31 日早上我们出发去定西，天下着大雨，为了保证安全，我们乘坐的汽车放慢了行驶速度。同行的同志说这是我第七次去定西了。汽车一进入定西境内，眼前看到的景象就让我感觉到定西又有了变化——周围的山比前几年更绿了；进了县城，城里的楼房多了，马路也整齐了、干净了，两旁的树更高了。

在县政府的会议室里，定西的同志告诉我，近年来他们抓住了西部大开发这个历史机遇，以实施退耕还林工程为契机，遵循自然规律、科学规律和经济规律，充分发挥资源优势，大力调整农村经济结构，探索出了一条发展生态经济战胜贫困的路子。他们根据多年的经验，制定了一套大力发展马铃薯、畜草、中草药、食用菌四大支柱产业的规划，用这四大支柱产业来带动一批相关企业的兴起，促进了定西产业结构的调整。

拿马铃薯来说。定西是我国马铃薯主要产区之一。近年来全县按照菜用薯、高淀粉薯和专用薯三大类型的布局，马铃薯的种植面积稳定在 60 万亩以上，总商品量达到 40 多万吨，产值 1.89 亿元，销售收入达 1.56 亿元，农民从马铃薯产业中平均每人可以获得365元的纯收入。由于马铃薯种植业的发展,全县建起了50多家马铃薯淀粉加工厂,年加工能力达到3万多吨;另外还建了一条薯条专用生产线,年产薯条3000多吨。定西生产的"鲁家沟"牌、"金宇"牌马铃薯,"环字"牌精淀粉和"金大地"牌薯条,已经完成了商标注册的全部手续。定西县打造马铃薯产业品牌的优势已经初见成效,他们正在朝"贸工农一体化,产加销一条龙"的方向努力。

马铃薯也叫土豆,既可做菜又可当粮,人人爱吃。我第一次听说西北的土豆质量好,是镇江一个养鲤鱼的企业老总告诉我的,因为鲤鱼的饵料是用土豆加工的,所以土豆质量的好坏直接影响养鱼的效益,但是用普通的土豆做饵料质量达不到要求,不能用。他为了寻找优质土豆,费了很大力气才在宁夏的固原找到他所需要的优质土豆。土豆不仅中国人喜欢吃,还是西方人主要的传统食物,日常生活中离不开它。记得第二次世界大战的时候我曾在德国住过几天,那时在德国,各种土豆制品是最高级的食物。因此可以说土豆是世界性的粮食资源。定西的土豆质量好,但是知道的人还不多,要广为宣传,让人人皆知,扩大定西马铃薯的知名度,抓住国内市场,而且还要开发出更多的土豆制品,发展土豆食品的加工业,提高附加值,向世界市场进军。

此外,对他们说的畜草产业已经成为定西的四大支柱产业之一这件事,特别引起了我的兴趣。因为20年前我刚到定西,就听说定西在贯彻种草种树、治穷致富的方针,但是由于种种原因,种草种树恢复生态环境这样的大事,还没有和农民的切身利益结合起来成为致富的手段。所以当时有农民诘问动员他种草的干部:草不能当饭吃,你还叫我种,难道让我吃草吗?农民说这样的话,是因为他们受着当地的社会经济结构和生活、生产习惯的制约,还不能够把“草”通过发展畜牧业,转化成可以吃的“肉”,他们还没有在种草上得利。

定西县历届领导,虽然遇到了种种困难,但是仍然坚持不懈地带领全县人民实施“种草种树”的方针。到了2000年,他们更是抓住国家实施退耕还林工程建设的大好时机,认真落实各项政策,使工作进行得更加扎实了。比如2000年至2002年,全县累计兑现补助粮2410万公斤,生活补助费482万元,种苗补助款1260万元,不折不扣地落实国家退耕还林的政策,使农民从中得到好处。另一方面他们在推行退耕还林政策的同时,还以舍畜养殖为切入点,积极引导农民走草畜一体化的路子,利用牧草大力发展小尾寒羊、肉牛和奶牛的舍饲畜牧业,取得了种草和畜牧双发展的好成绩。目前定西多年生牧草面积达到27.3万亩,年产优质牧草30多万吨;可加工为饲料的豆科灌木林保存面积45万多亩,年产优质饲料10万吨以上。与此同时,舍饲畜牧业也得到大力推广,目前已建成草畜转化示范点45处、标准化圈舍5300间;畜禽存栏103.6万头(只),年产肉类1.3万吨、禽蛋300吨、鲜奶400吨;畜牧业产值达到1.31亿元,从牧业中,农民人均增加收入395元。由于畜牧业的带动,定西目前有了中、小型畜产品加工企业8家,而且有一家已经获得了进出口和自由报关权。农民从“种草+舍饲畜牧业”中得到了好处。

畜草业成为定西县的支柱产业之一,说明他们已经找到了解决“草不能当饭吃,你还叫种”这个矛盾的突破口,走上了正确的路子。也可以说这是我国实施退耕还林政策所取得成绩的一个具体例子。

经过定西干部群众的长期努力，如今定西已经基本解决了温饱问题，贫困面已经由20年前的70%下降到4.2%。全县经济综合实力有了较大提升。定西的同志告诉我，再过几天定西地区升格为定西市的牌子就要正式挂出来了。

离开定西的时候，雨还在下着。回去的路上我们顺便拜访了巉口镇巉口村农民王明家。这个村紧靠高速公路旁边，由于交通方便，到了马铃薯收获的季节，这里就成了一个马铃薯交易的大市场，于是就有人在这里建淀粉加工厂，办起了企业。这个村的农民靠着交通和地理位置的优势，搞运输、做生意，日子过得越来越富裕。王明告诉我，他家有4口人，5亩耕地，其中3亩退耕还林种了树，2亩种马铃薯，退耕还林的3亩地，每亩一年可以从政府那里领到200斤粮食和20元的补助。家里还买了一辆汽车跑运输，年人均纯收入2100元。他家富裕了，盖了这座243平方米的二层楼，家里彩电、电话、家具样样都有。说话间，主人端出了一大盘刚刚蒸熟的、香喷喷的土豆和老玉米，热情地要我尝一尝他们的土特产。临别时，王明特意要我到厨房参观他的"自来水"，原来他在水窖里安装了一个电动抽水机，用水的时候，插上电源，水窖里的水就抽上来了。水窖就在院子的地底下，有50立方米。站在院子的雨地里，他拉着我的手说："你老人家这么大岁数还打老远跑来看我们，老天爷都高兴啊，下了一天雨。"他又指着大门边的地上一个打开了盖子的洞口接着说："这是水窖的进水口，你瞧，这雨水流得多欢！"大家听他说得好，都乐开了。

告别了巉口村的老乡们，汽车又驶上了高速公路，望着车窗外淅淅沥沥下得越来越小的雨水，我心里真希望老天多下一些，让这里家家户户的水窖都盛满清水，让这里的黄土高坡披上绿装。突然，快速行驶着的汽车猛地放慢了速度，打断了我的思绪——司机说，前面有塌方，路被堵住了。果然，当司机小心地绕过出事地段时，我看到紧靠公路的黄土坡上被雨水冲出了几道深沟，冲下来的黄土堵住了高速路的半边。看来我的多下几场雨的“愿望”，还有考虑得不周到的地方。

定西人民为了战胜干旱，顽强奋斗，坚持不懈地实施水土保持综合治理和综合开发，到目前为止已经治理水土流失面积1996平方公里，治理程度达到60.4%；建成了集雨节灌水窖8.73万眼、“121”工程水窖9.6万眼，全县人畜饮水的困难基本得到解决。但是从定西的现状来看，定西人还没有摆脱靠天吃饭的境况。

经过长期的不懈努力，定西县在治理水土流失、改善生态环境的工作上，取得了一些成绩，但是要完全做到把这一方水土保持住，把生态环境改造好，就像万里长征刚刚走了第一步，还有许多艰巨的工作要做。

在离开甘肃的前一天，我的老朋友洛桑灵智多杰副省长来宁卧庄看望我，送给我一本由他和兰州大学、甘肃农学院几位教授一起撰写的《甘南藏族自治州生态经济示范区研究》。洛桑告诉我，甘南藏族自治州素有“中华水塔”之称，是青藏高原重要的水土涵养地，也是黄河、长江上游水资源涵养区。著名的白龙江、黄河、大夏河、洮河以及120多条大小支流从境内流过,年补水资源量为254.1亿立方米,仅在玛曲县境内就能给黄河补充总流量45%的水。但是从上世纪80年代开始,由于雨量减少等自然原因和生态环境被破坏,白龙江、洮河、大夏河的流量分别减少了20.6%、14.7%和31.6%,甘南地区补给黄河的水量减少了5%左右,直接影响了黄河水量;水土流失的面积已由8000平方公里扩大到现在的11560平方公里,增长了45%;甘南州缺水草场面积扩大到670万亩,占全州草地面积的17.4%;缺水人口达18万人,占全州人口的28%……

因此洛桑他们呼吁,为了保护青藏高原的生态环境,保护黄河,必须采取紧急措施,通过实施禁牧休牧轮牧、建立放牧—舍饲制度和草畜平衡制度,来恢复和提高草原生态和生产效能,减轻生态压力。看来,甘肃省遏制生态环境继续恶化,实现生态环境和经济发展良性循环的任务还十分艰巨。

我的家乡在江南,那里河道纵横、湖泊遍布,水是太普通不过的东西了。但是从定西回来之后,“缺水”和干旱所引发的种种问题给我留下了深刻的印象。同时我也了解到,从全国来看,我国水资源总量约2.8万亿立方米,人均不足2220立方米,约为世界人均水平的1/4,有专家预测,我国在2030年前后将出现用水高峰,届时需水量将接近可利用水量的极限。所以说我国是一个水资源严重短缺的国家。

当前,我们国家已经对这一问题给予十分的重视,近年来像三峡、南水北调这样的大规模治水工程相继开工,与此同时还大力开展对于节水农业和节水技术的开发与研究。这使我想起多年前在一次全国人大会上,我曾看到的一份文件,是几位专家提的建议,虽然时隔长久,建议文本已找不到了,但是建议的大意我还记得。作者列举了大量数据,说明我国云贵高原上的六条江河(大渡河、金沙江、澜沧江、怒江、雅砻江、岷江)水资源极其丰富,通过一定的技术手段,是可以把水输送到黄河上游,以调节黄河水量。

我不是这一行的专家,对这个建议说不出什么意见,只能凭常识谈谈自己的一些想法。六江水量丰沛,横断山脉地势险峻,要将这里的水翻山越岭送上黄河,其技术难度、耗资之巨可想而知。时隔多年,当今科学技术的进步,已不可同日而语,我们国家在水利建设方面也积累了丰富的经验,技术达到了很高的水平,而且我们的国力也已经具备了兴建大型工程的实力。我想,如果现在再来审视这个"六江调水"的建议,我们一定能更审慎地对工程效益、经费筹措以及它对环境保护、生态保护方面将会发生的影响进行科学的论证。如果"六江调水"能够实现,地处黄河上游的西北地区缺水的现象将可以得到缓解。

二

通过多次的访问,甘肃的"水"给我留下了深刻的印象,除此,甘肃的"人"也一直牵动着我的心。

也许是因为曾经做过一段少数民族研究工作,所以对我国的少数民族同胞,有着一股割舍不了的情谊。记得那个时候,我曾经有一个愿望——在一生中,能够亲自上门拜访我国所有的少数民族兄弟。这个愿望一直留在我的心里。

长期以来我对西北各民族很不熟悉。而甘肃省境内聚居着蒙古、藏、回、哈萨克、撒拉、裕固、保安、东乡等多个少数民族，到了甘肃怎能放过登门拜访他们的机会呢？所以一到甘肃，我就尽量安排时间到少数民族地区走一走。我在陇西走廊拜访过那里的藏族、回族、撒拉族、保安族、东乡族；又到祁连山山麓问候了几户裕固族牧民。通过这些访问增加了我对西北少数民族的了解，也引起我对少数民族地区经济发展的一些思考。

甘肃的西南角有个甘南藏族自治州，这地方西连青藏高原，海拔超过3000米，不适合农耕而适宜放牧，甘肃省内的藏族大多聚居在这里。我们知道西藏虽然是藏族自治区，但是有一半以上的藏族同胞是生活在自治区以外的青藏高原上。从历史上看，汉族和藏族最早发生交往的地方，就是现在的甘青地区，早在七八百年前，甘南就已经是汉藏茶马互市的中心。据了解，时至今日，甘南进藏的商道还是畅通的。1985 年我访问甘南的时候就想过，当前我们正在大力推进改革开放，搞现代化，要想在相对封闭的青藏高原建立起社会主义市场经济，第一步必须使商品流通起来，对于商品经济程度很低的青藏高原来说，如何打开一个缺口，让商品流通起来，是首先要做的事情。我认为可以很好地利用甘南这个条件，使它成为“藏族现代化的跳板”。可是商品是要人来传递的，有什么人能够适应青藏高原特殊的地理条件，把商品送上去呢？在甘南我一时还找不到答案。

第二年，我去了定西以后，再到临夏回族自治州住了一周。时间虽短，却找到了前一年留下来的问题的答案。

临夏南接甘南，是甘肃省回族聚居的地方。一般人们认为，西北地区的回族是在13世纪蒙古军队西征的时候，大批中亚和波斯、阿拉伯的穆斯林随军队或自动迁徙到了东方，他们主要是以驻军屯牧或以工匠、商人、掌教、官吏等身份散居在西北各地，临夏一带的回族就是其中的一部分；中国的回族大多是以大分散小集中的格局与汉人杂居，回汉人民密切交往，在漫长的历史进程中，回族在生活和语言等各方面都受到汉族的影响，但是他们还坚持信奉伊斯兰教和保持某些民族习俗。所以说，中国的回族是具有中国特点的民族，中国的伊斯兰教也是具有中国特点的宗教。回族以善于经营著称，多从事牧业或者运输业、手工业、小商业。

改革开放以来，回族同胞发挥了他们善于经营的优势，外出经商、打工，在拉萨、乌鲁木齐、广州、南京等地都能看到他们的身影，拉萨那条由几百家临夏人的商店组成的“临夏一条街”早已名闻全国。我在访问临夏的时候，走访了好几户普通的回族家庭，他们都有跑藏区做生意的经历，那时临夏的民间就拥有卡车1000多辆，估计全州6万个外出经商的人当中，大部分都在藏区活动。当我了解到这些情况以后，心中豁然开朗，这不就是那支能把商品送上青藏高原的队伍么！如果我们政府的有关部门，能够引导、扶助他们把这种经营做好做大，那么对推动青藏高原与外界的农牧贸易的发展，必然可以起到事半功倍的效果。

倏忽间，10多年过去了，我心里一直记挂着临夏的这支民间运输队。这次甘肃之行，没能再去临夏，失去了一次亲自去看望他们的机会，只能在这里遥祝他们事业顺利。

我还曾经访问了甘青地区喇嘛教的圣地拉卜楞寺。拉卜楞寺不仅是一个僧众祈拜神明的寺院，还是一所喇嘛教的高等学府，它下设六个学院，在神学、天文、历算、医药、艺术等学科上都有专业设置，是一个保持、研究和传播、弘扬藏族文化的重要的地方。在那里我还亲身感受到普通藏民对于宗教无比虔诚和真实的感情的流露。看到他们不顾一切地拥上来，伸过头，要求拉卜楞寺的嘉木样大师摩顶的情景，我不由得产生一个愿望，希望能够向他们所信奉的神明祈求，允许他们现在就得到他们后世才能得到的"报应"，这个报应就是让千千万万藏族同胞能够过上富裕的日子。同时我心里冒出了这样一个念头：要是有位神明，能够通过这座神圣的庙宇，把文化知识和科学技术传授给藏族同胞，使他们能够尽快赶上社会进步的步伐，那真可谓善莫大焉。

解放以后，我国消灭了民族压迫，宪法上明确规定了民族平等、互相团结的基本原则，各民族共同繁荣和进步是我国长期以来一贯奉行的国策。上世纪70年代末，我国又吹响了向现代化进军的号角，东部沿海地区迅速地崛起，拉大了东西部发展的差距，而西部边区恰恰是我国少数民族聚居的地方。东西部发展不平衡的加剧，必然会影响到国家的建设和长治久安的大局。我们还可以从苏联的解体、美国的"9·11"事件和国际上所发动的反恐战争等近年来国际上发生的种种事件中，看出民族问题已经成为世界上一个突出的矛盾了。因此研究和解决民族问题应当是一项非常重要而紧迫的工作。

通过与甘肃以及其他地区少数民族同胞的接触、交往，我对中国的民族问题和对民族地区经济的发展，有了一些新的认识和设想。比如在裕固族牧民的帐篷里,我听到了肃南群众如何在牧业改革中,克服困难取得了较大的进展。这个事实使我产生了以振兴甘南和肃南的牧业,架起一座青藏高原的少数民族和中原地区的民族联系的桥梁,把科技知识送进藏族地区的设想。又比如1987年我到青海的海东地区访问,看到这地方与毗邻的临夏一样,是历史上茶马贸易的中心,那里的撒拉族也同回族同胞一样,是打开青藏高原封闭大门的一支力量。同时我也在调查研究中逐步认识到,一个地方商品经济的发展,必须要有大的基础来支持,因此在我的脑筋里产生了区域经济这个概念。于是我提出建立海东、临夏经济协作区和在甘肃、青海、宁夏、内蒙古四省区建立黄河上游多民族经济开发区的建议。

我们常说,没有中国农民的现代化,就没有中国的现代化。同样,没有中国少数民族的现代化,中国的现代化也不能说已经完成。由于历史上的原因,我国的少数民族大多分布在自然条件比较恶劣的西部地区,长期以来处在相对封闭的状态中,经济上也相对落后。在当前我国的经济发展中,还存在着东西部不平衡的问题,但是我们应该努力缩小这个差距,特别是对少数民族地区,要给予更大的关心和帮助。我相信我国的少数民族同胞能够发扬自力更生的精神,实行改革开放,与发达地区在互利互惠、互相平等的合作下,同全国人民一道共同前进。我提出关于发展我国少数民族地区经济的一些建议,目的是希望这些建议能够在我们党和政府实施西部大开发战略的时候,提供有益的参考。这也是一个社会工作者应尽的责任。

这次甘肃之行,时间短,去的地方也少,但是一路上的所见所闻，已经使我感受到在国家西部大开发的方针指导下，甘肃省的经济建设又取得了巨大的成绩，看到了我多年来惦念的心事，有了着落的基础。这些年来，由于贯彻了党的改革开放的各项政策，甘肃省发生了巨大的变化；定西县广大的干部群众，更是跳出了传统的思维模式，找到了根治贫困的新思路，思想上的大变化取得了大效果，从此走上可持续发展的道路。但是，我们的目标还没有达到，尚需不断努力克服困难，不断向前进。

记得 1998 年我第四次去定西的时候说过：定西是个穷地方，所以我多次地来。这一次来和我第一次来，感到定西的变化太大了。要是定西以后的变化还是这样大，我也就可以不再来了。如今定西的乡亲们已经把定西建设得越来越好，它的变化之快、之大，可以用“突飞猛进”“日新月异”等等这样的词汇来形容，它的变化令我这老人目不暇接。

所以，我可以“不再来”了。

第三部分

费老在甘肃视察期间的讲话

打破经济结构　兴办乡镇工业*

——在定西地区种草种树汇报会上的讲话

（1984年9月20日）

东半部，发展很快，在我们西半部，发展慢。主要是自然资源很薄弱。我这两年在江苏调查发展的问题。从现在起，我自己的工作重点也转到西部，主要是研究西部的开发问题。这次到定西来，主要是看一看了。我到西北是第一趟来。原来听说西北，特别是定西没有水，看后，不是没有水，不是没有水，主要是水用不上，用不好。这就使我增加了感性认识。

明天，我就要离开这里。这几天，请大家上了课，请各位老师考察我。然后请我要给大家谈谈这次考察后的感受。

谈什么问题呢？定西地区要致富治穷，总的思路已经提出，种草种树吗？省委提出“三年停止破坏”。当然现在还没有停止呢。下面谈谈我的调查情况，大家修改一下：

---

* 本篇由杨思聪、张海军于2006年4月16日根据原始记录整理，题目为编者所加。

定西的穷困不是现在,已经很久了。1953 年到现在,已回销 26 亿斤,1981—1982 年吃 6 个亿。现在还未达到自然状态。所以,从今后开始,不要在粮食上老是打算。那么,走什么路呢?种草种树。需要几十年时间,需要做出很大的努力。根据调查,我们分析一下:

一、人口问题

定西解放初期人口 140 万,现在 270 万,增加很快。从定西的计划来看,到 2000 年,又要增加人口 60 万,达到 330 万。这是个大数字。所以,要安排一下,这 60 万人怎么安排?现在很困难,这就要求转移。

第一,转移到工业方面去,转移到服务方面去。现在世界上许多国家的服务行业人是很多的。你们有可能,搞三个小城市,如定西、靖远、陇西三县,可搞成 10 万人以上的小型城市。这就要发展重点企业。靖远有那么多煤,还可以搞火力电站,建成能源城市;陇西有铝加工厂,要发展成为铝城;定西有敬东厂,可以发展成为电子工业小城市。另外,是否还可以突破?小铜矿可否去开一下呢?总之,可以有意识的围绕一个中心企业,发展城市经济中心。一个城市要围绕一个大的企业,要有一个拳头产品。在少数民族地区,边远地区,搞的采掘业,必须给地方留成。发展西部地区,必须要有这一条保证。

第二,国家在这里办的企业,地方人员要优先有就业权。就是说,优先招工。要办小企业,形成小中心。如服务中心、草粮加工中心。将来,十年后,每三个乡搞一个加工服务中心,即小城镇,这样服务行业就出来了。搞小城镇,要有个规划。江苏有些地方没有注意规划,现在很乱的。这里刚开始,要提早注意搞好。

第三,要搞人口的内部调整。以上三条,是解决60万人的出路问题。

二、资源利用问题

首先,要开拓资金渠道。要千方百计融通财源,包括外资。哪怕是现在吃点亏,只要立足于将来不吃亏,现在吃点亏也值得。要实行互利互惠。人家得不到好处,你要得到人家的好处是不行的。

三、智力问题

我最近一直想这个问题。现在培养人才,搞智力投资一定要对路。不一定大学生什么都懂,他只懂他所学的那一行。其实,愈到上头,懂的东西愈小。所以,要培养一批用得上的人才,如建筑人才。要鼓励青年自学成才。自学可以成才。要把现有的高中毕业生好好训练一下,这些人训练得好,就是一批人才。

四、工业问题

三年停止破坏,五年解决温饱问题,这是上级的政策了。现在粮食你们不要头痛。如果把安徽的粮食调来,那他们高兴得很。如果你们用大理石换他们的粮食,他们总是很欢迎的。现在养羊换粮吃,要比直接搞旱农粮食的强,要把钱搞到手。

总之,要赶快办工业,不办工业没有出路。将来国家建设重点移到大西北,如果定西没有工业基础,人家也不会在这里搞建设的。

西部经济发展和各民族共同繁荣*

——在中国西部地区经济发展讨论会上的报告

(1989年6月)

这几年,我多次在东部地区调查社会经济迅速发展的情况,使我不能不联想到西部地区,因为我认为如果西部地区不同样迅速发展起来,东西之间的差距势必扩大,对全国的四化事业会带来不利的影响。从去年起,我曾带着这个问题进入西北地区。

我国西部地区是我国许多少数民族聚居的地方,其中还包括我国五个大的民族自治区。在这样的地区讲经济发展当然不能不考虑到民族这个重要方面。

从民族的角度提出问题,很不容易用概括的词句,因为不同民族存在着不同的特点。一概而论就容易顾此失彼。比如讲一个地方居民从事哪种生产活动来取得生活资料的经济结构时,就会看到西部各民族在这方面很不一致,有以农业为主的回族,也有以牧业为主的哈萨克族。在同一民族里,由于地区不同,也

* 本篇选自《费孝通民族研究文集新编》。

可以从事不同的生产事业，藏族里就有牧区的藏人和农区的藏人之别。在我们初步考虑西部地区经济发展问题时，我们不能不略去许多细节，而从各民族大体上相同的方面着眼。

讨论少数民族地区的经济问题，还应当注意到民族杂居的情况，在我国少数民族中单独由某一个民族居住的地区并不多。由于历史上长期的人口流动，我国各民族常常互相渗透，混杂居住，形成一股以“小聚居、大杂居”来形容的形态。因此，我们不能孤立地去看少数民族的经济，而必须把它们放进复杂的民族关系中去考察。具体地说，大多数少数民族聚居区里都居住着汉人，而且许多地方汉人还占多数。因此，少数民族地区所存在的经济问题和今后经济的发展都和当地杂居和邻居的汉人有密切的联系，从宏观上说，各少数民族的经济更离不开汉族。所以在探讨今后这些地区的经济发展时，必须着重注意全国的和当地的民族关系，特别是少数民族和汉族的关系。

我国多数少数民族聚居在西部地区，这并不是偶然的，而是长期民族流动的结果，同时也反映了经济差距的由来，笼统说：擅长于农业，特别是种植业的汉族，在相当早的时候就开辟了东南水利较好的平原和丘陵地带，取得了以农立国时代的经济优势，其他许多民族分别住在相对来说不宜于发展农业的西南和西北的山区和草原地带，他们中许多至今还维持着传统的牧业、林业和较为原始的农业，人口较少，在经济上处于相对的劣势。

在我国进入社会主义时期之前，这种形势加上了民族压迫和歧视，对少数民族的经济发展是极为不利的。而且由于各民族从事生产活动的不同，也引起种种矛盾。例如内蒙古历史上就存在的农牧矛盾。汉族由于人口增殖,农村衰落,曾有大量流入内蒙古不宜于种植的草原,进行广种薄收、随种随丢的粗放农业,严重地破坏了原来在草原上生活的蒙族牧区的生产资料,早年曾是汉族发祥地的西北黄土高原的水土流失与由内地移民的进入而引起的人口增长也是有密切关系的。生态平衡的破坏造成了西部各族人民共同的贫穷状态。

解放以来,民族关系有了根本的改变,民族平等、团结和共同繁荣已成为根本国策,去年颁布的《民族区域自治法》更以法律形式肯定了这个原则,而且提出了各少数民族自力更生的同时享受国家对他们社会主义建设进行帮助的权利。这是西部地区历史上的一个重大转折点。现在的问题是怎样贯彻这项基本国策,怎样改变历史所遗留下来的民族间事实上的不平等,开展西部中国在经济上、文化上大发展的新局面。

过去使少数民族的经济发展处于劣势的自然条件在经济上的意义,现在已开始改变。在农业时代西部各族处于不宜种植的地区,可说是造成经济落后的原因。现在我国已开始步入工业化的时代。在这个时代西部的自然条件的劣势已转变为优势,因为这个少数民族聚居区已是矿产和能源特别丰富的地区,而这些正是工业化所不能缺少的资源,所以在工业时代少数民族地区已取得了经济发展的自然条件。

要发展西部地区经济必须充分发挥这种优势,这就要求我们改变传统的经济结构,结束盲目扩大农业地区的历史,一方面因地制宜恢复林业、牧业,一方面要大力发展工矿业。要实行这个方针,首先是在恢复自然生态平衡,制止水土流失所引起的经济上的恶性循环,就是要种草种树,退农回牧。这对于有牧业传统的少数民族是十分欢迎的,但是对杂居在少数民族地区务农的汉人该怎么处置呢?这是一个现实的问题。

我去年曾在赤峰对这个问题进行调查,看到过去农牧矛盾是在一定的农牧业的生产水平上发生的,那就是一方面是自然牧业,一方面是粗放农业。如果农、牧两方面都在技术上提高一步,牧业方面改变单纯靠天然牧场来放牧而能部分地以饲养来补充,就是用种草或精饲料来喂牲畜;农业方面能改变低产粮食的种植,腾出土地来种植精饲料为牧业服务,这样,农牧就不仅不再矛盾,而且互相结合了起来,这是改变农民和牧民关系的根本办法,相应地民族关系也可由矛盾转向团结。

当然,这里还有个粮食供应问题,这样做不是会降低西部地区粮食产量了么?其实,西部干旱地区农业原本是发展不起来的,粮食不可能指望自给。“以粮为纲”的做法只会促进生态的失调。所以粮食问题应从另外的渠道去解决:第一,要从宏观经济着眼,加强全国性的区域分工,由内地供应西部必要的粮食,由西部供应内地肉食和工业原料,实行互通有无。第二,比较更根本的就是汉人要学习当地少数民族,采取适应当地条件的食品结构,就是减少粮食消费量而增加肉食和乳品。这固然一时会受到习惯的阻力,但从营养上说是一项进步的措施。

西部当务之急是种草种树,恢复生态平衡,发展林、牧业,但还应当看得远一些。我看我们必须承认西部经济开发不可能单靠林、牧业的发展,更重要的是有赖于工业的兴起。西部有丰富的矿产和能源已经是公认的事。以开采矿藏为先导,随之以加工、制造、外销，这才是西部发展的大道。

解放后，已经注意到利用西部的矿藏来发展经济的方针，包头钢铁基地的建立就是一个例子。但是到目前为止，建设这些大企业只做到了为内地提供建设的原材料。包头所产的钢铁绝大部分不是留在本地区，用来发展加工、制造等多种多样的企业，而是运到内地去的。这种做法实际是和民族区域自治法的精神不相符合的，民族区域自治法第六十二条规定："国家在民族自治地方开发资源，进行建设的时候，应当照顾民族自治地方的利益，做出有利于民族自治地方经济建设的安排，照顾少数民族的生产和生活。"

在兴建包钢的时候，中央曾提出"全市支援包钢，包钢带动全市"的口号，这就要求包钢建成之后，在包头全市发生带动工业化的作用，但事实上，包钢是包钢，包头是包头，这两张皮一直没有很好地贴在一起，使人惊异的是包头工业所需的钢铁原材料还得由外地运进。少数民族地区其他所谓重点项目的建设，可能基本上是和包钢一样的，这不能不引起我们的注意。

如果我们肯定少数民族地区发展必须走工业化的道路，接着就应当问：谁来发展西部的工业？这个问题的提出也就是要明确少数民族在西部经济发展中的地位，根据民族平等、团结、共同繁荣的国策，我们必须反对在西部经济建设中不充分吸收少数民族参与的做法。

少数民族地区的发展必须是少数民族的发展。这是我们社会主义国家的特点。在帝国主义时代，一些发达国家以威胁利诱向不发达国家掠夺资源，把当地民族只看成是开发的工具，榨取他们的劳力进行残酷剥削。他们把一个地区的经济发展，和当地民族的发展割裂了。最极端的例子是北美和澳大利亚。当前美、澳两国都是工业发达的国家，但是原来居住在这两大洲的民族却都在这个所谓“开发”过程中被逐步淘汰了。现在这两个国家对原有民族的残余固然采取了救济政策，几乎每个人都可以拿到一笔生活津贴，但是他们至今被排除在当地社会发展之外，以致丧失了生活的意志，日趋于死亡。他们是西方殖民主义的牺牲者，我们必须引为鉴戒。

我们所走的是民族共同繁荣的道路。在这道路上少数民族地区的发展必须包括当地少数民族的发展。正因为这样，我们在讨论西部地区经济发展时，一刻不能忘记这是个少数民族的聚居区。当然，要贯彻我们民族政策的基本方针，确是有许多问题需要研究解决。

由于历史原因，我国少数民族的经济和文化水平都比较落后，这是不容否认的。长期处于被压迫和歧视地位，使得社会经济发展受到严重限制，而且也因此养成了封闭自给的传统，在接受外来知识上存在着种种阻力。所以要完全依赖少数民族自己去发展少数民族的现代工业是不现实的。因为这个缘故，民族区域自治法一再强调国家对少数民族地区建设上的帮助。也是因为这个缘故，近年来，各方面都提出支援边区的倡议。这是说少数民族地区的建设必须获得汉族的支援。

汉族对少数民族的支援存在着有利条件，首先是现在各少数民族杂居区里已经有大量的汉族杂居在内，如果采取适宜的措施，已在少数民族地区居住的汉族可以成为带动少数民族发展的有效力量。更重要的是在经济文化比较发达的汉族地区，现在已经在智力、财力、劳力等方面有力量支援少数民族地区。现在迫切需要的是东西互助的具体安排。

汉族对少数民族的支援是多方面的，以发扬少数民族传统优势的牧业和土特产的培植来说，在品种的改良、技术的提高以及加工工业的发展，都需要现代知识，这些知识还需要从区外引进。工业的建设更不能缺少技术和经营上的帮助，因为现代工业在少数民族中可以说是没有底子的。这些都是需要汉族支援的项目。

支援不是代替，支援目的是在使少数民族地区经济发展上能用自己的腿走路。怎样能培养出一大批办得好工业的少数民族人才呢？除了提高少数民族一般的文化水平之外，还得实事求是地、手把手地把少数民族扶起来。比较切实可行的办法是在民族杂居地区首先建立以汉族为主的企业，在这些企业里有意识地吸收大量少数民族人员，在实践中把他们培养成现代工人，然后有计划地以这些工人为骨干把工业扩散到少数民族聚居的地方；建立起一批在技术和经营上都不脱离母体的由少数民族自己的力量来办理的小型企业。这就是我们在包头倡议的，当地的重点企业应当利用现代化的工业设备，培养少数民族工人。这些工人不应当只看成是本企业的工人，而要看到他们是少数民族工业发展的种子。重点企业有力量可以扩散技术和工人到少数民族地区去，建立起以重点企业为中心的小型工业群落。要做到这一点，重点企业的领导思想必须明确地认识到他们有发展少数民族经济的责任。

接受汉族的支援，在少数民族意识上也必须克服一定的阻力。我说过，由于历史的原因，少数民族过去的生活养成了封闭和自给的意识，对不习惯的外来的新事物存在着怀疑和抗拒的态度。刚刚获得平等地位的少数民族自然会产生热爱民族的心理，这是可喜的，这种感情也容易寄托在一些传统的生活习惯上，成为改革和开放的阻力。少数民族成员必须看到一个民族不发展起来，不现代化，光靠民族感情在这个世界上是站不住的。热爱民族的感情必须与改革和开放相结合，那就会主动地去寻找和接受一切有利于本民族发展的支援；我们也必须看到意识形态上的改革是需要条件和时间的，最有效的方法是通过实例。在少数民族中有一个地方有效地进行了技术改革，就会不胫而走，带动一片。支援少数民族经济发展切忌空谈，而要实干。

我在广西大瑶山看到有一位科技人员，找到了治疗灵香草的蜡烛病的方法，不到一年就在山里推广开了。这几年大大提高了这些山区少数民族的收入。古人说："治大国如烹小鲜。"那就是说，办大事要有耐心地从小处入手。在少数民族里进行改革，更应当如此。要从实从小，才能见效。

少数民族经济发展有赖于汉族的支援，杂居在少数民族地区的汉族居民经济生活的提高，实际上也有赖于少数民族经济的发展。这些杂居在区内的汉人大多住在城里或镇上，而少数民族居民则大多散居四乡。因此，这些地方的民族关系实际上是城乡关系。城是乡的中心，乡是城的基础，双方是分离不得的。在这个意义上，更使我们觉得西部地区的经济发展决不能忽视这个地区广大的少数民族同胞。

为此我提议:西部地区经济发展一定要符合各民族共同繁荣的要求。

利用当地资源开辟工业城镇是贫困地区挖穷根的最好办法*

——在全国贫困地区经济文化开发学术讨论会上的讲话

（1986 年 8 月 4 日）

今天我来参加这个会，感到很高兴。可是叫我讲话有点发愁，讲什么问题呢？先讲“贫困”两个字。什么叫贫困？怎样才是贫困地区？贫困地区为什么有十二片？我没有很好地研究。学术讨论会上，有什么意见都可以发表。有些问题不讲就不容易深入下去。究竟什么叫贫困？很多人认为，就是吃不饱饭，穿不上衣服，衣食不足。我写过一本书，叫《访美掠影》，在这本书里我讲到过美国有一条“贫困线”，凡是在这个贫困线以下的人就可以受到救济。究竟收入多少美元以下才算是在线下，一时我说不出来了，查一下就可以知道。我记得当时曾算了一下自

---

* 1986 年 8 月 2 日，费老来定西作第三次考察。8 月 4 日，他在定西召开的全国贫困地区经济文化开发学术讨论会上做了重要讲话。这份根据录音整理的讲话稿，经本人回京审阅修改后寄回地委。按照地委、行署领导同志的意见，公开发表。

己的收入,是在美国的贫困线以下。各国有各国的贫困线,这不是一个绝对的东西。

我国的贫困线是按没有解决温饱的概念来定的。我想要吃饱肚子一个人至少要四百斤麦子,一天吃一斤过一点,一个强劳动力假若不吃别的东西,吃一斤粮食还不够。这是一个常识性的标准。至于一个人究竟需要多少粮,一下很难说出来。老少男女都不一样。以四百斤粮作为一条杠杠的根据是一般的估计,大体上差不多,但不能说是科学标准。至于说吃饱了肚子还要多少钱过日子那就更难说了。美国可以用二个人的收入来划线,因为他们的消费品都要用钱购买的。我们是个自给或半自给经济。我记得五十年前去广西大瑶山调查,这个地区当时很少有人进去,山里的瑶族同胞的生活几乎完全靠自给,他很少用钱买东西。在自给和半自给的经济里要在现金收入上划一条贫困线是很难的。规定人均年收入在一百五十元以下的属于贫困地区,这更是一种常识性的估计。现在我们把人均收入在一百五十元及人均占有粮食在四百斤以下的地区称作贫困地区,就是一个凭常识来决定的标准,那就是说这样地区的人民生活水平是很低的,可以称之为贫困地区。

我在五十年前想过怎样去比较生活水平的问题。我看到人们心目中确是存在着贫富的概念,称一些人是穷人,一些人是富人。我在江苏的农村调查时,聚集一些老乡一起算账。我问他们在你们村子里边大家认为过得去的中等人家,一年要吃多少、用多少粮,穿多少衣服,花多少钱,社会上红白喜事一年要送多少礼等等。大家听着有兴趣,议论的很多,结果议出了一个中等人家的标准。这条标准是其他费用大约相当于吃的费用,食用一半对一半。凡是在这个标准之下的属于穷户,在这个标准之上的属于富户。现在这个标准是不是合适,我不敢说了,因为在粮食上和居住上国家都有补贴,这笔账十分难算了。我不知道用家计日用账中各项支出比例来显示生活水平的高下,是否比用占有粮食加其他收入的绝对数量来规定贫困线更能反映实际,更便于计算?我们愿意请教大家。

贫困地区的含义到底是什么?我认为贫富是比较出来的。看来,中国各地方农村发展很不平衡,有些地区的经济发展比较差,大概占百分之八到百分之十,也就是大约有八千万到一亿人生活比较贫困。这是分布曲线的尾巴。这也是我们国家农村经济发展上的地区差距问题。这可说是"贫困地区"这个概念的来源。

遇到荒年日子不好过,天灾人祸就要死人,这是偶然性的状态,不是经常性的状态。偶然性状态有点像一个人生了急病,要送医院抢救。还有一种是经常性的。经济不发达,长期停滞在很低的水平上面,这是有点像身体虚弱,发育不正常,那是要调养不是抢救。上面所说百分之八到百分之十的贫困地区,两种情形都有。有些是由于特殊原因,如战争、地震等等,我们叫作灾区。对于这类原因造成的贫困我们有一套措施,就是救济。而大部分贫困地区却是生产水平过低,生产出来的东西还不够吃用,没有经济发展的能力。这些经济不发达地区,正是我们现在要讨论的对象。发达不发达是比较而言的,我们是讨论中国现在经济发展中的差距问题。

接着我们可以讨论这个差距是怎样产生？原因很多，有自然的，有人为的，其中许多是自然和人为相结合的后果。八四年我去内蒙的赤峰市调查，这里原来是一片水草肥沃的牧场，但由于多年来盲目开垦，破坏了植被，很多地区严重沙化，又由于多年的战争破坏，使这个地区生态起了变化，成了贫困地区。

这句话也适应于我们大西北的陇中地区。山头多是这样光秃秃的，未提出种草种树之前，自然生态严重受到破坏，而且正在恶性循环。有人说江西南部的贫困地区是我们革命的老根据地，由于多少次残酷的战争，人少地荒，水利失修，至今没有恢复过来，这种种是历史原因。还有一种原因是我们政策失误。以粮为纲就是一个例子。我到甘南去，他说以粮为纲，大炼钢铁，砍树砍得很厉害，自然资源破坏了，这是我们政策上的失误，以粮为纲，大炼钢铁，都不符合客观规律，所以受到惩罚。不是说我们动机不对，是好心做坏事。我们必须按客观规律办事，我们没掌握规律，而一味凭自己主观意志去猛搞，结果走向反面，招致倒退。现在看来，这些政策失误的后果还没有结束，有些地方生产还在下降。

此外，还有一个很重要的，也是历史造成的原因。那就是一些少数民族所特有的经济文化结构和特点。解放前藏族里实行农奴制，在云南还有比较更原始的社会，它们的文化停留在几千年前的水平上，生产水平很低。解放之后，采取了直接过渡的政策，想一下子使这些地区过渡到社会主义。现在，还有很多地方生活水平依然很低。各个贫困地区其所以贫困的原因固然很多，但是它们也有共同的特点，那就是维持着对外封闭、对内自给的经济。有些在低水平上自给自足,有些自给不足,吃不饱,穿不暖。由于长期生活在自给经济里,很多少数民族还不习惯于较发达的商品经济。社会制度是改变了,意识形态还赶不上。

我在内蒙时听到一件事,有一个蒙古同胞带着十几只羊,在集市上开了一个饭馆,亲朋过路的他们都招呼到饭馆里来吃饭,但他依照蒙古人牧区的习惯不能向亲朋收钱,结果带去的羊吃完了,饭馆也只好关门。这里有个商品观念的问题。我们汉人对商人也是看不起的,说穿了我自己都有这种思想。一个人的思想意识是在一定的生产环境中产生出来的。意识形态对一种制度起着强有力的维持作用。在社会改革过程里经常会碰到意识形态上的阻力,要从自给自足经济的基础上发展商品经济,意识形态上也要起一个转变,要有商品经济的头脑。贫困地区的不易发展也有意识形态上的原因。

自给经济既是对外封闭的原因,也是结果。它和外界的往来很少,在经济上力求自给,分成一个个很小的封闭性的区域。现代工业、现代商业、现代的东西都不容易进去。形成这种封闭性的地区常有其历史原因。许多少数民族地区以前开放不得,一开放就会受到民族压迫。他们千方百计要摆脱民族压迫,所以逃到了可以封闭的地方。五十年前我到广西大瑶山去,大瑶山是瑶族聚居的山区,四周都是汉人,还有壮族,这里农业的技术还是相当发达的,山高路险,很少有人能进山去。这是从明代起在这地区围攻少数民族的结果,剩余的瑶族被封锁在这山区,他们自己控制人口,依靠山谷里的土地生活下去。社会秩序很好,没有抢劫和偷窃。一个人把东西放在路上,只要打一个草结做记号就没有人会去动它,精神文明是很高的。他们不能不这样,必须团结,才能维持这个小天下,大家才能生存下去。像瑶山这样的地区,在经济上可以说是能自给自足的,也可说解决了温饱问题的。如果我们把它列入贫困地区,那是说这种地区如果继续封闭下去是发展不起来的。这种地区的性质不同于受灾地区,或生态失调地区。对于这些地区,我们应当根据具体情况进行具体分析,扶助它们摆脱封闭状态走向发展。

在这些少数民族地区,假如我们不研究,不从实际出发,盲目地把现代农业、现代的东西弄进去,那是行不通的。但是,落后的东西,任其维持下去也不行。他们是我们民族大家庭的成员,不去支援他们怎么成?有些问题不是像我们在刚刚解放的时候看得那样简单,认为少数民族里剥削制度一旦消灭就可以发展起来。整个三十多年过去了,有好多问题应重新考虑。

以上我是想说,我们所划出来的十二片贫困地区,情况和性质并不是一致的,所以需要我们进行具体分析,不同原因造成的贫困需要采取不同的方法去治理,这是我想提出的第一点。

第二点是怎样才能使这些贫困地区发展起来?总的说就是这些地区的人民生活要提高,生产力要提高,人均收入要提高。但是,怎么个提高法?我们得回顾一下历史。我们一直说苏南、温州、广州沿海是中国的发达地方,这几个地区是发展最快了。"上有天堂,下有苏杭"。可是苏杭的农村,在五十年前我去调查的时候,还是很贫困的。我分析过这个地区的经济,发现了几条:第一条,这个地区人口太多,一个人只有一亩多地,即使是自耕农,也只能维持一家所需的粮食,其他的费用需要副业和手工业来维持。当时,这个地区有相当发达的农副手工业,家家户户养蚕、织绸,后来土丝不值钱了,那个地区的副业收入下降得很快,生活开始贫困,加上封建剥削严重,许多农民确实吃不饱,穿不暖。

解放之后,解决了土地问题,可是到了五十年代后期,我们的政策只强调粮食,而排斥了其他的副业和手工业。一九五七年,我去苏南农村调查,农民吃饱肚子了,可是没有钱花,就是商品经济被扼杀了。到七十年代就更不行了,认为商品经济是资本主义的残余、尾巴、温床,而加以限制。到文化大革命的时候,老太婆上街卖鸡蛋也不行了,都认为是资本主义。这样使我们一些农村实际没有摆脱贫困,很少地方农民人均收入达到一百五十元。今年上半年,我再次去温州调查,他们讲在三中全会以前,人均收入才有五十五块钱。人均才半亩地,粮食也不够,农民抢饭吃。三中全会后,农村实行了生产责任制,到现在只有四五年,这四五年里变化可大啊!我们要治穷,就要看这几年的变化。农村经济有了飞跃,主要是由于农村从自给半自给经济开始向商品经济转变,发展了工商业。

以这里的定西来说,这三年就有了很大的变化。地方工业上得快,我第一次来的时候,工业刚开始起步,去年、今年已就有了个样子了。所以我们第一步要看看人家是怎么富起来的。问一问为什么有的地方富得快,有的富得慢,各地的具体做法到底怎么样,看来不同条件的地方要有不同的致富路子。

第三点,不光甘肃穷,别的地方也穷,但别的地方有些是发展起来了,这是因为条件不同。具体地讲,现在农村的工农产值最高的要算苏南，苏南的模式是以工致富，在农村里发展了乡镇企业。他们走这条路是有客观条件的。首先是人多地少，农村里的劳动力超过农业的需要。在一个农村里面，在发展工业以前，至少有三分之二的劳力是多余的。一家五口五亩地，有一个人去劳动就够了，有大量的剩余劳动力，就得想办法找个出路。农村干部积极为农民找门路，找米下锅，办起了小工厂，农民得到了好处，拿到了工资。苏南发展之快是没有预料到的，他们差不多每年增收五六十元，去年一般达到了七百元，这就靠乡村工业。这些乡村工业有乡办的、村办的，都是集体办的，苏南没有发展家庭工业，集体企业不受国营企业条条框框的限制，因为他自己找原料生产，加工销出，自己招工人，自己定工资标准，有相当的自主权，这就比国营企业发展快得多。他们办法多得很，创出了独特的模式，大多数是在简陋的条件下发展起来的，它的技术人员主要靠大城市，而且把各地方的人才都吸收过去了，这是苏南农村经济发展的道路。

别的地方并不一定能照搬苏南模式，它是从集体经济基础上发展工业起家的，在公社制度没有解体之前，公社和生产队都已经办起了集体企业，有了集体积累，越滚越大。公社解体时集体企业没有解散，集体经济实体没有削弱。有些地方，比如苏北，就不同。公社和生产队的集体积累原本很薄弱，没有力量办工业，实行了家庭承包责任制，生活虽则改善了，但是缺乏集体积累，乡镇工业不容易办起来，农民致富的机会比较少。致富的速度各地的差距很大，内地比沿海就有较大的差距。不是说内地没有发展，而是发展的速度慢。定西地区的工农业产值现在才二亿,相当于沿海一个工业发达的乡。

对地区差距有两种看法,一种是认为地域性的差别是客观规律无可奈何的。另一种看法是承认先富后富是事实,但先富要照顾后富,把差距缩小。我们开这个会,就是采取第二种看法。我们要尽力帮助不发达地区发展起来。帮助不是一种施舍。不发达地区发展起来对发达地区是有利的。我前年提出东部有技术、资金,可缺乏资源,缺乏原料。这儿有原料,可缺乏技术、资金。西部需要引进东部的技术和资金来发展自己的企业,不是靠增加补贴,不是靠救济,也就是不要“输血”而要“造血”。当然,天灾人祸造成的贫困还是要救济的。但是对那些由于生产发展不起来的地方,却不宜用救济的办法或补贴的办法,只能用投资的办法。输血和造血这两种不同的措施,必须分清楚。在急救的时候,要输血。在生产发展不起来的地方要投资,帮它一把使它的生产力发展起来。

甘肃和内地的这些贫困地区怎样治穷致富是我们这次会议最关心的问题。搞什么呢?看来要一步一步走。耀邦同志指示,先是种草种树,然后发展畜牧,多种经营,再兴办工业。现在前面几步,有些地方走得很好,可以开始农产品加工搞工业了,一个村里可以搞一样东西,叫“一村一品”。我在苏北看了一个村,用木头做农具,家家户户发动起来,有几个带头人,卖到山东去,一个要饭村一年里就翻了身。这个办法容易见效,甘肃农村里也办得到。靠村里的能人、技工,靠干部的力量在一个村里面推广一种产品,然后帮助他们推销出去。

原来温州很穷,许多人出去走四方,弹棉花,做木匠,不要资本，靠手艺到外地去讨活路。温州一市大约有几十万人在外边跑，这批人跑着跑着头脑就动了。在一个地方买到一些处理品，贩运到别的地方卖出去，赚钱比卖手艺更容易。他们变成了专业的商人。有些回到家里摆个摊子，成了坐商。桥头镇纽扣市场就是这样搞起来的。香港称它为东方第一纽扣市场，我们用的纽扣有三分之一是经过桥头来的。后来越来越发展，他们就办起了家庭工厂。桥头镇的新房子发展得很快，有的是三层楼，有的是四层楼。下面一层是铺子，用来做生意，第二层是工厂，第三层是宿舍。一座房子，又是店铺，又是工厂，又是宿舍。家庭手工业没有一个大市场不行。他们不是做好了纽扣再去找市场，而主要是靠外面向他们订货，然后分到各家去制造。这个流通网络完全是民间的、自发的。温州有十大市场，除了纽扣，还有其他的小商品。一个小商品一个镇，成了专业的小商品、大市场。这些市场搞成后，温州就起飞了。才三年，他们人均收入比苏南还要高。从这里可以得到一条重要的经验，就是说商品经济必须要有市场，必须流通，搞好流通才能发展工业。这是一种最快的富民的办法。温州的经验还有一条就是以家庭为单位组织生产，必须有个产前产后的服务系统。温州有十万大军在全国各地搞流通，使得家家户户的小机器能不断地转动，人均收入大大提高。事实上，我们各地农村已经出现了很多治穷致富的道路，我们要充分地把这些信息传播开来，让各地根据这些信息，按自己的条件想出发展的办法。

综合各地的经验来看，有些地方着重集体企业，有些地方发展家庭工业。其实集体和个体必须配合。所以有些地方提出要几个轮子一齐转，要分工。从家庭工业到村办工业到乡办工业，到县办工业到市、区办工业，各种工业都要办，而且要有分工。这就需要一整套规划，不能盲目、无计划地做。这个是我们做科学研究人的一个任务，根据具体的情况来研究一个地区的发展战略步骤。

这次我在定西学到不少东西，主要有几条。第一，就是很多同志提出来的，我们对定西这样的贫困地区必须要扶持，要给钱，完全依靠这个地方的力量积累，很慢。当然，国家也给了不少钱。问题是在怎么用上面，必须强调要农民用这笔钱来发展生产，而且要有经济效益。比如说种草吧，草种出来了对他们有什么直接利益？你给他十块钱种一亩地，他不种你也不知道。所以他们提出来以畜促草，就是说用贷款鼓励农民养牛羊，农民养了牛羊就会自动地积极种草了。这就是使农民看到直接经济效益。我们不是搞救济，而是要用国家的资金促进这个地区的生产，使它能够自己发展。这是第一条。

我想到的第二条是必须在这个地区搞几个基本的、比较大的企业，用以发展这个地区的企业系统。我们要通过这些企业帮助这个地方发展每户人家的农业，要用工业促农，要用工业促畜牧。比如说他们提出来想搞一个亚麻厂。这地方适宜于种植亚麻，现在农民种了亚麻，只用亚麻籽来榨油，亚麻的秆子，却当燃料烧了，十分可惜。如果在这地区办一个亚麻厂不仅仅是为了发展工业，而且可以使农村的千家万户得到收入。不通过这个工业系统，农业产品不会值钱。办厂要投资，这样投资是造血的投资，而不是输血的投资，但归结的问题是我们应当找一个使千家万户富起来的办法。办亚麻厂不过是一个例子,可办的不单是这一个,要抓一个规划,看哪个地方有什么特点,产胡麻的地方我们就在胡麻上下功夫,产其他的就在其他上做文章,以工来带农,使得农业产品值钱,以工来带畜牧,使得畜牧业值钱。以前是搞脱离当地经济的三线厂,尽管投了不少资金,对治穷致富毫不见效。我们应以此为戒。

第三个意见,我们还要向沿海去要技术。这一条定西做得很好,叫“东引西进”,向东去引进,就是和沿海的发达地区的乡镇企业搞联营。他们说凡是办得好的厂子都是横向联合的项目。从前年我初次到甘肃来就听到知识分子外流,内地技术不足。这些都是事实。技术不足怎么办?很多人盼望国家多分配一些大学毕业生到西北来。定西的经验并不是这样且他们设法到江浙去请有实际经验的技术工人来做具体的指导。在苏州请来了三个会刺绣的小姑娘,来了三个月教会了定西的姑娘绣花,现在有一个村子专门生产绣了花的头巾和衣服,赚了大钱。又从北京请了一个工人搞果脯,几个月就办了厂,现在这地方的农民都愿意种杏树,因为杏子值钱了。外地这类有技术的工人多得很,只要多给一点工资就愿意来。当前甘肃农村里需要的正是这类技术工人,把他们引进来确实能解决办乡镇小企业的需要。

我们不要小看了这样的乡村工业,乡村工业最大的贡献就是在过去几年里把几千万农民变成了工人了,这是历史上还没有过的,农民变成工人,这个人就不同了。这里我想到这一条,为什么我们现在改革这样困难,分析到底就是我们的小农经济思想顽固得厉害。为什么封建的东西丢不掉，说到底是小农经济作怪。我们一步一步要把农民变成工人，最快的办法是农村里把工厂建起来，这样他不光一个人变了，一家人也变了。我们看到江苏出了一大批农民企业家，没有这一批人，不可能促进农村生产力的发展。这批人哪里来的，就是从实践里面培养出来的，企业里培养出来的，大学生很少。这些是我这次来定西访问后的看法，不一定正确，我想再把它整理整理，在兰州再讲讲。

发挥临夏民族优势　促进民族地区经济发展*

——在临夏州机关干部大会上的讲话

（1986 年 8 月 10 日）

去年，我到甘南去，经过临夏。今年，中国农业经济学会在定西召开全国贫困地区经济开发科学讨论会邀请我参加。这是我到临夏来的一个机会吧。我为什么到甘南，又到临夏来看这个地方呢？因为我在去年访问甘南的中间，发现了很多问题，我想这个地区在全国的经济发展里边有它特殊的重要性。有些同志看过我写的《甘南行》，我说我们要把甘南看成中原向青藏高原开放的一个窗口。我们中原的经济、文化的影响通过这一个窗口进入青藏高原，来发展青藏高原的经济文化。这是我去年从甘南看到的。同时，我发现了很多觉得不大容易明白的问题，为什么在青藏高原同黄土高原接近的地方聚居了许多少数民族，有的少数民族人数很少，如东乡族、保安族、撒拉族，还有土族等等，这也可以说是一个多民族地区，不仅有汉族、回族、藏

* 本篇根据录音整理，未经本人审阅。

族,还有很多小的民族。为什么这个地区有这么多的民族?今后这个地区怎么发展起来?这是我心中关心的问题,我希望找一个机会再来看看,所以这次到临夏来,抱着一个学习的目的,是我自己本身有很多没有解决的问题。那么怎么解决呢?不是光是去找书,应当到当地来看看,向群众学习,特别是向这一地区长期工作很多经验的同志学习。这次我到临夏,整整十天,又发现新问题。今天我想把我十天里边接触到的情况,我有些问题提出来大家讨论。

第一个问题,临夏这一块地区,古时候叫黄河的这一段的流域,青海靠近黄河的循化等几个民族还包括周围一些地方,这么一块多民族地区,它在全国处于什么地位,这个地方发展起来有什么意义?它一个什么地位,现在处于什么地位?现在这个地区发展起来了,对全国的经济影响怎么样?主题,我希望同志们站得高,看得全面一点,今天我讲一点我个人的新的认识。

临夏是回族自治州。为什么这地方会有回族,只居在这个地方,从什么时候开始大体上我们知道回族,是从元代开始。成吉思汗团结了这块草原上的各个部落的人,成一股大的力量,向中原冲击。可是,当时思汗的力量是不足以抵抗中原的人的。结果向西去了,打到中亚、西亚,一直到来时带来一批中亚西亚的人组织起来的军队,是一批信奉伊斯兰教的人。当时在中国有伊斯兰教,是沿海做生意的人,还很少。这支军队叫回回军,回回这个民族从这儿开始,这上面我发现些什么问题呢?南宋失败不是从北方打而是从西方打到南方的,从新疆以南一带顺长江打下来的这个地区,我要说明的是当时的战略地位上的重要性，元朝重兵驻扎在河州。临夏这一带地方，开始不是回族居住在这个地方，以这个军队为底子逐步扩大，吸收了各民族的人，才形成了现在的回族。为什么屯兵到这个地方来呢？为什么这个地区成为元代建立帝国的重要军事根据地？一看地图有些道理，这个地区一面是青藏高原，一面是黄土高原，这包括现在的甘肃兰州，再进去就是当时很发达的陕西长安。唐朝的时候，长安向西是一个文化很发达的地区，而当时青藏高原的藏族势力很大，是一个很强大的力量，这个力量几次进入中原，进入帕米尔高原，它的势力占领过新疆一带。藏族为主的青藏高原地区与以汉族为主的中原地区，中间有个走廊，这个走廊历史上两个势力进进出出很多次。看杨家将的人知道杨门女将的对手就是羌族，就是大夏国，也是现在的宁夏，羌人很早就是放羊的人。“羌”字是“羊”后面一个“儿”，这批人现在不见了，都迁走了。四川还有一些羌族保存了早年羌族的语言，说明这个地区民族动乱，来来去去，直到回族聚居这个地区以后。从十三世纪初期到二十世纪，长时间里是回族的聚居地区，回族聚居在以藏族为主的青藏高原和以汉族为主的中原之间。我想把临夏地区在历史上的地位勾画一下，这很有意思。中国是一个民族大家庭，各个民族掺杂在一起，你中有我，我中有你，照血统讲很复杂，也说不清楚，到底祖先是谁，混杂得很厉害，可是这个地区保留了伊斯兰教在经济、文化上的影响，保留了各个民族的特点，民族共同性的也保留下来了。这几天我们去看保安族，是三个村子，没有多少人。大家都知道保安刀，自己要这么多刀干什么？都是卖到西藏、内蒙古去。在这些地区不是孤立的很多民族在住，而是各个民族聚居在这一地区起一个作用。我这么想，起西部到中原的纽带作用，这在回族来以前已经存在了，是宋代的“茶马市场”。西部要的是茶叶，茶叶不能没有，西部藏族都是这样，因为他们肉类吃得多，茶加进去消化系统就灵了；中原地区要马，没马不行。茶和马，代表两项最主要的商品。并不光是茶马了，汉人用茶来换马，过去朝代的军队用骑兵，没有马怎么打仗？现在还用马犁田。北方有马，生长在青藏高原的马很好，他们那个地方不种茶叶，就以茶易马，这表示什么呢？表示这两个地区的经济联系的关口最主要的就是河州。就是你们这个地方。因为我们几十年来不讲商品经济了，经过了相当长的时间，商品活动很少（实际是没有停过），大家都不谈了，所以没有印象，在这一方面不大注意了。实际我们从整体地看，这个地区的特点，它的生命的来源，它的基础，建立在中原和青藏高原的贸易活动上边，商品流通上边。我们要理解这个战略问题，怎样开放振兴这个地区，抓住它的关键，抓住它的特点，这个特点不是偶然出来的，是历史上长期表现出来的。宋朝挑这小地方作为中原同青藏高原的通商流通要道，不是偶然的，它是根据多少年积下来的两个地区的贸易活动中自然地选择出来的。这是多少年的经验的积累，不是哪个人点点头就开，不可能的，而是有个历史基础。通过这么多朝代，一千八百年的时间，我们的老祖宗继续这个经营活动，而回族进来对这个很适应，很适合干这个事情，因为回族本身就是从中亚细亚到中国来的，他是懂得这个利害，会做生意，汉族买卖官办，做生意不行。汉族种田行，回族对种庄稼不太熟悉，他很早是放牧，以牧业、商业为主，他关系很多，不但在全国跑得转，全世界到处都有信仰伊斯兰教的教徒，清真寺里伊斯兰教教徒都可以进去，所以他这个民族的特点适宜于经商。中国各个民族从历史上看，“以商起族”只有回族，最早回族是从海上经商的。你们不要忘记自己的祖宗，最早在泉州有很多伊斯兰教的坟。通商口岸杭州，也有一大批伊斯兰教的墓地，凡是通商口岸就有他们，这不简单啊！一个民族的经商本领是积累下来的。汉族种田的本领大，什么地方去他都可以种植，搞粮食吃，几千年以农立国。我们汉族是神农氏的子孙，什么东西都是以食为天。都抓农业，抓粮食，一直到我们以粮为纲。这不是回族想出来的，是汉族想出来的；也不是我们想出来的，是祖宗传下来的。想一想有道理，开始不觉得错，以粮为纲，至少要吃嘛。但“为纲”就“纲”得我们苦了，把流通都断了。现在我们不去算这个账了，可是我们要看到这个思想的来源，有它的经济基础，农业经济基础，他有地呀，男耕女织嘛，回族到这个地方也要吃饭。汉族在孟子时，在山东种地，养羊养蚕，织丝织绸。我讲的这个话不是细致的历史知识，可是总体上要有这么个认识，各个民族在它的历史过程里边，锻炼出一套与其他民族不同的特点，这个不容易，做生意不容易啊！所以说，古河州这个地区对于我有个启发，在两大区域之间、两种生产方式之间、农业和牧业之间、高原和平川之间，聚居了这么一批回族，得到了他适应的地区，以回族为主，聚集就发展起来。这是我不成熟的一种思想，有一点历史根据，不是完全没有，但没有通过历史上很好考证，我希望爱研究历史学的人把这个道理说明。为什么在这个地区回族能繁荣起来，回族同胞也应该知道这个问题，这同我们今后怎么办有关系，它并不是孤立的，不是一批人可以改变了的。做生意，要茶叶，这个地方不产茶，牧业也不是很发达，它是在农业和牧业之间，发展他他经济基础——经商。这是我的第一个想法，这是我十天来想的一个线索，不是结论。为什么我产生这个想法，那就与现在的情况结合起来了。我去年这个时候到了三甲集。三甲集是一个羊毛的集散地点，我去看了一下，多少农民把羊皮都贩了来，羊毛、羊皮，都不是出自三甲集本身，是各个地方汇集到三甲集；三甲集收起来，再运出去，聚集千家万户杀的羊吃了肉，剥下来的皮集中到这个地区，再运出去。这个叫经济中心，流通中心，现在还存在！我们一个时期，“左”的政策错误地限制流通，造成我们经济的停顿，有十九年吧，这个镇就萧条了。老百姓怎么办呢？吃了羊，皮扒下来怎么用？不值钱了吗！卖不出去，卖不出去就没有钱，没有钱就换不来东西了，每个农民、每个牧民都要依靠这个交流中心，他们的生活才能丰富起来，羊皮可以变成茶叶。这个地区的地位从中国大的方面看很重要。青海、西藏占中国的四分之一，地大，但人少，以牧业为主，生活水平比较低，经济比较落后，可它有东西出来，它要内地、中原的东西，就在临夏集散，是一个大规模的集散地区。地区里的人呢，懂得做生意，会跑生意。做生意不容易，农民不愿意跑生意。我是江苏人，我到江苏农村调查过，好多妇女根本不到城里边去，一生没有去几次，现在不同了。你们这里回族妇女不大出门，可是男的天下跑。昨天我们到临夏市枹罕乡一个姓王的家里，开放后他跑西藏五年，挣了两辆汽车。开汽车五天就到拉萨了。有的人字都不认识，可他贩啤酒，啤酒是拉萨人最喜欢喝的,一车一车的啤酒向那儿运去,这里买一元钱吧,那边大概卖三元。你想跑一趟赚多少钱?这里现在的啤酒,以前的茶叶,将来还会有别的什么东西,这是一个流通的中心。我把这个概念用这样的方法讲出来,希望大家理解。由于这个地区的特点,一个适宜于做生意的民族得到了他发家的机会。回族很苦,在清朝的时候镇压得很厉害,你们祖宗都知道。后来你们保卫自己,又有几个大的封建势力剥削你们,这段历史很惨,一杀就多少万!左宗棠镇压回民。这是民族压迫嘛!尽管这么压迫,为什么还居住在这里?我认为他有一个特殊的适应性,适应这个地区。这是第一个小问题,就是在临夏一带,靠近黄河两岸一圈的地方,附近有刘家峡等几个大的电站和可建电站的大峡。就是这么一个地区,多民族杂居,共同聚居的地区,在全国经济上具有它历史的特点。这一点我还认为是有点道理的。就是说,我们重点理解为什么在这个地区有这个民族,它能聚居下去繁荣起来。以前这里不是回族地区,回族是从外边来的,这在历史记载的很清楚,伊斯兰教从西方来的,不是我们本土长出来的。可是它在这儿居住下去,发展起来了。我给自己提出了这个问题,我觉得它有这个道理。这个道理将来要发挥很大作用,所以我强调一下。

第二个大问题,什么叫贫困?吃不饱肚子,穿不上衣服,要出去讨饭,现在我们这里有多少?真的吃不上饭我看见过。那是在海南岛。到一家人家,是我见到的最穷困的,他们没有箱子,你们这儿炕上有两个箱子。他们一根竹竿,所有的衣服都在竹竿上。一根竹竿一口锅,一块板子,板上一个破毯子,全部家产都在里边,一家有四五口人。我问他们怎么吃饭,他们有个竹篓,里面一层米。我问他们吃完怎么办,回答不知道。这的确是穷啊。我脑子里有了个具体的印象。这种情形在这里我没有看到,可能有,这也不稀奇。大家都说江苏是第一,江苏北部就是周总理生长的地方,从淮阴到盐城这块地区,在我小时候,解放前好的年只够半年吃,还有半年,他就把门窗封起来,全村出来,到我们江南,求食江南,叫难民。难民到了,说要抓小孩,把我们小孩都吓坏了,待在家里还不敢出来。这种情况解放后就没有了。当然,家里劳动力死了,人病了,那一下子困难得更厉害了。长期的、整片地区的人口流亡,解放后可以说没有了。现在淮阴,周总理的家乡,是我们的粮仓之一,粮食产得很多。西北地区我不熟悉,也有十年九旱颗粒不收,一样去逃荒。经常性的灾难成为一个必然周期。那这个地区说得上是贫困。现在我们讲的贫困地区,不是这个情况,这是解放前的情况,三十年来在党的领导之下,是翻了身,很多人不记得了。可是还有一部分人,大概全国讲,百分之八到百分之十的人,他们的收入一年不过一百五十元钱,粮食不过四百斤,在南方是六百斤,因稃稻子和麦子不同。这部分人一般说衣食问题还没有完全解决。八千万到一亿人生活很低,温饱还没有保障。临夏、定西不属于这个类,你们超过了。这并不是说你们临夏、定西都很有粮了,不是,平均数是超过了。作为一个地区来讲,超过了国家定的这个贫穷标准了,你们纯收入达到二百二十六元八角,粮食到四百四十七斤,但还有三个县没有超过,国务院定这个线,就是属于百分之十的人要给予特殊照顾使得全国人民都超过这个线,要拿出特别的款项。可是也引起了一点问题。因为国务院拿钱了,顶着这个帽子,都想拿这个钱。贫穷是不光彩的事情。不能安贫乐道。不能认为贫困是光荣。贫困是落后,贫困是耻辱。这个思想要建立起来,临夏作为一个州,还没有完全摆脱贫困的帽子,有三个县,这是大家的责任,不能伸手向别的地方。首先我们自己要帮助,帮助州内贫困的弟兄脱贫致富,照现在的标准说还没有脱贫。但像解放前的那个惨样子,已经不存在了。这有一个很大的飞跃。全国基本上摆脱了贫困的帽子,百分之九十超过标准线了,还有百分之十没有出去,这个不能忘记,要解决它脱贫,现在的情况是这十分之一没有脱贫。

第三个问题是怎么脱贫?你们州总收入照现在的情况看还很低,同全国相比是低于全国平均数,更低于沿海发达地区,相差不小。出现了一个差距,发展上的差距。江苏也是从贫困中自己发展起来的,不是素来就有的。我是苏州人,过去有"上有天堂,下有苏杭"的说法,我在五十年前进行过农村调查,我的最后一句话是:中国的问题还是一个吃不饱的问题。那个时候农民一人只有一亩地,五口之家,五亩地,不要说租地主的地种,半亩地自己吃,那时候只有三百斤,处于平均线之下。我们整个中国在解放之前是贫困的,特别是农民,都在贫穷线上挣扎,否则革命怎么能起来?农民活不下去了,就革命了。可以这样说,我们的农民都是共同从贫穷线上发展起来的,就是在三十多年里发展起来的,而发展的速度各个地方有差别,有的发展快,有的发展慢。这个快慢差多少呢?最高的平均收入,以我们苏州一个最好的沙洲县为例,平均收入接近一千元,我的家乡吴江县去年工农总产值是二十三亿,无锡大概是四十亿多,今年还更多,一个亿的乡数目不少,这个差距怎么来的?差别是存在了,大家都在争这个问题,为什么呢?慢的地方要快起来嘛。所以我们要追问差别是怎么出来的?当然原因很多,有历史的原因,有地理的原因,有自然的条件。我过去四年在江苏调查,江苏自己也不平衡,一看,好像有一个规律,什么规律呢?我们从北面徐州讲起,到连云港,工农结构、产业结构,农村的经济结构与产业结构,农民收入的比例,大体地讲,工业的总收入和农业的总收入有一个比例,徐州地区三是工,七是农;向南走,到淮阴是四比六,四是工,六是农;再下来快到长江,工农比例各一半差不多,一过江到镇江,工大于农;到苏州三比七,七分是工、三分是农;一靠近上海,二比八,二分是农,八分是工。这两年一比九了。农业还是很好,去年有增加,可是农业增加得慢,一下子上去了。在这个情形下,大家都知道"无工不富"。所以拿这个比例衡量这个地区发展得怎么样,比较容易看清楚。你们二百几十块钱,大概二比八的样子,二是工业,八分是农业产值,差于徐州,这个很容易看,其他讲起来很复杂,这个讲起来比较容易清楚。什么意思呢?就是你搞工业,人们的收入就长得快,你老是吃这块老土地就长得慢。土地的收入有它的限度。你们可以种麻,麻很值钱,你们一捆一捆地烧,这个东西为什么去烧呢?没有市场啊!没有加工啊!我们老祖宗没有棉花,更没有"的确良",没有化纤。棉花的种植是从明代开始的,以前是麻布,麻是我们的本钱,麻的纤维是很重要的,国际上很吃香,可是你们当燃料烧饭吃,为什么呢,没有工业,农业就起不来。比如说我们吴江就没有这个问题。养长毛兔,前年一下子价格低了,供销社不收了,农民杀兔子吃了。后来他们从日本引进了一个厂,兔毛的针织品一件要上百块钱,搞出口。光搞副业,没有工业的配合不行,你们羊毛一会值钱,一会不值钱,自己搞加工,一个道理。从吴江看得很清楚,这是四年里面的事情,今年兔毛又跌价了,可是农民不愁。我们有两个厂,完全可以吃一个县的兔毛,几年就把本还清了。这个叫工业、加工业,不要做殖民地。什么叫殖民地?就是没有工业。过去讲农业的中国,工业的日本,它就把我们原料拿去,制造成工业品,卖给你,这就叫殖民地。我们自己可以搞工业,等国家干吗?国家没有那么多钱。江苏怎么富起来的,不是靠国家投资,全省乡镇企业占二分之一,没有要过国家一分钱。当然有贷款,贷款要还本,就是农民缩紧口袋,积聚资金。你可能说我们这里没有钱,搞什么工业啊?你们脑子里的工业好像必须是很大的厂子,大烟筒,机器很多。不是大烟筒,开头不是这样的。去年我到福州看得清楚,一个织汗衫的小针织厂是怎么起家的。这个例子很说明问题,在福州乡下,一个村子,它有五个人,大家说我们搞一个厂,可是哪一个人都拿不出一万元钱,他们找亲戚、朋友各人凑一万元钱。一个人到江苏常州找到两个工人,是会搞针织品的职工,买了一部人家不要的机器,买回来没有厂房,五家人开了一个会,一家人让出来,没有工人,五家的子女一样要吃饭,两年不要工钱,开始的时候最困难,要一批资金,要买机器,要有厂房,他们这么穷搞,搞起这么一个小厂。两年房子造起来了,钱出来了,去年大家增工资了,还要偿还贷款,真有钱了。江苏的乡镇企业都是农民节衣缩食从农业里边积累的资金，不是天上掉下来的。还有什么地方有资金来呢？温州比这要苦，一人只有半分地，在三年前，就允许贩运了。三年之前怎么样呢？不准外出，没有饭吃，说资本主义温床。整天整啊，整得它腰都直不起来，但饭还总得吃，到哪里吃呢？到福建去讨饭吃。讨饭也不是完全讨饭，去做工，现在叫“劳动输出”，出去找活做，吃人家的饭，价钱便宜得很。有的人实在没有饭吃，就在县政府的食堂里等吃饭。温州到这么严重了，后来他们这批人全国跑，卖苦力，找事情做，在北京街上到处碰上温州人、浙江人。今天去你们民族商场参观，木工都是宁波人，油漆的都是苏州人，我去问问他们，跑出来的有万人，弹棉花、摆棉花摊的，有些只有十二三岁，一问都是浙江人。我跑的地方不少，到内蒙的牧区，照样碰到他们，开成衣铺，西双版纳也有。在内蒙碰到一个浙江人，从邮政汇去家乡四十万元。我到甘南去，一个朋友的皮鞋跟掉了，他去钉，一问浙江人，他一年大概寄回一千块钱。一年一人寄一千块钱不简单，他们的生活之苦你们去看一看，一间房子住多少人，节衣缩食，一年搞一千块钞票带回家乡，这个钱搞什么呢？资金积累开始了，一家一千块，这个资金比银行贷款还厉害，你们整天叫唤银行贷款，贷款四十万元了不得了，大家一集资，来了嘛！你们已经做了，民族商场就是集资，集了二百四十万。我们各个的钱拿出来生产，拿出来叫它滚，滚来滚去就发展起来。但这个不容易，没有一个商品头脑不可能。我们，特别是汉人商品化观念差得很，小农经济自给自足的几千年的习惯在作怪，看不起商人。那时候，知识分子是臭老九，只臭了几年，商人是臭老四，臭了几千年了。商处于最低层，被人看不起。现在最关键的是从自给经济转到商品经济，这个变化太大了，思想不容易改变。为什么我们解放这么多年，用计划经济的名目把商品经济扼杀？它有个来源，不是外国的东西都那么容易学，我们有根据，这是我们汉人几千年来的小农经济，不要商，看不起。让我们去做买卖，非赔本不行。内蒙的几个姑娘说我们搞商品经济，去开店，从家里拉了几十只羊，到镇上开了铺子，老乡来了，店里一坐，说我是来看你，吃完了不好意思向他要钱。后来人越来越多，一下子吃完了，就回家了。我们面子放不下，不是他们放不下，我也放不下。国营经济可以不管，国家赔本，自己搞的商品经济那是不认人，服务态度要好，要赚钱。我有次访问日本，和日本的几位经济学家座谈，他说你们中国人要知道，我们日本人同你们做生意要赚你的钱。对啊，他不赚钱他来做什么？不赚钱他白送给你？我们也可以赚他的钱嘛，做生意大家赚钱，我们觉得你赚钱就是拔我的毛，这个商品观念转不过来就经营不了商品经济，现在我们看真的困难就在这儿。所以我要你们看看日本电视《阿信》，她也是从农村上来的，学会了商品经济，日本就是要像阿信这样的人建立日本的经济秩序，就是倒下去也不怕。服务态度要好，要占领市场。这一套我们都不行，说穿了，我们还没有转出来。我们这老大汉族不行，我看回族比我们好一点，不要小看这个事情。各个民族的历史不同，不是你比我好，我比你差，我种田比你好，你们从小在这样一个生活模式里边养成了这个习惯，你不挣钱你怎么活？你没有土地。不能这么认识。各种客观的历史条件，是可以学的，汉族可以学会这些东西，可以发展。但我们的商品经济是社会主义计划下的商品经济,不像资本主义商品经济只管赚钱不讲社会效益的,要看到整个社会有利没利。现在具有中国特点的社会主义出来了,要一系列的改革,我们生在这个转折点的人,要费一点脑筋,要会分析问题,要看到总的局面。我们必须摆脱许多旧的几千年来的"包袱",创造一套有社会效益的商品经济。这个大的变化,我们的理论认识还跟不上去,我们这批搞理论的人,差得很多。搞政治经济学的人上台讲不下去,讲不下去的原因在什么地方呢?我们面临着一个新的历史变化,就是说,具有中国特色的社会主义的历史阶段,有许多不完善的要完善起来,还有很多失误要纠正过来,只有这条路,我们才能脱贫致富。乡村提倡无工不富,不是不要农业,在劳动力转移出来以后,农村的劳动力不够了,不够怎么办?有两种方向在走,一种从别的地区不发达地区转移人口过来,做雇工,农业雇工。另一个办法是机械化。机械化要有条件,农田太小不行,农业规模要大,改变过去包产到户的手工业农业,江苏正在进行。农业跟着工业的现代化而现代化,需要转移更多的人出来,不是返回去,不是退回去保持这个小手工业、小农业,而是更向前走。这是江苏、浙江遇到最尖锐的问题,是农业的现代化改革运动。这一改革又影响着国营企业的改革。国营商业系统很长时间改革不彻底,特别是供销社,不是为农民服务。它是指令性的,我收购什么你出什么,多的不要,农民讨厌死了。现在农民他自己搞了,温州搞得最彻底,民间流通的渠道,民间自己搞的市场,这一下供销社就慌了,这就非改革不行,多少年来没有突破的这条线总算突破了,从农业改革开始。我这次访问很多人家,都说包产到户，我们活了。现在你们这里跑新疆、西藏的人有多少啊！保安族他们每一家人都有出去的，不是去做工，就是去做生意，都会带钱回来，你们要注意这一点，这是你们一笔资金。现在少数民族发展资金可能要上一点，可是真正的资金在出去的这批人身上，我们要帮助他们，我们的国家机器各个部门都要帮助他们把资金积累下来，尽力利用。农民手上的钱要善于帮助他们利用，得到更多的钱。要从小本经营逐步扩大，发挥你们地区的特点，成为中原、青藏高原中间的一个流通环节、一个流通地带，这一来你前程无量。定西它提出来"东引西进"，这里是"东进西出"，一个意思。你们要向东面去请技术，吸引资金，我们开辟西面的市场，不是你发明我发明，老祖宗早就发明了，我们认识它，就自觉、主动来搞。西面第一步是西藏、青海，这个生意不太大，他们比较落后，可是已经不小了，今天我去参观北大街，你们街上多少店为西藏服务，这要有意识地搞，群众都清楚地在做。可是不要光看到这一块，我们还有更大的市场在西面。我们看一看西面居住的人，它的性质怎么样。这里住的是伊斯兰各民族，从我们的西面到阿富汗、巴基斯坦一直到中东。今天我碰到一个店，是沙特阿拉伯侨民侨眷开的，你们都通了，中亚西亚，主要是苏联，还有阿富汗、巴基斯坦，他们这个地区工业不发达，苏联最大的一个问题就是重重工业，轻轻工业。现在他们也在改革，以前我们也走的这个道路，学的这个道路，搞了许多钢铁，可是家里连暖水瓶都没有了。苏联的市场，我们的货物一到就马上抢完，他们有钢铁，没有暖水瓶，手里有钱，没有货物。我们这儿暖水瓶总满足嘛，茶杯很好，苏联需要的茶杯我们可以定做嘛，你们这里通西藏的线，可以往苏联，你们的人到处都去，阿拉伯国家都有亲戚朋友嘛！还有一点，是我常说的清真食品工业，他们需要清真食品。发展经济，你们有特殊的条件，这个条件我开始就强调，不是今天才有。你们没有好好地用它，现在我们的政策拨乱反正，不搞那一套公式了，开放，对外开放，对内搞活，江苏几年就上去了，快得很，只有五年。各家各自要发展它的特点，你们的优势，江苏是学不到的，就是要抓住自己的特点和优势，大家充分研究、试验、实践，真理不怕实践，实践看来不错的，实践是对的，做生意对，大家都做嘛！我们政府服务，"领导就是服务"，也就是给方便。上面压得太紧，你手里有宪法，宪法就是区域自治法，民族区域自治给予一定的权利，可以有他的自主权，现在还没有实现，要争取啊！我是从宪法起草开始参与的，《民族区域自治条例》也参与起草，我觉得它就是要给少数民族一定的地方自治权利，它有不同的特点，不同的需要。特别是运用这个权力，来发展这一地区，不要只挂一个名，一个"自治州"去掉"自治"两个大字不是同一般地区一样了吗？这一点当然不容易，不是一说就可以，而是要大家来争取，我来帮你们争取。总有一天，只要我们站稳了，不错了，根据《宪法》，说到哪里都通。要具体权力，不要说空的，要人家给你权力，给什么权力，使得我们自治州更发展，摆事实，讲道理嘛。我们要发扬各个民族的特点，共同使得我们祖国繁荣起来。我们要根据自己的特点，为国家做出贡献。

今天我讲的不一定对，这是我十天来的收获，得到了一点学习的结果，我向各位同志汇报。大家可以有不同的看法，可是一个目的是相同的，我们要团结开发，振兴临夏，找出一条路子出来，找出一个大路子不是小路子，一个根本的路子出来，怎么找呢？再说一遍，找出它们的特点，从历史里边，从现在情况里边，从群众现在做的里边，总结一个道理出来，不要关了房门想。群众在创造新办法，需要我们干部同志，理论方面的同志总结这个经验，讲出这个意义，运用我们的理论方法，去认识这个新的时代，从群众创造里边总结出许多办法出来，找到一条出路，经过实践，越来越明确。照我的看法，将来这个地区，经过充分发挥自己的特点，对内搞活，对外开放，首先对青藏高原开放。其次对中亚西亚开放，一直到阿拉伯国家，这就是特点。这不是政策问题，是鼓励你们做的事情，这样的经济发展，不是增加百分之四和之十的问题，而是成倍地翻上去，同志们认真考虑。

为了西北地区更好更快地发展*

——在甘肃省直机关干部专题学术报告会上的报告

(1986年8月13日)

我是7月31日到兰州的,来到之后第二天,就到定西去参加全国贫困地区社会经济发展的学术讨论会议。这是我第二次访问定西,我和当地的主要领导同志比较熟悉,也谈得很热乎,学到不少东西。从定西出来就直接到临夏。临夏是回族自治州。我有这个愿望,要在我一生的最后的年月里,留一点时间,从事少数民族工作的研究。我解放后就参加了这项工作,主要是在1957年之前,在西南少数民族地区工作。常想来西北,但一直没有来成,一过就是30年。最近3年,才有机会到西北来学习学习。在西北,我确是学到了很多新的东西。3年的时间不长,而且我每次访问都只有20多天。我对这一地区,当然不能说有什么认识。可的确我是走出了书本,进入了实际生活,看到了西北地区汉、回和其他各民族的实际情况。我还就他们今后怎么发

* 本篇选自《费孝通民族研究文集新编》。

展起来的问题,做了一点考虑。

西北的问题,在我来之前,耀邦同志已经做出了重要的指示“种草种树、发展畜牧业、改造山河、治穷致富”。首先是种草种树,目的是在恢复生态平衡,再从生态平衡的基础上进一步发展牧业,这是一个正确的发展战略。什么叫生态平衡?这地区的生态平衡怎么破坏的?生态恢复平衡后,进一步怎么发展起来?这个地区将来在我国整个经济布局里面应当起到什么作用?

对以上这些问题,我有一些不成熟的意见想和大家作学术性的讨论。首先,我在定西开会的时候,就考虑这个问题:什么是贫困?什么叫贫困地区?这个概念一般用两个指标来规定:人均口粮加上人均收入(不包括口粮)。凡是人均口粮南方在600斤以下,北方在400斤以下,人均收入在150元以下的地区被认为是贫困地区。

实际工作中,作为科学概念就两个指标很难准确地落实。我们粮食上的统计很不正确,一般是由基层政府核算上报,上报的粮食产量不说大跃进时期的浮夸,目前一般偏低,因为地方上要留有余地。真正的粮食产量不易算清。这次我去访问会宁的一个村子,同农民谈,他说,我们现在很好,有余粮了。有多少呢?大概有1万斤。我去看他存粮的地方,看到存麦满满地有三个草囤。与我一同去的县委负责人一看就说:“不到1万斤吧!”这里有一个心理分析,因为我是从中央去的人,农民倾向多报一些,县里的同志估计只有8000斤。两个数字相差20%。这个统计上的误差很大。我说这个问题,不是批评什么人,而是说调查很困难,除非自己量,可我没有这个条件。如果采取询问法,就要看问什么人,不同的人可以做出偏高或偏低的估计。

至于一个人吃多少粮食才能"饱",或能得到足够的营养,从事生产劳动。这又是一个科学的问题,而且是比较复杂的问题。以300斤或400斤为标准是凭常识规定的。一个人原粮300斤,不论是北方的麦子还是南方的大米,一天吃不到1斤粮。农民壮劳力一天要吃多少粮食呢?我这次到农民家去看了看他们的灶房,看到了他们吃的一种烤饼,一块大概至少有半斤,据说一人一顿要吃三四块,是否说多了,不知道。我这样一算,很显然一个人一天1斤是不够的。要达到一天1斤粮,一年原粮至少要400斤。中国农民粮食吃得多,因为他们平时很少吃其他副食品。我1970年在干校的时候,下放到武汉附近的潜江县,住在农民家里,我和农民同吃同住,的确很少有菜吃,平时只吃白米粥。把贫困的标准划在粮食400斤以下大体上说是符合实际的。

用人均收入150元作为贫困杠杠,问题比较大。这是因为在自给经济里,用货币来计算人均收入谁也算不准。自给经济就是自己家里生产,自己消费。折合市价很困难。如果不把自给部分算入家庭收入,人均收入这个概念就成了"一家的现金收入",并不能反映这家的生活水平。

在我们中国农村里要讲贫困这个概念,应当怎样讲?我很为难。我在定西发言前的一个晚上想这个问题,翻来覆去睡不着,后来吃了两粒安定才安眠。我说这段话是想说明对贫困下个科学定义是不容易的。但是为了把一些经济比较不发达的地区和其他地区区别开来,便于采取一些特殊政策,又不能不划一条杠杠。

所以我们只好按常识规定凡是粮食在400斤以下,收入在150元以下划为贫困地区。实际上贫困地区并没有一个绝对的标准,只表示发展水平的差别。以我们中国的农村来说,解放以前,可以说绝大部分是在贫困线之下。从这一个出发点,经过30多年,有了差距,特别是1978年三中全会以后,农村经济体制改革之后,起了一个很大的变化,这个变化出现了一个很有意思的情况,就是各地区发展的不平衡。有的地方发展得很快,有的地方发展得不怎么快,个别地区停滞不前,甚至有下降的。那些停滞不前甚至下降的地区,就是我们说的贫困地区。从农村经济不平衡的状态看,大概有8%到10%的人现在一般还在被称为"温饱问题尚未解决"。这些人也并不是真正的天天吃不饱,饿肚子,或是没有衣服穿受冻受寒。我想实际意义是这部分人对生活上的基本需要还缺乏保障。真正经常没吃饱的,我想是个别的,而且分散在各地方。至于整个地区的人都经常挨饿的情况,在我们中国已不存在了,所以,现在我们说贫困地区,实际是指农村经济发展不平衡,至今还有8%到10%的人生活水平很低。这种人各地都有,但大部分集中在边区,少数民族地区和革命的老区,一共大约有8000万到1亿人。这种较不发达的地区,也就是所谓贫困区,主要分布在西北部和西南部,一般说有12片。有几片是在甘肃境内。过去说是"三西",定西、河西、西海固,就是闻名的贫困地区。

我从前年起每年到定西去访问,目的就是想看看中国最穷的地方怎么样。三年前我在定西并没有直接看到没粮吃、没有裤子穿的人。我不是说这种情况已不存在,我只是说我没有亲眼看到。但是我相信在定西那时候那种经常挨饿和受冻的人已经很少,很个别。为什么我们说这地方是贫困地区呢?那是因为这地区多年来生态平衡被破坏了。植被逐年减少,水土流失,生产力下降,已丧失靠自身积累发展起来的力量。意思是说生态的恶性循环没有制止,生产力还在下降。人们劳动一年,生产的东西不够维持正常生活,每年要靠救济过日子。

如果把定西作为贫困地区的样本,我们可以说,贫困的标准实际上是在这个地区是否具有自力更生的力量,也就是说这地区本身是否具有积累以再生产的力量。丧失这种力量的原因很多,各地区各有特点。以西北讲首先是自然的原因,有些地区降雨量低,容易干旱,草木枯死,庄稼不收,造成灾情。其次就是过去政策的失误。在干旱地区,强制执行以粮为纲。老百姓开垦种田,破坏了植被,形成生态上的恶性循环。这些地区必须停止继续破坏,才能恢复生机。其他原因还有如缺乏燃料、缺乏能源,人们挖草根煮食和取暖,也加速了生态的破坏。

各个贫困地区治贫致富的办法,必须因地制宜,根据具体情况制定具体计划。我在定西就了解他们这几年治贫致富的工作。别的地方我没有调查,不敢多说。先说定西这三年里行政区划有所变动,这也引起了研究上的困难。去年定西这个地区,在东北部划出两个比较发达的县,即会宁和靖远,在南部划进两个穷县,漳县和岷县,所谓比较发达的县就是在上述贫困标准以上的县,所谓穷县就是在上述标准以下的县。据去年的情形说,原来包括在定西地区内的各县人均粮食和人均收入都已超过贫困标准,就是脱了贫困帽子,但经过行政区划上的调整,现在定西地区里还有两个县是贫困地区。总的讲来这三年是大有进步的,由于行政区划的调整没有完全解决温饱问题地区的人,在定西大约还占人口的20%上下,比全国平均数要高出一倍。

昨天《甘肃日报》上有个报道,说得很清楚,全国的三个部分:东部地区、中部地区和包括甘肃在内的西部地区,经济发展的差距正在缩小。总的讲人均收入东西两部相差1/3。可是去年,西部长得快一点,快多少呢?是15:10,快了1/3。正在逐步趋平,但还要相当长的时间才能平衡。很多同志很着急,希望快点平衡,对于所谓"梯度论"有意见。梯度论是说中国发展的形势是东部高于中部,中部高于西部,像个梯形。反对这个论调的希望国家加重西部的发展,以取得平衡,这是平衡论。我认为发展上的不平衡是事实。各地条件不同,有先富有后富,这是客观规律。问题实在是:让东部发展的慢一些,国家腾出一些力量对西部帮一把提起来呢?还是加一把力推动东部更发展,用东部的力量来提高西部?这是一个战略问题,可以展开讨论。一般说按经济规律投资的方向是以经济效益多少来决定的。现在投资在东部,经济效益比较高。国家当然可以根据社会效益,即从全局的发展,对西部加权。但是应注意到,东部的发展中有一个重要部分是靠民间的力量发展起来的。现在占江苏工业产值1/3的乡镇企业并没有花国家一分钱。江苏所以能成为全国工农业产值最高的省,不能不说得力于乡镇企业。江苏的一个乡,就是以前的一个公社,工农总产值超过1亿元的有十几个到二十几个,而整个临夏回族自治州去年工农产值只有1.7亿元,等于我们江苏的两个乡。差距很清楚,一个地区赶不上一个县,我家乡吴江县去年工农总产值是23亿元，还算是个中等县。国家究竟在东部投资多少我不清楚，我看到的是江苏靠民间的力量去年创造了300亿元的产值。

今年上半年我到温州去，温州以前是个贫困地区，在20世纪80年代初期人均收入只有55元。穷到什么程度呢？大多数人的确吃不饱。在靠近福建的几个县，据说有60%的人出去讨饭。讨饭这句话也许用得过分一些，事实上是离乡出外谋生，主要是出卖劳力，有什么事就做什么事。据说这些县里，当时的县长、书记不敢上食堂吃饭，因为坐满了要饭吃的人。解放后，因为温州隔海是台湾，长期作为前线，国家没投过资。可是最近三年面貌大变。大概是1982年准许商品远距离贩运后，温州出现了奇迹般的现象。过去外出劳动的人，开始搞商品流动，变成各种小商品的采购和推销人员，建立起许多大市场。接着以商带工，发展了家庭工业，温州千家万户富起来了。温州的治贫致富确实不是靠国家投资，而是自力更生的结果。温州的经济发展提供了一个靠农民自己积累资金兴办工业，提高生产力，治贫致富的典型例子。

我们中国工业起步需要的资金哪里来？这确是一个大问题。据我所知英国工业的发展靠在海面上抢西班牙的黄金，可说是海盗起家，日本是靠我们的赔款起家的。这些资本主义国家工业的起步，都不是光彩的。我们没有地方去抢，赔款也不要。我们的工业怎样开始呢？靠农民。农民缩紧肚子积累资本。江苏乡镇工业发展时是靠公社的集体积累。所以当时叫社队企业，是农民劳动的积累。温州在公社时期没有搞社队工业，没有集体积累。他们是农民一家一户分别积累起来的。他们到外地去卖工，做木匠，弹棉花，卖破烂，挣了钱回家办家庭工业。

回到上面讲到反对梯度论的意见，我认为应当注意到一个地区的经济发展，应当多看到本身的条件，不要太重视国家的投资，其实在50和60年代，国家为了三线建设，在边区确是投过不少资金，到现在并没有带来边区的繁荣。所以说，我们讲发展战略必须从一个地区本身的条件出发。

我并不全部同意梯度论，因为我虽承认东西部的差距是客观存在的事实，是符合经济规律的现象，但是国家应当看到差距可能引起的后果，及时采取政策措施，为西部自力更生创造条件。而差距的缩小得多快，还得看西部人民的努力。当然首先要停止生态的继续破坏。然后考虑怎么来发展西北的优势，怎么引进东部的技术和资金，加快发展的速度，这是西北发展战略的主题。我这种看法对不对，请批评。

接下去我想谈谈，我对临夏这个地区怎样发展的看法。我自从从事民族工作以来，一直同情少数民族的处境，为他们过去受压迫、经济和文化都得不到发展感到不平。因之我常常要帮少数民族说话。可我帮他们说话时，我的心理状态是怎样的呢？总觉得他们委屈了，经济文化太不发达，所以要我们应当多多帮助他们。有一点像看见小弟弟被人家欺侮那样。在这个思想支配之下，对于少数民族应有的权利，它在发展上的积极因素就不容易看到。一个人的思想是会逐步变化的。不变化的话，思想也就僵化了。这次去临夏访问，我在怎样对待少数民族发展问题上有了一些新的看法。

我在《甘南行》里曾说过在青藏高原和黄土高原的交接处有一个走廊。这个走廊的特点有很多,许多小民族聚居在这里,如保安族、撒拉族、东乡族、土族、裕固族等。人数都不过几千人、几万人。从这儿向南是甘南,出甘肃境是四川的阿坝地区,这些都是藏族地区。其西南是怒江流域,民族情况更为复杂。在这条走廊里民族识别问题特别多:有些被划为藏族的提出意见,说自己并不是藏族等等。这些问题常把我考住了。因此我这次到临夏去转了一圈,想进一步理解这个多民族走廊的特点。

首先我看到这个走廊正处在以牧业为主的青藏高原和以农业为主的中原地区之间的夹缝里。从民族的角度来说,正是在藏族和汉族之间。有意思的是从历史上看藏族以牧业为主,适应于高原草地的生活,多次扩张进入平原地带,但总是站不稳脚跟,绝大多数还是退回高原。汉族以农业为主,尽管有不少人个别地上这高原生存了下来,但是究属不多,说不上大规模的移民,至少汉族在这高原上还属少数。这在中国境内汉族占少数的地区是少见的。这两大区域却并不是绝缘的。在经济上自古就有密切联系,牧区和农区之间的商品交流。宋代起就称为"茶马互市"。茶是农产品的代名词,马是畜产品的代名词,互市是商品交流。交易需要个场所,有个地点。这地点必然在这两大民族和经济区域之间,所以就落在这带走廊里。查一查历史,明代以来农牧两大区贸易的中心设茶马司,其一就在现在临夏地区,称河州。

这条走廊第二个特点是多民族聚居区。现在临夏是回族自治州。回族又怎么会聚居到这个走廊里来的呢?回族历史简单地说是 13 世纪初年，成吉思汗带了蒙古军队西征，直抵欧洲。后来忽必烈回兵通过云南再东进攻击南宋时，军队中有一部分是从中亚细亚信仰伊斯兰教各族中抽调组成的。这支军队进入中原各地，和随后来的中亚商人、工匠一起定居下来，称色目人。除各大城市外，主要屯聚在陕甘云南一带，也就是我上面所说的那条青藏高原和中原之间的走廊里。甘肃的河州是一个屯聚的重点。到了明代，这些人的后裔已经和当地各族，特别是汉族相混合，通用汉语，但仍信仰伊斯兰教，被称为回族。

我在临夏访问时，发生了一个问题，为什么回族大多数聚居在这带走廊里？这带走廊又为什么有这样多的小民族？我想这和回族所具有的特点是应当可以联系起来的。最初屯聚在这些地方的军队，按规定是“上马则备战斗，下马则屯聚牧养”。他们原本不是善于耕种的农民，经商和牧养是他们的本业。至今临夏的回族还承认，农业上回不如汉，商业上汉不如回。回族善于经商，不仅可以溯源于早期的传统，也符合他们历代的处境，那就是回族分布全国，社会关系四通八达，便于经商。在农牧两大地区的交接处正是他们的用武之地。人选择适于生长滋息的地方，地方也选择善于发挥其特点的人。我今天只提出这个观点，希望历史学家考虑这个观点是否抓到了要害。

我今天提出回族有善于经商的特点，首先是根据我在临夏观察到的事实。我串门闯户，接触许多现在所说的专业户，我总是要问一问是哪个民族，结果得出一个印象，大多数是回族或是信伊斯兰教的一些小民族。我也直接问熟悉地方情况的基层干部，汉人是否跑拉萨，是否也经商做买卖。我所得到的答案大多是现在汉人也开始跟着学做买卖了。意思是在出外搞贩运，回族居先，汉人正在跟回族学这个致富之门。我今天还拿不出数据来证明这个提法。希望对此可以进行一些计量调查。

回族善于经商是已有几百年历史的客观事实，我在这次访问中才对这件事实有所认识，那是由于我的主观世界里有些成见阻碍我去认识这件事实。我在上面已经作过自我批评，就是我尽管自认为对少数民族深有感情，而这种感情里还包含着对受过民族压迫以致经济文化发展不起来的少数民族的人道主义性质的同情，因而不去注意少数民族在历史里培养出来的优势，并进一步去考虑怎样使他们的优势得到发展。这次我能看到回族经商的才能，而且认识到这种才能是回族的优势，实际上是由于我这几年对农村和小城镇的调查研究中看到了目前我们所进行的城乡经济改革中商品流通的重要性。我有一种看法，就是当前我国的经济发展的关键是在改变封闭性的自给经济为开放性的商品经济。在这个改革中调顺商品流动又是关键的关键。我从这个认识出发，看到了临夏回族这两三年里在沟通青藏高原的牧区和中原农区之间的贸易上自发地做出的贡献，就不可能不吸住我的注意力。反过来又明白了我过去许多观点的局限性。

让我讲一些具体的例子来说明自给经济的意识和商品头脑的差别。我到会宁去看政协和民盟的支边试点米家峡村。这几年农民生活确是大有改善。在村长的家里坐下，问起他家的粮食。主人指着旁边的厢房里说我们大概有1万斤余粮，两年也吃不完。我说存久了是不是会坏了，卖掉些换钱，多养些兔子好不好呢？主人回答得很干脆："粮，不卖的。"粮食不是商品，留着备荒，烂掉也值得。后来我到了临夏，又听到了一个回族老乡的事。去年羊毛价钱高，可是他自己不养羊，手上没有钱买羊毛去贩卖。他想到家里还有几千斤麦子，下决心去街上把麦子卖掉，得了钱去青海买了一批带毛的羊皮。回家和老伴一起把皮上的毛剪下来，又在街上卖走，重新把麦子买了回来。一出一进，净挣了一批羊皮。会宁的汉族农民决不会做出临夏回民所做的事来，既不会这样去做，也不会想这样做。两个人的头脑不同，不同的根源大概可以回溯到不同的民族传统。

如果你们愿意多知道一些回族经商的本领，不妨和我一样坐车从兰州去广河看看，公路两旁已出现了不少新办的小企业，大多是个体户办的。一家男女老少全部发动，雇两三个劳动力，在这两年里办起了各种土产品的加工厂。由几千元的资金开始，经过一两年，许多已经盖起了新房子。不去看一看，不大容易相信。比如前天我去访问时看到的一家，侧房里满储一屋子的皮毛，气味很刺人。接待我的是个 20 多岁的青年。他说原来很穷，又不识字。去年他和个邻居听说四川藏区天气冷，需要毛皮的袍子。他就买了羊皮，缝制了几件皮袍，按地图跑到了甘孜。一下车皮袍就卖走了。从此他每个月跑几次。二十几元的本钱可以卖上百元的价钱。现在全家在缝制皮袍，他在甘孜地区几乎都跑遍了。一年下来，新房子已经盖好，一个小小的皮袍作坊也很像个样子了。

临夏的景象使我想到了温州。临夏全区大概有一百几十万人，在外做工和做买卖的去年约有 16.5 万人，今年要到 20 万人，约占劳动力的 1/3。听来和温州相似：先是劳动输出，接着搞贩运,再进一步搞小作坊和家庭工业。我问他们主要到什么地方去做买卖。回答大多是青海和西藏。我遇到一个回族青年,几年前曾经跟人家搭股跑西藏,道路摸熟了,就自己经营,去年已经有了两辆卡车。运往西藏的有啤酒、民族服装、铁锅、肥皂、香炉、佛像和其他日用品,运回来的是牧产品。他说,一瓶啤酒可以赚5角,现在已销到尼泊尔和印度。他说,临夏人在西藏吃得开,长住在拉萨的有600多人,店子已有一条街。临夏在青海、西藏许多城市里设立了清真饭店、民族旅社以及办事处——三位一体的贸易中心已有10处。

我听到这些话,并由当地党政机关的工作同志证实了这些情况,明白了这两年临夏的确恢复了传统和青藏高原民间的贸易关系。我说恢复,那是因为过去二三十年来对民间贩运的限制实际上已把这传统贸易通道堵塞了。想不到此禁一开,在很短期间,大有一拥而上之势,我从这个势头里看到了回族的民族特点,也就是他们传统的优势。这个优势正是当前现代化所需要的"商品头脑"。

不仅临夏的回族正在大力开展青藏贸易,汉族也跟着参与劳务输出和出外贸易。其他几个少数民族又各有专长,大显神通。我们到临夏西北角和青海接界的积石山的滩谷里访问了三个村子,叫"保安三庄",是保安族的聚居区,有8000多人。说是大约120年前从青海保安地方迁移到甘肃来的。原有语言带有蒙语的特点,信伊斯兰教。生活习惯和这里的回族相同。他们专长制造一种"保安刀",是藏族牧民用来割肉就食的日常用品,有如汉族的筷子。保安刀制作精美,锋利耐用。刀把和刀鞘上还嵌上各种装饰的图形，实在是一种工艺品，保安族几乎家家户户兼做这种工业品。自产自销，是青藏高原的畅销货。

就在保安三庄，我去访问了和保安杂居的撒拉族，原有语言带有突厥语特点。撒拉族一共有大约6万人，大多住在青海，在甘肃的只有4000人。他们的特点过去是从黄河上游伐木，把木排放到兰州和包头。一路要经过许多急流的山峡，是一项惊险的行业。据说从这种行业里培养出撒拉族耐得住重活，在艰苦的条件下劳动的民族特点。在修建青藏公路时，越过唐古拉山这段，海拔在3000公尺以上，撒拉族工人大显身手。甚至有人说没有撒拉族，这段公路是修不成的。

我访问了这些小民族后，更觉得我们必须从积极方面去承认各民族的优势，而把这些优势联系到他们现代化的前途上去。如果我们对临夏的这些民族，放手和鼓励他们发挥他们的传统特点，他们有充分条件担负起沟通青藏牧区和中原农区之间的贸易任务。再看一看青藏高原牧区，就会明白这一个适宜在这地区运转商品流通的队伍，正是帮助青藏高原牧民走上商品化经济的动力。

我去年去甘南访问，已提出青藏牧区商品化的必要。现在这地区的牧民还是过着自给自足的生活。养了牛羊，只求能吃饱穿暖。牧民们用牧群的大小来比贫富，因此畜群里老弱牛羊占了多数，增加草地的载畜负担，而不发生经济效益。许多人认为藏民落后，我却认为这是这个地区缺乏商品供应，以致牧民感觉不到牲畜商品化的必要。要促进青藏牧区的经济发展，大量供应牧民所喜爱的商品是最直接的措施。我在一次电视里看到蒙古包里竟用钞票贴在墙壁上做装饰品，那是牧区缺乏商品供应的有力证据。商品自己是跑不上高原的，要有人把他们带上去。没有贩运的商人，也就谈不上商品流动。谁有本领上高原去做生意？谁熟悉青藏高原，能熟门熟路地拿商品去供应这地区的牧民？答案是清楚的，就是住在我上面所说的夹在牧区和农区之间这带走廊的人，特别是有经商传统的回族和其他那些信伊斯兰教的少数民族。汉人在他们的带动和帮助下也会跟上他们，参加到这个队伍中去。

我的话还不能停住在这里。这里只说到了发挥各民族传统优势这一层意思，这还不够。临夏和它附近的地区，还应当像温州一样，"以商带工"，制造青藏高原牧区所需要的各种商品，而不要停留在贩运这个环节上。这就是利用西边这个大市场的需要，进一步使这个走廊地区发展起日用品制造业来。其实这就是保安族的历史经验。温州千家万户的家庭工业就是从开辟了小商品的专业市场带动起来。在这个走廊地区可以制造的商品，在品种上大大超过温州。温州是从市场的夹缝里，拾遗补阙地办起工业的。这个走廊面对的是一个正在发展中的青藏高原，在这高原上工业还没有发展，但是有丰富的牧业资源。这正是这个走廊发展日用品制造业的大好机会。这走廊经济发展了起来正可以成为帮助青藏高原经济发展的基地。我虽则由于身体条件没有去过西藏，但是我经常在思考，这个占全国版图 1/4 的青藏高原的现代化的突破口在哪里？我在《甘南篇》里提出了甘南藏区可能是个培养藏族现代化人手的前哨站。这次到临夏访问进一步看到了促进藏族牧业商品化的通道。总之，我的眼睛一直望着青藏高原,这样才发现了这个走廊所处的地理条件,这里居住的民族素质,和这个历史所启示的传统农牧集散中心。这一切都指向这走廊现有的任务,它完全可以成为促进青藏现代化的一个基地。这一地区要接受这个任务,还得解决怎样发展工业这个问题。在这个问题上临夏已提出"东引西进"的方针,就是从东部引进技术和资金,向西去开辟市场。我认为这是很好的方针。我几次到内蒙古和甘肃,总是有人要我注意人才外流的事实。事实是不容忽视的,不少早年从内地来支边的知识分子,年老了,要求回家乡。沿海乡镇工业的发展,也吸引了许多有技术的人才,一江春水向东流。我也同意这个趋向对边区是不利的。但同时,我却不止一次地指出另一个人口流动的方向,那就是大批缝纫工、木工、机械修理工等等一直到弹棉花的、修皮鞋的杂工,数以万计地从沿海进入边区。值得注意的是他们如果不受欢迎,那就是站不住脚的。他们能站住脚,能生活下去,能挣了钱寄回家乡,说明他们是适应当地人民生活的需要。他们正在提供边区人民生活中所需要的服务,这些服务是有一定技术的,而正是这些技术符合当前边区发展的需要。

举个例子,我前几天在临夏去参观一个制造沙发的小作坊。这是个体户开办的小作坊,户主提供资金,出去购买木材及其他原料,接待来购买和订货的顾客。全部制造过程包给浙江来的一个青年工人。这个工人又从家乡请来了他的表兄,一共带上十几个学徒工,都是从家乡一起来的。主人计件给工资,并给他们膳宿。老板娘和一个姑娘管伙食和缝纫。这个作坊供不应求,看来很兴旺。工人们唯一的抱怨是伙食不够好。这个沙发厂正在增产室内家具、桌子、椅子等等，又另外请了一帮沿海的技工搞油漆。临夏市内正在兴建一个民间集资的百货市场。有几十个木工和十几个油漆工都是江苏、浙江来的。

定西有个村子，通过关系，从苏州请了几个姑娘教刺绣，一个月给150元的工资，另外招待膳宿和旅费，三个月村子里的姑娘们学会了简单的刺绣，替城里成衣铺在包头巾和衣衫上绣一些花。这个村子成了专业村，各家各户都增加了收入。运输需要汽车司机，修理工匠，又是从东部去请。需要什么样的技术，用比较高一些的工资到沿海地区去引进。这确是一个从实际出发引进技术的办法。这些技工不一定愿意长期落户，把技术留下，自己回去了。那有什么关系呢。两相情愿，互惠互利。人才技术我想就得这样流通。主要的一条是行政上只给便利，不要干涉。

现在边区发展小工业所需的技术并不是那么高的。沿海地区有充分供应的能力。而且本身已有扩散的要求。我认为“东引西进”的做法是切实可行，是总结这几年实践的宝贵经验。我过去说过，这就是通过微血管活动，效果极大。所以我建议临夏的书记加强和已经来的外地技工的接触，安排他们，替他们解决一些实际问题，再通过他们去吸引这地区经济发展中所需的技术人才。通过他们去引进，比要求上级分配有效得多。

如果我们站得高一点，就可以看到成千上万的沿海初级技术人员正在季候性地向西北移动，而西北这个走廊里的人，又是成千上万地向青藏高原季候性地移动。这不就是所说“东引西进”的公式么？在这公式里如果引进的是技术，输出的是劳动和商品，这基地本身也就逐步形成了一个日用品生产基地。“东有温州，西有河州”这句话现在已经在临夏人的口中出现。这个提法对我有启发，传统的“茶马互市”的地点在明代是洮、河等州。洮州在今临潭，河州在今临夏。实际上当时河州还包括今青海海东地区，这个地区也是以回族及撒拉族为主，和临夏的属性相同，在发展上应当属于一个经济区。如果甘肃的临夏和青海的海东，行政区划不必变动，但进行经济上的密切合作，对开发青藏高原的大地区服务时，更方便也更有实力。

我同临夏的领导同志商量，他们赞同我提出的甘青民族经济协作区的设想，并希望能在原有自治州一级的地位上授予一部分自治区的自治权利。我很支持他们的意见，要从发展青藏高原的牧区社会经济出发来看待这个地区，应当享受一些自主权，使当地经济能更迅速地提高起来。我们不必加以特区的名义，只要能享受按民族区域自治法上规定的一部分民族自治区的权利就足够了。现在自治州的地位太低了一些。

我明年还来不来？不敢说一定来，可我的心还是在这儿，总得关心一个发展比较慢的地区能更快地发展起来。我展望西北的前途，如果能向西部的市场前进的话，不仅是青藏高原，还有新疆，甚至国外的中亚细亚和直到中东的那一系列伊斯兰国家。你们确有广阔的天地，比沿海地区更优越。我们可以在青藏高原沿边的这个走廊，以家庭工业和乡镇企业为基础，发展成为一个背靠兰州这个大城市的轻工业区域。这个不成熟意见，盼望大家多讨论，多批评。我们的目的是一致的，都是要求西北地区更好更快地发展起来。

致中央、国务院领导同志的信

（1986年9月22日）

我于今年七月三十一日至八月十八日访问了甘肃省定西地区、临夏回族自治州和青海省的西宁市，看到这些地区近年来确有很大发展。定西地区这是我第三次访问，印象较深。三年多来，种草种树已见成效，生态已停止破坏，开始向发展牧业迈进，乡镇工业采取与东部横向联系也已经起步，而且正在计划建立亚麻厂等骨干工业，以进一步促进乡镇企业并推广经济作物，提供工业原料，改变农业结构。

我特别想向你们报告的是在临夏看到的可以说是开发青藏高原经济的突破口。这两年来，临夏有成万人上青藏高原从事贩运和劳动服务，为临夏带来一片兴旺景象。他们从东部运进商品向西部推销，他们称作“东引西进”。现已深入西藏和青海腹地，拉萨有临夏一条街，三百多家商店，亚东已成为他们对外贸易的窗口，利润很高，群众积极性很大。从商贩积聚的资金已促进了临夏皮革、地毯、食品等家庭及联户工业的发展，有一点像温州的样子，用他们自己的话来说是“东有温州，西有河州”。

这使我想到了开发青藏高原民族地区经济的问题。青藏高原有丰富的牧业资源，但现尚基本上处于自给经济的水平上，要发展这个牧区，必须使自给经济转变为商品经济。首先要有人把牧民所需的日用品送上高原，换取他们的畜产品，通过实践，自给的头脑才能变为商品的头脑，牧业也就会发展起来。所以商品输入应当是发展这个地区经济的突破口。现在据说啤酒一项已换了大批皮毛，这是一个具体的重要信息。

从历史上看，临夏原是古代河州的一部分。从宋代以来一直是茶马贸易的中心，茶是农产品，马是畜产品。处在青藏牧区和中原农区之间的“河州”，正好是农牧交易的基地。也由于这个地区具有这样的经济特点，善于经商的回族从元代以来就聚居在这两大经济的中间地区从事贸易活动，得以存在和发展。我这次访问中所见到的大批回族同胞争先恐后地“东引西进”是有民族历史为其基础的，他们这种传统的民族特点在相当长的时间里受到了种种限制和束缚，捆住了手脚，直到三中全会松绑之后，这股强大的能量得到了释放的机会，已初步改变了临夏的经济面貌。

从临夏到兰州的公路上，我一路访问了不少这两年里发展起来的个体和联户企业，使我不断地把他们表现出来的那种艰苦耐劳、无所畏惧的开拓精神联系上回族形成和发展的历史，理解了“农业回不如汉，经商汉不如回”，各民族各有所长的道理。因而想到如果加以引导和帮助，完全有条件可以在这个地区培养一支活跃在青藏高原的商业队伍，而且依靠他们的开拓精神，深入牧区，把高原上的自给经济转变成商品经济，为发展牧业创造必要条件。

我对少数民族地区在经济发展上的差距,一直担心。我也看到解放以来国家对少数民族给予大量的经济支援,但是不能说收效很大。我在访问少数民族地区的过程越来越深刻地领会耀邦同志在西藏提出要改变“输血”为“造血”的重要性。我也觉得我们对少数民族不应只讲照顾和补贴,而应善于发现他们的民族优势,帮助他加以发展,使他们能自己站起来,在民族大家庭里做出积极的贡献。比如上述,回族在其历史过程中养成了善于经商的特点,这就是他们的民族优势,加以发挥就可以成为开发青藏高原中大有作为的力量。这样不但使回族自身更快地进入先进行列,而且可以帮助其他民族共同前进。

由于古代河州包括的地域较广,不仅临夏一地,还包括青海东部的一部分,所以我又到西宁去做了初步了解,青海的海东地区和临夏地区确是很类似的,原来都属河州,因此我设想甘肃临夏和青海海东实际上是一小经济区域,如果能协作起来,就可以成为向青藏高原经济辐射的基地。我把这一设想分别和两地区、两省领导交换意见,受到了他们的赞同和鼓励。正如海东地委的同志所说:“这个问题我已想了几年了,今天给你一语点穿”。临夏自治州的负责同志更积极要我向中央写报告。万事俱备,只欠东风。东风就是要落实和加强这个民族自治地方应有的自治权利,现在实际上和其他省属地区并无实质性的区别。

我同两省的领导商讨后,认为目前不必急于在行政区划上作任何调整,只要在事实上加强临夏和海东之间的经济协作,因此我想建议成立一个民族经济协作区,以临夏及海东为基础,增加甘肃的甘南藏族自治州和青海的部分的藏族及其他民族自治地方，形成一个多民族的共同发展地区，包括回、藏、东乡、保安、撒拉、土族、裕固及汉族等八个民族。为了便于发挥他们促进青藏高原经济发展的作用，应授予他们民族自治区一级的处分权利。有些经济上特殊政策与措施，应直接由中央领导处理，如金融的周转，资金的借贷，税率的规定，交通运输的引进，对外贸易的权利以及沟通与东部发达地区的联系，引进设备、资金和人才等等。

如上述设想中央认为可行，可协同两省进一步规划这个民族经济协作区的具体方案。这个协作区当前是以兰州为依托，向青藏高原，以商带工，在区内建立以制造牧区日用品及畜产品加工的小型工业，扩大这些民族中的工人队伍，进一步可以建立成对应亚洲中部和西部伊斯兰教国家所需轻工业品的生产基地，发展对外贸易，如果能充分发挥这地区各族的特点和优势，寻求为发展大西北的经济展开一个新的前景。

因地制宜　发展“草根”工业*

——费老在听取定西地委、行署工作汇报时的谈话

（1988年7月25日）

背景：1988年7月25日，全国人大常委会副委员长、民盟中央主席，78岁高龄的费孝通，在副省长阎海旺和省政协副主席朱宣人的陪同下，又一次风尘仆仆来到定西，就黄河上游多民族经济开发区建设问题来我区进行实地考察。费孝通一行到定西后，地委、行署主要领导和定西县领导陪同参观了县办集体企业甘肃无纺织地毯厂、定西制鞋厂和农民联办企业友谊工艺厂，重访了镇龙沙发厂，并为定西的一些工厂署名题写匾额。下午，费老一行听取了地委、行署的汇报。7月26日晨，费老一行离开定西，赴临夏视察。以下是费老的谈话和地委、行署主要领导的汇报。

时间：1988年7月25日

地点：定西地委招待所三楼会议室

---

* 本篇由杨思聪、张海军根据原始记录整理。

参加人员名单：阎海旺（甘肃省人民政府副省长）

朱宜人（甘肃省政协副主席）

韩正卿（中共甘肃省委常委、中共定西地委书记）

张国维（定西地区行署专员）

宋得寿（中共定西地委副书记）

王君党（中共定西地委委员、中共定西纪律监察委员会书记）

景培录（中共定西地委秘书长）

王俊邦（中共定西地委副秘书长）

张根生（定西县人民政府县长）

记录：张智全（中共定西地委副秘书长）

张国维：费老不辞辛苦，今年这是第四次到我区考察，五年四次，对我们的工作是很大的支持和鞭策。我把我们这几年工作的情况简要地向费老作一汇报：

1983 年以来的五年中，国家给我们这个地区共投入 1.1 亿元，其中用于扶贫的是2488万元。

农业方面，我们主要是坚持种草种树、三用建设和旱作农业，通过抓这几个方面，有了一些变化。一是停止了植被破坏，促进了畜牧业发展。五年造林种草比 1982 年底留床面积增加五倍多，改灶 29 万多台，推广太阳灶27730台。目前，大部分农户燃料问题基本解决，相当一部分还有了一定的储备。大牲畜增加了 20.52 万头，达 61.17 万头，增加 50.5%，今年上半年又增长了

2 万头；猪增加 27.7 万头，增长 48.2%；羊增加 5 万只，达 87.7 万只。二是农业生产条件有了改善，增强了抗旱能力，稳定了粮食生产。五年修梯田 42 万亩，农村已有 95.5% 的乡、52.7% 的村、31.2% 的户通了电。化肥由 1982 年的 4 万吨增至 9.1 万吨，今年已达 12 万吨，缺肥的情况得到了改善。由于条件改善，增强了粮食生产的稳定性，连续五年粮食总产稳定在 11 亿斤左右，没有大起大落。去年比 1982 年增产 67.3%，人均 442 斤，比 1982 年增加 134 斤，回销人口由 168 万减到 110 万，减少 24%，回销面由 77.3% 减到 49%。

韩正卿：原来供应办法有问题，去年我们改变了供应办法，实行粮食“五包干”，情况好一些。

张国维：农村回销粮由 2.29 亿斤减到 1.05 亿斤。今年实行“五包干”后，目前比去年同期少销1100万斤，减 63%。要饭问题大大减少。

费孝通：要饭怎么要，情况很复杂啊！

韩正卿：要饭有几种情况，一是逃避计划生育；二是外出做工，有工做工，没工要饭；三是靠要饭修房致富，以要饭为致富的门路，但真正有困难的也出不去。

费孝通：去要，他们都给吗？

张国维：都给，特别是一些富些的地方。

韩正卿：1982 年有据可查的要饭者爬火车的有 6 万人次，现在基本没有了，一年就是几百人次，上不了四位数。

张国维：三是人畜饮水，五年打窖43524眼，累计达到 10.5 万眼，缺水的地方平均每户二眼，修人饮工程 17 项。现在缺水人口由原来的24万减少到19万,减少了24.2%,拉水款由300万元减少到38.5万元。

费孝通:窖是老祖宗想出来的,是他们的发明创造。

张国维:四是乡镇企业和劳务输出有了较快发展。

费孝通:人口开始流动了,全国的保姆从安徽逐步向西移动了。办乡镇企业,发展商品生产,要有资金,没有资本就是出去搞劳务。香港的保姆现在主要是菲律宾。阿基诺夫人去香港时专门给她们开了会,因为她们给国家创造了大笔外汇收入。

阎海旺:越是贫困的地方,劳务越是要出去,第一批拉出去了,回来就是个样板。

费孝通:要有组织,也要民主监督,要搞好服务。

张国维:五是农民生活开始改善,人均纯收入由91元增至244元,"两西四县"从106元增至277元,农民盖新房的占到70%。

费孝通:这个看得出来。

张国维:但目前不平衡的问题很严重,全区还有30%的农户温饱没有解决,定西县是10%。

韩正卿:说实话,这几年粮食是多了,要不群众不会有那么多的盖新房,脸色也不会那么好。总之,这几年可以说有发展,有变化,不平衡,不稳定,但也有希望。

费孝通:你这个总结好,办法对,很实际。这几年你们的工作有成绩,群众心定了没有,这个话不敢说,干部心定了没有,也不敢说。当然,这也得有个时间。总之,要做到农民真的相信你,恢复到解放初的情况很不容易。

张国维:工业方面,近几年发展也比较快,在发展上一是抓了横向联合。

费孝通:这个你多讲一点。

韩正卿:工业可概括这么几句话:碗里端着,锅里煮着,地里长着,心里想着。这几年地直企业搞了三个6000万,第一个是32.7万吨(包括临洮峡口水泥厂)的大窑水泥,用的是国内补偿贸易,大投入大产出,锅里煮了个鸭子。第二个是铝厂,投资6000万,搞一万吨电解铝,也是国内补偿贸易,我们没有一分钱。

费孝通:这就不是大鸭子,而是大猪了。吸引资金,你要给他一点好处,不然资金引不来。

韩正卿:亚麻开发十个厂也是6000万,三个打成麻厂今年就可建成。

费孝通:这个你可引进外资,可找民盟给你们牵个线。

韩正卿:农业上我们也搞了个6000,是用世行贷款。就是定西县15个乡764平方公里的关川河小流域治理。

张国维:洮河上游的海巅峡,搞电站条件十分优越,有了电站我们就可以发展其他原材料工业,我们希望能够列入黄河上游开发区。

费孝通:省上给钱不可能,他没有那么多钱,外资引进要国内配套,你就先吸引国内资金。

张国维:再就是六个龙头,一是亚麻,二是豆类,三是洋芋,四是地毯,五是兔子,六是草编。

费孝通:六个龙头很好,既富民又富县,我很感兴趣。

张国维:我就简单谈这些。请费老给我们多提些意见,作指示。

费孝通：我谢谢你们，我也不多讲话，我讲的很多了。现在总的形势很好，东南沿海发展缺少原材料；国际上南朝鲜、日本也好，资金涨得厉害，他要向外投资。所以，紫阳同志提出沿海经济发展战略。大进大出，没有原料，是被动的，靠西部供应，这就有个时间差，因为我们的原材料工业赶不上沿海的发展。这就需要东西互助，要有配套政策，西部供应原材料，条件是留下一部分发展自己的工业，促进西部的轻工业发展。这是我的一个大的战略。原材料哪儿来，就是搞电，电有了，就可搞矿产品。西北这么大，重点放在哪儿？我考虑，将来把这个地区放在黄河上游，那么一来，西北整个就活了。这个地区发展了，就带动三个大的省区，政策用民族地区的政策。少数民族有个民族自治法，那里面含金量很大。如果将来中央定了，这个地区就发展了。在黄河上游一千公里、两岸一百公里、一千万人口，搞多民族经济开发区，我们有这么个想法，几个省区的领导都支持，这是作为沿海地区发展战略的配套战略。

我的意见，能源、工业都要搞国营，老百姓得到的好处不多，要扩散到民间，发展“草根”工业，让官富民也富，过去我们这个地区出去的原材料不少，但老百姓拿不到，要拿出一部分留下来叫民富。这次我来时间很短，浮光掠影，没有前几次深入。你们做得很好，你们需要我们帮助的，就来找我。我就是帮穷朋友，江苏富了，我就少去了。

韩正卿：我们的差距大，要继续好好干。希望费老明年再来。

阎海旺：他们也想乘黄河上游多民族开发区这班车向前走。

费孝通:你们准备好了,就可上车走。

朱宣人:地方发行股票,你们可先走一步。

费孝通:洮河的开发我明年来看。我现在不如以前自由,身不由己,今年我来是不忘老朋友。

开发大西北　迎接二十一世纪*

——费老在黄河上游多民族经济开发区第一次协调会上的讲话

（1990 年 5 月 7 日）

我很高兴能参加黄河上游多民族经济开发区第一次协调会，盼望已经很久了。去年筹备这个会，民盟中央也派了同志参加。我是上星期在江苏南通得到开会消息的，虽然离得很远，我还是及时赶来了。

今天，我想主要讲一讲为什么要建立黄河上游多民族经济开发区。对这个问题，我个人的思路是如何形成的呢？80 年代初，我重新工作以后，首先在我的家乡苏南搞调查。当时我有一个愿望就是四个字“志在富民”，目的就是让中国老百姓尽快富起来。80 年代前四年，我基本在江苏，考察的对象是农村和小城镇。我也不断发表意见。事实证明，这些意见对于江苏、对于全

* 本篇由中共定西地委秘书处 1995 年 9 月 16 日《工作通报》根据录音整理。

国农民来讲是得到好处的。我自己也很高兴。

上星期我还在江苏张家港,看到了全国农民最好的房子,两三层小楼,别墅风格,这个水平已经可以和目前日本农村的水平比一比了。这个变化没有经过多久时间,就是这10年嘛!从80年代初期人均收入只有100来块钱,现在到了1000多块钱了。其主要原因是把农村剩余劳动力全都用上了,搞乡村工业、产品出口、创取外汇,使大量劳动力变成了财富。

不过,这里有一个问题,80年代初期,全国农民真正在经济上翻身的只限于沿海,而沿海又仅限于少数几个地区,如长江三角洲、浙江温州、福建侨乡以及珠江三角洲。为什么其他地方没有较快地发展起来呢?是什么原因?所以,我就转移我的研究对象:从沿海到边区,到最穷的地方去看看怎样才能发展起来。我到了内蒙古,从兴安岭到包头又到阿拉善,后来听说最穷的地方是在甘肃定西。最初到甘肃的目的和动机是来看看这地方究竟穷到什么程度,如何让它转贫为富。从1984年起,我每年到甘肃来一次,今年这一次已经是第六次了。

全国农村我跑了不少地方,定西的贫困是比较典型的。主要是干旱,没有水,水是非常宝贵的。人靠天吃水,庄稼靠天生长,缺水就富不起来,使我感到农村真正穷的地方在西北。但西北不应当这么穷,为什么呢?因为历史上西北是不穷的,没有西北就没有现在的中华文明。大西北是中华文明的摇篮。后来由于生态破坏了,逐步变成了满目黄土的状况。贫穷也就由此开始了。因此可以说,是贫穷把我引到西北来的。

如何改变这种贫困面貌呢?我刚到甘肃的时候也曾想把江

苏发展乡镇企业的经验搬过来。后来发现并不简单，主要是缺乏基础和条件。但是我同时也发现搞多种经营是个好办法。我在定西考察时看到一家农户，家里种粮、养猪、养羊、养兔，搞得很不错。可见，在当地是以家庭为基础的，尽量利用劳动力，想多种办法使劳动力变成财富这一原则还是可行的。这种经济的形式，现在有人称之为“庭院经济”。

从发展乡镇企业来讲，必须具备一定的基础和条件。工业技术不是从天上掉下来的，苏南所以能够把乡镇企业搞起来，是因为有大中城市为依托，又有长期的手工业传统。没有这个基础，发展乡镇企业就比较困难。但是以家庭为基础搞各式各样的副业，农民积极性很高。利用农民勤俭持家的传统做基础，使每个人的积极性都调动起来，是个实际可行的富民之道。各地各户努力从事各种适宜的副业，千家万户也就随之富起来了。从坚实的农副业基础上逐步发展集体性的乡镇企业是一条农村经济发展顺理成章的道路。

目前，已经发展起来的乡镇企业虽然面临收紧的局面，环境很差，困难很多，可是并没有发生大的动荡。这使我感到这种我叫它作“草根工业”的企业生命力确是很强。上个月我到江苏去看了一下，紧缩的影响比较严重到关停并转的大概有1/10，可是这个打击并没有引起农村里的恐慌。为什么呢？这批亦工亦农的人，工厂关门停产后还是可以回家搞农业、搞副业，等气候转好，再出来开厂做工；这样就有了伸缩性、灵活性，也就是弹性。农村家庭这个经济单位是个强有力的调节机构。在现代化的城市里没有这种弹性，也就经不起这个风浪。

当前社会主义初级阶段经济发展的基层，看来不能离开家庭这一基础。离开这个基础在理论上是可以讲的，而实际上却行不通。工业刚刚起步的时候，经济上由穷到富要有一个过渡。在这一时期要充分重视家庭这一基础。在经济上比较落后的农村里要搞“庭院经济”，以家庭为基础，农、林、牧、副、渔，能搞什么就搞什么，小规模地家家户户搞。

“庭院经济”不妨看作一个过渡阶段。归根到底它还是小农经济，具有小农经济的各种弱点，农民的小农意识也不易改变的。所以为了向社会主义发展，必须加上一个集体服务机构。搞这个服务机构不难办，因为生产的东西多了，自己吃不了用不完就必须想办法，把产品推向市场成为商品，而这是个体户不容易搞得好的。在农产品基础上搞加工工业是要农户联合起来。所以他们会容易接受集体性的服务。从流动和加工开始，逐步向产前、产中、产后的集体服务工作方向发展。这样顺势而行，容易为群众接受。这样集体主义就来了，就向社会主义发展了。这就是我们在农业体制改革中所讲的双层结构。它利用“庭院经济”为起点，发挥农民的积极性，然后引导他们向集体主义发展，使个体经济的作用越来越小，集体的作用越来越大。这是条值得充分利用的道路。以上是我这几年来对怎样在经济比较落后的地区使老百姓早日富起来的一点体会。

我第二次来甘肃，经过临夏到甘南，这些都是民族地区。去后我想了很多问题。中国现在真正穷的是少数民族，民族问题的根源也就在此。以前民族问题的根源是民族压迫，现在民族压迫从根本上消灭了，可是穷还是存在的。贫富差距还很显著，也可以说十分严重。

大体讲来,我国面临三个差距:一个是同发达国家的差距,一个是东南沿海同西部的差距,一个是汉族同少数民族的差距。这是我研究社会问题的出发点。为什么我们要搞四个现代化?就是要克服第一个差距,这点大家都已经看到了。但是东西差距和民族差距的严重性一般来说还是认识不足。我认为,中国经济发展过程中产生的地区差距和以此带来的矛盾是当前我国的基本问题之一。这个问题我们必须及早地注意并加以克服。

西部少数民族地区地域辽阔,它的经济特点主要是牧业。不想方设法使这片草场的牧业发展起来,这地区的少数民族经济就很难发展起来。这是一个发展民族经济的基本问题。同时历史上农、牧是从没有隔断过的。在西部高原和中部平原之间一直存在一个农、牧交流的过渡地带,甘肃的临夏就处在这一过渡地带上。这里住着一批善于搞流通的人物,其中很多就是有商业传统的回族。汉族由于受传统意识的影响,不善于做生意。所以我主张发挥回族的特点,帮助他们发展青藏高原的流通事业,以促进藏族牧业的商品化。关于这方面我上次在这里已谈过,不多谈了。我去年来甘肃又提"两南兴牧"的主张,希望同志们能继续研究。

以上讲的是我怎样从治贫致富的出发点,逐步注意到少数民族的发展。关于怎样发展少数民族经济的问题,希望今后还有机会作专题的讲话。

这次来又有了一些新的看法。现在离21世纪只有10年了,因此我们必须要有个概念,现在不是80年代了,是90年代了,从现在起就应该考虑21世纪的问题。因此不能不想21世纪的世界是一个什么样的格局。去年一年的变化是世界根本格局的变化的开始。用简单的话来讲这个变化是“二降二升,四分为六”。两降就是美、苏控制世界的格局去年开始发生动摇,实力下降了。债主国已成了债务国,这两降还要继续降下去。两升,一个是东方的日本,目前已成为经济大国,一个是西方的欧洲共同体。当前可以说已经出现了四强。东德一倒过去,德国处于统一的前夕,德国统一后拥有很强的实力。欧洲共同体很可能发生分化,一分为二。我们中国能不能在下个世纪在东亚崛起,成为世界的强国的“老六”,就得看我们今后10年的努力了。所以前景是“四分为六”,也可以说是我们要争取的目标。

从国际形势分析,5到10年内世界大战是打不起来的,在这10年之内我们能不能在东方崛起,与日本比一比?在这段时间内,如果我们不能积蓄力量,我们起不来,那么,我们在21世纪的地位就很成问题了。这些年是对我们这一代人的考验。只要我们振兴工业,加强农业,控制人口,搞一个强大的中国是可能的。要实现富强也是有条件的:一是大局稳定,二是到2000年国民经济要翻两番,三是1997年收回香港,希望不会有什么波折,我们将会有一个“一国两制”的“跳板”,为出口创汇创造更便利的条件。但是,我认为,从东到西,还要一条龙,一条经济上有实力的龙。现在这条龙的骨脊已经具备了,那就是有一条从东至西的干线铁路。这条龙的一头是上海,它要成为一个大陆上的香港,我们要有一个自己的外贸、航运、金融、信息、科技的中心,为全国各地工农业服务。这是社会主义经济的窗口。

上海正在浦东进行开发建设，搞成以后对大家都有利。历史上，上海是我国的经济中心，香港原来只是一个相当落后的、轮船装水上煤的口岸，和上海相比差得很远。我国东方的大门一直是开在上海的。后来，资本主义国家对我们搞封锁，我们也关了门，只能以香港为跳板搞出口，可以说，香港是靠了作为我们大陆的出口后门才能繁荣发展起来的。我们为什么不能在其他地方搞几个自己的香港呢？现在，我们正在借鉴香港、深圳经验开发浦东，复兴上海。上海比香港条件优越，上海人才多，头脑灵，无论技术力量还是科技力量都比香港强。香港没有农业，一点耕地都没有。浦东开发区绝不仅仅是为了上海而建立的，而是为了整个中国从西到东这条龙的腾飞。上海成为这条龙的头，为这条龙的腹地服务。

民盟中央有见于这个形势提出了一个意见，建立长江三角洲经济协作区，包括一市两省。目前的问题是江、浙、沪一带工业企业有趋同性，企业趋同，产业结构趋同，没有一个通盘的规划，缺乏一个照顾全面、为各地工商业服务的机构，致使长江三角洲以及所联系的腹地的优势发挥不出来。当然，要建立这个中心困难很多，缺乏资金，但是建立这样一个大陆上的香港是十分必要的。这条龙的另一头是黄河上游地区，它是提供原材料和发展加工业的基地，这一地区是大有发展前途的。这里原有一批三线的大企业，近来又发展了一大批基层的、民间的中小企业，开发是有基础的。长江三角洲和黄河上游这两方面结合得好，搞成一条龙，大家为一个目标，看成一盘棋，看到21世纪整个局面，我们的经济实力就会大大加强，这条龙就会腾飞。假如我们不这么办，将会是什么局面，大家是很清楚的。我们必须为下一代积蓄力量，打好基础，创造条件。主要的是要把两头沟通起来。一头是长江三角洲，一头是黄河上游。要真正搞好沟通，还要花大力进行研究探讨，以得到一个共同的认识，得到一个正确的决策。在共同认识的基础上搞共同规划，分头实施。

这次会议很重要，黄河上游这一地区是资源丰富的地区，同时又是一个生态失调的地区。现在已经找到了一个可行的发展方向，那就是发展能源、原材料工业，除供给全国之外，发展自己的中小企业。小区建设也走出了一条城乡结合、一厂两制的路子，发展很快。我相信，只要走上正轨，5 年就会见效。在这次会议上，我希望大家站得高一点，看得远一点，看到 21 世纪，看到全中国。既看优势又看可能性，振奋精神，增强信心，根据“共同规划、分头实施、互惠互利、共同繁荣”16 字方针的要求，让黄河上游这块宝地，这个中华民族文化的摇篮恢复其本来面貌。与长江三角洲的开发配合起来，成为一条中华巨龙。只有这样，我们才无愧于下一代，我们就可以比较宽松地迈入 21 世纪。

东引西进　互惠互利*

——费老第五次视察定西时的谈话要点

（1995 年 9 月 4 日）

我这次来定西,是第五次了。我印象很深,因为这是一个比较穷的地方,是出名的,定西是一个有名的贫困地区。扶贫嘛,就多来看看定西。我讲过,定西富起来了,由过去一个穷地区,变成一个富地区了,那么中国的情况就不同了。所以,我抓住定西,跑了五次了。最近三年,我在别的地方跑,这次有机会来看看定西。

定西的关键问题,大家一致认为,是靠天,靠下雨。不下雨,水的问题不解决,就不好解决其他问题。这一点,大家都明白。最早,胡耀邦同志来,也是讲种草种树。西北主要的是一个生态问题。我一路也注意这个问题。这次我坐火车来,沿途可以看看。往次来坐飞机什么也看不见。这次坐火车,进入甘肃后,我

* 本篇由中共定西地委秘书处 1995 年 9 月 16 日《工作通报》根据录音整理。

坐在窗旁看这个地方，看到东部、天水一带还不错，是绿色的。听到西北的旱情我很担心，我想你们这里这些年草刚刚长起来，又两年旱了，就不得了，就得重搞了。现在看有些地方，有点雨，草就能长出来，就好一点，说明我们花了很长时间初步的实验，有点雨之后草还能长起来，了不起，十分不容易的。比如以前几年旱了之后，草能不能长起来，这次看还是好的。前几十年种的树，长长了，生了根了，当然要解决问题还差得很远。

现在还是靠天，靠天上下的雨水，作为我们经济的来源，这是很可怜的状态。刚才谈，要搞个引洮的水利工程，这可以解决定西等中部一片几个县的问题。引洮来灌地，我十年前就听说了。开发区嘛，中央也同意，主要是引水灌溉，用落差发电，再把水打上来，搞黄灌区的农业。同时，有了电还可以开采矿藏。你们这地方有没有矿？（地委王仲保副书记说：漳县、岷县和临洮有些矿，岷县、漳县发现了金矿，岷县金矿已开采两年了，漳县东泉乡发现的金矿规模还比较大，贮量比较丰富。岷县搞简易的堆肥法，去年搞了 80 公斤）。勘探也要跟上去，不然不知道地下有些什么东西。有了矿产，用水搞农业，用电来开矿。这一条我等了十年了。你们是不是这样的，也勘探清楚了，现在就是开矿的了，钱么，地方可以拿些出来，主要的是不是靠中央？这个好。大家努力，我能出多少力量出多少力量，推动这个事情（引洮）。这个地方的扶贫，主要是靠农业，农业要有水。有水还不行，要抽起来，才能灌到地里。先用水发电，用电发展农业，这一条大家一起努力，争取早一点实施。现在还是纸上谈兵的，纸上谈兵，也还要多谈。

从总的形势看，党中央的领导注意力西移，看到了东西部的关系问题。东部先富起来，这大概是避免不了的临时过程，下一步“九五”计划中，中央已开始解决这个问题，有这个事，但解决还要15年以后，到2010年，可能要成为一个解决西部繁荣问题的高潮。还有5年，我们可以做许多准备工作。西部要掀起发展高潮，这不是以人的意志为转移的，是一个历史过程，东部发展了，中部起来了，就自然到了西部。西部主要是我们甘肃，我到甘肃第八次了，我看的最多。我看甘肃希望很大，就是在5年之内要做好准备工作，尽量在21世纪的时候，迎接西部的发展高潮。这里面，一个农业的复兴。农业是基础，农业问题里面，水是第一。种草种树还是老文章，结果还是没有种好，有了水了就可以种好了，这儿的树一长就是10年、20年，不是一下子起来的。十年前我来看种的树还没有一米多高。这是第一点，我们的思想上要有个准备，要抓紧准备迎接西部发展的高潮，不要等到临时来的时候我们准备不足。刚才讲的引洮工程如果中央一提，说要搞水，我们有方案就可以拿出来，就可以早一点实现。我看中央将来有力量的话，力量再大一点的话，这个计划是可行的，也是必要的。要解决陇中这块最穷的地方的问题，基本的计划就是引洮，和它相配套的就是种草种树。同时，还要走好旱路。这次我们在河北石家庄一个地方，叫广中县，这个县是秦始皇死的地方，可以考据出来。这地方都是旱沙，我们看的时候也想办法帮他们扶贫，我们几个民盟的同志，想出各种办法来。这次河北农科院搞了一个计划，就是治旱的农业计划，有的地方你们可以参考一下，就是耕作，种什么东西，怎么种，要多少水，专家们搞了一个整体规划。这就是说，旱的地方走旱路，有水的地方走水路，旱的地方不能等，不能靠天吃饭，我们还得准备一个旱的地方如何发展农业的问题。不是没有办法，不能说我们这个地方的产量很高了，你们需要的话，我们可请专家来看。就是要一同来研究旱作农业，研究干旱地区发展农业的科技进步，依靠科学来解决这个问题。所以，你们可以联系一下，可以找民盟的同志联系，当然，外面的经验不能直接用，因为是在不同省份，但可以请科学家共同研究。作为一个课题，这个很好，可以与他们通气。这是第一条，就是在旱作农业里面做文章。

对农业怎么个看法，一种是粮食，主要是解决吃饭问题，民以食为天，吃不饱不行。今天在你们招待所吃的对我大有启发，现在人们对贵重的吃的变过来了，糜子、谷子做的，营养价值高，即使比麦子、比稻子产量低，但还是营养价值高。今天我吃了几个卷，很好吃，这东西将来要加工销出去。直销粮食人家看不起，一加工一宣传把营养成分什么的一讲，那就值钱了，这个话是有根据的，我不是乱吹。我在河南的漯河，那是一个农业区，净吃麦子，很穷，尽管吃的麦子不少，产量也不低，可是不值钱，大家都明白这个道理。他们怎么办呢？就从加工麦子开始。开始很苦，没有基本积累，迈不开步。他们从基础材料开始，搞面粉加工，搞方便面。方便面一出来，搞其他的锅巴等这一类加工。一个村产值就16个亿，面粉加工一项，他们搞了各种品种，产品很多。还有市场，市场城市居民很多，下班吃方便面。我说这个的意思，就是我们西北一个大的吃亏就是把原料不是加了工再拿出去找市场，而是从矿产到农产品都不经加工拿出去，吃亏吃得大了。我一直强调乡镇企业不一定搞大工业，而是搞加工，加工就是工业，不一定要搞一个很阔气的工厂。开始就是家家搞，从山东的西部一直到河南、河北我都跑了，主要是搞庭院经济。要有大农业观点，不要把农业限制在小圈子里，同样一块地换一个品种就不得了，就可以增加十几倍的产值。如覆膜技术可以增加温度。北京附近的许多县就是靠供应北京的两千万人口的蔬菜求发展的，大同附近的一个县，田里一眼望去全是薄膜。有的一家人建一个大棚就可以达到小康了(地委王仲保副书记插话:去年我们搞得好的，除去成本，收入达到一万元过一些。)。我的意思是不要一味钻到决策里面去，而是把现有的扩大一点规模，到处是财路，问题是我们看到看不到，我们的各级干部一个责任就是要打开农民的思想。如农村劳动力的问题，我们到东北的黑龙江、吉林，冬天把劳动力也拉出来了，收入增加了好几倍。我想西北多余的劳动力还是不少，是不是可以把剩余劳动力动员到市场里面去，就可拿到钱，农民积极性一起来办法就多了。我在河南看的一个县搞丝织布出口，都富起来了，它不要电，什么都不要，它就是用剩余的劳动力。内蒙古包头附近的一个乡干部对我说，他们那儿的女人一有空就到市场那边去。我说这句话是对的，往往妇女们忙得很，但不从事生产劳动，如果女人们都为市场生产，那个力量大得很，所以他们那个乡仅仅发展了两年，乡财政收入就达到了1000万(张荣华插话:那个乡过去人均收入400多元，经过两年的努力，人均收入1050元，乡财政的收入以前400万，现在达到了1000万，他们乡上讲开发了两个资源:一个是精神资源，一个是物质资源。各级组织把能用的力量都组织起来,把能变钱的资源都变钱,特别是让女同志也参与市场,能种什么种什么,能干什么干什么,还可以走出去,只有一个目的就是增加家庭收入)。事在人为,抓住一点就是一点,真的抓住了,劳动力商品化,就可以产生商品。他们给我讲,家庭经营主要靠女人来经营,女人的商品经济头脑比男人强,发动她们就会产生力量。我看西北的女人不懒,男的有懒的,许多时候买东西都是妇女去买的。我看中国农村只要把妇女劳动力发动起来就会增加许多收入。以前我讲乡镇企业讲了几十年,我看不一定搞个大厂,乡镇企业都是从小的开始的,顺应市场它自己会壮大起来。要想办法使农民口袋里有钱,有钱了他就可以投资,将来我们办个厂也就不需要国家大力投资。农民手里有了钱这才是真正的造福于民,政府可以组织他们拿出钱搞股份制。在农业和我们想象的大工业之间有一个大的空间,是可以大力发展的,但我们却忽视了这个空间,许多时候人们只愿做大事情,不愿做小事情,而像我刚才讲的那个乡,那个乡长两三年间把农民变富了,就得这种人出来。我们穷地方,不要因为穷就认为路子很小,你们有人、有地,路子很多,就是怎么利用地、利用人,把它变成钱,有本领变钱出来就成功了。现在扶贫实际就是这一条,你们有人有地,至少天上还下点雨,在这个条件之下,大家想办法,不要看得很高,就从小的做起。从很多例子看,一些地方就是在几年之内改变样子的,我们的贫困县要有这个精神,去积极找路子。

路子怎么找,比如说你们的亚麻,搞了几年不行,但我到西海固去一看,他们搞成了。我们有的县一开始就计划搞大规模的一个工厂，得多少多少钱，没法解决就吹了，这不行，还是要从小处做起，只要有市场。老百姓要的东西不一定都是很高档的，就是要实事求是，不要看得太高，不要空想，能做多少做多少，一步一步地走，就会有成效。我认识一批江苏的企业家，真正大学毕业的很少，都是从小到大，一步一步自己搞出来的。我们现在培养人才，不是要开多少的学校，学校要开，但重要的是发现人才，培养人才，给他条件，有的还可以保护一下，就是要发展一批自学成才，真正服务于当地的人才。这比我们出去做个报告的效益好得多。我很高兴，你们的乡镇企业，有的搞得很大，有的利用外资，这在定西来说，机会不多。但更要看到，在基层一大批老百姓身上，他们能不能搞点什么出来，我想一定可以，所以我想明天看看基层的那些自己冒出来，但还没有成功的人。

最后，我看你们的任务很大，下一世纪，要把西部搞成一个经济的坚强堡垒。各个地方都起来了，西部什么地方能发展起来呢？我看大概在兰州这个中心。兰州能不能起来，不是靠兰州有多少工厂，而是要靠兰州市外，我们叫腹地，腹地的人有生产力了，有能力交换东西了，那么中心就发展了。现在你们的交通条件不算太坏，你们的公路还算好的，从兰州来，两个钟头，一点颠簸也没有。我从贵阳到毕节，一百多公里路，颠得像跳迪斯科一样。新疆的伊宁到阿拉山口，路也不好。我们这里条件是比较好的。江苏过去也是这样的，现在才有高速公路了。你们的基本条件不错，不知道乡一级的交通的“毛细血管”怎么样，可以用以工代赈，把劳动力用出来，搞得好些。这是优良传统，剩余劳动力用出来，养娇了不行。伊宁抽出来一个月时间搞修路劳动。总之，你们要多想办法。我来吃了一顿饭，想了很多（张荣华插话：有些可以搞出口，如驴鞭肉）。电视里面一看，就是这个地方出的，你们可以用信息、搞广告，像金华火腿那样。这里我讲个故事：在内蒙赤峰，有个宁城老窖，厂长说，我花一块钱做广告，可以收回来10块钱。他这个人很会做广告，他主要的不在本地销，而是在香港、台湾，打出去了，靠什么，就是靠广告。酒竞争得厉害，就得靠广告，孔府家酒就是靠广告，你们就要学他们，进市场。你们的本钱是好的，如小米、糜子等，都是宝贝了，加加工，就可以打出去。我希望定西能尽快发展起来，到下个世纪，我能不能来就不知道了，不管怎么样，你们在五年里面要准备使定西有一个大发展，要把群众发动起来，像抗日战争、解放战争那样，先发动群众，挣钱富起来，再引导他们怎样用钱。你们搞过些移民，我这次也要了解一下，把他的好处讲出来，一个看移走的地方，土地相对增加了，看农民生活是不是好了，一个看移民的生活有什么变化。

我年纪大了，说不清楚的，请大家原谅。

在西北民族学院建校五十周年庆祝大会上的讲话*

（2000年9月20日）

各位领导、各位来宾、各位在民院工作的同志们：

你们好！今天，我感觉很兴奋。很高兴能参加西北民族学院的五十周年纪念会。在这次纪念会上，我想到了过去五十年。中华人民共和国成立以来，我们各民族同胞翻了身，得到了完全平等的地位，这是中国共产党政策的实验，是全世界瞩目的伟大的事件，也是中国历史上第一次实现的民族的平等。

五十年前，我就参加了民族工作。那时候，我们主要的工作，就是要成立一个有各民族代表的人民政权，要制订体现党的民族政策的宪法。我记得，毛主席和周恩来总理明确地跟我们说，要做到这一切，首先要有人，要培养少数民族自己的人出来做这个工作。所以，从五十年代起，从五十年前起，人民政权一成立，我们就积极筹备成立最高教育级别的民族学院。我自己

---

* 本篇根据录音整理。

很光荣,参加了中央民族学院的筹备工作。成立中央民族学院后,我们在各地方成立了地方民族学院。西北民族学院是最早的一个地方民族学院。我们希望在西北地区,能有一个培养少数民族人才的中心。西北是中国少数民族最多的地区。成立西北民族学院,就是要在这个地方发展我们的事业。后来,宪法规定的关于民族区域自治的重要政策,都是在西北地区率先实验的。当时,领导我们民族学院工作的是乌兰夫同志。他是内蒙古自治区的第一任主席,后来是我们的国家副主席。在他的领导下,大家努力办好民族教育工作。五十年来,经过各位同志、老师们的努力,取得了很好的成绩,西北民族学院有了几万毕业生。我在西北地区访问的时候,走到各地碰到的都是我们民族学院的同学。民族学院的目的只有一个,就是要培养少数民族的高级知识分子,培养为民族工作服务的各级工作人员和干部。这一点,我们做到了,完成了国家领导人交给我们的任务。所以,我很高兴能参加西北民族学院的五十周年校庆。这五十年,你们做了很好的工作,这些工作,也体现了民族的历史性转变。

但是,今天我还要说一句话,今后还有更大的、更艰巨的工作在我们前面。世界变化很快。大家都从报上看到,现在进入了信息时代,叫世界一体化了,经济也一体化了,我们的生活,不光是在偏僻的山里,而是在广阔的地球上面。我们要与全世界各族人民和平共处,就要花很大力量,自强起来。人活在今后世界上,地球变得很小了,像一个村子一样,我们叫“地球村”。“地球村”里有各种各样的民族;民族是不会消灭的,因为这是历史造成的,很久很久以后也许有变化,在我们想得到的历史时期,民族还会存在。那么,我们民族之间要不发生矛盾、冲突以至于战争,就要创造一个和平共处的各民族繁荣进步的地球。这个事情要从自己做起。我们中国五十多个民族要共同努力创造一个大家庭,和睦繁荣的大家庭。我们的任务很久,道路很艰难,大家要更努力地向前走。现在,我年纪大了,可是我希望,有青年人出来继续做我们这辈人没有做完的工作。

谢谢大家!

九访兰州　两次讲话*

（2001 年 7 月）

一

今天我们召开一个座谈会，在这个座谈会上我们要研究一个问题，这个问题就是，在西部大开发中，怎么样认识人文资源在其中的作用和意义，要如何去保护、开发和利用西部的人文资源。西部的人文资源，不仅包括过去我们祖宗给我们留下的许多人文方面的遗产，也包括现在还活着的并还在继续发展的各种人文方面的活动，尤其是现存的各民族的文化艺术方面。

长期以来，我一直对西部很关注，关注的原因是什么呢？是因为觉得在全国的发展中，西部落后了，为了全国经济发展的平

---

* 本篇选自《费孝通晚年思想录》，是方李莉 2001 年随费孝通先生到甘肃考察时整理的两次会议上的发言稿。文章“一”是费孝通先生和甘肃省的学者们座谈有关“人文资源保护、开发和利用”的课题研究时的讲话录音整理；文章“二”是费孝通先生在听取甘肃省领导汇报会上的讲话录音整理。

衡它必须赶上去，我要为此出把力，帮一帮它。这是我经常到西部考察的出发点，仅仅甘肃，在这十几年间我就来了九次。这期间我所注重和关心的都是经济的发展，目的是“志在富民”，是想提高农民的收入。所以，到甘肃我挑的第一个地方就是农民生活最苦的定西县，那还是在八十年代。那时我从研究东部的发展，开始转到了西部，当时我对西部的贫困印象很深，这种印象不是假的，是真实的。但片面性很强，这种片面性就在于，我只看到了西部贫困的一方面，却没有看到它富有的一方面，没有看到它具有那么多丰富的文化艺术遗产，那么多还存活的和还在发展的各民族丰富的文化艺术活动。当然这种片面也是有一定历史原因的，因为当时的经济实在是太落后，如果不解决经济问题，一切问题都免谈。但这种经济发展又不能全靠国家，必须自力更生，所以认为西部的发展，首先是要发展生产力解决经济问题，在这一方面我是对的。但在这一期间却忽视了西部的另一方面，那就是它富有的一方面。如果早一点认识这个问题，对西部人文资源的保护、利用和开发的工作就能早一点开展。

记得还是在我在读中学的时候就听说有一个西北考察团在西北考察，其中还有一个瑞典人叫斯文·哈定，那时我只是觉得西北很神秘，有很多有趣的生物和民俗文化，但没有看到它对中国文化发展的意义，也没有看到它在今后中国文化发展中的地位。我当时的富民思想也没错，但现在改革开放已经二十几年了，西部落后的局面还没有完全解决，国家又提出了西部大开发，这是对的。但是不能重复我的错误，忘记了西部的另一面，也就是它所具有的、丰富的人文资源这一方面。今天上午我们参观了甘肃博物馆，感到你们这里的人文资源太丰富了，我们所看到的都是已经发现了的，其实还有很多是尚未发现的。博物馆中的许多藏品都是在近一百年或几十年中收集和发现的。在早些时候中国人是不重视这些人文资源的，但是外国人重视它，到这里来考察，还偷走和抢走了我们的许多珍贵文物。首先是我们不懂得自己的家产值钱，不知道自己有这么珍贵的财源，没有认识它嘛。我们这代人是很苦的人，因为我们中国的经济落后，在国际上没有地位。我出生在1910年，也就是辛亥革命的时候，这是一个中国悲惨局面的段落。我的一生所看到的都是中国人贫穷的一面，所以，让中国人富起来，是我这一辈子的最大愿望。认为首先要有经济基础，要有生产力的发展，没有经济基础，其他的方面的发展就谈不上。

就像甘肃的博物馆有那么多的宝贝，但却没有一个好的陈列，有很多的文物都没有展出来，因为没有那么大的地方，这就是我们的财力不够。有了宝贝不能表现出来，不能宣传出去，这是我们经济落后造成的。但在这二十年当中，中国的经济有了发展，农民的收入也有了提高，西部虽然还是比较落后，但也发生了很大的变化。现在江苏的农民收入是向万元进军，当然，比较起来西部就有距离了。

所以西部的重点还是在发展生产力，只是不要忘记了，我们还有一部分很大的财富，也就是在人文资源方面的财富，经济发展了，我们就要注意到这一部分财富，首先要保护好它，其次，才能谈得上今后怎么去开发和利用它。在保护这些人文资源方面，甘肃还做得不错，起码在这二十年来，没有什么大的破坏，在早期很多东西都被外国人偷走了或抢走了，最明显的例子就是敦煌，解放以后就不会再有这样的情况了。虽然在文化大革命时，许多地方的传统文化和文物都遭到了不同程度的破坏，但甘肃省好像还比较好。

我在甘肃下面跑，有一个印象，就是在群众里面、农民里边，对我们的传统文化很重视，到很多农民家里去看，门口都贴有对联。在下面我碰到一个青年，他把他父亲写的字给我看，是草书，写得好极了，问他父亲是干什么的，他告诉我说是个小学教员。这说明这里的传统文化深入到民间去了，这不简单。在我们江苏，农民的生活很富，但在乡村里对传统文化有兴趣或有研究的却不多。所以在甘肃不少农村还有传统文化的底子，我当年在定西，到洮河一带去考察，感觉到当地的农民对传统的文化有一种爱惜的心理，他们虽然文化不高，但对传统的民间艺术却很热爱，也很热心地举办和参与各种民间的艺术活动，很多的传统文化和文物都保存得比较好。我不知道我讲得对不对，总之，我有这样的印象。我们还要加强宣传，要让当地人进一步认识到这些东西的重要性。也有很多人对于这些古文物和古文化遗产不懂，也不认识，主要是基础知识不够。

我这是第九次到兰州来，才第一次讲到了人文资源的问题，这实际上也是一个事物发展的必然性，这意味着人们的思想感情已经开始产生变化了，也就是说当物质发展到一定地步以后，人们就要开始重视精神了。也就是在这个时候人们才发现我们面对的不仅有自然资源，还有宝贵的人文资源，这是在我们的感情产生了变化，物质发展到一定程度才能看到的。在经济落后时期，人们不大可能会认为人文活动留下的遗迹和传统是一种资源，是因为经济的发展才促进了人们对人文资源的认识。

所谓的人文资源就是人工的制品，包括人类活动所产生的物质产品和精神产品，它和自然资源一样，只是自然资源是天然的，而人文资源却是人工制造的，是人类从最早的文明一点一点地积累、延续和建造起来的，它是人类的文化、人类的历史、人类的艺术，是我们老祖宗留给我们的财富。人文资源和自然资源一样，有很多是属于不可再生的，一旦被破坏掉，就永远无可挽回。

我昨天在甘肃博物馆看到了许多原始的彩陶，真是美极了，那时候人类的生产力还很低，还是属于新石器时代，但在陶器上所反映出来的精神世界却是很丰富的，那么多抽象的和具象的纹样，表达出了我们祖先最早对世界的认识和看法，还有那些为了不同用途而做成的不同造型，也反映了最初人类的生活方式。因此，它们表现出来的不仅仅是一种陶器，而且还是一种文化，一种早期的中国人的文化。尽管我以前知道，早期的人类社会有石器、有陶器，但那都是空的，是书本上的。这次到博物馆，实际看到了，才被感动，才有了一种新的认识。所以，我们今后要多普及历史和考古方面的基础教育，不仅是在书本上学，还要带学生多到博物馆看看，让他们通过这些认识我们国家的历史，知道哪些是我们祖宗留给我们的宝贵财富。甘肃现在发现的文物古迹已经很多，但还有没有尚未发现的文物古迹呢？这都很难说，就像当年的敦煌也是偶然被发现一样，当年看守敦煌的王道师就是因为不懂得那些文物的价值，所以把许多珍贵的国宝都很便宜地卖给或送给了外国人。因此,我们先要提高我们的认识,提高人们的素质,提高大家在文化历史方面的修养,只有这样人们才会自觉地去保护我们珍贵的文化遗产。刚才我已经说了传统的文化在我们甘肃是有基础的,这种基础存在于群众之中、农民之中,这要把它保持下去,并进一步培养起来。这是第一点。

第二点,我想讲的是,我们对于人文资源的态度,首先要宣传,要让老百姓知道,这些是宝贝,是有文化价值的,甚至还是有很高的经济价值的。在干部里面也要加强教育,干部很重要,有些群众碰到了珍贵的文物却不认识,干部要有这方面的知识,不要让群众随意丢掉或破坏掉。尤其在西部大开发期间,在进行一些基础设施的建设时很可能会无意中发掘出一些古文物或要破坏掉一些古文物,包括一些古建筑,我们尤其要注意。比如你们今天给我看的一块当年中原皇帝给西藏王的令牌,就是在收破烂的废品堆里无意中发现的。这一类的东西一定还很多,只是我们没有发现而已,有时候因为我们不懂所以也就在我们的眼皮下溜过去了。就像二十年代的一些外国探险家,到中国西北考察拿走了我们的不少文物,虽然是一种强盗行径,但他们却帮助我们发现了这些东西,知道了这些东西的价值,所以,在历史上他们还是有功的。中国传统的文人,大多是坐在书斋里看书的,不会深入到下面去考察,不会到活生生的社会生活中去体验,去了解事物真正的本来面目,所以对书斋以外的许多事情都不太了解。今后我们要改变一下我们传统的做学问的方式,要提倡真正地深入到生活中去,到广大的农村中去,在这些地方我们可以发现很多的好东西。我们的知识是从哪里来的呢？我认为决不会仅仅来自书本，而是在实践中，在实际的生活中产生我们的知识。对中国的历史也不要光看书本，要到博物馆去看一些真正留下来的实际的东西，我们对它的认识才会更深刻，更全面。

就拿我自己来说，虽然我有条件接触过不少的历史文化方面的东西，但由于学习和关注得不够，所以在这方面的认识还不够，现在我还要开始补课。前面我们讲到了人文资源，它的涵盖面可以包括得很广很广，甚至包括当今各种的文化产品也都无不是来自于人文资源。我们现在不光要发展经济，也要重新认识人文资源，要回头看到这种资源给我们带来的影响，另外，还要利用这些原有的资源给我们创造出一种新的文化，来服务于我们新的生活，这里面有很深的学问。西方经济高速发展的结果，只是强调了人同物的关系，但却把人同人的关系，人同自然的关系给丢掉了。现在西方人已经认识到了这一点，正在局部地把它恢复起来。人和自然的关系，包括了人同自然生态的关系，人同自然资源的关系；而人同人的关系则包括，人同人文历史的关系，人同人文资源的关系。

人文资源虽然包括很广，但概括起来可以这么说：人类通过文化的创造，留下来的、可以供人类继续发展的文化基础，叫人文资源。我们要好好地利用这些人文资源，让它变成我们丰富的生活资源。大的我们不讲了，就讲音乐、美术、舞蹈、戏剧等这些艺术活动，就是为了满足我们的感情需要，通过我们的大脑、眼睛、嘴巴来表达、传送和接受人类的各种感情。也就是通过我们的器官来欣赏和接受各种不同的微妙的心理感受。人通过艺术吸收外界的东西,刺激我们的感觉,帮助我们从各个方面去认识世界,让我们感受到大自然中的或人类情感中的许多美好的东西。而这种感受的辨别,这种审美观念的形成,很多都是从小培养和从传统的文化中潜移默化中形成和习得的。所谓美和不美,实际上既是客观的也是主观。但作为人的存在,总是向往美的,向往精神享受的。所以,将来人类的物质发展了,吃饱了,穿暖了,就要讲究吃好,讲究穿漂亮。这个吃好就不仅要讲究营养,还要讲究味道、讲究气氛、讲究形式,讲究食具等等,就连吃也可以成为一种文化和一种艺术了。从这个例子,我们可以看到,人类首先要讲究生存,要活下去,才能讲究生活。我们以前要解决的都是生存问题,现在我们要逐步地解决生活问题。生活和生存是不同的,生活里面必须要解决的是衣、食、住、行,我现在还加了一个"学"。现在已是一个知识经济的时代了,不能光满足于吃饱、穿暖,还得不断提高自己对世界的认识,这就得学,活到老要学到老。这就是信息时代的特点,时代发展得很快,如果不学习就会发现自己跟不上时代,好多事情都弄不清,不认识了。

信息时代就是知识竞争的时代,我叫它高知识时代。这时候的人们不光是面临有钱没有钱的问题了,还要面临有知识没有知识的问题,所以,以前大家羡慕的资本家,现在人们羡慕的是"知本家"了。这是一个斗智的时代,是一个比知识的时代,这不是一个有钱没钱的问题,而是有知识没知识的问题、先进不先进的问题。这个问题讲起来就太长了,今天就不讲它了,其实这里面也涉及一部分审美的问题。懂不懂得美的意义，懂不懂得对更高一层精神生活的追求，让自己的生活更具一定的质量感，这就需要修养和知识。这一部分随着物质生活的提高，将来一定还有一个大的发展，这是经济发展到一定程度人类将面临的更高要求。

人类的天性就是这样，吃饱了就要求要吃得香，还要有环境美，要享受音乐，要观看舞蹈，要欣赏绘画。这比解决吃饱穿暖来说高了一个层次，我是属于一个人们还在苦苦追求吃饱穿暖时代里产生的人物，所以，我在高一层的文化艺术的追求方面，发展不大，但我也接触一下，就算是一个边缘人物吧。我在中国艺术研究院讲话的时候说，我在艺术领域里也有一些朋友，也有过一些接触。主要是解放初时，我做过一些民族工作，当时党中央让我参加民族工作访问团，这个访问团怎样和少数民族接触呢？周总理叫我们要通过艺术来接触，所以又组织了一个民族文工团，向他们学习，和他们一起跳舞，一起唱歌，少数民族很高兴，觉得我们和他们是一家人了。这就是"美人之美"，他们觉得美的，我们也觉得美，这样就有了沟通的基础。这是很重要的，是做人的基本道理。一个人生下来，一个民族的发展都是各美其美，都觉得自己好看，这还不够，还要能"美人之美"，能理解别人的美，人与人之间和民族与民族之间的界限才能打破，才能沟通相互之间的感情，成为自己人。这是周总理的创造，让我们通过艺术来打破民族之间的隔阂。这种方法到现在也还有用，现在世界的各个民族各个国家要相互理解，相互团结，就是要能够"美人之美"。

外国人以前看不起我们中国人，觉得中国人不美，身材不漂亮，不高大，不健壮，但现在看看奥林匹克比赛，我们的成绩还不错。人其实也是艺术品，那些运动员表演的技术，运动的技能，人的精神状态，都是一种艺术的表现，这种表现的结果，改变了外国人对我们的看法。当时周总理就是通过打乒乓球使得中美关系得到了缓和，并最终走向了和解。这里面是有学问的，艺术是解决人类冲突和隔阂的一个工具、一个手段。现在全球一体化了，各个民族各个国家必须同处一个地球，同在一个地球上生活，但即使如此，要大家的文化都一样是不可能的。美与不美的看法还是从自己的文化传统中形成的，这是由一个民族的历史所决定的。就像中国从仰韶文化开始，就不断地形成了自己民族的审美观，我们的文化基础养成了我们对美的看法。但这并不限制我们欣赏人家文化的美，其他民族的美我们也可以喜欢，比如我们也喜欢西方的音乐、西方的绘画、西方的舞蹈，甚至包括他们的服饰和生活方式，这也是一种文化借鉴嘛。但我们不要光是借鉴别人的东西，也要把自己好的东西拿出去，得到别人的欣赏。在这一方面要好好地发展，现在我们有条件了，我们的经济已经发展起来了，下一步我们要宣传我们的文化，要让人家认识到我们的美，我们文化历史的可贵，要用这些东西去打破中西文化之间的隔阂。这就要我们能发展出中国好的文化传统和艺术，把老祖宗给我们的传家宝继承和发扬出来。甘肃就是蕴藏着这些传家宝的重要地方之一，我们要好好利用和开发它们，为我们国家服务，为我们的中华民族服务，为取得世界人民的认同做努力。

我是一个研究文化的学者，对艺术虽然没有很深的研究，但通过当年做民族工作，组织民族文工团，认识到艺术在沟通各民族和各国之间关系的重要性，在这一点上我是有体会的。同时，对艺术在今后人类文化发展中的重要性也是有认识的，只是我不是专门搞这一方面研究的专家，所以在这方面不能做很深入的研究，但我可以敲敲边鼓，出点力量，通过你们的研究来达到我的希望。把全世界文化的隔阂消除一点，让中西文化能互相见面、互相理解、互相欣赏。

开发和利用人文资源，要有历史文化和艺术方面的基础，在这一方面西北地区的基础要比东南地区好，这不仅仅是要有些古代的文化遗产，还要有群众的基础，文化艺术是生长在群众之中的。西北各地民间的歌舞、民间的美术、民间的各种艺术活动比东南各地丰富得多，比香港更是高多了。但现在我们的很多西北女孩子还在学香港，赶时髦，但时髦并不是艺术，真正的艺术是要有很深厚的文化底蕴的。为什么克林顿到中国来第一步要到西安，他看重的是西安的古文化，是中国早期历史上许多代皇帝的古都，有世界著名的许多重要文化遗址，在那附近有黄帝陵、半坡遗址、兵马俑、武则天墓等等。他觉得这些东西了不得，那里有秦汉的文化、唐朝的文化等。首先是他有这种认识，所以，他要先到西安。还有以前日本的一个首相，到中国来第一个地方到的是敦煌，说明了他对中国的文化历史还是有认识，也认同，觉得那是中国人创造的了不起的文化。但对于这些文化和艺术，我们要把它们整理出来，发扬出来，就像是敦煌的《丝路花雨》的舞蹈一样，我们不但要继承还要创新，让我们中国传统的文化艺术重新发扬光大。这就要培养人了,我们做政府工作的人就是要想办法为这些人创造条件,奖励他们,让他们发挥出他们的艺术才能。

今天来的都是专家,等一下我要听听你们的意见。我们怎么样来组织一支队伍,我主要是想办法来帮助大家。在这一方面不是我的本行,但我愿意以我的力量来帮助一批人,帮助一批艺术家、艺术理论家和考古学家组织起来,看到他们的任务,看到他们将要对国家所做的贡献和以后将要发展的道路。为创造一个全球化下面的、二十一世纪的、能代表中国新的精神面貌的文化艺术出来,做点有意义的事情。当我们考察和研究了西部的人文资源以后,我们就会知道我们究竟有多少家底了,这些都是我们发展未来文化的基础。现在你们要了解这些家产,找到一条发展的路子,不要只限于敦煌,敦煌只是甘肃省的一个地方,也不要只靠祖宗吃饭。外国人帮我们发现了敦煌,我们就只限于敦煌了,我们要把眼光放开阔一点,在丝绸之路上面,还有不少丰富的人文资源未被发现出来。我的意思是说,第一,还有很多的宝贵财富我们可能还没有发现;第二,这些宝贵的人文资源还要靠我们去保护、开发和利用;第三,要提高群众的认识,知道这些东西是珍贵的文物,不能乱破坏。我们的责任就是把这些重要性讲出来,宣传出来。

在西北地区二十年内会有一个很大的发展,这是不成问题的,我们要想到的就是在这发展的过程中文化的地位。甘肃有那么多珍贵的文物却没有一个好的像样的博物馆,因为建一个博物馆要很多的钱,等我们的经济发展了,建一个好的博物馆就不成问题了。所以，经济的发展也是为了提高文化，复兴文化。甘肃应该有一个这样特殊的责任，因为你们住的地方就是一个人文资源极其丰富的地方，要好好地利用这块土地。甘肃的地方和气候也适合古文物的保存，因为天气干燥，东西不容易腐坏。总之，在经济发展的过程中不要丢掉了对人文资源这一领域的保护、研究和整理，这是我们这些从事文化艺术研究工作人的责任。

二

在西部大开发中，国家的政策是帮助西部大发展，缩小西部与东部的差距，这是一个大好机遇，希望西部利用这次机遇把西部发动起来。现在很关键，是发动期，要抓住机遇，振兴西部。我认为，要在整个西部搞一个中心区，也就是工业开发区，我看中了河西走廊。要把它搞成推动西部发展的动力，一个西部的特区。

沿海有特区，有深圳、厦门，我们开发西部也得有特区。所谓的特区，也就是具有特殊政策的区域，它享有特殊的权利和可以发展的优待，用国家的力量来帮助它。这种帮助不仅仅是投资，还包括有一套相应的设施与政策，这样就可以发展成一个中心，也就是发动区，这个发动区的涵盖面很大，是个大的少数民族自治区地带。新疆、西藏、蒙古、宁夏，这些少数民族自治区都在河西走廊的四面，如果河西走廊成为一个中心，成为一个发动区的心脏，成为一个工业经济的中心，就可以带动这四个自治区的发展，就有一个团结在一起的力量。

我在九十年代初就有了将河西走廊建成一个特区的设想，但当时条件还没有成熟，但我觉得现在可以慢慢把它提出来了。因为现在国家正在搞西部大开发嘛，开发总得要有一个发动机，要有一个中心地区，这个中心地区就像是一个香港和上海，它们是珠江流域和长江流域的发动机。那么西部开发也要有一个发动机，这个发动机就在河西走廊。我看中这个地方有什么根据呢？这个地方在历史上很重要，汉武帝时期，中国人最怕的是匈奴，匈奴究竟是哪个民族，现在还没有完全确定，据说蒙古族是他们的后裔，这个是历史问题我们不用去管它了。当时汉武帝要抵抗匈奴，他就开辟河西走廊，当时大批的汉人到这里屯垦，这样就把匈奴一切为两，分成南匈奴和北匈奴，南匈奴就同化成汉族，北匈奴就跑了。这个历史很值得注意，一个发达的文化中心可以把四面的少数民族团结在一起，也就是我说的多元一体，中国是一个多民族的国家，多民族的国家要有一个凝聚的中心力量，这个凝聚力还要有一个经济积淀的中心，那么西北地区这个经济积淀的中心就在河西走廊。河西走廊作为一个中心，不仅是要发展，还要特别的发展，并用这种发展来影响到新疆、西藏、蒙古、宁夏。这几个大的少数民族自治区都集中在这个力量之下。这个中心我们不能叫它汉族中心，我们不能有大汉族的思想，应该叫它“现代化的经济中心”。它要首先进入信息化的时代，进入人类社会发展的第三个阶段，要进入网络经济。

我今天讲的意思是，我们要把发展河西走廊的意义看的更重要一些，它的发展不光是可以辐射整个西部，就是整个中国的发展之中它还应该有一个重要的地位。但当中心要有条件，现在西部大开发还没有找到一个中心，重庆是大城市，但太偏了，不是西部的中心地区。河西走廊作为一个中心，有它的条件，水资源比较丰富，靠祁连山，祁连山是河西走廊的冰箱，水结成冰在山上保留着，可以慢慢用。但这个水怎么用它这就要靠你们了，上帝给了你们一座雪山，冻结了很多水在上面。这些水要怎么去保护它、利用它，要像定西城一样，对水要节约，一点一滴都要很好地利用起来，不要浪费它。当然，这个工作是不容易做的，还需要大家努力。

这也许是个梦想，但这个梦是有道理的，我们要多宣传，要讲道理，还要让更多的人来理解这个道理。当然，这种共识要有一个过程，要大家共同努力来圆这个梦。那么，你们现在要先做一些事情，把这个计划先准备一下，眼光要放得远一点，地方要先走一步。要把祁连山的水保护好。

我认为河洲也是一个中心，河洲在历史上是有地位的，是中原地区到西藏地区的商业中心。回民聚居的地方，一般就是商业发达的地方，从民族的角度来看，回民比较懂做生意，在做生意方面的经验多。所以，我认为，临夏应该连同西藏和西南发展出一个贸易中心出来，这是有条件的，有历史的根据的，可以和海东联合起来成立一个合作区，经济发展是要先有一个中心的，不是普遍发展。这和发展农村经济是相辅相成，不矛盾的，真正的财富是在劳动者身上，只有农村里面的农民袋子里有钱了，事情就好办了，因为有了钱他就要买东西，一买东西就会出现一个市场经济，这就是初期的农业经济。河洲从明朝开始就是这样一个农业经济贸易的中心，这个贸易中心发展到现在，我们还要发展它的优势，发展它在区位即地域上的优势和特点，要利用它把甘肃的南部这一块发展起来。我现在是看中两个地方，一个是河西走廊，一个是河洲地区。

临夏的河洲容易发展，因为它有基础，当年，我想帮助临夏的回民到拉萨去做生意，他们提出来交通不方便，有了路没有车，我就想办法找南汽商量，要了一百辆车。意思就是说，有了路还要有车，有了车要有人，有了人，还要有货，没有这四样东西，商业就是空的。所以，我们西部大开发的第一步重点，就是交通，我看中央的政策是对的，第一步就是要把路修起来，把交通搞好。没有这一步，我们就没法发展经济，这是一个地区发展的基本设施。从公路、高速公路、铁路、飞机，首先要在交通上实现现代化，在这一点上，中央是要保证做到的。美国也一样，罗斯福的时候，首先就是造路，有了路就出了一个汽车大王，福特公司出来了，经济也发展起来了。我们也是要这样，一步一步来。我相信五年里边，在西部的交通方面会来一个大改变。我昨天在路上走，看到铁路旁正在修双轨路，但这双轨路还没有出境，这修路是西部的第一步工作，接下来，就是发展运输工具。再接下来就是人，有了车还要有开车的，记得我刚到临夏时，经常听说，到西藏的路上有翻车的现象，那是因为，开车人的技术不行，道路也不好走。现在路通了，有了人，还要有货，这才会形成一个市场经济。有些什么货呢？比如，你们有羊毛，可以搞羊毛加工，哪怕是粗加工，也比直接卖羊毛好。在传统的商业经济方面，回民兄弟懂得一点，但有关现代化的市场经济，恐怕还得要学习。就像刚才讲的，人家外地的人来买当地的羊毛，里面夹的都是灰，这是欺骗的行为，是传统商业里面留下来的不好的行为，以前的中国人是看不起商人的，叫“无商不奸”，在传统经济里面商人经常是弄虚作假的，在我们的脑子里面，商人就是骗人的，这种观念并不是凭空产生的，而是事实上在传统的商业经济里确实存在这种行为。但在现代化的市场经济里，要靠这样的行为是不行的，相反，在现代化的市场经济里面要处处为客户着想，要把顾客当上帝，要让顾客感到方便和满意。所以我们要从小农经济中跳出来，要有市场经济的概念，要符合现代经济发展的要求，要在这方面补课。我们政府要教育农民，帮助他们提高各方面的知识，普及现代化市场经济的各种知识。在这一点上要教育、要开各种补习班。如果还是停留在弄虚作假、粗制滥造的基础上，以后就没有市场了，没有人要你的东西了。另外，要开辟市场，开辟市场最重要的就是自己加工，将农副产品加工，这是小城镇发展的一个大的关键性问题，这是现代发展的要求，我们不要还是停留在收集农副产品的基础上，要加工，加工的程度越深越好。甘肃这地方很好，有很丰富的各种资源，关键看怎么去利用它和加工它。我们领导要注意到这一点，要开个头。老是靠农民自己去摸索经验，吃了亏再来接受教训，这样发展太慢了。我们要补这一课，要让农民们知道现代化的市场和以前老的生意经有什么样的不同。要让他们知道讲信用、讲质量，才能在市场上立得住脚，同时只有搞深加工才能进一步提高经济效益，提高竞争能力。有的地方还要采取高新技术，这个高新技术不是空话，是要根据外面市场的要求，进行改革，这种改革，不仅包括观念改革，还包括技术改革。通过这些改革市场就会扩大，市场扩大了，农民就富裕了，经济也就发展起来了。

你们这里是羊毛的出产地完全可以利用优势发展各种羊毛的深加工，不要只是仅仅供应原材料给别人。要引进他们的技术来发展自己，这要政府来做点工作，让他们去参观取经，并训练出一批人，开展羊毛生产的事业。这一事业可以大发展，可以发展成一个重要的纺织事业，这是在初级阶段，在我们进入世界经济之后，我们还要把眼光放远一点，跟上世界发展的形势，发展高科技事业，要抓住重点发展。在这一方面你们有基础，农民不能光种田，光种田富裕不起来，要发展多种经营。小城镇不是造出来的、规划出来的，而是根据经济规律自己发展出来的，是经济发展的最后结果。有人看到了我写的《小城镇大问题》的文章，就问我，你怎么想出了一个小城镇，我说我没有想出小城镇，是我看到了小城镇的发展，大问题是它自己出来的。我们要认识它，当然，它出来后你也可以不认识它。通过小城镇的发展，我认为中国要向现代化发展，必然首先要人口集中。有人说到2020年，全世界的人口有一半要集中到城市里，不在农村里了。这种话也适合中国目前的情况，现在中国有大量的人正在脱离农业进入到工业领域里去，进入到第三产业里面去，作为农村来讲，大量人口要进城，作为我们领导来说，要准备好一个地方来吸收他们，这个地方就是小城镇。所以，小城镇不是想出来的，是必然要出来的，是形势所迫，而且要大量发展，这就是工业化的趋势。但就我们目前的情况来看，要从乡土经济跳到工业化经济，这是第一跳，这一跳还没有跳好，时代的发展对我们又有了更高的要求，要求我们再从工业经济跳到高科技经济，也就是信息化的经济。因此，我们所面临的困难还是很大的。

现在国家搞西部大开发，对于你们来讲是一个机会，在基础设施方面，国家投了很多资，花了很多钱，为你们将来的发展创造了许多有利的条件。当前的一个大问题就是农民怎么变成工人，他们住的地方不同了，要求不同了，这里面就涉及一个城乡关系。在城乡关系的发展中，我们要规划小城镇，规划就是重视，不规划、不重视就是不行。就像对孩子要教育，要一步一步引导一样。这里随之出来的还有一个城市居民的问题，城市也是从小城镇到中等城市再到大城市，一步一步发展起来的。就像将来的兰州还要进一步发展，再高一个层次，发展成为西部的一个经济中心。当然，没有基础也发展不起来，这并不完全是个梦，这个梦是有根据的。可是它不会完全自己出来，要我们去一步一步造成它。我们的这一辈子，和我们的下一代人，大概要做的都是这一工作。也就是要帮助我们中国人，从乡村里边到城市里边去“安居乐业”。只有安居了才能乐业，也就是说，等中国人基本安定了，我们就可以进行文化发展了。

但现在我们连第一步还没有做到，这第一步就是要“丰衣足食”，就定西来说，已经是进步了，从以前的吃不饱到现在能吃饱，现在虽然还不能说是“丰衣足食”，但不能吃饱的地方已经很少了，下一步就是“安居乐业”了。这个“安居乐业”就是大量的人从农村里到城市里来生活。这种生活就是要住得下，要有房子、要有路、要有医院、要有商场、要有娱乐场所、要有学校、要有托儿所、要有敬老院等等，生老病死、衣食住行都要在这里边，我在这里还要加一个学，今后时代发展了，不仅小孩子要学习，成人也要学习，社会在不断地发展，不断地有新东西、新知识出现，所以，要活到老学到老。今后大家都是一个社会的人，要由社会来统一安排，不安排好社会就不能安定，所以，我们领导的责任，就是服务于人民。

费孝通致李岚清的信

（2001 年 9 月 2 日）

岚清同志：

你好！去年和今年，我两次到西北民族学院参加会议，开展调研活动，学院的蓬勃发展给我留下了深刻的印象。

西北民族学院是新中国的第一所民族学院，建校五十年来，为民族地区培养各类人才四万余人，为西北民族地区的经济建设和社会发展做出了重要贡献。西北民族学院不同于其他普通高校。学院的学生，大都来自民族地区，毕业后又回到了民族地区。几十年来，内地很多高校分配到民族地区毕业生，大都离开了民族地区，民族学院的毕业生，却大都留了下来，在家乡的建设中发挥了重要作用。

改革开放以来，在政府的正确领导下，西北民族学院有了很大的发展。但是，由于历史上欠账多，基础设施不能适应形势发展的需要，再加上校园面积小，制约了西北民族学院的进一步发展。如果政府能给西北民族学院更多的扶持，我想，在西部大开发中，西北民族学院将会作出更大的贡献。所以，建议在资金方面，能给西北民族学院更大的支持。

此致

敬礼

费孝通

民族生存与发展*

（2001 年 7 月）

一、会上发言

很高兴来参加“第六届社会学与人类学高级研讨班”并负责第一讲。我自开始教书以来，讲课时不喜欢跟着稿子讲，今天仍是这个老习惯，先发讲稿，请大家认真地读并给予批评，我则利用这个机会做一个即兴发言。

去年是西北民族学院建校 50 周年，我来到这里，当时很高兴，建议把第六届研讨班办到西北地区，以配合西部大开发的形势。第一届研讨班是在 1995 年办的，至今不到 10 年已办到第六届，这是同行们热心支持的成果，也可以说是时势发展的需要。我看到手册中已把前五届的主题内容做了归纳，第三、四届的论文集也相继在最近出版了，走一步是一步，这是我们人类学学科发展的一个过程，有着里程碑的意义。

---

* 本篇是费老在“第六届社会学与人类学高级研讨班”上的讲话。

国际和国内时势的发展主要有两个方面:一是21世纪全球的居民已经开始了更频繁的接触和交流,走上了一条被称为“全球化”的道路;二是在近300年的时间里,中国在世界上的文化地位和政治地位发展迟缓,已从领先退居到发展中国家的地位,但是在20世纪的后50年中发生了巨变,在进入21世纪时刻,我们处在了急起直追并努力赶上发展前沿的关头,人们看到了中华文化复兴的苗头,在这个新的世纪里,中华民族有能力为地球上的人类开辟一条新的发展道路。这是我为中华文化的定位。

人的思想是由时势造成的,也反映了所处时势的地位。因此我们发生了“文化自觉”的要求,“文化自觉”就是生活在某种文化之中的人们的自知之明,目的就是在争取文化发展的自决权和自主权。我们这些社会学者和人类学者召开的这类高级研讨班就是这种客观形势所决定而自觉组织起来的。加强人类学的研究,是文化自觉的要求。这种要求来源于客观历史的发展,这个历史的要求推进了我们。我们到这里参加这个班是自觉自愿的行为,但也是客观形势所造成的。我是一向主张“从实求知”和“以知识来创新推进实际的人”,凭着这种信念,我不顾年老,从千里之外赶来参加这个研讨班。

知识分子的思想发展是随时代发展而变化的,我在每一届研讨班上的讲话,反映了我这个人的思想变化。当我们进入21世纪的时候,每个人都有不同的感受,比如年龄不同的人对时间的感觉就不一样,小的时候,盼着吃年夜饭,觉得时间过得那么慢,而现在似乎眼睛一眨,半年就过去了,时间过得越来越快,这一方面是我这个年纪的人的感觉,另一方面说明中国近来变化之快也确是惊人,是全世界人们所意想不到的。我们希望在21世纪里中国能够有更大的变化、更快的发展,实现我所说的从乡土社会到工业社会,再到信息社会的“三级两跳”。早年我搞的江村和云南三村的调查都属于农村乡土社会的研究;后来又提出工业下乡、提倡发展乡镇企业,希望用工业化来改变乡土社会的主张,这个工作一直搞了50年。

80年代初,我获得了第二次学术生命,接受了重建社会学(也应当包括人类学在内)这门学科的任务,至今又过了20年。那时我去美国访问,看到他们已经用计算机处理数据资料了,计算机也比北大当时用的小得多,整整差了一代。可以说那时世界已经进入了信息时代,这就是我所说的第二跳。这几年我们也热闹起来,大家写文章不用笔了,连我写文章的办法也起了变化,可以把我的讲话录下音,然后整理成稿打印出来,再让我修改,而且可以多次修改,效率提高了。有时候还可以把讨论会的情况录下音,整理出来,吸纳了大家的思想,文章也集体化了一些,已不是属于一个人的思想了,这也可以说是一个时代的变化。

这几年有两个问题常常萦绕在我心里,那是1998年第三次高级研讨班上一位鄂伦春族的女同志向我率直地提出的一个问题:“人重要还是文化重要?”这是她在看到自己民族的文化正在受到重大的冲击,而日渐消亡时,产生了只有先把人保住,才提得到民族文化重建这个问题。她提出的这个问题很深刻也很及时,因为在全球化的浪潮中,一些根底不深、人数又少的民族,免不了会发生这个似乎是耸人听闻的问题。由此,又使我记起在大学念书时读到的一本英国人类学者 Peter Rivers 写的,名叫《文化的撞击》(*Clash of Cultures*)的书。这本书写的是澳大利亚土著居民怎样被消灭的故事,他说在一个文化被冲撞而消灭时,土著人也就失去了继续活下去的意志。我在英国留学期间(1936 年至 1938 年),曾在报上读到澳大利亚南端 Tasmania 岛上的最后一个土人死去的消息,对我震动很大,成了在心头一直挥之不去的烦恼。

1979 年我赴加拿大讲学时,曾参观访问了加拿大的印第安人保留地。看起来保留地里的印第安人的生活不错,有房子,有电视,还有汽车,虽然导游说这是二手货,是摆样子的,但是,看起来这个民族在政府的财政补贴下保存了下来。然而,管理印第安事务的官员告诉我,这些印第安人经常酗酒、打架,非正常死亡率很高。他们生活没有目的,主要是安身立命之道没有了。

我 1987 年考察呼伦贝尔市和大兴安岭时,去拜访了鄂伦春族同胞。看到我们的政府的确是在尽力扶持这个民族,他们吃住都没有问题,孩子上学也不要钱,但这个民族本身还没有形成一个有生机的社区,还没有达到自力更生的状态。当我读到美国亨廷顿的《文化冲突论》时,不能不激发起我的思考:文化和民族是会被消灭的,这是过去发生过的历史事实,但是我不能平静地接受这个历史事实。令人吃惊的是,那些标榜提倡个人自由的西方文化,怎么能够容忍一些民族和文化消亡的事实发生在当今这个时代! 西方某些人主张种族消灭论,现在世界上很多地方还在打仗,南斯拉夫、中东地区战火不断,战争中动用了飞机、导弹,互相残杀。我们主张民族平等、共同富裕。当然,由于自然条件和环境的改变,还可能造成一些民族在生产能力和谋求职业方面出现了某些不适应，比如政府分给了某个少数民族同胞土地，但是他们不会种，怎么办？我一直在想：我国万人以下的小民族有10多个，它们今后在社会的大变动中如何继续生存下去？如果我们把这个问题扩展开来，实际上就是在全球一体化以后，中华文化该怎么办。这是个大问题，虽然这个问题，目前还不那么急迫。但是在现实生活里，某些小民族保生存还是保文化的矛盾已经发生了。

因此我提出了“和而不同”的民族秩序论。心里想，我们中国当前所走的路子和所执行的政策，是同西方的路子唱反调的，我们主张民族平等、民族自治，首先就要保证民族生存，反对消灭民族。

我有幸在第二次学术生命里，得到继续从事民族研究工作的机会。在这20年的“行行重行行”里，我尽可能地到各地访问，去拜访我国的少数民族同胞。我到过生活在黑龙江兴安岭里的鄂伦春族和甘肃青海交界处的裕固族、撒拉族、土族等少数民族地区，我能体会到他们的处境和困惑。跨入信息社会后，经济、文化变得那么快，一些小民族就发生了自身文化如何保存下去的问题。在这种形势下，不采取办法来改变他们原有的生产和生活方式是不可能的了，问题是如何改变？我前年又到黑龙江去访问赫哲族，想了解一下人数比较少的少数民族的具体情况。赫哲族长期以来本是靠渔业生活的，现在传统的渔业越来越不景气，因此地方政府一方面努力改善环境，保护渔业生产，尽可能地帮助他们安排好生活，开辟新的生产门路，如利用鱼骨做成艺术品、装饰品，拿到市场上去卖；另一方面分给他们土地耕种，想帮助他们改变生活方式，改变文化，但是他们却把地转租给汉人或是找打工的汉人来种。这说明一种文化向另一种文化的过渡并不那么简单。小民族要生活下去和解决贫困问题，需要有一个复兴的计划，这种计划必须在扎实的调查研究的基础上才可能做出。这应该是社会学、人类学者的任务。

我从东北回京后，向国家民委提出加强对小民族的研究的建议，这个建议得到了中央领导的重视，现在由北京大学社会学人类学研究所牵头，与中央民族大学、国家民委民族问题研究中心合作组织了队伍，开展了 22 个 10 万人口以下的“人口较少民族”的调查。调查的第一期工作已结束，正在进行第二期的工作。我想，在我们中华民族大家庭中，决不能坐视小兄弟面临困境而无动于衷，我们有力量帮助他们在当今这个变化激烈的世界里继续生存与发展下去，允许他们在文化走向的问题上有自主权和自决权。我们中国的社会学者和人类学者还可以做跨国的比较研究，拿我们的民族政策与美国、澳大利亚、加拿大等国的民族政策做一个比较，看看中国提倡的民族平等、共存共荣的政策与西方民族政策究竟有什么不同。我们要在中华民族大家庭中做出一个实实在在的榜样来，走出一条新路，这是中国社会学、人类学者要做的事。这件事做好了其意义不仅是在国内，而且对今后的世界也有重大意义。

在座的有来自各个民族的学员，希望大家来共同思考和关注这样一个民族文化应该如何发展，发展的目标是什么这个重大的课题。在全球文化发展和交融的时代，在一个大变化的时代里，我们如何生存和发展？怎样才能在多元化并存的时代里，真正做到“和而不同”？我已经90多岁了，想做的事很多，但已力不从心。新一代长成，老一代交班，希望新一代更快更好地成长起来，把研究工作继续下去。

二、答会上提问

刚才大家提出了很多问题，很好，我把它们归纳起来，总的讲一讲。

我过去多次来西北，关心西北的发展问题，为此也提出过一些建议和看法。这次能参加研讨班，也很希望能了解一下现在的情况。政府政策的形成，不是凭空而来的，先是有客观的需要，以群众的根本利益为依据，10多年来大家都在努力“呼吁”，大家的呼吁，得到中央的重视，才会有今天西部大开发的政策。现在西部大开发的方向、目的清楚了，有了政策条件，还需要投入大量的人力物力，才能做很多的事情。如何贯彻落实西部大开发的政策，把事业做成功还要靠群众，靠每一个人的努力。

首先要做好的是交通。这次我是乘飞机来的，在飞机上没有问题，下了飞机就难走了，从机场到兰州的路还没有修好，老年人就吃不消了，这是很实际的问题，路不好，是无法招商引资的，举这个例子，大家就体会了。

其次，发展西部要有重点，要抓住若干据点和中心点。从兰州到嘉峪关的一段，我看中了河西走廊、金川、白银，这些地方通过多年的建设，已经有了很好的基础。比如对白银市的发展有相应的支持政策，完全可以发展成为一个工业特区。

河西走廊在新疆、青海、内蒙古和宁夏诸省区之间，这个地区如果能够用好祁连山的水,发挥移民的作用,将会大有希望。此外,培养工业发展所需要的技术人才是当务之急,关注当地少数民族经济的发展也同样重要。第一位的任务是培养人,培养有现代科学知识的技术人员和管理干部,在这方面有什么工作需要我做,我很愿意出力。

抓重点同时不能放弃基础,西部不能忽视农业的发展,发展要靠人去推动实施。靠有头脑的人去做,所以我还要再次强调,人是最根本的。必须有意识地培养和提高人的素质,让他们有条件来接受先进的文化,能够加入到现代化的事业中去。就民族工作来讲,更要抓住这个关键来发展民族地区的经济,要看到传统的谋生之道正在改变,原来靠山吃山、靠水吃水,现在山上的树没有了,河里的鱼没有了,在这种情况下,有人问是保命还是保文化。依我看,文化是为了人才存在的,有人才有文化,文化是谋生之道,做人之道。因此我们要利用一切可用的自然条件来发展经济,提高经济实力。少数民族也一样要靠自己的努力来发展,自身的文化不够用就引进。我们中国的少数民族有一个优势,那就是有国家的政策在扶持,有13亿兄弟民族的相互帮助,大兄弟帮小兄弟。经济发展要人人动手,一点一滴地积聚财富,即所谓原始资本积累。有了钱有了力量如何用?工业和商业怎样相结合?兄弟民族各有所长,按特长有所分工,优势互补,比如撒拉族人善于种水果,他们的瓜果之乡有了产品要有办法卖出去。历史上回族就是善于经商的民族,临夏和海东地区是明朝的茶马市场,是中原地区和西北进行物资交流的地方,是一个商业中心,历史上就有“东有温州,西有河州”的说法。所以我曾建议甘青两省的合作，发挥这里自然和人的条件，建设现代化的商业中心。当时为了向藏区运送商品，我还联系南京的企业向这边支援卡车。有了卡车需要人开，还要培养司机，所以要发展，重要在培养人。现在临夏的商业已有发展，回族出了大力气。他们的底子比较好，学习得快。最困难的是人数很少的"小小民族"，一定要帮助他们维持生产基础，但关键也在于培养人。我相信这些"小小民族"是能够做到的。我认识一位撒拉族农民，他看到了种果树的好处，就动手去做，动员全家开荒种果树，取得了很大成绩。

人类学就是要通过思想唤起人们的觉悟，唤起"小小民族"的觉悟，做到自己动手，丰衣足食。我到过新疆的吐鲁番，林则徐在新疆时发掘过地下水，我们今天就可以他为榜样，用现代化的知识开发自然条件，促进经济发展。新疆大学要建设好一个民族学的中心，关键也在有人才。光有机构没有人不行，要培养教师办系建中心，要人要条件，搞得不好是要误人子弟的。你们自己要好好做，北京大学出力搞协作，帮助新疆建设师资队伍。我们这次来西北地区办社会学人类学高级研讨班，也就是为了这个目的。如果你们做得好，我身体健康活得长，想再到新疆去办一次这样的研讨班。

西部开发本来就是一个大梦想，我一生做过很多梦。我和我的前妻王同惠在学生时期就翻译了《甘肃土人的婚姻》，当时她就说为什么我们自己不能写土族的书，而要外国人写。我们就是在那时下决心要努力去认识中国，自己把道理搞清楚。现在你们有条件有能力去做了，就应该认真去做。这就是所谓"文化自觉”,需要我们对自己的文化层层解剖,有所分析和认识。

我这几天在看第三届研讨班时外国同行做的系列讲座的论文,很多问题他们都讲出来了,例如爱斯基摩人怎样进入工业化的。我很羡慕你们年轻人,现在你们的条件比我们年轻时好多了,简直不能同日而语;而且我有很长一段时间想做而不能做,一直到平反后才开始动手做。你们现在条件好了,不要身在福中不知福。自己要真正努力。

实现民族政策,不能等,不能靠,要自己去做。民族的先进分子要看到自己的责任,中国社会是一个上有祖宗,下有子孙的社会,我们不能在自己这一代把事情搞坏了,没有尽到责任。希望大家珍惜机会,振兴民族,共同富裕。

人类学与二十一世纪*

（2001 年 7 月 26 日）

一

在刚刚过去的一年中，时间的流逝让人惊觉。不久前，人们还在谈论如何迎接 21 世纪。一瞬间，我们却已经实实在在地身处在这个新世纪当中了。年轻一代对时间的流逝或许能满不在乎，可我这个已是耄耋之年的人，顿时平添了“逝者如斯”、“时间不等人”的感觉。

对时间的这种感叹，并非无病呻吟，它表达了我个人对于人文世界变动的体会。我对人文世界进行有意识的研究，开始于 60 多年前的 20 世纪前期，后来目睹了一连串社会变动和经济变迁，让我有了一些新的感受和认识。在新的世纪的第一个年头，我又看到，人类重新面对着很多新的问题。曾几何时，世界各国的人民还在潜心探索建立民族国家、实现工业化及获得民族经

* 本篇是费孝通在“第六届社会学与人类学高级研讨班”上的讲演。

济自主性的道路。现在,这些问题的重要性,似乎已经不再那么大了。国际关系格局的调整、“新经济”的出现、经济和文化交流导致的民族国家危机等等,使人类必须面对20世纪没有面对过的许多新问题。

在社会科学里,这些大转变被描述成超出个人外在变迁,但它们却与人类的生活息息相关。就我自己来说,目睹这些变化,让我个人感受中的“人生时间”增添了一种时间交错的意识。在历史变动的过程中,不同的人对他们生活在其中的世界的变化,做出了不同的反应。我一直认为,作为一位知识者,我采取的是一种“从实求知”的路子,这就是说,我力求在社会生活的实际状况和参与中,理解和解释我们的社会。在新的世纪里,社会生活的实际情况正在发生很大变化,而我这个属于20世纪的人,对于这个新的百年的参与也将越来越成为不可能。可是,怎样合理使用我那越来越少的时间资本,来与新一代共同探索人类面对的新问题和人类未来的命运?就我个人的经验和体会所能说明的,对于研究和解决新世纪人类面临的新问题,从事人类学研究的同人,当以什么特别的办法来做出什么特别的贡献?

二

在座的同人知道,我曾经在伦敦政治经济学院跟随人类学家马林诺斯基老师学习过人类学。有些同人也可能会记得,我曾多次在国际上获得人类学方面的奖励。对于这些奖励,我实在受之有愧。不过,我承认,自己在60多年来的研究和实践当中,确实与这门学科结下了不解之缘。因为吴文藻老师的教导关系,当时我和燕京大学的几位同学能及时接触到前沿的理论和研究方法。30年代,我即有机会从派克在燕京大学的授课中,了解当时西方世界最先进的社会学和人类学观点。这对于我后来的研究和实践,产生了相当大的影响。后来,在清华大学受到史禄国教授的指导,接着又有机会前往伦敦经济政治学院,从马林诺斯基等老师那里,学习到了当时社会人类学的先进思想。

我曾将自己的学术生命分成两段,它的后段是20年前才得到的。在自己的第二次学术生命中,我做的一件事,就是回顾和反思自己的学术生涯,我写出了一些论文,这些论文记录了我学术研究早期我和我的老师们之间的关系,也试图通过探讨这种人与人之间、思想与思想之间、文化与文化之间的互动,来表达自己的学术思路。这些文字都发表出来了,这里就没有必要赘述,但其中有一方面,我觉得还是有必要向人类学界同人再次强调——这就是我已经多次提到的马林诺斯基老师和他的文化论。

在马老师的时代,西方人类学处在一个矛盾的年代。20世纪开始不久,世界性的战争就爆发了。随着西方民族国家之间利益矛盾的产生和激化,西方国与国之间、文化与文化之间、民族与民族之间的纷争愈演愈烈。这不能不引起一些有良知的人类学家的反应。包括马老师在内的一些人类学家看到,欧洲从19世纪的对外帝国主义侵略,到20世纪前期的国家矛盾,与西方中心主义的世界观,有着难以切割的密切关系,而这种西方中心主义的世界观,又曾是一代人类学前辈的信仰。

在马老师以前,以西方为中心的社会进化论和文明观,充斥着人类学的写作。在19世纪的西方,进化论者主张进步,因而不仅曾经推动过西方现代化的进程，而且到后来还启蒙了非西方民族的自觉，然而，正如马老师看到的，当时的进化论思想家和人类学家，都将西方当成是全体人类未来发展的方向，也就是将西方放在文明阶梯的最顶端。在运用进化论思想的过程中，西方人类学家经常为了满足他们的理论需要，将非西方文化的各种类型排列为一个特定的时间上的发展序列，好像所有的非西方文化都是在成为西方世界的“文化残存”(cultural survivals)。这种西方中心的历史观，后来被西方学者自己称作“teleology”，也就是“目的论”。马林诺斯基老师不是对这种观念进行反思的第一人，可是在人类学和社会科学的其他门类中，他算是反思这种观念的第一代人。他及时看到，西方中心论引导下的文化研究，是西方中心主义的，它无法体现非西方文化的自主性和生命力。他还意识到，西方中心主义的文化论，在帝国主义的文明化过程中，误解了诸多类型的非西方文化，它的单线进化观点，妨碍了文化与文化之间的相互理解和依存。

作为一位遭受战争和病患的波兰人，马老师能具备这样的见识和洞察力，与他的民族的现代命运有着密切的关系。将他的理论与他的人生联系起来，我们能看到，人类学的学说与人类学家的生活两者之间，倘若不能说有什么因果关系，那么，它们至少也有着比较明显的互动关系。这里更值得我们记住的还有：为了说明19世纪人类学的缺憾，为了减少文化矛盾给人文世界带来的损害，马老师发明了一套叫作“功能主义”(functionalism)的文化研究办法。用一句简单的话来说，这套办法的核心内容，就是重新恢复一度被“古典人类学家”当成“文化残存”的非西方文化的名誉。马老师认定,非西方文化的存在,不是因为它们是西方文明的历史对象,而是因为它们都在各自的生活场景当中扮演着社会作用,满足着人类生活的特定需要。我在几十年前翻译的马老师代表作《文化论》,就系统地阐述了这一论点。

观点一旦改变,研究方法也就需要做出调整。马老师认为,社会人类学再也不应沉浸在19世纪的西方中心的文明论的泥潭中,而应超脱西方文明的局限,到非西方文化的时空坐标里头,去体会不同文化的共同意义。在他以前,多数人类学家属于“摇椅上的学者”,他们利用传教士、探险家、商人对非西方民族的记载,来整理自己的思路、描述人文类型、构思人文世界的宏观历史与地理关系。“摇椅上的学者”没有做的,就是我后来称作“行行重行行”的那种工作,这种工作被马老师称作“fieldwork”,即我们说的“田野工作”。马老师还将呈现“田野工作”成果的文本称作“ethnography”,即我们说的“民族志”。这两个层次和研究阶段加起来,就是社会人类学方法,而它包括的内容涉及非西方文化的各个方面,包括这些人文类型中的制度、行为方式、思想方式的总体思考。换句话说,在马老师看来,社会人类学研究的这两个基本办法,共同促成了一种新的文化论的生成,这就是“整体的观点”(holism)。

我自己从马老师学习文化论,体会到“整体的观点”来之不易。它要求社会人类学的研究者必须全面把握一个特定的社会实体的经济、社会组织、宗教、政治等等方面的面貌,再从一个整体的高度来理解这些方面如何作为一个文化的整体来满足人类及其群体在不同层次上的需要。后来的人类学家为了研究的便利，将社会人类学研究分成经济人类学、亲属制度与社会组织、宗教或象征人类学、政治人类学等分支领域，大多数人类学家选择这些领域的某一分支，成为分支领域研究的专家，但他们的分析框架实际没有脱离马老师的整体文化论，没有脱离在文化整体中解释个别制度、个别行为、个别思想的方法。

三

过去30年来，随着20世纪逐步走向终结，马老师的这套开创了现代人类学的功能方法，遭受到了不少西方人类学者的批评。有人说，他将文化看成满足人类的基本需要，是将文化本来十分丰富的内容化约为(reduce)人的本性；有人说，他的整体民族志的方法使人类学家长期以来忘记了文化内部的复杂性和文化之间交往的现实性；更有人说，他这样的文化论，虽带有批判西方中心主义的动机，却在实际上将非西方与西方之间的差异推向极端……

四年前，针对马老师对我所提的“文明社会的人类学”希望，我也表达了自己对于他的民族志方法在有文字的复杂社会中面临的种种问题和疑惑。但我也不无谨慎地看到，在西方内部展开这样的人类学自我批评，表现了20世纪西方社会科学那种标新立异心态。由于有些批评不简单是学术批评，而常常与不同民族的学术文化传承和偏见有关，因此，也让我们体会到20世纪西方世界的“战国心态”。其实，很少人能否认，对于马老师文化论展开的诸如此类的批评，没有否定马老师在人文价值观和人类学方法论方面的巨大贡献。在个人的研究实践当中,我一直深受马老师的文化论的影响。这一文化论让我更清楚地看到,要理解一个像中国这样的非西方民族的文化和文化变迁,人类学家不能以西方为中心来展开他们的工作,而应当脚踏实地,从它的内部来进行社会科学的分析。同时,整体的人类学观点,也一直激励着我去更加全面地理解我们的人民和社会的运行逻辑。

这样替马老师说话,不是为了在中国人类学界宣扬一种旧有的、甚至是过时了的理论和研究方法。其实,在个人的学术生涯中,我一直努力将所学的有关这门学科和其他门类的知识与中国实际的社会变迁与文化问题联系起来。我说这种方法可以被称为"从实求知",并在 1998 年出版的一部文集中用《从实求知》作为书名,意思是说我力求在对社会现实的参与中寻求新的知识。过去 10 多年来,我发表了一些文章,表述了我个人学习人类学的体会及对这门学科的发展怀有的期待。进入新世纪的门槛,重新回顾一下谈论过的那些问题,我又深深地感到,人类已经进入一个很不同的时代。我的老师马林诺斯基开始他的人类学研究时,世界上各文化之间的关系还没有现在那么密切,而且 20 世纪前期与 19 世纪不同,欧洲各国忙于处理欧洲民族国家之间的关系、忙于相互之间的利益争夺,而无法顾及一些曾经被以往在帝国时代顾及的非西方事务,因而他有可能在西太平洋找到著名的世外桃源式的特罗布里恩德岛,来与社会冲突深重的欧洲做比较。可是,我 60 多年前到伦敦留学的时候,文化之间的关系已开始发生着深刻的变化。马老师自己面对这些变化,意识到那个时代西方文化虽然已在实现其世界性的扩张,而引起非西方人民的文化自我意识兴起。他后来在《文化动态论》中表示,这个世界已是一个文化接触频繁、矛盾重重的世界,给现代人类学提出了严峻的挑战。60多年以后,再来看看我们生存于其中的这个世界,我个人更是感触无穷。

有些西方人类学同人以为,马林诺斯基一辈子的研究只是功能的整体文化论。其实,马老师后期的著作,已经显露出对自己的这种论点的反思。在他后期著作《文化动态论》中初步总结的看法,预示着一个文化多元世界的确立。他认为,到了三、四十年代,非西方各民族已经面临着如何处理本土文化与外来的西方文化的关系问题,他们的文化不再是封闭的蛮荒之岛,而正在同世界其他地区的文化进行形形色色的交往。这种文化间的交往,有时表现为战争和矛盾,但最终的结果可能是民族文化自我意识的兴起与西方文化的移植。在三届研讨班,我说到马老师的"三项法",指的就是他对于文化动态过程的基本看法。现在看来,"三项法"所指的文化类型,即本土的、外来的、综合的三种类型,也就是我们在20世纪末广泛谈论的民族主义、全球化和文化融合的现象和问题。

四

值得一提的是,我对于文化动态论叙述的那些丰富面貌,也有个人的体会。这些日子以来,我多次谈到,从20世纪前期到21世纪的初期,我们和我们的国家一起经历了从农业社会到工业社会,再从工业社会到信息社会的大转变,我用"三级两跳"这个概念来形容20世纪中国的这一系列变化。在文化变迁和经济发展如此快速的时代,从事人类学研究的同人,又如何来面对现实社会的变化?

在马老师逝世以后的半个多世纪里,科技的进步和社会的发展,确实促成了不同人文类型之间的交流和融合。有不少学者用“全球化”(globalization)这个概念来概括新时代人类群体和文化之间发生的交流和融合现象。我能同意,世界性的交互影响正在给人类生活带来深刻的变化,我们如还没有更恰当的词汇来描述这些变化,“全球化”这个词暂时还是有意义的。不过,倘若我们简单地相信“全球化”正在造就一个“文化一体的世界”(one-world culture),那就有些操之过急了。

在我们这个文化交融的时代,我们在中国的城乡地区确实能看到很多带着西方文化的影子。例如,现在的北京,到处有年轻人在消费美式的快餐,如麦当劳、肯德基等等,他们穿着的时装,与我们年轻时也差别很大,有时甚至让我这个旧时代成长起来的人觉得有些荒唐。而在伦敦、巴黎、纽约等国际大都会,人们也容易能看到不同人种、不同文化类型的并存,其中中国移民和唐人街的形象,仅是其中一种。在世界各地发展迅速的网上交流方式,正在使文化之间的距离再度缩短,而跨国公司的势力范围和“跨国性”的拓展和增强,又冲击着挑战了以民族国家为核心的各种制度。

然而,文化之间的交流,不等于文化差异的消灭。就经历了“三级两跳”的中国来说,我们诚然在科学技术、经济等方面与世界其他地区的交往更频繁,共通之处更多了,但我们的老祖宗经过几千年积累的文化遗产不见得会随着这种“全球化”的发展而全部消失。相反，实际的情况恐怕是，我们的文化传统正在逐步引起我们的政府和人民的重视。随着世界性科学技术和政治经济交往的日益加深，中华民族的儿女会更多地感受到对我们自己的民族、我们自己的文化的肯定和认同。与此同时，中国文化也正在为世界其他地区的人民所承认，一些了解西方现代文明缺陷的西方学者，更呼吁要与中国展开跨文化的对话，试图从我们老祖宗留下的遗产当中来寻找解决西方现代文明内在矛盾的方案。

就是在这样一个文化交融和文化自觉并存的情况下，在西方学者当中，有人提出了“文明冲突”的理论，认为 20 世纪末期以后，到 21 世纪，世界将进入一个以文明为单位的冲突时代。全球化理论家和文明冲突论者在他们的论著中讨论的“文化”，已再也不是马林诺斯基意义上的“文化”了。在人类学的概念里，“文化”指的是一个民族或群体共有的生活方式和观念体系的总体，而民族或群体是可大可小的。现在的全球化理论家和文明冲突论者谈论的“文化”或“文明”，往往与世界地理意义上的五大洲的少数几种文明类型有关。不过，即使有这样的不同，在 21 世纪，人类学者仍然有必要考虑现实社会提出的新问题，如 21 世纪的人文世界，到底将是一个文化一体的世界、一个全球化的世界，还是一个“文明冲突”的世界？20 世纪的欧洲“战国群雄”相争的时代，会不会推延到包括整个世界的范围里？

五

在过去的一个世纪当中，文化之间表现出的既相互依存又相互有别的纷繁复杂的现象，一直是社会文化人类学研究的基本对象。在100多年的学科发展中，世界各地人类学，曾受西方帝国主义观念的制约，也曾因为学术洞察力的不足，而与现实世界之间构成某种本来不该有的距离，针对这些制约、这些调查力的缺乏及学科与现实世界的距离，已经有不少非西方的人类学者提出了批评和建议。

前几年，在《人文价值再思考》一文中，我提到一位反思西方的"东方论"的学者，他就为我们指出，西方对于非西方的"理解"，其实经常是以维护西方自身的利益和权力关系结构为前提的。而与这位学者几乎同时，一大批政治经济学家和人类学家也协力通过研究现代帝国主义、资本主义"世界体系"的历史形成过程，来解释现代世界民族与民族之间、文化与文化之间、国家与国家之间的不平等关系。当前的全球化理论家认为，"世界体系"代表的这种世界性的文化和政治经济不平等状态，是一种从西方到非西方的单向历史进程，它无法解释20世纪末期在世界范围内出现的多元化的经济文化一体化过程。这样区分当然有一定的道理，但是，我们绝对不能忘记，在未来的一段相当长的时间里，世界性的不平等关系仍然会延续下去。

文明冲突论者认为，到21世纪，世界权力的不平等关系，将演变为古老的非西方文明—如中国、日本、印度以及非洲、中东等地的文明—对欧洲中心的西方文明的挑战。这种论调，基本上是围绕着西方中心论的国际关系政治需要提出的，它在一些方面不能不说有自己的特点和说明意义。从一定意义上说，它反映了实际问题：随着中国的发展，东方力量将成为国际政治的一个重要角色，使世界政治出现“多极化”的状态。然而，世界的多极化，本来就是对于“两极化”、“单极化”的“冷战世界”的回应，也是一个历史的必然过程，绝对不应被看作是“文明冲突”的根源。在我看来，它应当被看作是一种基于民族发展和文化传承的需要而发展起来的“文化自觉”。

六

要探索全球化和文明冲突之间的复杂关系，人文社会科学家需要携手努力，而我在这里想要强调的无非是这样一个在21世纪的中国和世界中人类将持续面对的问题，值得人类学研究者来研究。可以值得人类学界同人欣慰的是，在20世纪的人类学学科发展过程，能与21世纪的这些新问题相互启发的类似辩论，早已以相对不成熟的方式成为学者们的共同论题了。

从原来面貌看，人类学指的是“先进的西方人”研究“落后的非西方人”。30年代后期，我以英文提交了研究中国农民生活的论文，马林诺斯基老师曾高兴地说，这开启了“土著研究土著”的新风气。在几次的讲话中，我表达了自己与马老师的期待之间的距离，同时认为马老师的期待，应当在新的时代里得到进一步的延伸。我了解到，这些年来，在非洲、中南美洲和印度，本土人类学者开始集中思考西方人类学将非西方看待成“对象”(objects)的做法，认为这种带着“科学面具”的做法，其实犯了一个严重的错误，即未能承认非西方民族也是由能够思考和选择的“主体”(subjects)结合起来的。这些人类学家还认为，为了去掉西方人类学的这种“对象化”，非西方人类学应当探索出一套作为“主体”的人类学理论与方法，使之有别于“对象化的人类学”。

非西方人民自己的人类学，在与西方人类学形成的关系中，免不了有紧张的一面。例如：有些非洲和中南美洲的人类学家，将自己定位为“南方人类学家”（anthropologists of the south），意在与地理位置居于北方的欧洲和北美洲相对立。这种态度有它在民族自觉方面的理由，也与文明冲突论者描述下的那种文明间的“紧张情绪”有一定关系。但是，我们却不能否认，非西方人类学家所做的这些努力，有益于人类学学科本身的多元化、有助于学科本身内容和见解的丰富。

然而，非西方人类学绝对不应排斥几代人类学对人文世界的复杂性、对非西方文化的特征和现代遭遇做出的探讨。在我看来，像马林诺斯基老师那样的伟大人类学家，给我们留下了对不同民族的不同文化的尊重和对这些民族和文化的历史走向的思考，是人类共有的不可多得的思想遗产，是一笔值得珍惜的财富。在最近几次有关文化问题的发言中，我用“和而不同”这四个字来概括我国文化研究过程中人文价值的基本态度，也用这四个字来展望人文世界在21世纪的可能面貌。这四个字不是我个人的发明，而是我国文化的遗产，隐藏着我个人对于百年来人类学在认识世界方面的诸多努力的一个总结，也隐藏着我对人文世界历史和未来走向的基本盼望。倘若我对未来人类学研究有什么期待的话，那么，这四个字或许还能够比较贴切地表明我老来的看法。这也就是说，人类学研究既要体现人文世界的实际面貌，同时又必须为人类群体之间相互依存提出一套值得追求的方向，而这种相互理解和依存，基础在于对于“非我族类”的其他人文类型的尊重。

我提出“和而不同”，针对的首先是人类学者在跨文化对话中本应扮演的角色，也包含我几年前在北京大学的演讲中提出的“文化自觉”这一面。说得具体一点，我觉得中国人类学学科的建设十分重要，这是因为这门学科承担着为人类了解自身的文化、认识世界其他民族的文化及为探索不同文化之间的相处之道提供知识和见解的使命。对于中国人类学者来说，这一使命感，也一样重要。人类学者可以很轻易地告诉人们，我们关注的正是人文世界的面貌及在其中的人们“和而不同”地相处的逻辑。但是，要真正实现这一认识、理解和相处的目标，并不是那么容易的事情。

就我所知，国内人类学界针对中国城乡社区展开的实地研究，已经有相当重要的积累，为我们提供了社会及文化变迁研究的重要依据。与此同时，在少数民族地区——尤其是那些面临工业化和信息化挑战的小型族群中展开的调查，更发现了令人触目惊心、令人深思的现象和资料。对于中国文化展开的历史和理论探讨，还提出了一些有助于促成“和而不同”的世界格局的例证。这些都是我们应当充分肯定的成绩。但是，我们有多少真正能够揭示我国人文世界的本来面目的研究成果呢？此外，由于国际和国内的复杂原因，中国的人类学研究者至今为止还很少运用人类学的方法研究过中国境外各民族和文化。如果这情有可原，那么就境内社区、文化和少数民族地区的研究来说，我们又有多少成果达到人文世界的“和而不同”的那一使命呢？之所以有这么些问题，原因必定是很多、很复杂的，也不是我们一时能轻易理清的。

几年前，我曾经回顾中国社会学20年来的发展历程，提出了“补课”的说法，我的意思很简单：我们的社会学是在匆忙之中“速成”的，这给我们的学科带来了基础没有打好的问题。要解决这个问题，我提出，我们需要从头开始，从学科的基本建设开始，来为学科的研究能力恢复“元气”。倘若能容我在这里对人类学学科建设说点什么，那么，我愿意重复我对社会学同人们说的那席话。在21世纪，随着文化交往的复杂化，随着全球化和文化差异的双重发展，研究文化的人类学学科必然会引起人们的广泛关注。在众目睽睽的情景下，人类学学者能为人类、为世界做点什么？——这成了我们必须细致思考的问题。而这当中有一点是明确的：假如我们的学科要对21世纪的进程有所帮助、有所启发，那它就需要有一个坚固的学科基础。在我们中国的人类学学科里，这样的基础显然还需要我们去打造，而我们同时却又需要为建造“和而不同”的世界做贡献。学科发展时间与历史发展时间的“脱轨”，必然会使我们觉得措手不及。但是，这也许就是新的世纪对我们和我们的学科的新挑战。

第四部分

永远的怀念

纪念费老　学习费老*

蒋树声

20 世纪 90 年代，费老高度关注农村和农民问题。他身体力行，行行重行行，通过实地调查研究，一心一意帮助像甘肃定西那样的“穷甲天下”地区寻找脱贫致富和加快发展的道路。他先后对我国西北和西南、黄河中上游、长江三角洲、环渤海、京九铁路沿线等地区进行调研，代表民盟中央向中共中央和国务院提出了许多既符合当地实际、又具有全局意义的重要发展思路与具体建议，尤其是关于开发长江三角洲和促进 22 个人口较少的少数民族实现现代化的提议，受到党和政府的赞同和肯定。

我们今天缅怀和学习费老，最终落脚点是推动民盟的参政议政和自身建设工作继续向前发展，建设一个合格的参政党。最近有不少专家学者探讨社会主义新农村建设应当“新”在哪里？从我国近代农村发展的历史看，三十年代有乡村经济，五十年代有人民公社、大跃进，八十年代有家庭联产承包。在总结正

* 本篇选自《情系定西》，作者系原民盟中央主席。

反两方面经验教训的基础上,党中央对建设社会主义新农村提出了“生产发展、生活宽裕、乡风文明、村容整洁、管理民主”的要求。我们要以历史的眼光去理解新农村建设,所谓“新”是指农村面貌的全面改变和全面发展,而其中最深刻的是农村人的全面发展,这是蕴涵在上述五个方面之中的最本质的新农村建设内涵。我想,要促进农村地区人的全面发展,自然离不开以下三个方面的基础性建设:农村的义务教育、农民的技能与职业培训与教育、针对农业科技事业的高等教育。

借此,我有一个思考提出来供大家探讨。民盟今后一段时期的参政议政工作,将确定若干个重点领域,有两个方面肯定会在其中:一个是“十一五规划”提出的“社会主义新农村建设”;另一个是我们民盟传统的关注领域——教育。要提出有针对性、实效性又具战略和全局意义的建议,这是我们民盟的一个大课题。

学习费老,就是要学习他坚定不移的理想信念和勤奋求实的精神气质,凝聚全盟 17 万盟员的力量,发挥集体的思想智慧,为党和国家建言献策。

缅怀费老 铭记嘱托*

张梅颖

费孝通先生是国内外具有广泛影响的社会学家、人类学家，也是中国民主同盟的卓越领导人。

费老早年立志用学术研究服务于社会进步，高度关注当时中国农村的饥饿与贫困问题，对中国农村经济和社会发展有深刻观察与思考。他从20世纪三四十年代就主张工业下乡，发展乡村工业，利用工农相辅增加农民收入，发展农村的各项事业。中华人民共和国成立以后，在20世纪五十年代中后期，他顶着“左”的思潮和农村政策的压力，仍然坚持发展农村工业的学术主张，表现出了很大的理论勇气。

进入改革开放新时期以来，费老获得了“第二次学术生命”，他早年的“工业下乡”主张，也变成了广大中国农民的亲身实践，演变成为20世纪八九十年代中国大地上星火燎原的乡镇企业和

---

* 本篇选自《情系定西》，作者系全国政协原副主席、民盟中央常务副主席。

轰轰烈烈的小城镇发展热潮。费老以七十高龄,恢复了他一生喜爱的实地调查,一村一乡地跑,一县一市地看,就国计民生的许多大问题提出了发展设想和建议。

1984年秋,“志在富民”的费老到定西作实地调查,二十年间,七访定西,写下了情真意切、见解独到的篇章,为促进当地群众脱贫致富,提出了顺应自然的发展思路。

费老用他的“出主意,想办法,做好事,做实事”,带动了全盟同志。我每次去看望费老,他都会拉着我的手说:要走啊!要下去看啊!每当听到这话,我都非常感动。

前不久,在民盟中央定西扶贫二十年的时候,我有机会到了定西。在费老深情关注的地方,二十年来发生了天翻地覆的变化。和谐,在很多地方还是一个遥远的目标,定西的和谐气息却扑面而来。人与自然,人与人,干部与群众,农业与工业,城市与乡村……虽然还只是初步的和谐,却为更长远、更高水平的和谐发展打下了非常好的基础。费老对定西的关注和追踪,具有深刻的、我暂时还未能全部领会的社会和文化内涵。我希望自己有机会再去,多去,把这项事业继续下去。

费老躬身实践,他担任民盟中央主席以后,带领全盟,为新时期多党合作事业的发展做出了积极贡献。费老比较早地提出了准确确定民主党派的历史方位问题,指出民主党派在新时期的根本任务就是以经济建设为中心,与中国共产党同心同德,一起为中国人民谋利益。所以费老说:什么是政治,以经济建设为中心就是最大的政治。费老引导参政党准确定位,表现出了老人家的政治智慧。在费老的带动和启发下,民盟在办学讲学、智力咨询、扶贫支边、教育改革、区域经济发展等方面为社会发展做出了成绩,积累了经验。现在来看,费老的许多主张和做法都是合乎中国实际需要的、有远见的。作为参政党的代表性人物,费老参加了新中国成立后迄今为止的全部建设过程,始终致力于我国经济和社会的协调发展,为推动社会主义民主政治建设、坚持和完善中国共产党领导的多党合作和政治协商制度,倾注了满腔热情,做出了重要贡献。尽管经历了许多曲折,但是费老始终没有动摇接受中国共产党领导、走社会主义道路的历史选择,矢志不移地和共产党人风雨同舟、肝胆相照、荣辱与共。费老的一生,是我国知识分子从爱国主义走向社会主义的一个生动写照。

费老晚年的文章,越来越多地谈论文化问题,主张“文化自觉”,重提“和而不同”,寄希望于不同文化之间的互相尊重、理解、宽容和合作,提出“各美其美,美人之美,美美与共,天下大同”。我体会,这和我们现在提出的构建和谐社会在思路上是一致的。他看到经济进入全球化时代以来,人们的文化观念还不能和睦相容,有很多不和谐因素,甚至造成冲突和悲剧。费老的学术思考能力老而不衰,发人深省。费老一生主张“但开风气不为先”,他确实开了很多重要的题目,九十高龄前后,他又开出了“文化自觉”的大题目,这既是他一生思考的众多题目的共同内涵,也是留给我们继续研究和思考的题目。

费老,请您放心。我会牢记您的嘱托,常走,常看,常想,一步一个脚印地坚持下去,不辜负您的期望。

巨龙正在腾飞*

——怀念费孝通主席(节录)

厉以宁

当我在4月28日得知费孝通主席不幸逝世的消息,随即赶到他家里,在遗像前鞠躬致哀时,我不禁想起近些年来他老人家不顾年事已高,抱着“志在富民”的理想,风尘仆仆地奔走于祖国各地,为地方社会经济的发展建言献策的事迹。我想,费孝通主席还有一些调查考察的愿望尚未实现,如果他能再多活几年,那该多好啊!

2003年8月费孝通主席到甘肃定西考察时,我未能随行,因为这时我正带领民盟中央一个专题组在吉林、辽宁两省进行调研。相隔整整一年,2004年8月,我才去了甘肃定西。甘肃定西,以前是出了名的贫困地区。费孝通主席自1984年起已11次到那里考察。在他撰写的《又一次访问定西》(作于2003年9月)一文中,有这样一段话:“我在那里第一次看到一家人全年的

* 本篇选自《情系定西》,作者系民盟中央名誉副主席、著名经济学家。

用水，就靠积存在水窖里的雨水供应的状况；第一次看到为了减少水分蒸发而压了一层卵石在地里，从石头缝里长出庄稼的奇特现象。这里气候恶劣，高寒干旱，广袤的黄土坡上，光秃秃寸草不生，死气沉沉……”这是20世纪80年代中期的情形。经过将近20年的努力，到2003年费孝通主席最后一次（也就是第11次）到定西的时候，定西变了，逐渐富裕起来了，水资源状况也改善了。他高兴地写道：“一个农民特意要我到厨房参观他的‘自来水’，原来他在水窖里安装了一个电动抽水机，用水的时候一插上电源，水窖里的水就抽上来了。水窖就在院子的地底下，有50立方米。”农村中，家家有100平方米的水泥庭院，有深水窖，一下雨，雨水就流进了水窖，储存起来了。这就使群众饮水困难的问题基本上得到了解决。费孝通主席这次在定西还考察了退耕还林还草、舍养牲畜、种植马铃薯、乡镇企业等情况，他在文章结尾处写了这样几句话：“记得1998年我第四次去定西的时候说过，定西是个穷地方，所以我多次地来。这一次来和我第一次来，感到定西的变化太大了。要是定西以后的变化还是这样大，我也就可以不再来了。”2003年8月费孝通主席的定西之行，真的是最后一次。2004年下半年，他病倒了，医治无效，于2005年4月去世。

可以告慰他老人家的是，从2003年8月他离开定西之后，到2004年8月我带队去定西调研的一年间，定西最重要的变化在农村中专业协会的兴起。农村中的专业协会，是新型合作组织，是农民自愿组织起来的。按照行业划分，有马铃薯协会、花卉协会、苹果协会、养鸡协会、养羊协会、养牛协会，等等。为什么农民自愿组成各种专业协会？他们告诉我，至少有三个好处：

第一，可以保护农民的权益，特别在实行订单农业后，如果公司不遵守合同，通过协会同公司交涉，农民的权益不至于受损害；

第二，通过协会，农民可以分享到流通领域的利益，因为协会组织农产品运销和进行农产品初步加工，有利共享；

第三，协会还起着新技术推广的作用，使农民依靠新技术的采用而增加收入。

当然，农村中新型合作组织不一定都称作专业协会，也有称作合作社的，还有的取名为"经济共同体"，有的索性叫"农工商公司"。不管起什么名字，总之，新型合作组织的建立已经势不可挡，而且是各省市都如此，定西并不是唯一的。对今后的农村有重要意义的是，新合作组织把产业链延伸了，即从第一产业延伸到第二产业、第三产业了，农村中的富余劳动力在第二产业、第三产业中的就业机会增多了。这也为城镇化的推进创造了条件。

我曾经想过，甘肃省像一条龙的龙身，龙头在何处？在新疆，还是在陕西，可以讨论。宁夏和青海是两翼，那是没有问题的。只要西北地区的农村富了，农民富了，这条巨龙的腾飞是指日可待的。让我借用费孝通主席的原话："期待巨龙腾飞时"，把这句话用于西北，不也正是费孝通主席的愿望么？

怀念智慧的费老*

韩正卿

怀念是情感的流露。怀念是难以释卷的书。

2005 年 4 月 24 日是一个令人难忘的悲痛日子:享誉世界的著名社会学家、人类学家、社会活动家、北京大学教授、中国民主同盟的卓越领导人费孝通先生生命的时钟停在了当日入夜的晚 10 点 38 分,他永远地离开了我们。这位一生致力于“志在富民”,关心穷朋友,研究穷地方,情牵黄土地,惠泽定西的老朋友匆匆地走了,但他超凡的学识与智慧,气度与人格魅力却被历史和人民所记忆。

当我再一次翻开和费老的合影照片,思绪不禁被拉回到费老五年内四次走访定西的情景,他那和蔼慈祥的笑容仍清晰地浮现在我的眼前,萦回心际,久不能忘。

从 1984 年 9 月费老第一次踏上定西这块萌生希冀的热土

---

* 本篇选自《情系定西》,作者系原中共甘肃省委常委、甘肃省政协副主席、中共定西地委书记。

后，二十三年的时间里，他曾先后十一次来甘肃，七次到定西考察指导工作。

费老前四次来定西时，我担任定西地委书记，有幸和费老面晤、促膝长谈，每每聆听先生不凡的灼见，如醍醐灌顶，心神宁静，获益良多，彼此乐而忘疲。他不以位高而俗媚，不为学富而傲气，平易近人，胸襟大度，炯炯有神的目光闪烁着智慧的光芒。

陇中高天厚土特有的内蕴生机和悠久的文化积淀，朴厚的民俗民风和特定的自然生存环境，所谓"苦瘠甲于天下"，诱惑和震撼着费老的心灵，促成了他对定西的深层次切入，生发出了改变定西命运的呼唤。甘肃在他的心中很早就结下了不解的情缘。远在三十年代，他翻译了法文著作《甘肃土人婚姻》一书，对甘肃有了最初的认识和了解。

费老每次走访定西，不顾年迈劳顿，征尘未洗，便顶着烈日，经受酷暑，往来于定西的沟沟岔岔，村村户户，深入农民生活的底层，了解民生民计，倾听群众的心声和渴望。

费老一县一县地跑，一村一乡地看。在乡间的田埂地头，在农舍的庭院炕头，在工厂的生产一线，都能看到费老不倦的身影。广袤的定西大地，留下了他坚实深沉的脚步，留下了他珍贵的墨宝，留下了他对定西普通百姓的一片挚情。

费老亲身目睹了定西艰苦的自然生存环境和农民穷困拮据的生活，看到了干部朴素的良好作风，这些实情实景深深打动着费老，他强烈地感受到了历史的责任感。历史似乎有意识选择了费老，是他，首先为定西走出困境，解决温饱，实现脱贫致富，发出了大声疾呼。

费老第一次考察定西时，透彻剖析了定西地区人口与社会两大要素，提出定西在大力种草种树，改善生态环境的同时，必须处理好“社会生态”的平衡问题。提出了重视发展乡镇企业和小城镇建设，加大工业在生产中的比重，做到从农到非农的转移。加大智力投资，积极培养地方实用人才。他在定西地区种草种树汇报会上发表演讲，深入浅出地阐述了人口问题、资源利用问题、智力投资问题、发展工业问题。明确提出了打破经济结构，兴办乡镇工业，以工业和优势产业振兴地方经济的发展思路。

在后几次的考察中，费老多次提出要充分利用当地资源，开辟工业城镇，这是贫困地区挖穷根的最好办法。他还就定西如何顺应自然规律，改善农业基本条件，改善生存环境，调整产业结构，统筹城乡协调发展提出了许多新见解和新思路。这对定西尽早脱贫致富，搞活经济，实现经济复兴，有深远的指导意义。

费老对定西发展地方工业方面采取的“碗里端着，锅里煮着，地里长着，平常想着”的对策，以及抓亚麻、豆子、兔子、地毯、洋芋、草编、中药材、花卉等龙头产业和围绕生态环境建设，控制水土流失，改善生产条件，探索形成的“山顶植树造林戴帽子，山坡退耕种草披褂子，山腰兴修梯田系带子，山下覆膜建棚围裙子，沟底筑坝蓄水穿鞋子”的治理模式，十分赞赏，给予积极支持和鼓励。

定西从多年的实践中总结出了“三个顺应，三个遵循”的指导思想。这个指导思想的确立，为定西的发展添加了无穷的动力。

费老在定西的四次考察中，用哲人的睿智目光定格在定西的亲身体验和感受，把敏锐的思维最终寄托于他如椽的巨笔，写下了传递古训的“天人合一”“中和位育”“和而不同”的感念。先后撰著了《关于定西地区区域发展的刍议》《边区开发·定西篇》等鸿篇论章。这些精辟的学术论述，集思想哲理之大成，绝无枯燥说教之感。其理论分析之透彻，逻辑思维之缜密，语言形象之生动，实践体验之深刻，都无不体现着启发性、前瞻性和指导性。这些理论与思辨，思想与传道，完整论点与独立思考完美的结合，真正体现出了一代大师的智慧风采。

严谨治学与“志在富民”和“无工不富”的传道，是费老毕生为之奋斗的目标。他以可贵的书生意气，上下求索，答疑解惑，指点迷津，透过现象问题，探寻定西发展的内存潜力。他从相对深刻的理论层面，深入地认识和解释整个定西的区情民意，以求真务实的科学态度，提出自己的独到卓见。

“旧邦新命”这是当代哲学大师冯友兰常说的一句话。泱泱华夏是数千年的文明古国，从古到今生机勃发，衍生着新的使命。“新命”就是要建设经济发达和政治文明的强国。“天下为公”是孙中山的四字座右铭。“天下为公”就是要让天下的人都有饭吃，有衣穿，有房住，过上好日子。“天地立心，为生民立命”是先贤哲学家的警世箴言。费老深悟这些闪光的思想并传道力行着，乃至成为他终生追求的梦想，他被学术界和农民朋友誉为“农民的代言人”。

费老为定西农民的吃饭穿衣和经济建设呕心沥血，出谋划策，引航指路。他提出定西要在思想观念里“反弹琵琶”，来一次意识领域的革新；要确认自然条件和商品经济规律是决定利用土地的原则;要改变见了土地就想种粮的观念。这些深邃的高见思考,表现出了费老不凡的政治智慧,思想智慧,学者智慧,实践智慧,给定西在思想观念上的转变带来了革命性的蜕变。

费老把为经济建设“出主意,想办法,做好事,做实事”作为民盟的工作思路。民盟中央的历任领导丁石孙、蒋树声、张梅颖、李重庵等继而沿着费老走过的足迹,多年频频来定西考察调研,提建议,献良策,积极引荐项目支持,并正式将定西确定为民盟帮扶的重点,全方位开展对定西的帮扶,加快了定西经济发展的步伐。

“民勤始有民富,政通必定人和”。费老和民盟人的谆谆嘱托,一直启迪着定西的干部群众,激励着定西“领导苦抓,群众苦干,社会苦帮”。这个“三苦”精神,是定西经济走向光明的传家宝,始终保持着并不断发扬光大。

今天,定西已经实现了整体基本解决温饱,开始向稳定解决温饱进而向小康迈进。

费老和民盟人解读定西,感知定西,帮扶定西,推进定西的务实精神,感动着定西三百万人民。

怀念是无限的,无限的怀念是永恒的。

我搁笔沉思,对费老的定西情结,永难忘怀。

智慧的费老永远活在我们的心中!

费孝通教授与甘肃老百姓二十年的情结*

周宜兴

2004年9月21日,我在北京医院看望了正在那里住院治疗的费孝通教授。费老先生虽说已经是九十四岁高龄的老人了,尚且正在病榻之上接受治疗,却依然神情炯炯,思维清晰,见到我时他热情地伸出右手握住了我的手,希望我能给他讲讲甘肃一年来的发展与变化。去年的八月,费老第十一次到甘肃考察时,不顾长途跋涉的辛劳第七次再到定西,对农户进行了访问。他对定西农村的发展一直投入着深切的关注,1984年,先生第一次来甘肃时,首先走访的就是定西;20年后,当他九十三岁再来甘肃时,首先访问的仍然是定西。二十年来,先生与甘肃的深厚情结是从定西开始的,所以,我首先向先生介绍了定西的农业产业化的发展势头,退耕还林与农村生态家园建设,以及农民收入增长的情况,尔后才谈了甘肃全省发展的新形势。先生听后满

* 本篇选自《情系定西》,作者系原甘肃省政协副主席、民盟甘肃省委主委。

意地笑了，他双手抱拳向我摇了一摇，表示着感谢，同时也表达着先生对甘肃老百姓的祝福。20 年来，先生在对甘肃的十一次访问中，亲身体察到了甘肃的发展与变化，从中看到了甘肃未来的希望与美好的前景。他从对甘肃的多次考察中，看到了他的“志在富民”的夙愿，在改革开放的甘肃大地上得到了实践。

1984 年 8 月，先生第一次到定西，看到的是一个真实的“陇中苦甲天下”的定西。先生在《定西篇》的考察报告中写道：“在一间除了土炕和空锅别无他物的土屋里，一位中年农民流着眼泪诉说着他妻子的病况和断炊的困境。据说当时还有约二分之一的农户与他一样不得温饱”。其时定西还有百分之七十八的农户生活在贫困限以下。当时先生就很有感触地谈道：“在一个不适宜种粮食的地方，近百年来居然发展了以生产粮食为主的农本经济，这是不可思议的”。在进一步写出农民因此而长期受苦的现实之后，先生深刻地指出：“尽管不顾条件的以粮为纲使这里的农民尝到了苦头，然而在以农为本的基础上培植起来的文化传统是不那么容易改变的。看来，在思想观念里也要“反弹琵琶”，来一次意识领域的革新。“要确认自然条件和商品经济规律是决定利用土地的原则”“要改变见了土地就想种粮的观念”。

然而，在传统的“以粮为纲”的思路的禁锢下，定西农民整整用了十年的时间，才完成了意识领域的革新。1995 年定西人总结出了一条适宜当地的发展之路，定西的党政领导干部从群众的实践中总结出了“三个顺应，三个遵循”的指导思想。即：顺应天时，遵循自然规律；顺应市场，遵循经济规律；顺应时代，遵循科学规律。这个指导思想的确立，为定西的发展长上了巨大的翅膀。定西农民从单一的粮食种植中走了出来,他们大力调整了种植结构,大力发展适应自然、适应市场、适应时代的产业,比如:土豆、中草药、花卉、食用菌和养殖业,极大地改变了定西农村的面貌。2001 年,当先生第十次来甘肃考察西部大开发的情况时,第六次访问定西时,深入到农户家里所见到的情况与 1984 年所见到的情况有了天壤之别。定西的农民对先生说:“现在种一亩洋芋(即土豆)的收入与种五亩小麦一样,种一亩药材的收入与种十亩小麦一样,日子一下子好过多了”。“洋芋、药材都长在地下,再也不怕雹灾了,更不怕天旱了”。农民家院子里的地面,户户都用水泥打成了集雨场,家家都有两个 50 立方米的水窖,吃水用水不再成问题了,有的还可保灌一亩庭园经济作物。被走访的一户剡姓农户,儿子在读博士,女儿在读本科,这在 1984 年是无法想象的事。另一户较年轻的农户,因夫妇都有初中文化,都在城郊的企业里做工了,两个女孩子都在上小学。看到这些巨大的变化,先生会心地笑了,定西的农民不但脱了贫,一部分人也开始过上了较富裕的生活。

2003 年 8 月,费孝通教授以九十三岁的高龄第十一次到甘肃考察,又专程去了定西。这次先生是想看看定西在农业产业化进程中,迅速发展起来的农村合作经济组织,是如何把一家一户分散的农民组合起来与市场对接的。定西从粮食生产向土豆、药材、花卉等方面的转变,是根据先生提出的依照自然条件决定利用土地的原则,从劣势中找出特色;而合作经济组织,则是根据先生按市场利用土地的原则,把农户组织起来把特色产品做强做大,变成市场需求的优势产品。这一次先生专门去了定西巉口镇的土豆贸易市场,走访了“洋芋专业协会”和因洋芋致富的小康村。先生看到的是每户都有一座面积在280到300平方米的两层小楼房,家家都有一个独立的院落,灶房用的是沼气和通过小水泵从水窖泵上来的水,如同自来水一样。接待先生的农家主人,用煮熟的洋芋和苞谷热情地招待着先生一行。定西农村的改革与发展,带给农民的是彻底脱贫和走向富裕之路,先生非常高兴,应被访农户之邀,欣然提笔题写了“祝定西农民奔小康”的祝词。20年来,先生始终关注着定西的贫苦农民,七访定西在定西广大干部和群众中产生了巨大的推动与激励作用。2004年,定西市773万亩土地中,种植土豆的面积就达340万亩,种植药材的面积有110万亩,种草养畜也有了很大的发展,这两个数字说明定西农业结构调整的力度之大。正是这种调整,给农民带来了极大的实惠,农民才有了更大的积极性进行调整。同样的土地,同样的气候,不同的土地利用思路,产生了完全不同的经济效益,这是定西人民的成功,也是先生指点迷津的成功。

20年里,先生十一次到甘肃考察,走访了甘肃省的十四个地、州、市中的十二个市州,特别是对少数民族的自治州、县,他更是关切。他四次访问了临夏回族自治州,并专程到了积石山保安、东乡、撒拉族自治县,广和县、临夏县及所辖乡镇访问,对保安族和东乡族两个甘肃特有的民族给予了特别的关注。大河家乡和三甲集镇都是先生多次到访的地方。早在80年代中期先生就提出了“东有温州,西有河州”的著名论断,极大地鼓舞了临夏的经贸经营活动,并尽最大努力为临夏的回族同胞的经贸活动予以支持和帮助。

1985 年先生访问了甘南藏族自治州之后，一直关注着甘南州的发展，此后曾多次派他的博士研究生到甘南藏区进行实地调查，对甘南藏族的发展乃至通过甘南对西藏的发展产生互动作用的建议，都产生了积极的作用。1989 年 9 月，先生在河西走廊考察时专门走访了肃南裕固族自治县，对甘肃的又一个特有的民族——裕固族的形成与发展进行了考察，对建国后党和政府的民族政策，在裕固族的发展与壮大中所发挥的作用进行了总结。在考察中先生高兴地见到了从中央民族学院毕业的五个裕固族学生，先生对他(她)们毕业后能从大都市回到家乡，为本民族的群众服务的精神表示敬佩。先生作为中央民族学院的教授，一直提倡民族学院的毕业生应当有一定比例的人回到本民族的县乡，从最基层做起，为本民族的基本群众服务。先生看到，裕固族是个文化比较发达，接受新技术较快的一个民族。先生当时曾提出把肃南裕固族的畜牧业与周边的农区相结合，使之相辅相成地发展的建议，受到当地群众的欢迎并采纳。

先生在甘肃的前八次访问中，一直任职民盟中央主席，他在调查研究的基础上，以民盟中央的名誉提出了两项重大的参政议政的建议。一个是 1988 年到 1990 年间进行的关于建立“黄河上游多民族经济开发区”的建议。一个是 1998 年关于“加快河西走廊经济发展”的研究论证会。这两个建议都是与当时的甘肃省委、省政府密切合作进行的。第一个建议除甘肃省外，还有青海省、宁夏自治区、内蒙古自治区参加。这两个建议，在民盟内外专家学者与当地党政干部参与下，进行了科学的、民主的广泛讨论和论证后，形成了很有操作性的系统建议书。为此先生曾数次亲笔上书“紫光阁”，直接向党和国家的最高决策人提出参政议政建议。

这些建议，特别是“黄河上游多民族经济开发区”的建议，是在当时“两头在外，优先发展沿海地区”战略全面推出的情况下，对已经处于劣势的西北地区不要拉得太远的前瞻性思考，为黄河上游四省区的发展起到了重要的推动作用。当年在甘肃建立的五个开发小区，今天在兰州市、白银市、金昌市都发挥着巨大的作用。

对甘肃河西走廊的发展，先生更是一往情深地倾注了极大的关注。先生多次讲到他对河西走廊有个梦，这个梦是从汉武帝开发河西走廊做起的。当时汉朝把中原先进的农耕经济带到西北牧区，在河西走廊设郡建制、屯田戍边，是第一次开发河西。此后，唐朝开辟古丝绸之路，是第二次开发河西走廊。我们今天开发河西走廊应当比古人做得更好，他列举了种种开发河西走廊的重要性，并说从历史上看，没有河西走廊的开发与振兴，就没有整个大西北。先生时任全国人大常委会副委员长，他把他对河西走廊重要性的看法，亲自向江泽民总书记作了口头建言。

2001 年，先生第十次来甘肃考察后，亲笔向中央有关领导写了“关于把兰州列入西部大开发的中心城市的建议”，认为兰州作为西北的铁路、公路和航空等交通枢纽，光缆通讯枢纽，政治文化中心，具有明显的区位优势，随着青藏铁路的修通，其区位优势更加突出，仅用经济总量来考核中心城市是不全面的。为甘肃的发展又一次做出了重要建言。

先生作为民盟中央主席，每次来甘肃，每到一地总是要见见当地的民盟成员，总是平易近人地与大家交谈些民盟的事情。在这些交谈中，收益最大的要算我们民盟甘肃省委员会了。民盟中央在甘肃的几项重大的参政建议工作中，都把省民盟作为一个参加单位纳入进去，在多次的调查研究中我们跟随先生，学到了很多调查研究的方法，学到了很多观察分析问题的办法，大大提高了我们省民盟的参政议政能力。先生早在80年代中期，就要求我们对甘肃的少数民族地区尽可能做好扶贫工作。20年来，我们在民盟中央和江苏民盟省委的支持与帮助下，一直对临夏州的积石山自治县，甘南州的夏河自治县实施教育扶贫，取得了一定的成效。因此我们民盟省委会四次获得了国务院颁发的“民族团结进步奖”。我们同甘肃的老百姓一样，对先生20年来投向甘肃的关注与热望，深深地记在心里。愿先生健康长寿。

心系黄土地　情牵定西人*

石　晶

昔日“苦瘠甲于天下”的定西，如今已发生了和正在发生着翻天覆地的变化，已在整体解决温饱的基础上大踏步向小康社会迈进。在这历史性的变革和进程中，中国民主同盟的组织和成员，特别是以民盟中央的三代主要领导人为首的民盟中央领导集体，心系黄土地，情牵定西人，用二十多年时间，演出了一处跨越一个世纪，用心、用力、用真情帮扶定西人民的有声有色、功绩卓著的活剧，谱写了一曲民盟人亲民爱民的赞歌，创造了民主党派帮扶贫困山区的诸多新鲜经验。

一、撒满定西的挚爱

从业已作古的全国人大原副委员长、民盟中央主席费孝通1984年第一次踏上定西这块黄土地算起，民盟人帮扶定西已经

* 本篇选自《情系定西》，有删节，作者系原中共定西市委书记、现为甘肃省政协秘书长。

23个春秋。二十三年来,民盟人把真情浸注定西的山山水水,把挚爱撒满陇中的千家万户,在定西三百万人民脱贫致富的历史进程中,写下了浓墨重彩的一笔。

民盟人挚爱的足迹遍布陇中大地。二十多年来,民盟中央费孝通主席七次来定,丁石孙主席、蒋树声主席、张梅颖、厉以宁、李重庵副主席及民盟中央机关的相关负责人,都把爱的足迹留在了陇中大地;民盟甘肃省委主任委员周宜兴和其他民盟负责人也多次来定。他们深入乡镇、农村、企业、学校、单位视察,在农户家、饲养场、水窖口、种薯地调研,在乘车途中,在茶余饭后,在田埂地边商讨,中心只有一个,那就是如何帮定西实现新的跨越,如何扶农民脱贫致富,如何在这块充满生机的黄土地上实现小康。民盟人留在陇中黄土地上爱的足迹,是那么坚实,是那么有力!

民盟人的挚爱心智启迪了百万定西人民。民盟人在定西扶贫,首当其冲的是智力扶贫,精神扶贫。从一定意义上说,这是扶贫的根本、扶贫的基点、扶贫的要害。民盟人以他们的慧眼和睿智,敏锐地看到了这一点,全力抓住了这一点。而且,这一点,正是民盟人的优势和定西百万人民的相对不足。正因为这样,民盟人才用他们的深情和心智,启迪了百万定西人民。从费老大声疾呼要"转变观念"到丁石孙主席谆谆告诫要"完善思路",从蒋树声主席要我们"振奋精神"到张梅颖副主席要求我们"开发智力资源",从厉以宁副主席作专题报告到省民盟周宜兴主席具体帮助我们提高农产品的科技含量,民盟人的心智有力地启迪了百万定西人民,智力扶贫使世代生活在黄土地上的定西人民精神更加振奋，认识更加深化，思路更加正确。而今，民盟人智力扶贫的一系列做法措施，在包括各级领导班子在内的定西人民中正在产生着巨大而深远的影响，它们又转化为现实生产力，促进定西经济社会的全面、协调、可持续发展。

民盟人挚爱的帮扶加快了定西的发展步伐。二十三年来，民盟人以挚爱的帮扶，给定西经济及社会的发展注入了生机和活力，使定西的发展步入快车道。据不完全统计，民盟人为定西协调资金和直接投入资金4000多万元，涉及十多个诸如“生态家园富民工程”、“高技术产业化”、“速冻薯制品生产线”、“整村沼气化工程”等大项目。与此同时，民盟人还为定西培训英语教师，援建希望学校，设立“爱心助学站”，支援教学设备，有力地加快了定西经济社会的发展，真正实现了民盟人“出主意，想办法，做好事，做实事”的宗旨，书写了民盟人扶贫开发的新辉煌。

二、彪炳史册的功绩

民盟人用他们的挚爱和心智，勤劳和汗水，在定西谱写的扶贫开发的乐章，不仅记叙着他们彪炳史册的功绩，而且创造了民主党派扶贫开发的诸多新鲜经验。就功绩而言，首先是帮助我们从指导思想上实现了从“征服自然”到“顺应自然”的转变。从20 世纪 80 年代费老关于人和自然的论述到 90 年代、21 世纪这七年时间中，民盟的诸多领导人肯定我们提出的“顺应天时，遵循自然规律；顺应市场，遵循经济规律；顺应时代，遵循科学规律”，都一脉相承地体现了民盟人的科学思维和远见卓识。费老关于人和自然和谐发展的要求，张梅颖、李重庵副主席关于变

“征服自然”为“顺应自然”的阐释，不仅帮助我们提出了“三个顺应、三个遵循”的指导思想和方法论，而且由于他们的多次肯定，进一步坚定了我们贯彻这一指导思想的自觉性。定西巨大的发展变化，都是和这一方针密不可分的。与此同时，民盟人还对我们“人一之，我十之；人十之，我百之”和“领导苦抓、部门苦帮、群众苦干”的定西精神，给予了充分肯定和理论阐释，这也极大地鼓励我们进一步发扬这种精神，进一步促进经济发展，社会进步。其次是帮助我们从工作上实现了从“整体解决温饱”到“构建小康社会”的历史性转变。民盟人以定西发展为己任，以民生问题为核心，不仅帮助我们在整体解决温饱上作了大量的、卓有成绩的工作，而且以民生问题为核心，全力帮助我们勾画定西小康社会的宏伟蓝图，在实现小康社会的历史进程中，做了许多诸如抓大项目、抓好项目，整体实施沼气工程，全力开展智力扶贫等好事、实事的基础性工作，这就为我们在全市实现小康奠定了坚实的基础。第三是帮助我们在特色产业的发展上实现了由量的扩张到质的提升的转变。定西市把洋芋、中药材、畜牧业、花卉、食用菌作为特色产业，全力扶持，做大做强。经过多年的努力，已形成较大规模，量的扩张已极其有限，尤其是定西的第一大产业——马铃薯产业更是如此。在这种情况下，民盟人帮我们努力实现从量的扩张到质的提升的转变。他们多次给我们提出实现这一转变的措施、办法、方针。如提升产业链条中各个环节的科技含量，拓展、延伸产业链并开展深加工，全力提高附加值等，使定西市的特色产业，尤其是主导性的特色产业，正在逐步实现从量的扩张到质的提升的转变，取得了明显效益。

二十多年来，民盟在定西的帮扶也创造了诸多新鲜经验，主要有：一是坚持不懈，持之以恒。民盟人在定西进行跨世纪帮扶，历经二十多个春秋，这是令我们无比钦佩和赞叹不已的。二是整体出动，系统动员。包括民盟中央三届领导集体出动、上下系统全面动员、举全盟之力实施帮扶的壮举，书写了定西帮扶史上的光辉篇章。尤其是“三届领导一个令，咬定帮扶不放松”的精神，更是我们学习的榜样。三是关注民生，亲民爱民。四是深入具体，周到细密。这些，已成为定西宝贵的精神财富，将永远激励我们在实现小康的伟大征途中奋勇前进。

情系定西

——民盟中央帮扶定西纪事

秦素梅*

民盟中央帮扶定西,是从20世纪80年代开始的。三十多年来,三任主席,先后十三次来定西视察、调研,帮助定西出主意、想办法、献智慧,协调解决了经济社会发展中的很多实际困难和问题,演绎了一个又一个精彩动人的故事!

八十年代初的定西,87%的老百姓生活在贫困之中,农民人均纯收入只有78元。贫困的主要原因:生态环境恶劣,水土流失严重,干旱少雨。据史料记载,晚清时期定西约二十年左右一次大旱,20世纪50年代,隔几年一次大旱,到了70年代,年年都是大旱。年降雨量从800多毫米降到300多毫米。老百姓说:种了一坡,收了一车,打了一斗,煮了一锅,吃了一顿。定西这块古老的土地,曾经渭河、洮河、漳河、迭藏河穿境而过,奔流不息。数据显示,定西河流每年带向黄河的泥土量为1000多万吨。冲走

---

* 作者曾任定西市政协主席。

的是肥土,流淌去的是我们黄土大地母亲的血呀!

定西的贫困引起了党中央、国务院的高度重视。20 世纪 80 年代,时任总书记的胡耀邦和时任总理的赵紫阳先后来定西考察。省委书记李子奇也把自己的工作联系点放在定西,其目的是为了帮助定西找到一条脱贫之路。就在这时,民盟中央主席、社会学家费孝通走进了定西,开始了对定西的调研和帮扶。这一帮就是三十年!

费孝通,这位有长者之风范、学人之气魄的老人,一辈子要做好的一篇文章就是“农民的文章”。他似乎注定会与“苦瘠甲于天下”的定西有不解之缘。费老第一次走访定西是 1984 年,那时他已经 74 岁高龄了。1983 年,胡耀邦总书记到定西视察后,回北京曾与费老探讨定西经济社会发展中存在的主要问题,寻求改变定西贫困面貌的良方。同一年,省委书记李子奇也邀请费老来甘肃把脉指导。1984 年,费老到达甘肃后,就提出要来定西走访。李子奇书记亲自陪同,一个车队从兰州出发,沿着 310 国道前行。费老为了深入农户了解情况,又不打扰别人,他便想出一个办法,问身旁的司机:“你如何能让我的这部车子停下来,而车队还能继续向前走?”司机回答说:“如果我说车子有点小问题,需要检查一下,也许行。”费老说:“好,就照你的法子做。”费老乘坐的车子排在第三,车子停下来后,前后的车子全部都跟着停了下来。李子奇书记关心地走过来询问怎么回事儿,司机说车子小修一下就好了,你们先走一步吧。李子奇书记问费老,是不是要换一辆车,费老说:“我有点困了,正好在车上打个盹,你们先到定西一步,把茶沏好时我也就到了。”

就这样，费老便带领助手沈官宝下车寻找附近的农户。他们俩翻越公路旁的小山梁，就近找到一家农户，敲门就进去了。这是一个七口之家，全部家当加起来也不值几十元钱，家里最值钱的一口铁锅还有个豁口。费老还看了这家的面柜，伸手下去摸摸，摸到底了，手指才沾了一点面粉。费老想寻找一个地方坐下来和户主交谈，但家里没有凳子，他就坐在院子里的一个木桩上，细心询问这家农户的生产生活情况。这才了解到这里的农民普遍贫困，且存在着三个生活难题：缺柴烧、缺水喝、缺粮吃。

到定西后，晚上地委书记韩正卿、专员张国维等招待费老吃羊肉泡馍，可费老的脸色很凝重，定西的贫困状况超出他的预料，他没有心思动筷子。他说："定西这个地方，我以后要多来。"

那一次，费老在定西进行实地调研后指出：一定要种树种草，修复生态，解决农民烧柴难的问题，同时提倡发展畜牧业，从而调动农民种草种树的积极性，形成良性循环；要"反弹琵琶"，根据定西干旱的问题，调整种植结构、产业结构；主张给农户修水窖，解决喝水难的问题；在这个基础上，大力发展"草根"工业，为农民寻找脱贫出路。

此后，费老总是把定西放在心头，先后七次走访定西，持续不断地为定西出主意、想办法、做好事、做实事，充分肯定定西经济发展所取得的每一点成绩。

记得 2003 年 8 月 31 日早上 10 点钟，费老第七次来定西视察。那时 93 岁高龄的他已经走不动路了，但他深切牵挂着定西的老百姓。在收获的季节，他坐着轮椅来定西走访，上下飞机、汽车和楼房都靠工作人员抬上抬下，令在场的干部群众非常感动，都感叹说他是一位真正关心穷人的学者。那天下午，费老访问了巉口镇的两户农户后说："现在定西要撤地设市了，这是一个机遇，定西会发展更快，你们的日子会过得更好。如果我身体允许，我还要来定西。"傍晚，在蒙蒙细雨中，费老和当地干部群众依依惜别，向大家挥手致意。在场的干部群众眼睛湿润了！

省、区领导姚文仓、周宜兴，石晶、刘念宗、张乃、我、牛兴民、张月娥、葛兴才、吴丙申等同志陪同和接待了费老一行！

2003年，是费老在定西进行的最后一次走访。费老回到北京后，在病榻上撰写了3000多字的针对定西经济社会发展的调研文章，这也是他写的最后一篇文章。他在弥留之际，握着民盟中央副主席、全国政协副主席张梅颖的手，语重心长地说："民盟中央要继续帮扶定西！"张主席立即说："请费老放心，我们一定沿着您的足迹走下去！"

费老逝世后，全国人大常委会副委员长、民盟中央主席丁石孙接过了费老帮扶的接力棒，于2005年4月13日上午率领张梅颖、李重庵和23位企业家来定西视察。当干部群众看到丁主席坐着轮椅艰难工作的场景时，大家被深深感动了！张梅颖受费老的嘱托，特意登门看望了大坪村张雄一家。当她看到张雄家建起了砖木结构的四间房子，又买了农用三轮车，生活发生了较大变化时高兴地说："你家的幸福也是我们的幸福！看到你家发生的变化，我们就放心了。"14日下午，在定西市委书记石晶主持召开的座谈会上，国家有关部委负责人和前来考察的企业家纷纷建言献策。张梅颖在座谈会上讲："在这两天的考察中，我们亲眼看到了定西的层层梯田、万亩林带、'121'水窖、沼气池、五配套生态节能经济模式，我们坚信定西人正在走出一条生产发展、生态良好，生活富裕，人与自然和谐发展的新路子，创造着感天动地的奇迹。这些奇迹不是从天上掉下来的，是定西各届、各级领导苦抓、群众苦干、部门苦帮得来的！定西人的‘三苦’精神，使我们受到了一次很好的思想教育，给大家留下了深刻的印象！我们要进一步帮扶定西，重点帮扶安定区，使定西经济社会发展得更好更快！”

省、市领导陆浩、徐守盛、仲兆隆、周宜兴、石晶、杨子兴、我、黄周会、牛兴民、李旺泽、郭维团等陪同接待。

市委、市政府非常重视民盟中央领导提出的指导意见和帮扶工作。4月中旬，在市委常委会上作了传达和研究，并确定时任市政协主席的我为民盟中央帮扶定西的联络人。

接受这一任务时，我心里暖烘烘的，也深感责任重大。7年时间，我先后与市、区领导杨子兴、许尔锋、常正国、李旺泽、位志荣、郑红伟、郭维团、赵众炜、金钟、燕胜三、吉秀、彭双彦、王玉田、李建林等12次赴民盟中央汇报工作。每次去，蒋树声、张梅颖、索丽生、李重庵、高拴平、郭勇等都要召开会议，认真听取汇报，提出指导意见，还热情邀请我们在民盟中央机关食堂用餐。

2008年3月份，市长杨子兴带领市、区有关同志去民盟中央汇报工作。蒋树声副委员长在民盟机关二楼会议室听取了杨子兴、李旺泽的工作汇报后，对定西经济社会发展提出了意见和建议，他说：“定西市是个贫困地区，无论是贫困的深度还是广度，在全国都具有代表性。党中央、国务院都很关心。你们在那里工作很辛苦，很不容易，也很努力，现在定西的贫困状况已经有了很大改变。民盟中央一定继承和发扬费老的优良传统,踏着费老的足迹走下去,更好地帮扶定西。民盟中央资金很少,但盟员遍及全国,人才济济,我们完全可以让更多的盟员参与定西经济社会的发展,为你们献计出力。市里和安定区提出的十多个项目,我们也可以帮助你们论证和争取。具体帮扶工作由社会服务部负责。你们还要重视教育和人才培养。要从根本上解决贫困,人才是决定因素。”他问:“其他同志还有要说的吗?”大家说“没有”。他又问:“素梅同志也不说说?”我赶紧回话,“没有了。”他幽默地说:“我当了副委员长,你也不表示祝贺!”我赶紧说:“祝贺!祝贺呀!”从这时起,新一届民盟中央就拉开了帮扶定西的新的一幕。只要定西有重要工作、重大活动,我们总是积极向民盟中央领导汇报。民盟中央在帮扶定西的工作中,所贡献的智慧、所提供的帮助太多太多,其中,帮定西圆了建设定临公路的梦;帮定西规划渭河治理工程;帮定西打造“中国薯都”;帮定西改善办学条件和关注项目建设。民盟中央先后动员盟员捐助投入400多万元,帮助建设了安定区青岚乡贺家岔学校、李家堡镇锦鸡两所学校,并帮助50名学生圆了上大学的梦。

民盟中央帮扶定西,动真情、下功夫,感动了定西的干部群众。多年来,民盟中央就定西的农业产业化发展、生态环境、农业基础设施建设、非公有制经济发展、民生问题、小城镇建设等问题,都审时度势,提出了针对性、指导性、操作性很强的意见和建议,先后帮助定西争取科技部支持腾胜公司马铃薯加工项目,农业部标准化圈养、畜草种植、沼气建设、阳光工程、农业科技入户及农村科技书屋项目,安定区、渭源县国家农业综合开发项目,国务院扶贫办帮助安定区发展养牛羊项目、国家发改委支持金大地马铃薯产业开发项目等30多个项目,使一个又一个项目落地建设。民盟中央还协调清华大学继续教育学院,帮助定西的70多名县处级干部参加了高级研修班的培训,使大家进一步解放思想,转变观念,理清思路,激发了干事创业的热情,也开了干部走出去接受培训的先河!

定西在党中央、国务院,省委、省政府的关怀下,在民盟中央的帮扶下,在全市干部群众的艰苦努力下,终于解决了温饱,2014年,全市农民人均纯收入达到了4000多元,一个发展中的新定西正向人们走来!

难忘的接见　永远的缅怀*

——1995 年费老接见临洮民盟负责同志追记

吴廷俊

一

第七、八届全国人大常委会副委员长、中国民主同盟中央主席、著名社会学家、人类学家、社会活动家、中国共产党的亲密朋友费孝通先生(1910 年 11 月 2 日—2005 年 4 月 24 日),“志在富民”,“从实求知”,生前走遍大江南北,黄河上下,“行行重行行”,为社会发展、人民幸福,特别是落后地区、少数民族地区的脱贫致富,“出主意,想办法,做好事,做实事”,奉献了毕生精力。费老曾十一次到甘肃,七次下定西(“苦瘠甲天下”),三次过临洮。1995 年 9 月 5 日至 6 日,85 岁高龄的费老在考察银川、定西、临夏途中,下榻临洮县政府招待所。费老不顾跋涉劳顿,在百忙中专门接见了民盟临洮县委的负责同志,至今历历在目,言

* 本篇选自《情系定西》,作者系原民盟临洮县委主任委员。

犹在耳。

9月5日（农历乙亥年八月十一日）下午5点20分，天气晴朗，秋高气爽。当时担任民盟临洮县委主委的我和副主委杨德生、副主委兼秘书长曹敦、专职干部赵东铭等四人，在民盟甘肃省委秘书长武乃文、中共临洮县委统战部部长杨继周导引下，进入县政府招待所一楼大厅接见室（小会议室）。我虽于1992年七届全盟代表大会上见过费老，但零距离接触还是首次，总有种“高山仰止”的敬重感。然而随着神采矍铄、面带笑容的费老和我们一一握手，并慈祥地示意我们坐在他老人家的身旁，与我们亲切攀谈，我突突的心跳逐渐平静下来。当费老听到民盟临洮县委在洛家窑民族村（全县仅有的两个民族村中的东乡族村）扶贫和小尾寒羊扶贫推广站等支农工作中所做的工作时，频频点头。接着又获知民盟县委于1994年10月荣获中共甘肃省委、省政府授予的“全省民族团结进步先进集体”荣誉称号时，费老非常高兴，十分肯定地说：“我们就是不空谈！一定要做实事、做好事！”鼓励我们继续努力，为临洮的社会发展多调查、多想办法，多出主意……5点50分我们怀着平静后的激奋辞别了费老。此次接见时，在座的还有费老的秘书和临洮县田得如县长。

9月6日晨8点20分，我们又应召在招待所大厅外送别费老一行。费老在登车前问道：“临洮民盟的同志在吗？”我们闻声向前，由秘书扶着的费老再一次伸出他那支撑天穹一角的大手和我们握手道别。是时，同行的还有时任省政府常务副省长郭琨、省人大常委会副主任柯茂盛、省委统战部的负责同志及盟省委秘书长等人。8点30分费老一行的车辆启动了，我们由衷地祝愿费老一路走好,健康长寿!

费老亲切接见民盟临洮县委负责同志的经过,我们在盟县委全委扩大会议暨新盟员培训会上作了专门传达。大家一致认为:85岁高龄的费老身为全国人大副委员长、民盟中央主席、大学问家,在考察间隙专门接见民盟县委的同志不失大家风范,是对我们的极大支持和鼓舞;我们应该乘借接见之东风,认真贯彻费老“出主意,想办法,做好事,做实事”的盟务工作12字方针;加强自身建设,积极履行参政党地方组织的职能,努力搞好参政议政和社会服务等盟务工作,决不辜负他老人家的殷切期望。十二年来,民盟临洮县委先后三次获得盟省委“参政议政工作先进集体”,一次获得盟省委“扶贫工作先进集体”,七次获得县政协“提案先进单位”等称号,在参政议政、扶贫、支教、“三下乡”等工作中登上了一个新台阶,为临洮的全面小康和创建和谐临洮做出了新的努力。

回忆十二年前费老的亲切接见,他老人家谆谆的教导永远激励着我们奋勇向前!

二

“逝者如斯,而未尝往也。”2005年4月24日,一颗跨世纪知识分子巨星陨落了,但费老的音容笑貌仍在,精神永存。追忆费老接见,缅怀费老精神,传承费老做人、做事、做学问的博大胸怀是我们每一个盟员义不容辞的职责。

传承费老“志在富民”的终身理念,就要坚持中国共产党领导的多党合作和政治协商制度,努力为建设全面小康的社会主义中国奉献力量。费老少年怀志,“志在富民”、重在农民。费老终生魂牵中华,心系“草根”,为中华民族的伟大复兴殚精竭虑,不懈奋斗。1930 年携新婚妻子王同惠女士大瑶山蜜月调查。1936 年以苏南小村《江村调查》获英国伦敦大学博士学位(该文为国外很多著名大学社会学教材)。后又相继发表了《禄村农田》、《战时农村劳动人问题》、《乡土中国》等著作,被誉为“农民的代言人”、“民主教授”。抗战时期,费老追随前辈加入了民盟,从此和共产党站在一起。在民主革命时期,费老经受了严峻的政治考验。在社会主义建设时期共同经历了历史的曲折,最终走上坦途,共同进入了改革开放时期。费老积极参与国家大政的民主协商,为国家民族的发展建言献策,胸怀全局、脚踏实地,科学地提出了多种致富模式、发展模式。费老倡导民盟为国家建设“出主意,想办法,做好事,做实事”。费老在总结中国近现代史演变和新中国成立的经验时一再强调要坚持中国共产党领导的多党合作这一政治格局,他说:“民主党派在新时期的根本任务就是以经济建设为中心,与中国共产党同心同德,一起为中国人民谋利益。”为坚持和完善中国共产党领导的多党合作和政治协商制度发挥了重要作用。

承继费老“从实求知”精神,要踏踏实实搞好调查研究。费老的一生是调查研究的一生,“行行重行行”,坚持不懈。费老指出:制定政策、研究学问、教好学生,“真正需要的是一种可靠的情况为依据的常识性判断”;“出门找老师”,边问边记,问来的是知识,思考来的是道理。从大瑶山调查到 66 年间三十多次的江村调查,从乡村、城镇、区域发展、民族发展,最后到“全国一盘棋”的调查，费老的足迹踏遍神州大地的山山水水。费老在担任民盟中央主席的十年间，每年至少有160天进行实地调查。92岁又到定西，94岁抱病奔赴白山黑水，考察东北老工业区的振兴，从不言老、不言倦，精神抖擞，退而不休。费老的调研向党中央、国务院提出了既符合当地实际，又具全局意义的主要发展思路与具体建议，为改善我国生产力布局，形成“中华民族多元一体格局”、“全国一盘棋”的协调发展提供了智力支持。民盟临洮县委秉承费老调研精神，近年来在承担盟省委专题调研课题和广泛征集盟员社情民意信息的基础上，群策群力，提出了有一定分量的调研报告。

承继费老严谨的治学精神，要立足本职，胸怀全局，为构建和谐社会多做贡献。费老不论是在执教、从研，或是担任领导公职，从不忘记社会活动和学术探讨相结合，充分利用一切可能条件，“从实求知”，并形成了独特的风格。始终坚持当代社会学、人类学应是反映中国社会与中华民族特点的，迈向人民的社会学、人类学；必须立足于中国的实际，从科学的调查入手，“为人民寻找道路”。从而铸就了世人瞩目的学术成就，备受中外学者的尊崇。费老的主要著述有：《费孝通社会学文集》《费孝通民族研究文集》《论小城镇与其他》《中华民族的多元一体格局》《城乡和边区的思考》《行行重行行——乡镇发展论述》《逝者如斯夫》等14卷450万言。费老的学术成就，获得了国际应用人类学马林诺斯基奖、人类学赫胥黎奖、大英百科全书奖、日本亚洲文化奖、霍英东杰出奖等多项大奖。费老92岁还登坛为学生上大课，诲人不倦，锲而不舍。费老晚年通过学术反思，对自己的学术生涯进行总结，并从人类文明的角度，提出不同的文化之间应该做到“各美其美，美人之美，美美与共，天下大同”的观点，企盼人类在经济全球化的同时，能够创建一个“和而不同”的政治格局。

费老生前曾自诗：“万水千山行重行，老来依然一书生。难尽笔下胸中意，愧忆南园读书声。”

费老德、才、识兼备，善良厚道，终生求真、求善、求美，是以社会良知为己任的“知识分子费孝通”。费老留给我们的财富，不仅是他老人家的著作，他老人家的学术思想，他老人家的高尚精神境界，还有他老人家的完美人格。费老永远激励着我们远航，直指胜利的彼岸——和谐富强的中国特色社会主义。

感赋五首*

李成业

赠厉以宁教授

喜闻著名经济学家厉以宁教授一行来定西考察，偶占二绝，以赠。

一

喜逢厉翁安定行，三杯陈醪洗征尘。
一席论谈惊四座，思君明朝待重温。

二

经济宏论五十春，持筹幄算倍艰辛。
而今两鬓添霜色，犹续新篇慰苍生。

（2004 年 8 月 6 日）

---

* 本篇选自《情系定西》。作者李成业，定西师专副教授，民盟安定区委员会第五、六届委员会主任委员。在民盟中央帮扶定西的历程中，他受到民盟中央三代领导人和民盟中央机关领导的亲切会见和关怀。这是他有感而发的五首诗，以作怀念。

民盟中央丁石孙主席一行来定考察感赋

费老七巡安定行,走乡串户问苍生。
丁张李公复来此,持帚倒履喜相迎。
京华南金诸君是,共谋发展送惠风。
我举金樽邀明月,翘首期盼出奇功。

(2004年8月8日)

致郭勇君

丙戌上元雪打灯,郭君驱车陇上行。
直奔锦鸡查危校,又赴响河睹新林。
志在富民惟大任,心系遗托时续温。
安定发展宏图现,再奠费翁举金樽。

(2006年1月13日)

致蒋树声主席

陇中洋芋烂漫开,九州友朋赏花来。
民盟中央情独重,费老七巡多良策。
蒋公胸怀先贤志,亲临安定指高台。
他年和谐社会建,共邀明月饮开怀。

(2007年9月28日)

幸福时刻的前前后后*

——记费老接见民盟白银市委全体同志纪要

郈克茂

1995年9月8日上午十点,接到市委统战部电话:下午两点到白银公司一所开会。过了大约半个小时,民盟甘肃省委秘书长武乃文同志来到我的办公室。寒暄之后便开门见山地说:“费老要接见你们(民盟白银市委)负责同志,你要做好准备工作。”我问:“什么时候、什么地点接见和汇报?”武乃文同志说:“大约在明天。至于具体时间和地点,等我们研究好后再通知吧。”武乃文同志离开后,我便赶快电话通知了在会宁、靖远、平川、白银区和白银公司盟市委的副主委和委员。接着白银市委统战部的一位副部长来办公室找我。他兴致勃勃地说:“费老明天要接见你们市委的负责同志。”他不好意思地说:“我们(指几位副部长和台办主任)也很想拜见一下费老,你想想办法可以吗?”我说:“你们是当然的拜见者,这有什么问题呢?”他说:“不是这么回

* 本篇选自《情系定西》,作者系原民盟白银市委副主委。

事。这是有规定的。今天下午的会议只有各有关单位的一把手参加，明天接见你们，只有主管书记和冯部长参加。”我根据各级盟组织的特点，便大胆的先答应了。他临走时高兴地说：“我回去等你的好消息。”过了一阵儿，市委统战部的一位科长打来电话说：“我们也很想拜见一下费老，如果可以那是我们一生的荣幸。”我说：“好吧，我争取。”紧接着我拨通了武乃文秘书长的电话，说明了意思。之后我才知道，秘书长首先和白银有关部门联系。有关部门的领导出于惯例的关系说：“请秘书长谅解，我们是有规定的。”武秘书长委婉地说：“我完全理解。我向费老请示可以吗？”得到了那位同志的认同，并且表示了感谢。

秘书长的电话：“邴主委，我向费老及费老的秘书当面陈述了你的请求。费老很高兴，他说：这说明盟市委和市委统战部的关系很好。”我吃了一颗定心丸。这时已快十二点了，我拨通了市委统战部部长冯理忠的电话说：“明天民盟中央主席、全国人大常委会副委员长费孝通接见盟市委的负责同志，我受副部长和部里有关同志的委托，私自做主，通过盟省委秘书长武乃文同志请示费老，费老很高兴答应了我们的要求，完全同意邀请市委统战部的全体同志参加。事前没有和你商量，很不好意思。”冯部长高兴地说：“这件事情你做得很好。让部里的同志也接受一次教育，我们感谢都来不及呢。”

匆匆吃完了午饭，心里总有点不太踏实，便电话请来了距离最近也最能干的市委委员魏其奎同志来办公室一谈。见面以后，我提出自己的想法，对魏其奎同志我说：“第一，明天的汇报工作由谁来做你觉得妥当？汇报些什么？第二，由你负责布置会场。会场安排在白银公司第一招待所三楼。第三,你负责介绍有关同志。早上通过武秘书长请示费老,通知市区在家的盟员,邀请统战部的副部长、科长及工作人员全部参加接见,人数比较多,请你思考处理有关的事宜。”魏其奎同志不假思索地说:“当然由你汇报最合适。”“我觉得从费老的健康着想,内容越简要越好,时间越短越好。最多用十五分钟的时间简明扼要地汇报这几个问题:第一,盟市委成立的时间、市委会组成情况;第二,全市的支部名称及总人数;第三,成立后的工作,尤其是如何开创局面和开展工作的情况。”魏其奎同志表示完全同意。

下午两点我到白银公司第一招待所开会。两点半照相。很快照完了相,便开始汇报。

中共白银市委书记王重国汇报白银市的改革开放和工农商发展情况。中共白银公司党委书记吴永泰汇报了白银公司的改革思路和取得的绩效。接着费老做了历时40分钟的讲话,要点是:

第一,富民问题。费老说,十余年来,我来过八次甘肃。1980年我能开始工作,到现在已经十五年了,主要时间都放在农村,解决农村问题。在东部地区,我就是从我的家乡发展乡镇企业及农村工业入手的。农民没有资本,我提出富民口号,向银行贷款。

第二,农民愿意发财。西北穷,穷在什么地方?靠天吃饭,天不下雨不得了。穷得很,没有水吃,没有水窖,女子就不嫁到他家。为啥不下雨?没有草,生态失衡。定西我去过好几次,乡镇企业总是搞不起来。我到定西去时他们就要钱。我说:“我是人大的，是来检查你们的工作的。你们这里欠工资吗？我不看数字。数字是报上来的。我看房子，看穿的，看吃的。你们这里的房子不如定西到宁夏一路的房子。”农民有的是劳动力，为农民找到生财的道路。指导农民养牛、养羊、氨化饲料。政府要给农民服务，解决打针、吃药、治疗的问题。每个干部要有富民的观点。农民愿意发财，你派人去帮助他们，找一个生财之道。河南的“微型农场”、“共产主义村”、“毛邓村”就搞得很不错。

第三，我对甘肃的希望。目前甘肃还穷，但甘肃还是有很多优势的。回族善做买卖，保安刀的质量优，做工细，销路广，把重点工业的效益辐射出去。甘肃的水力资源很丰富，利用洮河水、黄河水和当地的水发电，用电灌溉，成为中西部的经济中心，前途是不得了的。

在热烈的掌声中，费老结束了讲话。根据日程安排，下午费老考察当地的有关乡镇企业和白银公司的有关厂矿。

下午去统战部见冯部长通报了关于接见的有关事宜，并提出请芦书记或冯部长主持接见会议的问题。冯部长说：“费老接见的是你们民盟的同志，是民盟的事情，我和卢书记都不能主持，你主持是毫无异议的。”从冯部长办公室出来后，两个办公室的同志都围上来打招呼，迫切见到费老的喜悦心情溢于言表。

9月9日十点一过我就到了公司一所。魏其奎同志检查了会议室后，在大门口迎接与会者，我先到了三楼会议室。会议室人很多却鸦雀无声。我让大家放松些，让气氛活跃点。接着中共白银市委副书记芦天禧和中共白银市委统战部部长冯理忠在魏其奎同志的陪同下到了会议室，费老在民盟甘肃省委秘书长武乃文及费老秘书的陪同下来到会议室。会议室全体与会者站立起来,报以热烈的掌声。费老也站着向大家频频招手,表示谢意。经久不息的掌声后,大家都落了座,我便宣布会议开始。魏其奎同志介绍完以后我请芦书记讲话。芦书记说:“你先汇报,然后我再汇报。”我就盟市委的成立、机构组成情况和如何开创局面、开展工作等做了简要的陈述。接着我请芦书记讲话。

芦书记说:“首先向费老问好,祝您健康长寿。费老不顾年事高迈,从检查指导白银工作的百忙中,抽出时间来接见民盟白银市委的同志,真不容易。中共白银市委的统战工作和民主协商,参政议政工作之所以取得成绩,这和白银的民盟组织是分不开的。民盟白银市委从去年四月份成立,在不到两年的时间内,克服了人员少、资金缺的困难,在打开局面、健全组织、完善规章制度、培养新盟员等方面做出了喜人的成绩。盟市委紧紧围绕中共白银市委的中心工作,积极配合有关部门,在调查研究,对口协作,出主意,想办法,办好事,办实事诸方面都做出了应有的贡献。所以民盟已经成了白银很有影响的一个民主党派。”然后我请冯部长讲话。冯部长说:“芦书记已经讲了,他讲的意思也是我的意思。”费老说:“老冯我认识。他在会宁当书记时我就去过会宁认识他。是个好同志。”接着我请费老做指示。

费老轻轻呷一口茶,然后环视了全场一周,便开始讲话。

费老说:“同志们好!”报以热烈的掌声后,费老接着说:“随便谈谈我的想法,谈不上指示。有那么多的指示就不得了。同志们,我是 1984 年开始来甘肃的,到现在已经来过八次了。从 1980 年开始,我的工作转向农村。十五年来除了台湾和西藏,我都跑了一圈。台湾我不能去,西藏医生不让我去。我见到年轻人很羡慕。你们在座的诸位,朝气蓬勃,精神焕发,怎么会干不出一番大事业呢?”然后费老把话锋一转,讲了以下几个问题:

第一,对民盟的希望。费老说:“赵紫阳曾多次说过‘盟员是好人,正派、有学问、有专长、爱国’,我对民盟提出两点希望。一,增加人口,民盟总有老的一批。老的一批下来了,新的、年轻的一批就得补上去,继续推动民盟的工作前进,后继乏人不得了。下个世纪的工作更重,要有更多的正派、有学问、有专长的同志来做。发现人才,培养人才,增加人才是民盟要做的首要工作。二,做好岗位工作,不要好高骛远,交给你的工作都要做好。小学教员不容易,扎扎实实地做好中学教员,为人才培养出力。”

第二,为农民办好事,办实事。费老说:“临夏对民盟很感兴趣,一个妇女企业家来找我,说是农民做生意不会记账。小时候我哥教我记账,当会计,到现在还没有忘记,有用处。一个假期就会了。民盟可以办几个会计班。北京办了一个,效果很不错。可以收点办班费,以利更好地办班。自己要发扬优势,办几个补习班,第一培养年轻人的专长,第二收些费、集些资,利于社会服务工作的开展。”

第三,今天我特别高兴。费老说:“今天我特别高兴。我去过好多地方,要和民盟的同志见面,要和这样多的同志见面,要这样长的时间,要讲这样多的话,不容易。我中气不足了,讲起话来觉得吃力。今天我特别高兴,就多讲了点。白银市委关心民盟的工作,市委统战部支持民盟的工作,我很高兴,表示衷心的感谢。民盟白银市委在成立不到两年的时间就做了这么多的好事,希望大家努力,团结一致,在党的领导下搞好工作。”

会议结束后,我和有关同志送费老到下榻的房间,并提出两位市上领导向费老求墨宝的事。费老满口答应,并让我明天早上八点来拿。

第二天,即9月10日8点,我准时到费老的房间,拿起两幅墨宝,问候了几句就要告别。费老在沙发上欠身说:“欢迎你来北京。”我急忙说:“谢谢,祝你一路平安。”

这次会见我终生难忘。因此附记在这里,我想并不十分多余。

附录一

媒体报道

著名社会学家费孝通在定西考察建议重视发展乡镇企业和小城镇建设*

本报兰州讯　（记者路永华）全国政协副主席、民盟中央主席、著名社会学家费孝通率领的民盟中央种草种树考察组一行10人，9月17日—21日对定西进行了五天的考察访问。

费孝通等专家在听取定西地委负责同志的工作汇报后，分别与地区农、工、商、林业、供销、计划生育、统战等部门的同志进行座谈，调查了解定西的经济与人口发展情况，费老根据定西不发达的经济与城乡人口发展的趋势，明确提出定西在大力种草种树的同时，应该重视发展地方工业和乡镇企业，安排人口。他

* 本篇载于1984年9月26日《甘肃日报》第1版。

建议以靖远矿区、陇西铝加工厂、敬东厂为基地中心，发展三个十万人左右的小城市。其他按自然、矿产资源，围绕一个核心工业，辅以能源、食品、服务事业，建设小城镇；再发展六十个2000人的经济中心即小集镇，基本上三个乡一个集镇，配套发展为畜牧业服务的饲料、饲草加工业；地区以内再调剂安排一部分人口，让他们从农从工，以小城市、小集镇带动农村，促进经济全面振兴。他在了解到各方面缺乏专业技术人员时说，不能单纯依靠国家分配渠道，建议地区注意培训专业人才和初级技术骨干，就地办学校或培训班，师资问题可与大专院校挂钩，聘请在职的专家、教授讲课，还可以聘请离退休的大学教职员，请他们帮助培训人才。这样就地培训出的人才能留得住、用得上。

考察组其他成员分别在定西石家岔、大坪、安家坡等地现场察看了小流域治理、种草种树、水土保持和旱作农业等，并向地直单位职工作了学术报告。

费孝通教授率领的考察组，于9月24日乘飞机离兰。行前，李子奇、陈光毅看望了费老，对他前来考察表示感谢。

各方代表汇聚金城 共商振兴西部大计

西部经济发展讨论会在兰州开幕*

本报兰州讯 （记者刘承谦 孙云亭）“中国西部地区经济发展讨论会”于8月10日上午在兰州隆重开幕。来自中央各部门和西部十一个省区及东部部分省市的领导干部、专家学者共四百多人，将围绕占全国三分之二面积、三分之一人口的这片广阔地区的经济发展问题进行论证、交流和对话。

这次会议是由国务院发展研究中心、中国经济体制改革研究会、国家计委计划经济研究中心、经济日报社和宁夏、陕西、青海、新疆、内蒙古、四川、云南、贵州、广西、西藏、甘肃十一省区人民政府共同发起召开的，200多位理论工作者通过深入调查研究，提出500多份论文和报告。这次会议将从我国经济建设的全局出发，探讨西部地区经济发展的重点与步骤，西部经济发展在全国的地位和作用，东西部的协作结合、西部的近期和长远发展的战略方针等问题，为中央和地方提供决策的参考。同时，通过理论工作者与实际工作者，西部省区与中央有关部门，西部与东部的对话，交流思想，沟通信息，加强横向联系。

---

* 本篇载于1985年8月11日《甘肃日报》第1版。

《经济日报》总编辑安岗致开幕词时说，党和国家领导同志最近几年多次视察西北西南，提出21世纪初经济建设重点向西部转移的战略思想。中华民族要振兴，必须重视西部地区的经济发展。我们开会，就是遵循党中央制定的路线和方针政策，解放思想，振奋精神，从理论上和实践上，探讨西部地区经济发展问题。

李子奇同志代表甘肃省委、省政府，向会议表示热烈祝贺，向代表们表示热烈欢迎。他说，这次会议为我省与各兄弟省区的进一步协作与交往建起了一座桥梁，我们非常欢迎全国各个兄弟省区，在互惠互利的原则下，来甘肃投资，兴办各种开发性事业，我们将进一步实行更加优惠的政策。

国务院发展研究中心总干事、著名经济学家薛暮桥的书面发言，分析了西北地区经济发展的历史和现状、西部经济在全国所占的重要地位，对开发西部地区提出了五点意见。

著名经济学家于光远、国务院发展研究中心负责人吴俊扬、安徽省副省长杨纪珂也在会上讲了话，中青年理论工作者代表、兰州市少先队员作了发言和致辞。

出席开幕式的有：在兰州的中顾委委员汪锋、任白戈、韦杰、常黎夫、王世泰，全国政协副主席、著名社会学家费孝通，甘肃省和兰州军区、兰州军区空军及兰州市领导同志陈光毅、贾志杰、马伟志、谢雪畴、王道义，国务院有关部门负责人刘广远、蔡子伟，新疆维吾尔自治区顾问委员会主任白成铭，青海省副省长卞耀武，陕西省副省长张勃兴，贵州省副省长刘玉林，宁夏回族自治区政府顾问夏似萍，广西壮族自治区政府顾问骆明，南京市市长马昭宏，武汉市副市长王杰，以及中央有关部门和来自二十多个省、市、自治区的有关负责同志、专家学者。

晚上，甘肃省和兰州市举办了“西部之声”音乐会，招待与会全体代表。

甘宁青三省区经济振兴的新契机
开发建设千里黄河上游方案已经形成*

本报兰州讯 (记者宗敏)酝酿已久的“建立黄河上游多民族经济开发区”构想,最近经过甘、宁、青3省区及民盟中央负责人充分论证后,一个基本方案已经形成,为这一地区及西北经济的振兴带来新的契机。

“黄河上游多民族经济开发区”是指黄河流域上至青海龙羊峡,下至宁夏青铜峡这一长1000公里,面积20平方公里,人口近1000万的地域,号称“千里黄河千万人”。这里一方面有着十分丰富的水力、矿产资源及相应的大工业,曾为国家的经济建设做出过重大贡献,而另一方面又依然贫穷落后,日子难过。长期以来,这里的广大干部和群众及有识之士,要求改变这一不合理不正常的现象,要求在为国家多做贡献的同时振兴本地经济,改变落后面貌的愿望十分强烈和迫切。

今年全国人大、政协会议期间,费孝通、钱伟长等民盟中央负责人,与甘肃省长贾志杰、宁夏回族自治区主席白立忱、青海省长宋瑞祥,就西北地区尤其是甘、宁、青3省区的经济社会发展

---

* 本篇载于1988年7月14日《甘肃日报》第1版。

问题交换了看法，一致认为建立黄河上游多民族经济开发区势在必行，时机、条件都已成熟。在此之后，几方面加紧调查研究和准备工作，又促成了这次在兰州举行的“甘、宁、青3省区发展战略与黄河上游多民族经济开发区建设”研讨会，并形成初步方案，终于为实现这一战略构想迈出了坚实的一步。

建立黄河上游经济开发区的战略方案，是国家整个经济发展战略的有机组成部分。这一建立在“东西合作，以西支东，以东资西，相互促进，共同发展”基础上的发展战略，对于促进国内经济大循环乃至参与国际大循环，建立商品经济新秩序，对于振兴西部经济，振兴民族经济，促进西部各民族的安定团结，对于开放西部口岸，重振陆上“丝绸之路”等，有着多方面的重大意义。

这次研讨会之后，三省（区）将进一步共同努力，促进黄河上游多民族经济开发区建设早日实施。

共商黄河上游经济开发区建设大计*

本报兰州讯　(记者宗敏)由甘肃、宁夏、青海和民盟中央联合发起的甘宁青三省区发展战略与黄河上游开发区建设研讨会,于7月11日在兰州举行。

面对沿海地区发展战略的实施,经济发展速度的加快,西部特别是甘宁青三省区如何抓住时机加快发展,就显得更加迫切和重要。它不仅对三省区有着至关重要的意义,而且对国家整体经济的发展也有着重要意义。这次研讨会就是要把三省区已经准备的设想意见,经过交换讨论、科学论证,变得更加明确和可行,以便在统一认识的基础上产生一个总体方案,供中央审议。

出席会议的领导同志有:全国人大常委会副委员长、民盟中央主席费孝通,全国政协副主席、民盟中央副主席钱伟长,全国政协副秘书长、民盟中央副主席罗涵先,全国人大常委、民盟中央副主席冯之浚;宁夏回族自治区副主席马英亮;青海省省长宋瑞祥;甘肃省省长贾志杰,省政协主席葛士英,省人大常委会副主任王道义,副省长张吾乐、阎海旺,省政协副主席、省民盟主委朱宣人。

有关方面的负责同志、学者、研究人员出席了会议。

---

* 本篇载于1988年7月12日《甘肃日报》第1版。

密切合作　统一开发　共同发展黄河上游多民族经济开发区首次协调会结束*

本报兰州讯　（记者宗敏）历时4天的“黄河上游多民族经济开发区第一次协调会议”，于5月10日在兰州结束。

会议通过了《黄河上游多民族经济开发区协调会议议事规则》、《关于组织黄河上游多民族经济开发区经济联合体的意见》、《关于实施黄河上游多民族经济开发区有关政策性问题的意见》、《黄河上游多民族经济开发区“八五”总体发展纲要》，产生了《黄河上游多民族经济开发区第一次协调会议纪要》。

全国人大常委会副委员长、民盟中央主席费孝通、国家计委负责人刘中一，有关省区政府负责人金基鹏、贾志杰、李萍，民盟中央负责人吴修平出席了5月10日下午举行的大会。甘肃省委书记李子奇、宁夏回族自治区主席白立忱在会上讲了话。他们祝贺会议取得圆满成功，并预祝在未来的工作中，四省区更加密切合作，使黄河上游多民族经济开发区经济发展计划得到进一步实施。

《纪要》认为，四省区共同制定的统一开发规划方案是符合

---

* 本篇载于1990年5月11日《甘肃日报》第1版。

国家总体发展部署和产业政策要求的，所提以农牧业、能源、交通、原材料工业和适度加工工业为重点开发的建设项目基本是可行的。国务院有关部门将在制定计划中，在同等的原则下给予安排，促其实现。在国家的支援下，四省区要本着自力更生、优势互补、互惠互利、利益均沾、密切协作的精神原则，进行联合开发。经过坚持不懈地努力，在20世纪末，把这一地区建设成为全国最大的镍、铁合金、碳素、铅锌、稀土化合物，原盐生产基地，和在全国占重要地位的煤炭、铝、铜、钢铁、稀贵金属以及为之提供能源的水火电开发基地，一定规模的农牧业生产基地。

《纪要》指出，在民盟中央、国家计委等有关部门的帮助和指导下，在四省区的共同努力下，开发区的建设已经有了一个扎实、良好的开端。但今后的任务还很艰巨，需要付出更大的努力。特别要在统一开发的联合行动上，正确处理好整体和局部、部门和地方以及区域之间的利益关系。在目前四省区财政很困难的情况下，一些建设需要国家在政策上给予扶持。

费孝通雷洁琼赵朴初在甘视察*

本报兰州讯　（记者秋阳　小左）应邀来我省参加首届“丝绸之路节”的全国人大常委会副委员长费孝通、雷洁琼和全国政协副主席赵朴初近日分别在我省各地视察。

费孝通在出席了丝路节开幕式后，又视察了白银公司、白银开发小区、兰炼、兰化和宁卧庄高新技术一条街，与各方人士共商振兴经济大计。9 月 11 日，费老离兰返京。

正值教师节和中秋节双节来临之际，雷洁琼和赵朴初两位古稀老人应邀出席了民进甘肃省委和省委统战部举办的茶话会。他们盛赞丝路节的成功举办，并向全省教师和全省人民表示节日的祝贺。之后，雷老返京。赵老赴河西走廊视察。

---

* 本篇载于 1992 年 9 月 17 日《甘肃日报》第 1 版。

西北民院喜庆50华诞

费孝通孙英卢克俭宋照肃杨振杰牟本理等出席*

本报兰州9月20日讯　（记者马效军）彩旗飘飘，歌声阵阵，身着艳丽服饰的上千名各族师生，手持鲜花、彩带，尽情欢呼，装扮一新的西北民族学院校园沸腾了。今天上午，这所共和国的第一所民族高等学府，迎来了建校50周年庆典。全国人大原常委会副委员长费孝通出席庆祝大会，并发表了热情洋溢的讲话。

全国人大常委会副委员长铁木耳·达瓦买提，国务委员司马义·艾买提，全国政协副主席阿沛·阿旺晋美以及赛福鼎·艾则孜分别发来贺电。

国家民委、教育部、中央统战部办公厅发来贺电，对西北民院成立50周年表示祝贺。

新疆维吾尔自治区人民政府、宁夏回族自治区人民政府、青海省人民政府、内蒙古自治区人民政府也发来贺电。

省委书记孙英，省人大常委会主任卢克俭，省委书记宋照肃，省政协主席杨振杰，省委副书记陆浩出席大会。

---

* 本篇载于2000年9月21日《甘肃日报》第1版。

国家民委党组副书记、常务副主任牟本理，国家民委副主任图道多吉出席了庆祝大会。

出席大会的省上领导及老同志还有王世泰、嘉木样·洛桑久美·图丹却吉尼玛、杨怀孝、陈绮玲、洛桑灵智多杰、李重庵、拜玉凤、杜颖、喇敏智、周宜兴。

四川省政协副主席杨岭多杰应邀出席了大会。

经过50年的发展，西北民院已经发生了和正在发生着可喜的历史变化，学校办学规模空前扩大，办学条件显著改善，教师队伍茁壮成长，教学改革成绩斐然，科研硕果累累。现在，民院已成为一所多学科的综合性高等学校，面向全国28个省、市、自治区招生，有36个民族的8000多名学生在校学习深造。特别是建校50年来，学校坚持“立足西北、面向全国、服务民族、办出特色”的办学宗旨，已为民族地区输送各类人才4万多人，成为国家培养少数民族人才的重要基地之一，为中国西部地区的经济建设和社会发展做出了重要贡献。

图道多吉在代表国家民委讲话时说，西部大开发战略的实施，将为民族高等教育及民族学院从事人才资源开发提供更有利的条件和更广阔的空间，民族高等教育在西部大开发中有着十分重要的地位和作用。作为少数民族人才最重要的培养基地之一，各民族院校可以借西部大开发之机扩大办学规模，提高办学效益，从而为西部大开发提供更有力的人才和智力支持。他希望西北民院的领导和教学科研人员，进一步解放思想，更新教育观念，牢固树立机遇意识、改革意识和发展意识，积极投身到西部大开发的伟大实践中，为西部大开发，为西部民族地区的经济繁荣和社会稳定做出新的贡献。

李重庵代表省委、省政府对西北民院的各民族师生表示热烈祝贺和亲切的问候,并以民院在新世纪的发展寄予期望。他说,目前,在困扰西部发展的一系列问题中,人才是关键问题。因此,大力培养少数民族各类人才,是做好民族工作、保证民族地区顺利实施西部大开发战略的关键。作为一所处在西部地区的民族高等院校,一定要抓住这个千载难逢的历史机遇,充分发挥自身的独特优势,开阔办学思路,增强发展活力,提高教育质量,为国家、特别是为西部地区培养更多更好的、大开发急需的各类少数民族人才。

清华大学副校长胡东成代表来宾做了发言。

民院党委书记马麒麟在讲话中,回顾了学校50年来取得的辉煌成绩,展望了学校的美好前景。院长高瑞主持大会。于洪志教授代表全院师生发了言。

中国社会学人类学研讨班在兰开班
费孝通出席开幕式并作主题演讲*

本报兰州7月26日讯　（记者马效军）由北京大学、国家民族事务委员会民族问题研究中心、西北民族学院联合主办的中国第六届社会学人类学高级研讨班，今天上午在西北民院学术厅隆重开班。著名学者、全国人大原常委会副委员长费孝通出席开幕式，并做了题为《人类学与二十一世纪》的主题演讲。

陈绮玲、李重庵、杜颖、周宜兴等省上领导出席了开幕式。

1995年，北京大学牵头举办了五届“社会—文化人类学高级研讨班”，取得了令人满意的成果。本次高级研讨班以西部大开发为出发点，以社会学、人类学的学科建设为主题。来自北京、台湾、香港、新疆、甘肃及韩国的19位知名学者，将在研讨班上作25次演讲。本期研讨班学员来自全国13个民族共60多人，以西部省区的高校和社科部门研究人员为主。

费孝通在演讲时指出，在新的世纪的第一个年头，人类重新面对着许多新的问题。曾几何时，世界各国的人民还在潜心探索建立民族国家、实现工业化及获得民族经济自主性的道路。

---

* 本篇载于2001年7月27日《甘肃日报》第1版。

现在,这些问题的重要性,似乎已经不再那么大了。国际关系的调整、“新经济”的出现、经济和文化交流导致的民族国家危机等等,使人类必须面对二十世纪没有面对过的许多新问题。在演讲中,费孝通以“和而不同”来概括我国文化研究过程中人文价值的基本态度,也用这四个字来展望人文世界的实际面貌,同时又必须为人类群众之间相互依存提出一套值得追求的方向,而这种相互理解和依存,基础在于“非我族类”的其他人文类型的尊重。

费孝通在我省视察时强调
解放思想全力推进大开发*

本报定西8月2日电　(记者苟保平)今天，全国人大原常委会副委员长费孝通在省人大常委会副主任陈绮玲、副省长李重庵、省政协副主席周宜兴的陪同下，到定西视察工作。他强调，要进一步解放思想，大力调整产业结构，发展工业经济，全力推进西部大开发。

今天一大早，费孝通一行从兰州出发，驱车直奔定西。上午，费孝通认真听取了定西地区经济社会发展情况汇报，并就如何发挥区域优势，加快发展步伐，进一步推动西部大开发和大家进行了座谈。下午，费孝通冒着酷暑来到定西巉口镇三十里铺村大堡子社，仔细了解雨水集流工程和当地农民的生产、生活状况。

费孝通说，对于干旱地区来说，发展农业关键要解决好合理利用水资源问题。从定西的情况来看，“121”集雨工程取得了一定成效，解决了部分村民的生产、生活用水。今后，要在总结经验的基础上，合理利用现有水资源，进一步探索发展旱作农业的

---

* 本篇载于2001年8月3日《甘肃日报》第1版。

新路子。同时,要做好引洮工程的前期工作,争取早日上马,从根本上解决定西缺水的问题。费孝通指出,发展农业要在调整种植结构上多下功夫,要根据市场变化,着眼为地方工业提供原料,进一步调整粮经比例,扩大经济作物种植面积。要充分发挥区域优势,树立科技意识和品牌意识,努力提高农产品的科技含量。要着眼市场,培养一批农业经纪人,进一步开拓市场,打通流通渠道,充分保证农产品的销路。经济实力要上去,就得大力发展地方工业。要把发展工业与发展农业结合起来,走产业化的道路。可以多搞一些农产品加工企业,靠龙头企业带动农业结构的调整,促进地方经济的长足发展。要着眼本地优势,搞一些上档次、有规模的工业经济园区,把资源优势转化为经济优势。费孝通强调,西部大开发,人才是关键。要制定优惠政策,留住人才,也要想办法引进一批高科技人才,大力营造尊重知识、尊重人才的社会氛围,为更多的人才脱颖而出创造条件。

费孝通在甘肃考察*

本报兰州9月2日讯　（记者顾淑龙）全国人大原常委会副委员长、著名社会学家费孝通8月28日至9月2日在我省兰州、定西等进行了考察。

8月30日，省人大常委会副主任杜颖主持召开座谈会，副省长负小苏向费孝通一行汇报了甘肃省社会、经济发展情况。8月31日，费孝通一行驱车前往定西，听取了定西社会、经济发展情况的汇报，并冒着大雨来到定西巉口镇巉口村村民王明家里，了解当地农民抓住巉口镇交通便利的优势和小城镇建设的机遇富裕起来的情况。今年93岁高龄的费孝通一生"志在富民"，关心西部地区的发展，从1984年起，他多次来到甘肃并深入基层调研考察。这次他已经是第11次来到兰州，第7次来到定西考察。

费孝通说，这次来甘肃，主要是想了解西部大开发战略实施以来，西部群众到底得到了哪些实惠。在当前的大好形势下，甘肃省抓住机遇，发展特色经济，百姓逐渐富裕起来，小城镇建设也有了一定成效，生态环境发生了很大的变化，一次比一次看到的更绿，我非常欣慰。在全面建设小康社会的进程中，甘肃还是

* 本篇载于2003年9月3日《甘肃日报》第1版。

要进一步解决好水的问题,大力加强生态建设,合理利用水资源。要进一步加快产业结构调整,充分发挥区域优势,树立科技意识和品牌意识,努力提高农产品的科技含量。要着眼市场,进一步开拓市场,拓通流通渠道,充分保证农产品销路。要把发展工业与发展农业结合起来,走产业化的道路。少数民族问题在甘肃非常重要。不仅要促进民族团结,更要加强民族教育,加快民族经济发展,提高少数民族群众的生活水平,在全面建设小康社会中实现共同进步。

省政协副主席周宜兴、原省人大常委会副主任姚文仓陪同费孝通进行了考察。

费孝通提出西北地区在改善生态环境的同时必须处理好“社会生态”的平衡问题*

本报定西10月14日讯 （通讯员李升 记者何东君）著名社会学家费孝通最近在甘肃省定西地区调查时提出，西北地区除了要完成第一位的任务种草种树、变生态环境的恶性循环为良性循环外，还必须处理好“社会生态”的平衡问题。

费孝通的这一观点是在分析了定西地区人口与社会生产两大要素后提出来的。他说，定西地区一九四九年的人口为126万，现在达到270万，三十五年增长1.1倍。今后的十几年，因前一个出生高峰的影响，人口仍将继续上升。经预测，到20世纪末，定西的人口将达到330万。而定西的总耕地只有1100万亩。其中水田只占10%，其余均为旱地，即使在风调雨顺的年景，粮食依然很紧张。一九八三年是个好年成，全区粮食的总产量为12.7亿斤，人均不到500斤毛粮，只能勉强维持现有人口的口粮，实际还没有完全摆脱半饥饿状态。

费孝通说，这一矛盾启发我们提出一个初步设想：定西人口在其经济活动方式上要合理的转移和调整，从而走出一条新的

* 本篇载于1984年10月14日新华通讯社《国内动态清样》第2609期。

生存、发展的路子来。解决这一问题必须及早采取一些措施：

（一）要做好农转工（或农转非农）的转移。改变当前农业产值占78%的单一性经济结构和农业人口占89%的人口结构。定西地区工业基础薄弱，要实现较大规模的农转工，就应充分利用定西地区较丰富的矿产与农副产品资源。定西地区已发现的自然资源有煤、铜、大理石等，其中大理石和煤均有相当的蕴藏量。农副产品中土豆、黄豆可以成为大宗商品，还有桃、梨、苹果、白兰瓜、西瓜等各种瓜果以及党参、黄麻、发菜等等。而且定西离兰州市又比较近，电力也充足，铁路、公路运输相对便利。由于具有这三大优势，有可能在定西地区兴办以采矿为主、辅以冶炼加工的一条龙工业；兴办以兰州市大中企业为依托的小型配件生产工业；兴办农副产品加工的食品工业。以这三类工业为主，可以在定西、靖远、陇西形成三个拥有10万生产工人的小城市，使约30万的农民转入工业生产。这三个小工业城市形成后，又可带动大约10万农民进入为工业服务的商业、服务行业等生产领域。

（二）兴建小城镇。随着种草种树成果的不断扩大，定西地区将由单打一的粮食生产转向以农牧结合为主导，林、副、渔综合发展的大农业生产。这种大农业生产的必然结果，是农牧产品的商品化程度提高，这就必然引起生产性的服务需求。农牧业生产的发展，要有一个为其服务的商贸流转中心和产前服务、产后加工的中心，即小城镇。在十年左右的时间内，定西地区180个乡政府所在地中，以三个乡建起一个小中心来计算，就需建立60个小城镇。如每个小城镇的从业人口为2000到3000人上下,定西的小城镇建设将会吸收 12 万至 18 万的劳动力。到 20 世纪末,定西地区小城镇与小城市相加,有可能容纳 50 万左右的城镇人口。这对定西地区的发展将起到极其重要的作用。

(三)兴建旱转水工程,实行人口内部调整。从定西的情况来看,人口压力还发生于地区内部分布的不平衡。某些县由于未能利用黄、洮、渭三河的水源或水利失修而留不住人口。兴办旱转水的工程,黄河、洮河和渭河可根据各自的特点加以充分利用,定西地区的水地将从现在的 112 万亩扩展为 250 万亩左右。这对于周期性受灾地区的农民来说,一方面具有保障温饱的意义;另一方面由于新水地的出现,定西在以后的十五年内,将有 30 万左右的人口要作内部移动。这就从区内分布上减轻了人口的压力。

费孝通指出,要使这些设想成为现实,需要各种必要条件,如资余、原材料、技术、劳力等。创造这些条件需要有一个指导思想,那就是逐步消除我国东西部之间经济发展的差距,走互利互惠、共同繁荣的道路。东部沿海要在财力、技术与智力支援上帮助西部边远地区的开发与建设,西部地区要为东部地区提供发展工业的自然资源。

另外,费孝通说,定西的优势不在于发展粮食生产,而在于农牧结合转向以牧为主。以后还可以与东部有余粮的地区直接进行产品的交流协作,如在牧业发展的基础上,做到以畜产品换取所需的粮食。这样既能进一步扩展与东西部之间的互惠范围,又可在一定意义上调剂我国的大产业布局,改变人民的食品结构。

著名社会学家费孝通第三次定西考察就我区如何开发致富问题发表卓见*

全国政协副主席、著名社会学家费孝通在定西视察时指出：利用当地资源，开辟几个比较大的工业城镇，是贫困地区挖穷根的最好办法。

76岁高龄的费老是8月2日来定西进行第三次视察的。时值盛夏，费老冒着酷暑，长途奔波，下车后只做了短暂休息，就催促地委书记韩正卿向他谈情况。汇报进行了两个多小时，费老兴致勃勃，边听边问。他说，我来定西三次，每次都是慎重观察，定西这几年发展快，真正走上了路子。费老非常关心定西地区乡镇企业发展的路子，去年他来时就提出了搞横向联合，利用东面的技术资源来开发西部的建设。这次他就这个问题专门让行署专员张国维汇报。张国维在汇报中谈到，定西地区采取“东引西进”的方针，把沿海的技术引进来，又把产品向西面打出去，使地方工业有了一定的发展。费老听后非常高兴。他说：凡是横向联合搞得好、搞得活的企业，就有发展，而且步子还快；相反，不搞横向联合，用封闭的落后办法办企业，就不会有发展。本位

* 本篇载于1986年8月15日《定西建设》第38期。

主义、主观主义是办不成事情的。我们要把沿海和发达地区的技术引进来，把技术工人请进来，也可以高价买技术，用他们的技术资源帮助贫困地区挖穷根。费老说：贫困地区如何致富？要根据当地的资源，开辟几个大的工业城镇，也还可以成立小规模的工业城镇，用发展地方工业包括乡镇企业的办法来发展地方经济。这样，把资源变成了商品，农民变成了工人，经济效益就会越来越好，这是挖穷根的一个好办法。救济的办法，不可能发展一个地方的经济，不要以救济代替治本。要靠自己的力量，靠群众的力量来发展。各级领导要培养和支持农民当企业家。靠资源优势和劳力优势挖穷根子。

费老这次为期四天的考察，召集各方面人士举行了三个座谈会，为正在这里举行的全国贫困地区经济文化开发学术讨论会做了报告，还参观了国营敬东电视配件总厂，走访了定西、临洮、会宁等地的一些乡村。所到之处，亲自询问，亲自记笔记。费老平易近人，认真搞调查研究的作风，为干部群众留下了深刻的印象。

著名社会学家费孝通第四次定西考察*

本报定西8月4日讯　(记者王小全　特约记者张智全)7月25日,全国人大常委会副委员长、民盟中央主席费孝通,在副省长阎海旺和省政协副主席朱宣人的陪同下,又一次风尘仆仆来到定西,就黄河上游多民族经济开发区建设问题来我区进行实地考察。他指出,西部经济发展战略的根本是资源开发。

费孝通是国内外著名的人类学家、社会学家。中国农村问题、民族问题始终是费老极为关注和着力研究的问题。1984年以来,费老曾先后三次来定西实地考察,对我区经济开发和建设进行了富有实效的帮助和指导。这一次是他在兰州主持和参加"甘、宁、青三省区发展战略与黄河上游多民族经济开发区建设"研讨会之后,第四次来定西考察。

费孝通一行到达定西后,地委、行署主要领导和定西县领导陪同视察了县办集体企业甘肃无纺织地毯厂、定西制鞋厂和农民联办企业友谊工艺厂,重访了镇龙沙发厂。

下午,费老一行听取了地委、行署的汇报。费老对我区在发展地方工业方面采取的"碗里端着(更新、改造现有企业)、锅里

---

* 本篇载于1988年8月4日《定西报》第20期。

煮着（大力创办再建项目）、地里长着（合理挖潜可建项目）、平常想着（广泛蓄存信息）”的对策，以及抓亚麻、豆子、兔子、地毯、洋芋和草编六个龙头的系列开发战略，给予支持鼓励。接着，费老阐述了黄河上游开发区的战略。他说，这个战略就是以新的眼光，新的政策，使这里的经济得到振兴，是国家整个经济发展战略的有机组成部分。资源开发是西部经济发展的根本。但是，目前在开放和不开放地区并存的情况下，怎么能使国家政策配套，使开放区政策适应于尚未开放的地区，这是黄河上游多民族经济建设战略必须研究的问题。

汇报结束后，费老还为定西的一些工厂署名题写匾额。7 月 26 日晨，费老一行离开定西，赴临夏视察。

费孝通八五高龄五访定西*

本报定西9月15日讯　(记者安旺　胥廷华)今年85岁高龄的全国人大常委会副委员长、民盟中央主席费孝通9月4日至5日在省人大常委会副主任柯茂盛、副省长郭琨陪同下,第五次来到定西访问。随同费老访定的有费老的警卫李海艇、女儿费宗慧、秘书张荣华及北京大学人类学、社会学教授周星、邱溥奇等。地区领导王仲保、刘念宗、陈兴洲、王纪陪同费老和省上领导访问了定西和临洮两县。

费老是我国著名的社会活动家和经济学家,历来十分关怀定西等贫困地区的经济发展,他先后8次来甘肃访问,5次来到定西。这次来定,又一次访问了甘肃无纺织地毯厂、新大方石羊鞋业有限公司。当他耳闻目睹这两个他曾经访问过、并寄予厚望的集体企业近年来发生的巨大变化时,感到由衷的欣慰,十分高兴地为无纺厂题词,鼓励他们再接再厉,勇攀高峰。他兴致勃勃地驱车视察正在兴建中的临洮县三甲水电站,对这座电站采取国家投一点,地方挤一点,群众投一点的筹资办法表示赞赏,并挥笔题写"办电兴工,强县富民",鼓励这种地方办电的有益尝

---

* 本篇载于1995年9月15日《定西报》。

试。他还亲往临洮县塔儿湾乡天水沟村农户王海龙家实地考察,看到这个6口之家丰衣足食时,感到十分高兴。

费老听取地委、行署,临洮县委、县政府的汇报后,充分肯定了定西这几年的工作。他说,大西北主要是生态问题,这次专门坐火车沿途看到满目绿色,说明种草种树扎了根,生态有了改善。他希望西部地区做好准备,在“九五”期间开个好头,迎接大西北发展高潮的到来。他希望重视水利建设,支持引洮事业,提倡用水发电,用电提灌,用电开矿,促进各业发展。关于农业问题,费老希望有水走水路,无水走旱路,要重视旱农科研工作,把专家请回来研究一些办法。他说,不要把农业只限制在种粮上,要大力发展乡镇企业,着眼于农副产品、地方资源的加工开发,不要空想,要由小到大,一步一步地走。他强调要重视妇女工作,让她们学习当家理财,勤俭持家的本领,发挥女主人翁精神,不断积累资本,在经营活动中真正发挥妇女的作用。费老还希望各级领导要善于调查研究,通过对一个典型兴衰荣辱的跟踪调查,窥斑见豹,指导全局。

十八载六到陇中
表深情再寄厚望*

本报定西8月3日讯　(记者苟广斌)8月2日,全国人大原副委员长、著名社会学家费孝通,在省人大副主任陈绮玲、省政府副省长李重庵、省政协副主席周宜兴、省人大副秘书长安晨光等领导的陪同下来我区视察。

上午,费孝通及省上领导一行在地区领导石晶、朱同心、张乃、武文斌、宋敬国、葛兴才和地直有关部门、定西县政府负责人的陪同下,深入定西县巉口镇三十里铺村,考察了解我区"121"雨水集流工程建设、改善农民生活的情况。在地委宾馆听取了地委书记石晶的工作汇报,同时进行了座谈。

今年已届92岁高龄的费老是我国著名的社会学家,他情系西部,长期关爱定西。从1984年开始至1995年,曾五次来我区视察、调研,为我区的扶贫开发工作提出了许多宝贵意见,此次视察是他的第六次定西之行。

费孝通说,过去定西很贫困,根本原因是缺水。因此,他不顾年迈体弱和酷暑炎阳,坚持要看集雨节灌工程,看看农民的生

---

* 本篇载于2001年8月3日《定西日报》。

活状况。下午，费老到定西县巉口镇三十里铺村，先后走访了两户农民。在大堡子社农民马德家里，他详细察看了水窖蓄水情况。马德打了一桶水提到他面前，他把手伸到水里摸了摸，高兴地说："水不'硬'，很干净。"马德告诉他，现在有了"121"工程，不仅解决了吃水问题，还能利用水窖所蓄的水发展庭院经济。接着还为农民马德题赠了"墨宝"。在剡茂林家，得知剡茂林夫妇依靠劳务输出，2000 年全家人均纯收入达到2 100元时，费老非常高兴，欣然挥笔为剡茂林 14 岁的女儿剡娜娜题写了"好好学习，天天向上"八个大字。

在地委宾馆举行的座谈会上，地委书记石晶向费孝通一行汇报了我区各项工作情况及今后的思路和打算。

费孝通在讲话中说，定西的发展能到今天这种状况是很不容易的。希望各级党政领导再动脑子，再想办法，再找路子，外引内联，千方百计寻找并抓住发展机遇，加快发展速度。他强调指出，农业结构调整后，要利用高科技加工农产品，使其走向市场，这样才会有好的效益。他还就生态建设、支柱产业开发等讲了一些具体意见。最后，他深情地说："让我们大家共同出力量，把定西建得更美更好。"

主持座谈会的行署专员朱同心表示，一定要把费老的思想融进今后的工作中，加快发展速度，用实际行动来感谢费老长期对我区的关心。

著名社会学家费孝通第七次定西考察*

本报定西9月2日讯　(记者庞永来)8月31日,曾经6次来过定西的著名社会学家费孝通,第7次来定西考察。这位93岁的老人,一辈子倾心于贫困群众的事情,对定西人民脱贫致富尤为关切。

上午10点,费孝通先生在雨中到达定西。省政协副主席、民盟甘肃省委主任委员周宜兴,省九届人大常委会党组副书记、副主任姚文仓等有关领导陪同费老来定西考察。地委、行署和有关方面领导石晶、刘念宗、张乃、秦素梅、牛兴民、张月娥、葛兴才、吴丙申等热情地接待了费老一行,行署副专员牛兴民代表地委、行署向费老汇报了退耕还林、脱贫致富及经济发展运行情况。

地委书记石晶对撤地设市前费老再一次来定西考察表示热烈欢迎。他介绍说,定西人民已于上世纪末整体脱贫,现在正向小康迈进。今年降雨特别好,农民户有水窖3—4眼,吃水问题得到了解决。由于狠抓了以退耕还林为主的生态建设,生态农业已走上良性循环的路子。费老说:变样了,太好了! 山绿了,水也多了。我到定西来,一次比一次绿,一次比一次富。这次来,

---

* 本篇载于2003年9月2日《定西日报》。

就是看看西部大开发后，定西人民得到的实惠有多少。石晶说，全区七个县都是特产特色之乡，马铃薯、药材、草畜业、食用菌、花卉已成为支柱产业。我们把丰年当菜、灾年是粮的洋芋蛋变成了金蛋蛋，定西县成为马铃薯产业之乡，这一产业一定会做大做强。费老高兴地说，我一生关注的是穷人的事情，是抓水抓人的学问。定西发展这么快，我很高兴。现在要撤地设市了，这是机遇，这是台阶，如果身体允许，我还要来定西，那时的定西市发展会更好。

下午，费老还访问了巉口镇的两户农户。大家在蒙蒙细雨中和费老依依惜别。

附录二

费老在甘肃活动大事记

• 1984 年 9 月 17 日—21 日，费老率中央种草种树考察组一行十人对定西进行了五天的考察访问。考察组听取了定西地委负责同志的工作汇报，分别与地区农、工、商、林业、供销、计划生育、统战等部门的同志进行座谈，调查了解定西的经济与人口发展情况，走访了城关乡友谊村艾国俊、谢丽莎、杨丽艳、杨永胜、刘仰吉等五户专业户；考察组其他成员还分别去青岚乡大坪、城关安家坡等地现场查看了小流域治理、种草种树、水土保持和旱作农业等，并向地直单位职工作了学术报告。

• 1985 年 8 月 8 日—10 日，费老第二次率民盟中央种草种树考察组来定西考察。考察组先后考察了内官塑料厂、国营敬东电视配件总厂，回访了首次来定西专访过的两户专业户。

从定西返回兰州后，费老参加了"中国西部地区经济发展讨论会"，在会上做了题为《西部经济发展和各民族共同繁荣》的报告。8 月 13 日，从兰州出发去临夏；8 月 14 日，从临夏出发直达甘南考察。

• 1986 年 7 月 31 日，费老第三次来到甘肃。8 月 2 日，在省政协副主席朱宣人陪同下到定西,重访了敬东厂,还专访了定西、会宁、临洮县的一些乡村。8 月 4 日,在定西参加了由中国农业经济研究会、全国政协农业组和宁夏、甘肃两省区联合召开的“全国贫困地区经济文化开发学术讨论会”,在会上费老作了专题发言。随后,费老去临夏视察了一周。

• 1988 年 7 月,费老第四次来甘肃。11 日亲自主持召开了“黄河上游多民族经济开发区建设研讨会”,会议论证了筹划中的黄河上游多民族经济开发区总体开发方案。13 日上午,费孝通、钱伟长、罗涵先、冯之浚、贾志杰、马英亮、宋瑞祥会见了在兰州的记者,就建设黄河上游多民族经济开发区问题回答了记者们的提问。当日,费老、钱老以民盟中央名义直接上书党中央、国务院,提出了《关于建立黄河上游多民族经济开发区的建议》。25 日,费老在副省长阎海旺和省政协副主席朱宣人的陪同下到定西考察。考察组先后考察了甘肃无纺织地毯厂、定西制鞋厂和农民联办企业友谊工艺厂,重访了镇龙沙发厂。

• 1989 年 9 月,费老第五次来到甘肃。9 月 7 日清早,在甘肃省长贾志杰陪同下,到靖远县参加“两西地区移民工作座谈会”,听取汇报;走访了靖远的兴堡子川和刘川的景滩移民村、苏庙移民村和张掖的甘浚乡移民村;走访了甘肃省黄河上游白银、金昌等开发试验小区;14 日在肃南裕固族自治县访问;向西视察了西北最大的钢铁联合企业——酒泉钢铁公司,继续西行出嘉峪关,到达敦煌;17 日飞返兰州,18 日参观了兰州宁卧庄新技术产业开发实验区;20 日抵达天水,下午赴徽县,参观了徽县丝绸厂和西成小区,了解了厂坝铅锌矿的生产情况;22 日返回天水,与省长贾志杰和省计委主任李萍等座谈;23 日午夜,费老乘火车离开兰州。

• 1990 年 5 月,费老第六次来甘肃,参加在兰州召开的由甘、宁、青、内蒙古四省区联合组织的“黄河上游多民族经济开发区第一次协调会议”,在会上费老作了《开发大西北,迎接二十一世纪》的重要讲话。

• 1992 年 9 月,应甘肃省人民政府邀请,费老和民盟中央的领导参加甘肃省举办的“中国首届丝绸之路节”,9 月 6 晚到达兰州,这是费老的第七次甘肃之行。费老把重点放在考察经济开发小区,抵兰的第二天,与省有关部门和 7 个(当时增加了临夏小区和敦煌小区)开发试验小区所在地及小区的负责同志在宁卧庄进行座谈。9 月 7 日—8 日,费老一行在省领导的陪同下先后参观了兰州化学工业公司、白银开发小区和白银四龙口疗养院,下午费老和省委、省政府的主要领导举行了座谈,着重讲了小区开发与“一厂两制”的结合、建设河西工业走廊、加快民族地区经济发展等问题。

• 1995 年 9 月,费老第八次到甘肃。9 月 3 日上午,在宁卧庄宾馆听取了甘肃省常务副省长郭琨代表省上做的工作汇报,省委书记阎海旺、常委会主任卢克俭、省委副书记孙英、省人大常委会副主任柯茂盛等领导参加了汇报会;9 月 4 日,费老在省人大常委会副主任柯茂盛、常务副省长郭琨陪同下到定西考察,参观了定西无纺织地毯厂和石羊鞋厂,下午听了定西地委、行署的工作汇报;9 月 5 日赴临洮,访问了塔尔湾石铺村几家农户,下午视察了在建的临洮三甲电站,并题写了“三甲电站”的站名;9

月 6 日到临夏视察，沿途考察了临夏州的广河县三甲集镇，下午到临夏州府——临夏市，与省、州领导座谈并询问他曾提出的临海（临夏和海东）经济协作区的情况，7 日上午游览了临夏市容，并视察了临夏开发试验小区，下午返回兰州；9 月 8 日费老一行到白银市调查研究，走访了白银银铝公司、冶炼厂，白银开发小区等单位和企业；9 日费老一行返回兰州；10 日上午，费老与省领导座谈，主要讲了两方面问题：一是中国工业化发展道路问题，二是发挥好兰州这个中心和腹地的作用；9 月 11 日上午，费老一行专程视察了甘肃省商业骨干企业、有陇原第一大厦之称的亚欧商厦；9 月 12 日上午，费老一行乘火车返回北京。

- 2000 年 9 月，费老在兰州参加“西北民族学院建校五十周年庆祝活动”并讲话。这是费老第九次到甘肃。期间主持召开了“西部人文资源的开发、利用研讨会”，在会上谈了人文资源保护、开发和利用问题的概念及重要性。

- 2001 年 7 月 24 日—8 月 4 日，费老第十次到甘肃。7 月 26 日，在兰州参加由北京大学、西北民族学院主办的“第六届社会文化人类学高级研讨班”，并发表题为《人类学与二十一世纪》及《民族生存与发展》的讲话。7 月 30 日，费老听取并回答了研究班学员们的问题。费老参观了甘肃省博物馆。7 月 31 日，费老召集甘肃、青海、宁夏三省区研究民族文化艺术、民俗方面的学者，就西部大开发中对西部地区人文资源保护、利用与开发的课题研究问题进行座谈。8 月 2 日，费老在省人大副主任陈绮玲、省政府副省长李重庵、省政协副主席周宜兴、省人大副秘书长安晨光等领导的陪同下到定西地区视察。上午，费老及省上领导一行在地区领导石晶、朱同心、张乃、武文斌、宋敬国、葛兴才和地直有关部门、定西县政府负责人的陪同下，深入定西县巉口镇三十里铺村，考察了解定西地区“121”雨水集流工程建设、改善农民生活的情况。下午，费老到定西县巉口镇三十里铺村，先后走访了两户农民。

• 2003 年 8 月 31 日，费老去定西，这是他第十一次来到甘肃。省人大常委会党组副书记、副主任姚文仓，省政协副主席、民盟甘肃省委主委周宜兴等有关领导陪同费老到定西考察。费老听取了地委、行署关于退耕还林、脱贫致富及经济发展运行情况的工作汇报，访问了巉口镇的两户农户。

跋

在《民盟历史文献》丛书付梓之际，掩卷回首，民盟先贤们的音容笑貌挥之不去，不绝如缕，久久难忘。在编辑此丛书的过程中，我们每每被他们为信仰、为理想奋斗的坚定精神所感召和感动。

人不能没有理想和信仰，一个民族也不能没有自己的理想和信仰。我们的先辈们，正是怀揣民族富强、人民福祉的赤诚之心，身先士卒、鞠躬尽瘁；凭借自身高尚的人文品格和社会良知，与中国共产党团结合作，为中国社会的前途和命运探索了一条新的宪政之路；和平、民主是人类社会的两大主题，也是中国共产党人和各民主党派所共同追求的理想。

如今，面对着他们的拳拳之心和丰功伟绩，我们感叹！赞叹！怀念！更要继承！

《民盟历史文献》在整个创作和出版过程中，得到了来自社会各界人士的关注和厚爱。我们要特别感谢为此丛书孜孜不倦地考证、核实、梳理、完善的各位专家、学者,是他们的认真严谨,才使此丛书能够客观地展现历史的真貌;更要特别感谢中共中央统战部与民盟中央给予我们的鼎力支持和重视,没有他们的指导和帮助,我们不可能完成如此厚重的出版工作任务;还要感谢各省、市、地区的民盟组织,为搜集、挖掘、抢救民盟的历史文献资料做出的不懈努力和贡献;感谢每一本书的作者,是他们的辛勤笔耕和一点一滴的忠实记录,才集成了民盟历史的全貌;感谢为此丛书付出辛劳的编辑以及所有工作人员,感谢你们辛勤的劳动和无私的奉献。

谨以此丛书献给所有伟大的民主革命先驱者;献给为共和国诞生抛洒了智慧和热血的先贤们;献给那一段筚路蓝缕、以启山林的峥嵘岁月。

《民盟历史文献》编委会

Treasures for Scholars Worldwide

桂學文庫·廣西歷代文獻集成

悅山堂詩集

潘琦　主編

广西师范大学出版社
GUANGXI NORMAL UNIVERSITY PRESS
·桂林·

圖書在版編目（CIP）數據

悦山堂詩集 / (清) 謝賜履撰. —桂林：廣西師範大學出版社，2015.10（2018.5 重印）
（桂學文庫. 廣西歷代文獻集成 / 潘琦主編）
ISBN 978-7-5495-5062-3

Ⅰ. ①悦… Ⅱ. ①謝… Ⅲ. ①古典詩歌－詩集－中國－清代 Ⅳ. ①I222.749

中國版本圖書館 CIP 數據核字（2014）第 027368 號

廣西師範大學出版社出版發行
（廣西桂林市五里店路 9 號　郵政編碼：541004
網址：http://www.bbtpress.com）
出版人：張藝兵
全國新華書店經銷
廣西廣大印務有限責任公司印刷
（桂林市臨桂區秧塘工業園西城大道北側廣西師範大學出版社集團有限公司創意産業園内　郵政編碼：541199）
開本：787 mm ×1 092 mm　1/16
印張：25.25　　字數：400 千字
2015 年 10 月第 1 版　　2018 年 5 月第 2 次印刷
定價：300.00 元

如發現印裝質量問題，影響閱讀，請與印刷廠聯繫調换。

《桂學文庫・廣西歷代文獻集成》編輯委員會

主　編：潘　琦

副主編：何林夏　蔣欽揮

委　員（按姓氏音序排列）：

曹　旻　陳福蓉　陳艷平　褚兆麟　豐雨滋　顧紹柏　何志剛

何小貞　黄德昌　黄南津　黄偉林　黄　艷　黄祖松　蔣芳生

蔣婷宇　金學勇　藍凌雲　蘭　旻　雷回興（項目主持）　李和風

李加凱　李建平　廖曉寧　魯朝陽　吕立忠　吕餘生　馬豔超

莫争春　彭　鵬　覃　静　容本鎮　蘇瑞朝　唐春燁　唐咸明

王德明　王　瓊　王真真　吴　高　肖愛景　徐欣禄　楊邦禮

楊善朝　尤小明　張俊燕　趙　偉　周小發　鍾　瓊

總序

潘琦

21世紀以來，隨著各地社會經濟的快速發展，與之相呼應的地域文化研究蔚然興起，呈現出多種地域文化研究競相迸發、研究成果纍纍、各種學理學説迭出的生動局面，有力地推動與彰顯著社會主義文化的大繁榮、大發展。廣西桂學研究，即誕生在這一時代大背景下。桂學是廣西最為重要的文化地標之一，它以廣西社會、歷史、文化、思想、藝術、科技、工藝等為研究對象，是具有鮮明廣西地方特色和民族特色的理念和學説的總和。桂學作為『學』，是一種能正確地、合理地呈現廣西客觀社會歷史文化與現實文化的系統知識的學問、學理和學説。

桂學研究無論是在時空上，還是在範圍及内容上，都是一個龐大的、系統的、廣泛的工程。其中，對廣西歷史文化的研究，是桂學研究的首要任務和重要内容。而對歷代形成並留存至今的關涉廣西的文獻遺存進行系統的整理、研究、保護、出版，又是進行歷史文化研究的首要內容，是保證桂學研究能够持續深入推進的學術基礎。爲了全面、系統地整理相關文獻資料，廣西桂學研究會成立後，特在內部設置了古籍整理出版委員會，職司廣西歷代文獻的整理出版與保護工作。《桂學文庫·廣西歷代文獻集成》叢書的策劃與啟動，便是這項工作的重要成果之一。

桂學研究會由何林夏、蔣欽揮兩位副會長牽頭，組織專家學者開展了卓有成效的工作，在廣西壯族自治區圖書館、廣西壯族自治區桂林圖書館及廣西師範大學圖書館、廣西師范大學出版社以及有關單位的大力支持與積極協作下，意在蒐集現存的所有廣西古籍的《桂學文庫·廣西歷代文獻集成》將陸續出版，爲桂學研究提供源源不斷的堅實史料支持。桂學研究會將在一個較長的時間內，集中力量，籌措資金，全面、系統、整體、有序地推進整理出版工作的持續進行，希望藉助於這種長期務實的工作，爲桂學研究向更深、更廣的方向發展，提供翔實、系統、完整、可靠的史料，推進桂學研究各項事業的持續繁榮。

以整理、研究、保護傳統文化為出發點的古籍出版，在一定程度上起著繼承、弘揚地域歷史文化的作用。古籍作為歷史文化的重要載體，其本身即是珍貴的歷史文化遺産，它不僅記載著歷史發展的生動進程，同時也集自然之美與人文之美於一體，書於竹帛的歷史記載、華美辭章是我們瞭解歷史、解讀歷史、研究歷史、承繼民族優秀文化的主要途徑、可靠依據、重要史料。《桂學文庫》的整理出版，更因廣西本身鮮明的地域性、民族性特徵，而具有顯著的多重價值。

一、研究性價值。桂學研究以研究廣西歷史文化為切入點，即首先需要研究廣西文化的産生、源流、特色，探討廣西歷史文化與其他地域或國域歷史文化之間的關係。為此，需要通過廣視角、多層面、全方位的探討，以究明廣西歷史文化發展的脈絡，做到知根知柢。先秦時期，廣西為百越之地，秦統一嶺南後，廣西開始行政建置納入統一國家的版圖，並出現於此後各種史料的文字記載中，經歷代的文化積澱，已經形成了大量的文史文獻資料與考古資料。這些遺存流傳至今，都是廣西地域文化的珍貴財富，更是建立和支撑桂學研究的寶貴財富。我們通過對這些資料進行系統、全面的整理出版，並在此基礎上開展全面的研究與考察工作，將有利於加深對廣西文化的源流、性質、内涵、特徵、地位及影響等的理解，得出符合歷史實際和歷史文化發展規律的結論。同時也能為社會學、民族學、歷史學等領域的研究提供豐富的研究素材，為文化研究的多學科共同繁榮作出積極的貢獻。

二、教育性價值。古籍兼具知識性與情感性學習兩種功能。中華文化歷經千年，其所積澱留存下來的古籍，包羅萬象、博大精深，通過對存世古籍的閱讀，有助於我們加深對古代文化的理解與體驗，掌握古代人文知識、古文知識、古人寫作技巧，領略古文之精彩，增進對地方發展史的瞭解與認識。與此同時，通過對古籍中所記録的重要歷史人物的人生經歷、治學經驗、高尚思想品德和自强不息的成長道路的認知，對於今天提高我們自身的精神境界和文明修養，都會是一種有益的啟迪與教育。

三、開發性價值。古籍作为歷經千年的文化積累，有著豐富、深厚的文化內涵，蘊含著先人的智慧，同時保持著原創性、傳承性、地域性、多樣性的特點。通過對古籍所記載歷史文化等內容的研究，今人可以擷取其精華，作為現代文化藝術創作的藝術源泉與靈感來源、拓展文藝創作題材、開發文化資源、創新文化產業，使先民的文化生命通過古籍的傳遞，重新生發出新的藝術活力與價值。

當然，任何事物都因產生於具體的歷史空間而不可避免地被自身的歷史性所局限，產生於歷史中並留存至今的古籍也是如此。面對種類繁多的古舊典籍，需要我們用批判、借鑒的眼光去加以審視，要本著去粗取精、去偽存真、古為今用的原則，充分發掘其所具有的優秀文化價值。今天，我們重要的任務之一，即是從精神上、思想上接應優良傳統，並通過繼承優良傳統而獲取更多的精神與思想資源。歷史不能複製，它只屬於它具體存在的那個空間和那段時間，但歷史又永遠不會消失，只要人類生命還在繼續，歷史就必然活躍在人們的精神生活裏，並影響著人类文明的繼續向前發展。

我們希望以《桂學文庫·廣西歷代文獻集成》相關整理成果的持續不斷出版，向世人展示廣西優秀的歷史文化資源與人文傳統，能為方興未艾的桂學研究提供充足的資料支持，為桂學研究的向更深更廣推進有所貢獻。希望桂學研究能在繼承吸收廣西優秀的歷史文化遺產的基礎上繼往開來、勇於創新，服務於今天廣西文化的大發展、大繁榮的歷史需要。

出版説明

廣西桂學研究會自2010年成立以來，即將整理出版廣西歷代留存至今的各類文獻列為學會的重要工作内容之一，並成立了專門的出版委員會職司其責，其動議之一，便是協調所有從事及志於研究、整理、保護的單位、個人、專家、學者，共同促成《桂學文庫·廣西歷代文獻集成》的整理出版。

本套叢書的宗旨，是想通過整理出版歷代形成現仍存世的桂人文獻及關涉廣西的文獻遺存，為從事桂學研究的學者提供推進研究所需的翔實、可靠、系統、全面的資料，為桂學能在學者們持續不斷的長期研究中向深廣發展打下堅實的文獻基礎。

面對歷代留存至今種類繁多、卷帙浩繁的廣西文獻，本書在編排上以著者為主綫，通過查考相關資料著録及文獻存藏信息，努力將同一著者存世的全部著作蒐羅浄盡，匯為一書。

在出版形式上，本書採用整理一種、出版一種的方式，以及時向學者提供各类文獻，並希望憑借這種方式聚沙成塔、集腋成裘，最終將關涉廣西的文獻遺存全部展現於桂學研究者面前。

為保持相關文獻的真實性，避免因整理不當而對原文獻造成的誤讀與誤解，本套叢書對納入整理範圍的文獻，採用全文影印的方式出版，旨在為學者的研究提供最本真、最可信的資料形態。與影印存真相應，我們也組織相關領域的專家學者，為所整理的著作，按照統一的格式撰寫了解題，冠於各書首册。解題的主旨：一則簡述著者生平等信息，使用者可據此對撰著者有一直觀的瞭解；二則簡介歷代目録著録情況並著作的主要內容，以明文獻傳承源流與撰著主要價值所在。

我們希望本套叢書的出版，能為桂學研究的發展繁榮提供充足的文獻支持，為桂學研究向深廣推進貢獻一份心力。桂學研究，首先是對廣西傳統文化與歷史的繼承與吸收，其更重要的意義，則在於在繼承基礎上的開拓創新，推進今天廣西文化的繼續發展，如果本叢書的整理出版能够起到其應有的作用，我們將深感與有榮焉。

解題

《悦山堂詩集》十二卷存九卷(卷十至卷十二存目),清謝賜履撰。附《若園遺詩》不分卷,清謝庭琪撰。《咄咄子墓表》不分卷,清謝延祧撰。民國三十年(1941)廣西全州廣益堂石印本,一函兩册,廣西壯族自治區桂林圖書館藏本,今合編爲一册。

謝賜履(1661—1727),字建侯,一字勿亭,清廣西桂林府全州縣萬鄉橋渡人。清康熙二十一年壬戌(1682),補行辛酉(康熙二十年,1681)科鄉試,與其父謝明英同時中舉,謝明英係解元,謝賜履爲同榜第十六名舉人。賜履初任廣東感恩縣令,逾兩月丁憂離任。服闋,補四川省黔江令,行取户曹尚書。康熙五十四年(1715)秋,陞永平知府。康熙五十八年(1719),倉場總督張伯行以『和平清正』保舉謝賜履爲政有方,九卿亦列名同保,康熙帝特授以天津兵備副使,尋任山東按察使。康熙六十年

(1721)冬,由山東按察使陞任山東巡撫。雍正元年(1723),以僉都察御史巡視兩淮鹽政,隨即陞爲右僉都察御史。雍正二年(1724)閏四月,陞任左都御史,仍管鹽政。雍正三年(1725),謝賜履『緣事降調』,次年春以老病乞休。雍正四年(1726),謝賜履之侄、時任浙江道御史謝濟世以彈劾河南巡撫田文鏡獲罪,雍正帝令謝賜履入京傳問。後謝濟世以『妄核失實』,改斬首爲革職,并發配阿爾泰軍中效力,謝賜履未加罪。次年(雍正五年,1727),謝賜履以年邁不堪舟車勞頓之苦卒於北京。

《悦山堂詩集》十二卷存九卷(卷十至卷十二存目),清全州謝賜履撰,民國三十年廣西全州廣益堂據清乾隆鈔本刊印。半葉十行,行二十二字。四周雙邊,單黑魚尾。版心上鐫『悦山堂詩集』,中鐫卷次、葉碼,下鐫『廣益石印』。

封面題簽題『悦山堂詩集卷一』,鈐『廣西省立/桂林圖民/國卅四年/劫後存書』藍文方印。有題識一則,云:『廣西省立圖書館惠存,全縣謝伯齡謹贈,三十年四月二日。』内封題『中華民國三十年出版/悦山堂詩集/仝縣廣益堂代印』。卷首冠《中丞謝公賜履遺像》；次《悦山堂詩集序》，末署『世晚生汪應銓杜林』；次《大中丞謝公傳》，末署『世晚生汪應銓杜林』；次《先中丞公傳》，末署『男庭瑜』；次《重刊悦山堂詩集跋》，小字題『應附集後』，末署『七世孫煇敦伯龄』；次附六世孫、七世孫、八世孫名氏；次《悦山堂詩集評在閲姓氏》；次《悦山堂詩集目録》。正文首卷首葉首行題『悦山堂詩集卷一趨庭前集』，次行上題『清湘謝賜履勿亭著』，下題『男庭瑜、庭琪、庭琛，姪濟世、庭珏、庭玖仝校字』。

《悦山堂詩集》十二卷，收謝賜履清康熙二十二年（1683）至康熙六十年（1721）間詩作五百八十一首。卷一《趨庭前集》，收謝賜履癸亥（康熙二十二年，1683）至戊辰（康熙二十七年，1688）間詩作六十一首；卷二《趨庭集後》，收己巳（康熙二十八年，1689）至丙子（康熙三十五年，1696）間詩作七十首；卷三《珠崖集》，收丁丑（康熙三十五年，1696）冬至戊寅（康熙三十七年，1698）春間詩作十五首；卷四《浪遊集》，收詩作五十二首，原書未標時間起止；卷五《黔南集》，收癸未（康熙四十二年，1703）

至己丑（康熙四十八年，1709）間詩作一百三十五首；卷六《西溪集》，收詩作七十二首，原書未標時間起止；卷七《輦下集》，收己丑冬至乙未（康熙五十四年，1715）夏間詩作六十八首；卷八《碣石集》，收乙未冬至己亥（康熙五十八年，1719）間詩作五十二首；卷九《瀛海集》，收庚子（康熙五十九年，1720）至辛丑（康熙六十年，1721）間詩作五十五首；卷十《鄂渚集》，壬寅（康熙六十一年，1722），存目；卷十一《廣陵集》，癸卯（雍正元年，1723）春至甲辰（雍正二年，1724）夏，存目；卷十二《武林集》，甲辰冬至丙午（雍正四年，1726）春，存目。

謝賜履之詩文，生前未曾刊刻，散見於清代以來詩文集。如清梁章鉅編《三管英靈集》收謝賜履詩作三十四首，清張鵬展輯《嶠西詩鈔》收四十四首，清謝庭瑜修《乾隆全州縣志·藝文志》收六十五首，清曹文深修《嘉慶全州縣志·藝文志》收四十五首，民國三十一年續修《全州縣志·藝文志》收三十五首。

據民國三十年石印本之《悦山堂詩集》卷首所載校刻名氏，知謝賜履之詩作，曾由其子、侄結集，但未刊刻，僅餘鈔本存全州，民國三十年始由其六世孫『少甫』、七世孫『嗣琦』整理，由七世孫『煇敦』刊印。民國三十年石印本卷首有謝賜履七世孫謝煇敦所撰《重刊悦山堂詩集跋》，云『煇兒時每於案頭或堂上觀覽鄉先輩遺作之詩、書、字、畫，孺墨彌深，因自疑思，吾先祖纍代簪纓，奚無翰墨遺蹟？此所不解，并引以爲憾焉。質之先大父，知多因疏於藏護，佚而不傳，爲太平軍所燔者亦屬不少。所餘者僅《梅莊集著》及《悦山堂詩》二著。前者已刊出，後者雖有鈔録稿本，惜散落各處，且鮮有全璧，吾家所藏之抄本，亦蠹蝕不完。先大父久欲蒐殘討遺，校訂付梓，終未成也』，『經堂伯少甫及家兄嗣琦兩年採訪，展轉探索，得鈔稿一册，其中亦多疏漏僞謬之處，經少甫伯與家藏鈔本參稽重録，逐一考勘正，迄成完稿。復念我六世祖太原守若園公之《若園詩集》及五世祖岑溪博士既山公遺作之《自草墓表》，及其名契輓詩，均膾炙一時之名作，今惜未揚，乃集之附於刊後，合璧傳諸其人』。據之可知《悦山堂詩集》結集版行之經過。

謝賜履之詩作，主要爲古體詩、近體詩，而以近體詩爲主。近體詩主要爲七言絶句及七言律詩。其内容主要爲抒發思鄉懷古之情、描繪自然風光之趣，間有對歸隱田園之樂的嚮往，描繪下層民衆生活之艱。汪應銓評其詩文云：『科名盛事，聲譽翕集，以文不以詩也，而其詩摎奇抉怪，鏗鏘幽眇，有君齊之能事，古風雜詩，長言永歎，原本忠孝，纏綿陫側，有哀矜煢獨、飽饑援溺之心，有發情成文、風人比興之旨。讀公之詩，公之性情在其中，公之風節政事皆在其中。公之人與詩，俱邈然追古人於千載之上，而一時唱和，如荊譚故事，則寂寥無聞。公不自謂性能而好之，世故不得而知之。』

《若園遺詩》不分卷，清謝庭琪撰，民國三十年廣西全州廣益堂石印本。版式、行款同《悦山堂詩集》。卷首冠《刻若園遺詩引》，末署『歲在元黓涒灘菊有黄華棟園兄瑜書於大灣山莊』；次正文。正文首卷首葉首行題『若園遺詩』，次行題『清湘謝庭琪若園著，兄庭瑜棟園選定，弟庭琛鹿園、庭珏玉雙、庭玖璚石編録，男延福承先、姪延祜篤宗、延祧既山校字』，收謝庭琪詩作四十八首。

謝庭琪（1708—？），字實夫，一字若園，清廣西桂林府全州人，謝賜履第四子，雍正元年（1723）舉人，雍正五年（1727）進士，丁憂三年回京，授神池（今山西省西北部）縣令，爲政精明强幹。尋調安邑（今山西省運城地區），其間奉公守法，斷獄十餘起，案無留牘，時人稱其爲『白面包公』，後以政績卓異陞爲忻州牧。阿里袞任山西巡撫，以謝庭琪持重不撓，奏請陞爲太原守。母喪，歸鄉安葬，服闋後返山西，疾發於道，卒於舟，年四十二。《中國第一歷史檔案館藏清代官員履歷檔案全編》第十二册頁四五〇下收謝庭琪於雍正十年二月二十八日（一七三二年三月十四日）所上奏摺，云：『臣謝庭琪，廣西桂林府全州人，年二十五歲，由雍正五年進士候選知縣吏部學習，今籤掣山西寧武府神池縣知縣缺。欽惟我皇上誠孚萬物，道貫三才。肅乂哲謀，同箕疇之敷錫。剛健中正，備乾德之精純。軫念民依，務使家給人足。訓飭吏治，韋昭大法小廉。誠從古未有之昌期，寔千載一時之盛會。臣駑駘下質，樗櫟庸材，幸逢聖世之甄陶，常積丹誠於葵藿。伏念臣父賜履恭承簡拔之恩，特畀副都之職，寵榮逾分，褊報未能，而臣又荷蒙高厚，仰被生成，世受國恩，時切感激，方涓埃之未効，又職守之將膺。臣竊思縣令一官，民社攸係，謹催科而勤撫字，務殫實心，杜干謁而絶包苴。惟遵功令，稽行保甲，乃弭盗之成規，勸課農桑，寔親民之本計，凡屬地方利益，均宜斟酌推行，體皇上愛民如子之深仁，時存競業盡臣子公爾忘私之素志，勉副慎勤。臣從此惟有竭盡愚誠，力圖報効於萬一耳。敬繕履歷恭呈御覽。臣無任悚惶虔惕之至，謹奏。雍正十年二月二十八日。』

《咄咄子墓表》不分卷，清謝延祧撰，民國三十年廣西全州廣益堂石印本。版式、行款同《悦山堂詩集》。首《咄咄子墓表》，末署『咄咄子自表』，咄咄子，即謝延祧，仿陶淵明《五柳先生傳》自作祭文。其後附文若干，多爲時人與謝延祧唱和之作，及謝延祧親友之輓詩。依次爲鄒永圻、朱炳、俞廷元、謝延暉、劉昌諄、馬名揚、黄立林、張淳、俞忠貞、劉永卓等人題贈之作。

謝延祧，生卒年不詳，字集勛，號既山、咄咄子，謝賜履之孫，精醫理。

需要説明的是，本書對底本原書中無文字、批校、鈐印的白葉統一作了删除。部分底本葉面因保存等方面的原因而造成的文字模糊、字跡漫漶、葉面破損等，亦盡量作了修補。

馬豔超

悦山堂詩集

悅山堂詩集卷

廣西省立圖書館惠存

全縣謝伯燮謹贈 三十年四月二日

廣西省立桂林圖書館民國卅四年劫後存書

H812.82
04(

中華民國三十年出版

悦山堂詩集

全縣廣益書局代印

中丞謝公賜履遺像

悅山堂詩集序

韓退之序裴僕射詩謂其與韋布專壹之士較其豪釐分寸鏗鏘幽眇可以被絃管而播册書唐之公卿大夫皆以能詩昇上第躋華要君齊既貴而不忘其所能則有之矣鎮蠻荆統九郡同官屬吏有唱斯和亦自以為性能而好之者也大中丞桂林謝公則不然公自郎官出守近畿以風節政事受知
聖祖皇帝嘗
御便殿對大臣嘉獎喜動
天顔銓時官翰林始知企慕公而未得見也洊歷外臺開

府山左聲績日益茂著蔚然爲當代名臣頗見愈切而有未豁也其後使節駐淮南銓東歸始得見公接侍累日温粹端直君子也再見公於浙未幾公請老歸里遂不復得見蓋二十年來未見公而知慕之及其一再見而又以不得繼見爲恨也然所見聞於公喜樂而頂服之者多矣而獨未嘗知公之詩亦不見公嘗論詩也去歲之秋房師梅莊先生手一編相屬曰此吾叔父中丞公詩也鈔胥多譌繆子爲我紬校之銓受而讀之乃悚然以起仰而歎曰嗟乎吾何以測公哉公父子同舉於鄉贈公拙菴先生魁其榜公魁其經科名盛事聲譽翕集以文不以詩也而其詩

㩦奇抉怪鏗鏘幽眇有君齊之能事古風雜詩長言永歎原本忠孝纏綿悱惻有哀矜惸獨飽饑援溺之心有發情成文風人比興之旨讀公之詩公之性情在其中公之風節政事皆在其中公之人與詩俱邈然追古人於千載之上而一時唱和如荆潭故事則寂寥無聞公不自謂性能而好之世故不得而知之也嗟乎吾何以測公哉抑聞之文中子曰徐陵庾信古之夸人也其文誕史氏惡其傷於紅紫者也先民亦有言范希文不夸政事歐陽永叔不夸文章豈非詩所謂惟其有之者乎由是而言之信乎公之為君子也紬校畢謹序其簡端

孫

世晚生汪應銓杜林

大中丞謝公傳

公諱賜履字建侯一字勿亭姓謝氏全州人弱冠中康熙補行辛酉科鄉試父明英榜舉人初任廣東感恩令勸民種檳榔感邑壓榔自公始丁憂服闋補四川黔江令黔故多虎公禱於城隍虎患遂除行取補戶曹尚書趙恭毅公申喬亟稱之曰端人也考選臺垣兩次保送乙未秋出知永平府正己率物杜絕苞苴值灤昌遷樂四州縣大災力請於上司據實入

告隨檄各屬造冊開倉屬員請候旨公曰救飢如救焚專擅之罪我當之遲延之罪爾敢當耶單車戴星徧歷諸廠稽察其胥濫遺漏者所全活無算人

比之富青州集中有前後賑飢詩爲時傳誦人又比之元道州云己亥冬倉場總督張公伯行以和平清正保舉九卿皆列名同保奉　聖祖仁皇帝諭旨謝賜履居官好朕知之甚久擧得極是特授天津兵備副使辛丑冬陞湖北按察司壬寅冬陞山東巡撫定例巡撫皆由藩司擢授公以臬司起擢蓋異數也　世宗憲皇帝即位命以僉都御史巡視兩淮鹽政隨陞副都御史留原任任滿再留又調兩浙三任鹽差養廉銀費不及半餘悉貯庫充公丙午春以老病乞休召見慰勞良久命小黄門扶出特降溫旨褒其操守予告回籍其年冬兄子濟世爲御史以言事獲罪

詢連公奉召至京詰問比至　上意已解不罪也又一年卒於京年六十有七公生平無誑語嘗曰吾見世人謂誑亦欲效尤無如口未開頤已解矣在戶曹四年賃廠廬飲苦水禦冬只羊裘一領無更換者後歷外任大吏始易狐狼亦未嘗御貂公餘手不釋卷于醫卜居相六壬奇門堪輿選擇諸術無所不通所著悅山堂詩集十二卷子庭瑤歲貢生庭琨拔貢生任柳城縣教諭庭瑜乾隆丁巳進士由庶吉士改授知縣卓異陞直隸吉州牧庭琪雍正丁未進士由知縣卓異陞直隸忻州牧擢太原守鄉人稱循良世家云幼子庭琛舉人尚未任

世晚生汪應銓杜林

先中丞公傳

先公生有至性甫三歲先大母病渴公即渡署約入蔬圃拔菜蕪就瀞水洗以進舉室驚歎年十九補弟子員三試省冠軍二十與大父同領鄉薦戊辰上春官意自得及被黜取試卷閱乃攷官不一給視也筮仕為感恩令甫币月丁內艱候代賊艘七薄岓將登城故圮不完乃出帑弓矢授丁男晝夜備鋪補築夜張弓挾矢婦女老弱懷瓦石立圮處以族凡三晝夜城完賊三薄城三引去蓋泊岓輒為風颶謂神佑不復敢近云服闋補黔江令滿六載美政無僕更內擢任農曹武進趙恭毅公深器之其在粵東司也

請豁絶户粮數萬石同列危言咽遏弗顧也出守永平夏澇傷稼而前守以有年聞公至見飢民枕藉先出帑金三百觔歷村落拯救勸富家出粟不旬日近萬石飭幹員分馳賑濟乃赴上谷請發倉儲辭氣激烈時楊文定公名時官巡道勸成之先是通州所屬被水不得已以永屬偏災附請得發倉儲且以通倉儲粟十萬分賑永屬當五萬而制府以初未入告至是慭于心飭通永道以百餘艘載粮自通直達永屬之樂亭境境雖瀕海而小港深不逾尺兩岸將結冰殆欲以遲悞中公耳蓋公之廉惠本於賦受濟以剛介動與時忤嘗誦東坡人危天窮之句而慨然爲及

是漕艘將届色然而駭然已無如何立赴港口相度飭牧令備車槖覔千夫又以蘆席萬就地為囤駐近村以待居三日邏者告南風發港水深三尺百餘石舟可入矣又二日以達三百石舟吉蓋已水深四五尺既而風益怒水益漲八百石大舟揚帆遥入至第七日風止水涸空舟僅乃得出揚文定聞而歎曰謝守恤民神固默相之矣晉天津道旋擢湖北按察使未一載以僉都御史巡撫山東雍正元年敕兩淮鹺使授左副都贈二代如其官予二品廕既有言公以賄易網商者部使者駐維揚取商籍反覆視公獨無所染刑鞫商大呼曰阮使暫而運司久即諱亦運司

耳今運司籍載纍纍反爲院使諱乎無以詰乃罷於是公清節益著調任兩浙一如淮政餘詳阡表及汪殿撰應銓所爲傳不復贅茲彙輯年譜一二軼事以附御賢志云

男庭瑜

重刊悦山堂詩集跋 應附集後

悦山堂詩稿之付剞劂蓋不忍没七世祖中丞勿亭公之手澤也及派先大父介圭公之遺志并以應一般人士之屬望也煒兒時每於案頭或堂上觀覽御史輩遺作之詩書字畫鎸墓誌深固自疑思吾先祖累代簪纓奚無翰墨遺蹟此節不解并引以爲憾爲質之先大父知多困疏於藏護佚而不傳爲太平軍所燔者亦屬不少所餘者僅梅莊集暨悦山堂詩二著前者已刊出後者雖有抄錄稿本惜散落各處且鮮有全璧吾家所藏之抄本亦蠹蝕不完先大父久欲蒐殘討遺校訂付梓終未成也湯劑時遺

悦山堂詩集

囑我叔姪兄弟曰吾後輩既不能承先代之衣鉢復不能
衍其文采徒使逝者冥恨無窮余誠私心痛之今余奄奄
旦夕不可圖矣唯爾等之体吾衷而繼吾志爲先大父見
背今將十載遺志猶虛我等曷勝耿耿顧未嘗一日釋懷
也經堂伯步甫及家兄嗣琦兩年採訪展轉探索得抄稿
一冊其中亦多疏漏訛謬之處經少甫伯與家嫂抄本參
稽重錄遂一考勘正迄成完稿復念我六世祖太原守若
園公之若園詩集及五世祖岑溪博士既山公遺作之自
莫臺表及其名契魏詩均膾炙一時之名作今惜未揚乃
集之附於刊後合璧傳諸其人藉資嚮往茲行將付梓嗣

琦兄囑煇敘之煇不學無識於詩尤屬盲瞽集中有[illegible][illegible]
敢肯昧藜瀆謹誌其歷略以資紀念焉耳

七世孫煇敦相蘇

悅山堂詩集

六世孫以

道 操 昕 荃 菁 徒 璜

七世孫

瑛 懋 炯 焜 煇 熑 嗣 煜 煌 炬 焆 燧 珖 玟 琩 璋
敦 敦 敦 敦 敦 敦 琦 敦 敦 敦 敦 敦 敦 敦 敦 敦

語 藩 森 林 材 鉁 銘 鈺 仕 桂 松 昌 杰
敦 敦 敦 敦 敦 敦 敦 敦 敦 敦 敦 敦 敦

八世孫崇

壇 坡 圻 堯 基 豎 壑 城 塋 疆 均 塈 堤

崇

高 垣 翰 幹 軒 遠 達 標 仁 伯 能 墻 增 耕

悅山堂詩集評閱姓氏

陳沂震 起雷　懷寧楊汝穀 石湖
長洲陳鵬年 滄洲　京口張逸少 天門
海陽江應銓 杜林　郃陽康奕 仲葉
陽羨謝芳連 皆人

悅山堂詩集目錄

卷五
黔南集 癸未至己丑
卷七
輦下集 己丑冬至乙未夏
卷九
瀛海集 庚子辛丑
卷十一
廣陵集 癸卯春至甲辰夏
附刻 若園遺藁

卷六
酉溪集
卷八
碣石集 乙未冬至己亥
卷十 以下三卷嗣刻
郢渚集 壬寅
卷十二
武林集 甲辰冬至丙午春

悦山堂詩集卷一 趨庭前集

清湘謝賜履勿亭著

男 庭瑜
庭琪
庭琛
姪濟世 仝校字
庭珪
庭玖

山居春暮

甕牖朝光滿闌簾，竹日暉烟浮芳草。動鳥帶白雲飛壓檻，紅初瘦侵墻綠漸肥。落花憐滿逕，不忍啟柴扉。

種竹

閑居寡塵事種竹遍山坳展席清風滿廻簷翠影交容鶯度曲蹤便燕歸巢即擬除籐架新篁好放稍 皆佘雲結語興到

過雲歸庵

罷對黃花卮酒停還携餘興叩禪扃雲凝秋水鷗邊白天近晴峯雁外青傍𡐘寒林闚古刹到門殘照在疎櫺香清茶熟忘深坐歸路霜鐘帶月聽

夜過洗鉢庵

偶然成獨往洗鉢聽山泉夜氣還生白秋心欲問禪月高人語靜天逈遠𡐘燈懸坐覺諸緣淡霜鐘接曉烟 汪杜林云格力閑暇何減韋蘇州

送道士還山

嶺頭殘葉亂交加憐爾孤節道路賒歸去鶴猿從作伴夢
回蝴蝶本無家敗蒲穩臥松門月短鍤重移洞口花見說
到山還寄藥茯苓如雪勝丹砂

金竹山

偪仄幾無路到山始豁然滿懷松磴月吹面石堂烟遊屐
諸天外危樓萬竹邊劈空垂素練百里見飛泉
滿寺烟雲入閒房坐杳冥僧衣寒擁雪佛火夜分星瀑濺
嵐光溼山窺日氣青懶殘誰更懶丈室晝常扃山有懶僧或連日不舉火
鼾睡而已　陳滄洲云奇入奇境

時俗

時俗尚奔競古人甘困窮今昔背道馳將馬決所從墝墝山頭柏勁節凌寒空磊磊中流石不惜波浪衝木石尚爾爾我生豈蒿蓬自非堅壁立何以救靁同世甘鳴瓦缶吾豈毁黄鐘與寧我與我周旋誓始終

過三永兄澹烟洲别業

康樂耽卯壑田南卜築幽溪環林自響烟澹竹全脩好鳥如相語名花不外求論文真得地終日足淹留水石相縈帶行深路欲迷近心周洒境潑眼總詩題窗迥野花落溪迴烟樹齊卜隣吾有意來近草堂西

十八庱草菴

偶然乘興尋僧約，世外桃源得草菴。峽束亂雲歸古澗，溪廻疊障貯晴嵐。荒堦移菊秋容淡，倦榻抛節午夢酣。便擬重來留信宿，千巖搜剔入登探。

大定菴

少小遨遊地，十年今又過。山寒塵跡少，臘近野梅多。往事空雲水，重來認薜蘿。上方人不到，一室老維摩。皆人以山寒二字斷近自然

數里捫蘿上，到門山更低。僧歸涼月白，磬落暝雲齊。俗累此中遠，勞生何處迷。未能辭世務，一宿愧闍黎。

洞庭阻雪

笑向天公謝石尤無邊好景足淹留禁寒未放題詩筆取煖重披曲酒裘千里湖光吹素練一句雪片繫蘭舟榜人見説南風便明日看山黄鶴樓

乙丑元日

凌晨景色麗遥天吹面和風便宛然梅蕊早衝寒意破椒花春對曉光餅雕盤酌酒綵分歲榫燭催詩已隔年此去長安瞻馬首帝城日近五雲邊

旅懷

蒲香浮動柳參差獨向風光漉一巵梅子正堪調味好榴花偏喜得春遲千秋市駿空台在終古亡羊有路歧明日

褐衣歸卧處天涯相望舊茅茨

晴川閣

即景意何限森然入望中晴添高閣迴天折大江雄秋色連鸚鵡鄉心逐雁鴻明朝掛帆席好借楚王風 陳滄洲云雄渾

舟經岳陽長風健席不及登樓將尊五悵然有作余和此篇

健席乘風一葉舟蒼茫回首失巴邱望窮縹緲數行雁意外逢迎時一鷗烟水滿湖飛舴艋關河萬里寄蜉蝣等閒放眼層霄迴何必身經百尺樓

舟夜

衡岳雲開碧宇清秋光零亂蓼花平維舟一帶寒湖月遥憶山中石上明　汪杜林云遠致

磨崖碑

蒼崕一壁枕溪灣頌勒中興崕壁間一代功名歸郭李至今文筆重元顔風流二絶從當日禋祀千秋配此山百遍經過仍艤棹摩挲吟卧不知還　汪杜林云便有牢籠千古胸襟

晚過雁峯寺

衡山秀出萬山宗梵閣平臨第一峯客袂乍凉松磴月佛燈初上寺樓鐘高窗半閣疎星入歸路穿林落葉重好寄鄉心南去雁蒼梧秋色暮雲封　汪杜林云詩律最細　皆人之真

州乍見出示詩篇讀客秋乍涼之句以爲清絶境必傳語也因存此言以俟他日

歸興

颯沓西風楚水湄短篷秋影坐淒其迴腸曲抱湘流轉歸興遙連岳影移落葉滿江吹客夢白雲一片動鄉思遙憐北堂稿爛菊誰折花間獻壽枝

旅夜

秋心正淒絶客意況多違楚市群鴉噪寒空一雁飛琴書生計拙風雨故人稀賴有還家夢荒唐欲當歸

秋江晚眺

楓葉蘆花飛滿舡泬寥不礙興悠然歸帆帶月孤舟出遠

樹含雲落照懸雁影橫江迴岳麓漁歌出浦泊湘壖詰朝又買衡陽棹乂二峯連紫盖烟

晚泊廟頭灘

歸程計不遠還泊廟頭灘夜色波光老秋聲霜葉乾到家爭早晚一宿尚風湍月黑聞鄉語漁燈點々寒

綠天庵 唐零陵開士懷素故居石上有洗墨池

一剎芝城外狂僧蹟尚標徑迷竹篠石瘦帶芭蕉洒墨池應古學書人已遙惟餘天際影如舊綠蕭々

珠江夜棹 時欲候荆湖楊夫子

向夕風光好閑帆春浪平月窓連曙色夜枕納潮声海上

遊侶要洲邊訪古情携樽問奇字瀟灑去來成

嶺南初春

年新纔幾日風景若為更物候南中早韶光海上明晴天初過雁烟柳欲調鶯獨有梅花意飄飄似旅情

畫山 古陽朔灘江北岸山形九面壁立千尋宛然圖幛

天然一幅倚峭嶢好覓丹青不可描倒影隨波搖幻筆片雲觸石捲生綃帆移淨綠虛潭闊花落殘紅曲岸飄賴有朱家收拾得滿船山色駐蘭橈

芭蕉

一榻輕陰枕槁梧涼生清簟勝紗廚虛堂素壁茶烟靜畫

出袁安卧雪圖 皆尽云此詩與右丞雪裏芭蕉并是天机所到

竹

小園不枉破蒼苔半畝琅玕手自栽新翠得留佳客坐好懷常為此君開疎移月影攙霄立濕壓秋聲帶雨來爒点霜根傍逸處莫辭編竹護孫胎

曉舟

朔風聽不極蕭颯入殘更孤雁雲中翼寒雞雨外聲客心愁滴瀝鄉夢共凄清徒倚蓬窓曙裁詩記曉行

過仔後叔龍嚴草堂

朝來偶掛杖頭錢乘興經過洞口邊深竹約雲迷尺徑小

溪分月滿逕田閒隨花尾探泉入醉向江聲洗耳眠歸路不須愁倒載出林穩放釣魚舡　陳滄洲云　竟似右丞

重過次前韻

那買名山必用錢一枝鷦寄野雲邊百年避俗無無地十載歸耕尚有田老石枕溪容列坐細泉帶雨亂深眠出門且往還幽興港口花明繫小舡　皆人云大曆十子境地

龍巖草堂和韻四首

買山依緣水種竹遶巖阿此意成長往相從得數過文章無狗監生計有漁簑莫問塵埃事開心長薜蘿芟除得數畝瀟洒到滄洲野渚鷗棲適花亭鶴影留千年

聊對局五月尚披裘一榻竹風入晴窓背嶺幽
風期是何代想見義熙初受適揮鋤後日長袍甕餘園林
饒野秀芋栗足山儲隨意衡門下閒翻種豆書
隨時成隱地人指少微星竹裏吟詩杜花間載酒亭捲簾
雲舊白得句草新青欲問名山業龍鱗老一庭

食蓮子蓮藕呈座中

蓮實蓮根各有塘主人割取佐飛觴金莖冷落三霄露玉
臂輕匀百和香名酒對花懷舊雨殘荷隔水送新凉莫愁
座上相如病解渴從知勝蔗漿

同蔣覺山曉發黄沙

解襆驚殘夢囊書賦遠遊天人三策手氷雪五更寒烟
冷驛燈曉江寒古驛秋風期看李郭千里放扁舟

戊辰元日早行 小河司度歲

家々燈火尚依然野色朦朧欲曙天花氣暗浮梅待雪綠
條不動柳藏烟他鄉歸夢勞千里客路題詩又一年傍眼
亂山開馬首春光吹過小河邊

燕市逢友人

憐君憔悴客天涯燕市行吟落日斜濁酒但謀今夜醉寒
梅休問故園花晨依塞草來初雁晚度荒郊過暮鴉見說
故人優孟在短衣風雪嘆無家

留别李若璽

立馬不勝情戀君莫碎琴但當存大雅何處無知音岐路
風塵色殘樽去住心春城花滿眼相對淚痕深
同是南路客先鞭亦暫分離愁何處寄别酒不勝醺曉樹
鶯求友晴天雁赴群何堪揮手去馬首賦停雲

汴梁懷古

黄河如帶遶東京千載梁王尚有城屠肆至今思俠氣彝
門從古見交情荒郊博浪沙仍舊斜日陳橋草自生漫說
北遊辭賦在風塵誰重子虚名

古劍 予過上蔡見市中有持古劍求售者慨然賦此

古劍

古劍金鉄精伐敵折衝昔有名不知冶鑄是何代疑初掘得來豐城曾經俠少千金買曾伴沙場萬里行森寒霜鍔龜蛇色錯鏤月環龍雀鳴無何棄捐在中路夜光有壁無人顧風胡已往知者稀飛鳴破匣還如訴古來神物識拔會有時誰云知己終難遇

滹沱河干別友

同作天涯客那堪又別君袂從中道判路過大河分雁影運新漲山光澹夕曛鳴鞭各爾去千里共浮雲

登岳陽樓

放眼遥空百尺樓魚龍鼓浪動高秋波通九派風濤闊天

入重湖日月浮畦菜盡堪輸賦稅田糧編不到汀洲范公
憂字真千古出處誰先天下憂

晚泊

日日愁邊月江頭照泊舡野鳥争啅噪渚鷺宿潺湲破被
寒山夢殘樽蘆荻烟扁舟隨落葉今夜又灘前

山居感懷詩三十首 選十二首

雅艳匡時志趍時獨未工世皆欣道泰吾豈嘆途窮文筆
争華國詩篇備釆風野夫須有作聊亦寫胸中
暫撥覊塵累人間有北窓菖侵留客榻花覆打魚舠洗眼
雲千片澆胸酒一缸群雞看野鶴刷羽向清江

難忘家慶好即事總堪怡歲進椒花酒人傳春草詩和風
吹絲袖底惹香環幾信此天倫樂依依不可支
客路緣奔逐山中亦暫歸春陰猶在寥落世情非賸好
貧來少親知庭後稀野情殊嬾甚猶半掩柴扉
三十行將及依然一敵音退時筋力懶遂隊羽毛孤倒信
非時哲人言是古愚拙猶千里足終異水中鳧
世事何須較與姤解似花空山鳴蟋蟀華館舞鵷鶵松柏
還成遲雲霄未可梯及春農務急晉亦開鋤犁
何用開三徑幽棲祇閉門笑人從鄧禹知己數侯嬴翻料日
漁樵路空山虎豹村四愁吟不盡仍是有忘言

嘆泯人間世倚徊百慮空群衢馳駿馬思想應鶴濁酒
從諧醉狂吟戒浪傳幾回開後簡顧盼子虛篇
閒齋良夜永起坐理清琴悅爾幽軒暗冷然山水音高空
一雁度斜月半庭陰倒影鐘聲遠雲松知我心
家在清湘上柴門俯碧潭迴橋雲霧々進興柳絲々伐竹
新開誅茅舊結菴虛懷攜酒伴容我耽長酣
一臥滄江晚長吟白日沈天空雲出岫人靜鳥窺簾相士
卑圖熟論文簿巧織纖層僞件物何處得無嫌
寂寞江亭側攜琴倚石欄春歸殊酒琖客去冷棋圍細雨
閒花落孤村夕照街浪吟三十首狂語不須芟

陳滄洲云三十首起結章法謹嚴雍容大雅到後愈見筆力愈有精神於古人集中求之亦不可多得

悦山堂詩集卷二 趨庭集後

清湘謝賜履勿亭著

男庭瑜
庭琪
庭琛
姪濟世 仝校字
庭珏
庭玖

三月十五日曉發湘春門

樓頭伐鼓報殘更孤棹蒼茫客思盈兩岸諸峯侵曉出半舫斜月送舟行城根水氣迷漁犬柳外山光入鳥聲况是

晴江烟景媚春風洲渚野花明 汪杜林云警句

陽朔曉舟即事

粉蝶群山壓青天峭壁巉殘星催戍角曉月引征帆庭㘭經旬隔家書昨夜緘迴腸逐江水千折繞重巖

重過烏蠻灘

沙走江聲白日寒榜人動色戒烏蠻不知忠信初能濟今日扁舟又過灘

夜雨寄友

孤城畫角雨如絲擁被挑燈自咏詩惆悵佳期尋不得亂鴻聲過夜遲遲

其二

日暮懷人踈酒琖秋風揮淚溼衣裳知君此夜同蕭瑟燈火當年憶對床

荔子

荔子南園好樾亭引客富喜能消酒病看耶亂詩腸賓露千枝綴山城六月香摘来三百顆盡室飽雲漿

初夏康山夜坐

山城夜静荔枝香蛤蚧聲々月轉廊蕉影暫移清漏永茶烟初歇素琴張踈燈煮字分新火春草題詩憶舊堂爲愛良宵不忍卧北窗堅坐傲羲皇

山榴

又見山榴花欲然居諸俛首聽推遷蘆到處皆吾土華
来連年是此田半榻夢酣青嶂月小窗吟冷白雲篇一尊
字淺無人載只合闗門獨著玄

病起同唐虞臣登康山南樓

力疾還興南樓共一攀素心容我共塵抱爲君删孤峯
入天闊荒城過雨闌清風陪杖履吟過淨瓶山

柳侯祠

肥壁巖峯柳水瀑柳侯祠屋鬱蕭森河東瀕氣留天忠[illegible]
[illegible]畫自古今落日虛堂來鶴舞高秋荒壟伴猿吟[illegible]

復有劉司户千載同傷報國心祠邊有劉司户墳

憶梅

經旬久負看梅約惆悵春風消息遲笛裏閑情何處落亭邊送客最相思遥聞高士神孤逸獨立寒空夢未期長憶中山千樹在冷烟溼雪舊題詩温杜林五醇古淡泊與岑補闕高常侍抗行

冬暮

邊城冬又暮歸計我猶淹野色川原闊江聲風雨兼祭詩憐賈島飲酒和陶潛悵望王孫草先春青入簾

客過

睡起聆庭柯流鶯啼又歌壓簾花影重銜户夕陽多地僻

成予懶身閒愛客過劇談殊未已星月挂藤蘿

雨

濕雲低壓雨廉纖竹露從風曲壁霑新漲縈慈千頃闊舊山歸夢數峯尖當階蕉綠頻翻座隔巷桐陰欲上簾閒作閉門花事了一春詩興未曾淹

陳滄洲云細潤雨極深穩是中唐妙境

暮秋

坐捲簾旌山々落日橫寒光沉野氣殘葉亂秋聲蔦泛醪小荷栽初服輕辛無壓濁罪一往得孤清

尋菊

霜華覆瓦淨朝暉黃菊將開白雁飛最憶寒花消濁酒莫辭山氣上秋衣荒亭逼澗苔痕滑石路無塵樹影稀小摘正堪村釀熟不妨一坐憺忘歸 陳滄洲云全首清穩

懷兩兄

少別復年餘春風問訊跡歲時空望遠花萼總愁余江上懷歸日天涯夢覺初聯翩饒雁影一過一躊躇

螢

草木舊餘魄飄零如有情息機防漏盡自炫為宵行秉氣唯投暗餘光亦背明星星何所用猶得近車生 陳滄洲云從老杜詠物諸什脫化而來

美人四咏

花下彈箏

滿院紅芳繡不成美人花下弄銀箏春風似解相賡和添得黄鸝枝上鳴

窗前刺繡

畫閣珠簾捲綠楊金針翻譜刺鴛鴦閑情繡到双飛處暗裡愁添一綫長

竹邊對局

小院叢篁翠落衣龍嬉百草鬧珠璣彷徨一局春嬌懶枕滿樹枰遲未歸

石上敲詩

丹柯碧葉間重岩秀句吟春月一衫推綠敲紅應未穩杳風吹出語喃々

皆人云宋廣平鉄石心腸作賦娟語殊覺可愛通其解者可許讀悅山堂此種詩

喜禱雨有應

膏澤遷延久鬱蒸草木枯豈知丁卯雨已應李宰雩未償連朝賤炊烟往日無盈疇看綠潤百里慶霑濡

遂人赴約博陵便道遊南海

樽前涼酒洒輕舟一諾看君海上遊聞說主人延首待欄柯山下莫淹留

皆人云與少年行西溪道中諸絶句並是旗亭畫壁之詩

其二

萬頃瀾水旁枝洲此去揚帆賦壯遊回首白雲二千里可堪獨上海山樓

哭亡弟

吾弟長逝歲在戊辰隙駟不留生離死別倏忽三年雨寒宵入夢覩若平生推枕攝衾得二絶句泫然不知涕之何從也

哭望天涯淚眼新寒生姜被苦傷神可憐今夜三更夢重作燈前片刻人

其二

一從吾弟弃殘書我亦支牀三載餘惆悵寒暄泉路隔青松根下近何如

橫琴

博山香裊駐遊絲客去橫琴夜坐時數雁有聲春寂々片雲欲度意遲々情移海上人何在[illegible]滿絃間自不知一曲

松風連萬壑澗泉相興淨襟期

梅

一枝竹外影橫斜點綴西湖處士家坐對春風生玉樹夢迴清月在窗紗山中客卧茅檐靜馬上人歸驛路賒最是鄉愁容易亂年年看似故園花

皆人云文字於君復咏梅佳句外另闢妙境

新燕

違復雕梁覓舊棲曉風簾幙傍檐低芳叢識遍春將半午夢吟殘日未西別院衔泥紅雨乱野塘將草綠烟迷何當送汝巢阿閣萬里青霄刷雨齊

寄三永光澹烟洲草堂

溪堂樂事近如何斗酒雙柑日々過地僻百年茅屋穩春深一路楚花多玉簫金管滄洲興秣馬膏車盤谷歌咫尺追趨惆悵隔不禁清夢繞烟蘿

汪杜林云高處在才麗之外世人那得知

蘭

澗生遠人境幽僻絶泥滓移自窮谷中動颸香風起盛以茝甕斗沃以清溪水扶以百寶闌養以文石子含暉冀見佩𤥨歲難久恃美人期不來何以慰延企芳蘭坐萎悴不如桃與李松柏催爲薪不如棘與枳惻愴平生懷喟然感

物理

洛陽陌

京洛今如此繁華昔所傳只應誇陸海不信有滄田公子回珠勒佳人艷錦纏空餘荒野在樵唱想歌筵

明妃歎

如此懷戎策謀臣猶侈勳明妝辭漢殿珠泪洒邊雲薄命從悲妾深恩忍怨君如何降女詔唐室更紛々

開緘怨

雲墮天邊翼初疑信未真纏緜書上意親切夢中人極目關還塞想思秋復春無情是雁足何不繫郎身

關山月

猶是深閨月　關山萬里橫　星文寶劍動　雪色鐵衣明　雙照征人淚　孤懸少婦情　那堪天畔落　又向笛中生

少年行

傾蓋交歡劇孟徒　吹簫擊鼓擁名姝　夜半酒酣歌舞倦　青樓十萬縱樗蒲　金張邸第修交通　寶馬珠韉結束同　日暮短裘何處獵　擊鷹牽犬過新豐

陳滄洲云通真唐人樂府

汪杜林云似太白

擬古

名花解合歡　嘉樹解連理　草木本無知　君情尚如此

江上聞笛

陳滄洲云　笛似亦離聲子
未經人道　夜讀曲等歌

玉笛高秋裏隨風入杳冥江空明月滿天濶野雲停懷舊爲賦詩思鄉不忍聽梅花何處落回首暮山青

鶯梭

懶婦驚來夢覺時曉窗咽咽綠楊垂參差花樣朝朝變辛苦金梭日日遂畫閣三春添綉線烟村二月有新絲年年織得渾如錦不作山龍上玉墀

雁字

白雲秋影展瑤箋鳳舞鸞迴費斡旋筆帶烟霞千里上形

連月露氣行催縱饒天外人々字不盡空中咄々緣誰與八
網羅收放失江湖零落有鴻篇

九日風雨

斜風細雨送重陽撿点新詩秋興長繞屋幾多楓葉下背
人無數菊花香閉門皂帽吹仍穩送酒白衣溼不妨落寞
寒林憐病客愁邊肯負紫萸觴

九日懷三永兄

咫尺追隨未有期菜舟莒碧對相思今年又負登高約明
日應傳憶弟詩叫絕塞鴻還命侶叢生籬菊解連枝高齋
一醉茱萸酒佳句商量卻共誰

贈余素庵

李賀耽奇未肯休，江山烟草錦囊收。十年人向詩中老，一夕寒生江上秋。蹤影捲簾花是菊，深危賦劍酒如油。詰朝檢點陽關曲，縱有琴樽不可留。

陳滄洲云：一氣呵成，不假思索，此詩成，筆有神也。

贈別

一天別意寫金徽，折柳聲中西日微。把酒聽猿商後會，臨岐跋馬送將歸。霜林石路秋陰滿，野店山橋木葉稀。去矣斑騅留不得，殘樽空對掩柴扉。

背人云：一章結處都勝。

寄金蓮庵老僧

望々祇園樹迷離秋又冬遥知趺坐處應踞最高峯野芋
連雲劚偏衫帯雪縫幾時老藤杖来聽一樓鐘
盤紆杳林外曽痕雪後青搖空千尺瀑送日兩圍經點石
花隨雨携泉月满瓶入春稍喧暖一擬證風鈴

入城

草々經營水竹居松間一榻世情踈今朝又欲携琴出跨
馬入城為借書

客自豫章來得李後公近况

蕭然杖屨葛天民五岳烟霞老此身為語南州陳太守此
來懸榻待何人

詠史

吾羨班仲升高視䫉八區一朝弃筆墨立功在邊隅吾羨終子雲攘臂弃儒繻連節東出關少小有名譽志士在飛騰安能守蓬廬一經苦不售有若涸轍魚魏收何人斯折節乃為儒楊雄不解事臨老猶著書儒術世所賤何以擢亨衢自來聖賢輩坎壈纏其軀（昔人云結悅當以慨慮）陶令恥束帶歸來寧乞食雖為飢所驅即事良自得飲酒還賦詩情真語不飾循跡類玩世不恭非其寔君看馬上郎繡服黃金勒白日亦云驕乞憐或昏黑侯門如枯株折腰無怍色非不鼎烹奉詎解達人感卓哉栗里翁難以恒

情測千載仰高山操行何軒特　皆人之四十字說盡陶公一生此真五柳先生知己

酬李裕生州博惠梅雪詩

生花彩筆浣花箋苜蓿齋頭老鄭虔下里驚傳春雪唱東亭遥寄早梅篇驂人璚樹方高咏處士孤山只醉眠賴有錦囊佳句在暗香飛絮正留連

訪僧不遇

來衝五天花雨蹈破一逕苔痕為問可公何處云肩瓢笠出門岩花無風自落苔襇帶雨猶濕歸去踪鍾薄暮一龕佛火黄昏

墨畫牡丹

淺抹新妝薄粉紅高鬟髽髻舞玲瓏相看誤認瑤台月鶯出春風影一叢

題畫

幕巢欲斂暝色林壑久含孤烟人指花村歸去野橋石路纔綫青天孤懸野寺綠水斜抱人家錯認清溪草閣悵然翠竹白沙潑眼霜紅如燎隨意煮水燒山滿壁寒雲欲裂衣秋聲恍在樹間

載酒

耳畔提壺喚沙頭繫小船遶山疑帶雨新漲欲沉天乘興一樽酒落花千樹烟溪邊尋釣石一到隱岩前

坐李裕生齋頭

一榻支書靜不紛紫眉相對勝蘭薰官於博士元來冷業在先生可謂勤金石放歌同倚業壺餐入室幾論文携琴來厭清狂客跨馬來城又詣君

晚霽

晚霽秋山好青鞵始出門相看皆酒境班坐即雲根風定泉仍響竹光月有痕不知今夕興消得幾清樽皆人云一起遠興

合江曉漲即湘羅灌三水匯流處

洸陽東去楚江清三水西來此合併夜雨齊添新漲闊潮高柏曉烟平千航趁浪回檣燕萬壑含風動石鯨良夜

釣筒收不去溼雲壓處小舟横

赤壁秋燈

孱顔一壁拱南城俯瞰湘流浄緑横岩桂度秋金粟落漁燈照水夜珠明澄江月冷殘樽在小艇風輕擘岸行二十年前釣遊處蒼崖如舊碧潭清

予弱歲讀書城南時數遊石壁下

龍洞清溪 名龍隱岩去山房僅數百步

何年龍隱此岩扃龍去空岩尚有名洞口求山迷嶠合竹閣漱石危泉鳴雲流苔蘚渾無迹瀑透烟霞别有聲莫借桃源鷄犬隔清溪咫尺遠柴荆

廖孟三過訪山居

養病山園中秋懷類羇旅藥餌兼餱糧落鐸襟筆椅塊然無與歡安得共倚侶故人天外來入門慰離緒執手意徬徨相視情纏々各言久離別寒暄亦稍敘感子命駕意千以薄菘呂四座為芬芳何況接蘭語畦蔬緣可饈村醪濁亦無惱然有餘樂何暇具雞黍秉燭話夜深德星為我聚使當數晨夕慰我久延佇

陳滄洲古高淡不減陶謝

哭劉巖音

扁指同遊者傷懷獨少君人間空作誄地下合修文壟路夕陽樹江邊日暮雲幾時碑有道相顧哭劉蕡

橋西別墅

苔蘚一庭綠雨無屐齒痕月能來竹裏塵不到松根接近青山宅別成黃葉村閒雲亦解意長與鎖柴門

底廬

底廬旋葺枕溪流刋落机心狎海鷗烟水幸能忘世態雲山粗足給吾求尊前細雨消殘醉詩罷清風遣濤愁人事漸疏跡漸遠水邊林下即滄洲

九日初晴

菊黃萸正紫泥路喜初乾乘興便攜酒何心計正冠醉中千嶂碧吟處數掘丹倍覺秋光好山々雨後看

綠萼梅

瑶臺烟霧襯芳菲彷彿綃裳帶月歸瘦影雲移當細路暗香風遞出隱幃真看仙子肌如雪夢見佳人翠作衣莫訝淡妝塵境絶九疑萼綠世應稀

訊蔣尊五被偷

聞君梁上警失却作碑錢獨立長卿壁空留子敬氊累同長物盡詩到極窮傳不受旁人吊方知北叟賢

思恩太守席上

送客留髡醉復醒暫疎禮教得忘形華筵酒氣迷金谷玉樹婉嬌艷後庭環鄠水雲出樹白倚天山色隔城青郡齋

何日笙歌歇傳與生徒好授經

逃僕

十載依吾久深恩媿主人逃應非汝意去或爲家貧野宿

山君搏宵征木客親雖然唯所適何路出艱辛

悦山堂詩集卷三 珠崖集

清湘謝賜履勿亭著

男 庭瑜
庭琪
庭琛
姪濟世 仝校字
庭珪
庭玖

渡海

艤舟珠海濱，候風驗旗脚。曉起視星漢，殘月猶未落。潮信既可乘，風色殊不惡。長年方挨舵，鷩噪飛檣鵲。日出金柱湧萬頃光閃爍孤航回無依天際蕩寥廓驚濤如雷霆身世浮一葉常恐倚蓋傾復慮坤輿弱海天渺無際一點纔隱約窅冥烟務中稍々辨城郭迴顧夕陽斜港汊扁舟泊

陳滄洲云歷此奇境故多奇語　汪杜林曰興坡公天容海色本澄清同一意象

珠崖

客行豈不遠鄉夢亦云頻捧檄趋嚴限辭家戀老親山川天外盡節物海南新惆悵滄溟闊風波慎此身

風土

亂土南中異瓊州古鎮州酊盤兩芽香取酒越王頭土人目椰爲越王頭山帯虛言虎瓊無虎豹荒沙便走牛南崖尤熱特甚不宜馬俗擇犢之健者鞍轡乘之曰走牛

天涯豈笑開顏上海山樓（語杜樹臨紀風土止不可少則爲亦工）

椰酒

玉瑤饒樹滿眼酤（椰實有可以釀酒）醲來有無敵瓊蘇疎中自漉清無比春璽殖開興不孤千里乘槎來酒國三秋落實醉天厨不須更種公田秫日向花開盡一壺

鮮檳榔

晶丸鮮剝露華新（鮮榔葉剝蒌茗嚼丸甘香可味）海國初嘗不厭頻香逬金盤爭餉客瀰瀰登亦頻頻宜人十年作計謀生得（檳榔必十年樹然後作定夫者一總二三百顆歲可獲息五六銖崖民率以此爲資生計）萬里投荒習俗親（循風俗非殊珍此味但嫌鮮者）莫訝鄉風資口實觸

煩冤過紫蘂津

懷蘇長公學士

度嶺居儋竄逐情忘懷於後見先生桄榔聊爾林間宿魑魅從他海上迎萬事總歸春夢破一瓢常伴醉歌行當年舒季空機飛戕識破應是玉成

全

儋州謁蘇學士載酒堂即先生載酒訪黎子雲處今座間有子過及黎君塑像在焉

學士風流迥不群堂遺載酒尚芳芬一身屢竄南中老千古奇事衡海外文侍立承歡留過子居停接洽想黎君漢毛欲薦無由得野荒祠日易曛

極蛇

抒袈出僧耳再宿憩僧房閉門無酬酢行飯步廊珠龕千
佛壓妖蛇穴中央時々數尾脊引首或低昂老僧爲予說
不足爲客殃神佛此懲扁毅之或不藏予隨聲唯々端坐
即其旁昆義育毒螫獸孽別豺狼殲之今已後胡所事商
量艸僮同其出如有神默相一擊折巨顙再擊潰腹腸膏
血飽螻蟻委棄隣圃場僧即顛仆至大恚失隄防予謂偶
不諳未暇計災祥物斃章神在於事固無傷老僧無一語
再拜惟焚香

陳滄洲云此事可與昔人驅鱷魚斬妖蛇並傳後世詩

汪杜林云有意無意風襟如昨

中叙次明晰音節簡古又與少陵義鶻行同一杭杼

過新場海宿南莊

纔過儋耳古城邊，又涉鯨波喚渡船。沙汭自明無月夜，海聲不住欲風天。故山歸夢三千里，破屋知更八九椽。環顧僕夫問前路，荒濱光景未相懸。

課農

人和歲美自君恩，春課農桑偶出門。滿地晴沙喧燕雀，數家旭日散雞豚。當劃瓊海無多畝，矮屋環山又一村。相率耕工收穫了，莫辭餘力種椰孫。瓊南一歲再收，三月初即知穡。勸種椰南崖州縣十有三皆以種椰為業每柯歲可獲息五六錢樹百之家則衣食可取給於此較之力田無終歲勤動之勞樹之一時有終身逸獲之樂感邑故山多田少耕者無由餬口而計不及此予乃召集諸父老俾及春雨霑濡購種蒔植期以來歲分別多寡勤惰示懲勸焉

殘疆臨海瀕蒙滿帶高衰沙田半不毛畊者苦瘠瘦厥土
宜椰株厥利倍耕耨雖不敷目前迨在十年後誡爾諸父
老土膏方應候接壤儋與崖椰膏盡速購種出二州戶各限百
株滋培俾蕃茂期以明年春賞格待勤懋單騎必覆按苟
僞罰與宥勉之在將來業成民可富

陳滄洲云高老似杜少陵一律至誠惻怛有其又絕似元道州也

汪杜林云韋蘇州居官閔閔有恤人之心此則公之寔政矣世人以一官爲傳舍況海外荒瘠去之恐不速耳讀此詩能不赧汗

棉花

島邑多山土宜棉花苗高數尺二三年後作寔差小乃畊荒翻播種風俗不行錢市中率以此交易

軒衣經星歲花繁見土膏女紅資布縷市利當錢刀妻地寒先熏盈筐雪片高家家勤耘植習俗不蠶繅

木棉花

樹高數丈正二月作花如山茶照耀一城瀾絮落莫寔續爲衣毯輕爰便体

奇絕荒瀾曲山城錦樹團花明朱大鮁旁綻白雲飛落寔家家布絮枝處處衣一名拳枝花眞看越犬吠長夏雪毬霏

二月十九日怪禽入署

春深花在眼好鳥鳴庭枝公餘對斗酒方欲聽黄鸝怪禽與何物遠集我軒墀羽毛既駁雜嘔啞無感儀滿頭炯兩目僵喙常發訛童子走相詫驚喚忽如癡因思賈太傅謫料長沙時有鵩上坐隅何其多危辭忘事信占驗至人當遠離嚴霜以臆告去住俾前知或當辭瘴癘歸扶湘纍犂要禽不祥鳥胡作怪禽疑

採香歌

瓊南春來風雨稀瓊南香蕙採香歸（崖人呼採香人爲香蕙）香篚以葵舊來虛市指點區別分幾識（沉速兒頭生多本一樹精液融結所成由年歲深淺故質有純雜輕重不同）

[illegible]中片寸琵況水鏗然金石堅相似良工摩挲生漆光質
[illegible]令[illegible][illegible]此[illegible]憶初荷斧入山林捫天蔘母碧嶔崟麋鹿
[illegible]家不敢上怪禽聲獲畫唯吟相謂鬼物有呵護割難牒
[illegible]祭山神裹糧浹旬輕萬仞斬伐鉤剔忘苦辛輕生冒利
[illegible]兩從來歲供須百觔誠輸貢篚通海內歲一輸香豈
[illegible]支官今要價不要香謂非官買不中解開年便急來年
[illegible]如雨官符不少懈五月新穀二月絲絲穀賣盡畊桑廢
[illegible]額百觔豈云多苦輸價債常數倍民不病香實病價非
[illegible]尤物為民痗即今府𦙶主龔黃何不令民自解香忍令
[illegible]急眼前瘡 陳滄洲云仁令之言 梁杜林云白香山諷諭之遺 留人云記所謂中心惻怛愛人之仁也

悦山堂詩集卷四 浪遊集

清湘謝賜履勿亭著
男 庭瑜
庭琪
庭琛
姪 濟世 仝校字
庭珏
庭玖

病起

意外重看鏡，秋風刷鬓疎。閑愁邀酒破，餘病遣詩除。望岳頻投棹，離家懶寄書。殘生舟楫在，翻覺旅情舒。

皆人云才人學人情事一一道出

星沙懷古

湖南湖北屢經過，幾向星沙擬楚歌。忠孝不勝更僕數，江山緣此感人多。千峯拔類連衡霍，一水朝宗接汨羅。今古銷沉何處問，碧瀾秋色帶烟波。汪杜林云高淡至此

屈賈祠

滄桑百劫此潭州，屈賈荒祠天地留。賦鵩未應忘漢室，塟魚終莫悟靈修。沙明古水澄寒碧祠前有賈傅井，風獵崇蘭萎暮秋。千載忠魂淘不盡，湖湘東去大江流。

賈傅井

貫倚宅邊有古井澄碧森々光耿々未應便是貫公鑒勝
蹟倘隨古人永四尺不滿三尺餘不用銀牀兼素綆未知
泉脉何處来撓之不濁挹不盡甃老石泐有苔莓沙明水
淺無藻荇氣蒸古壁寒吹雲風颷微浪花弄影月鉤斜墜
一泓澄光炯小星連翼軫我来秋暮拜荒祠祠屋蒼凉殘
蘂隕故宅獨有井依然遺澤千年此不泯渹然一酌聳寒
肩肝腸欲雪牙齒冷因之盥漱讀長策想像一斑見骨鯁
夜凉人盡不可留怪禽一聲凄風緊

瀟湘夜雨

紙窗竹屋共凄清一片瀟湘萬古情月黑惟禽初弔雨夜

寒山兒澌流聲千年詞賦人如在幾處鄉園夢不成唯有詩懷偏浩蕩剗吟剪燭過三更

漁村夕照

倦鴉迴陣傍林飛江上紫荊欲掩扉茅屋數家凄野日漁歌幾處送斜暉維舟沽酒提壺出乞火烹魚罷釣歸滿眼笭箵依古岸竹竿晒網遍苔磯

皆人云茅屋數家凄野日乱堆漁舍晚晴時寫漁村一絫一疎俱堪入畫

江天暮雪

雪意迷江々接天江天如合净無邉遥空物色瓊川外夾岸風流玉樹懸估客遠尋沽酒店溪翁牢繫釣魚船似予

日暮南歸棹畫出王猷訪戴還

漁樂 時索道瀏陽興盡而返

扁舟腰笛坐垂綸渚鷺沙鷗狎作隣釣罷臨風吹一曲瓦盆行酒膾纖鱗

瀏水舟中

舍舟星沙渚止宿城西廓卧疴此宿痊欲用就醫藥靈雨一杜門風景無不悪何不溯瀏江題詩歸鴻閣扁舟擁兩滕來免意索寞龔生掾章來登舟欣所託相見話平生坐對襟抱廓酒酣談詩歌濡毫遂有作素箋楷書字問我詩

何若雖未近自然筆端頗穎脱此道久荒榛吾子猶斟酌
最哉千秋業無爲苦雕琢渾樸古所尚古道今人薄所尚
既殊趍爲得不適各雖以勉吾子吾所夙昔學相與數晨
夕信覺朋儕樂

陳滄洲云絶似昌黎文字

汪杜林云最哉千秋業無爲苦雕琢公平生秘詩宗旨李白秋水芙蓉昌黎横空硬語俱自道得力處

客有以茶箇一瓶畫榴一幅見餉者賦此

客從贛城来偶然此傾蓋貽我茶箇茶贈我丹榴畫々意
故清趍茶性頗疎快呼僮展畫復烹茶扁舟岑寂勝繁華
塗林種傾渚芽此花應種朝元高閣畔此品遠過武夷清

溪涯椀泛白雲味清冷技攢朱欠根槎牙身輕欲生兩腋風秋老鶯看五月花茶甘在眼推蓬逸興滿星沙感君情懷爲君賦禿毫矮紙飛烟霞君看我詩何如畫君嚌我詩何如茶相手一笑日西斜

遊孫隱山 孫真人鍊丹處

千載孫仙舊隱地高風遺跡尚依稀過橋洗藥溪百折築室著書山四圍故老漫傳丹鼎在古岩空見白雲飛不知鶴馭今何處時聽山禽啼翠微

陳滄洲云渾脱瀏灕如舞劍器 汪杜林云清空一氣如話

洗藥橋

真人曾此成仙去岩畔橋猶洗藥槫若信淮南雞犬事滿
江水族盡飛升

游般若菴

郭邊菴子足遊觀路遶荒陂野水漫到院磬聲落葉靜隔
城山色捲簾看雲幢閃々明初日袱樹垂々暖曉寒滿眼
風光塵境隔野花叢竹覆蒲團

劉陽署中觀山水障子歌

主人解余嗜奇尚滿堂山水作供帳六尺生綃十二幅
白淋漓轉相尚拍面茫々烟霧生坐令愁寂成酣暢蒼崖
削起咫尺間溝流百尺懸青嶂傍崖老樹爭[illegible][illegible][illegible]蘿風

時一逢平陂遠水同閒曠湖干久艤鴟夷舟石上初開陶令釀山翁指我相招呼來與何難迎相訪便欲携樽離坐談不知元是丹青障經營淡々爾何人萬里江山歸意匠是知此道亦神奇堪與詩人争排盪詩中有畫々中詩偶然寫物同一況我生萬物皆偶然强分真幻無乃妄明當看我歸航圖一葉湖光吹畫舫

賦得洞庭秋二十韵

一水渟天々傾倒大觀無如洞庭好湖山景物四時佳更如高秋堪遠眺洪濤散漫九江分灝氣憑陵三楚遶瀟湘

水闊黿鼉遊岳陽樓迴烟霞曉豈獨風想蘭台雄不覺胸
吞雲夢小依稀龍女來雲宮髣髴湘妃倚香草夜久明珠
光有無曲終靈瑟峰縹緲銀河欲墮寒無聲碧落相看淨
如拂何時楓葉下颼飀一夜蘆花吹縞皓鶴影寫波雪羽
明鷹拳下食霜距橋為餐洲橘芬芬頻纔擷汀蘭香指爪
經心時有北來魚到眼不乏南飛鳥萬里江湖詞客哀百
年天地騷人老良夜無魚心自知仙山求酒苦不早呂公
瀾鄂恣遊遨燕公江山助文藻古人不見今人來今人空
憶古人蹤攬鏡相憐華髮生盈觴莫綴憂心擣流將代謝
去滔滔不盡來喻愁浩浩悲哉此秋胡為來逝者如斯幾

時了廻船欲問洞庭翁鐵笛一聲孤月皎
陳滄洲云創義襄陽杜少陵後久
無此佳句真足為洞庭開一生面

十月七日潭州送于野五叔之鄂渚予歸湘源

朝共城西飯暮共牀頭燭憐余茲久病携持慰骨肉惆悵
苦臨岐寒裝言富東舟楫各方便不得縫信宿君今挂帆
指武昌予亦　買舟歸洮陽檣烏相背各南北烟冷霜
寒楚水長

阻風

十月天宇清嚴飈蕩寥廓晨起促舟楫霜重衣裳薄撈人
臨當發齊手理帆索棻舟况輕利明當造衡岳轉眼東南

風對面炎雲灼凉燠變須臾豈惟異今昨平生失意事相遭如夙約雙橈無寸進篙盡撑路々亭午自天明歌岸偏丹泊壺山一日程阻此石尤惡行止信天意我生初落拓留宾烟霧中回首熊湘閣

舟子

江上雪風吹淅瀝舟子鶉衣雜絺綌曉起落々篙聲寒手脚皸瘃肌膚腊江空水涸高灘多推船引索水中立夜寒編繂過三更卧擁蒲蓑不掩席武陵估客多金錢圍爐炙酒襲重綿紅城擊柝猶未了酒醒月出翻身眠矇朧聽見雪霜已道是天明喚刺船

陳滄洲云雅士曲折瑣細能寫得出見其妙筆

星沙歸舟漫興三十首選十九首

北去南來西復東布帆莫問鄭公風天邊浪迹同漂梗江上浮家似轉蓬地入星沙烟黯淡雲蒸岳麓雨濛濛膽憐羈旅傷懷抱孤負山中桂樹叢

其二

極目南天千萬峰桂林家在白雲封來經御縣無多處歷過關山已幾重雜佩三湘分杜若寒衣九月授芙蓉側身欲上浮邱頂烟雨迷離不可從

其三

短篷烟雨溯湘江愁緒蒼茫未肯降取醉暫時謀下若懷

入昨夢話西窗千山殘葉隨孤棹三楚秋風載一艘晚泊
闌鐘知野寺隔林佛火辨雲幢

其四

獨醒亭邊强啜醨西風桂檝帶霜移江山詞賦他千古人
物淒涼此一時見鵩至今傷賈傅拂龜當日諷湘纍惟應
洗石仍堪語岣嶁峰頭讀禹碑

其五

萬里江天嘶滿幅丹青畧不假探微沙邊客弄扁舟度樹
裡僧尋野寺歸一水迴腸偏宛轉千山傍眼總依稀征帆
日夕連鄉夢遥逐南雲去似飛

其六

霜雲天涯生事跡蕭然風物總愁余江千秋色淹行李湘上寒烟老儆廬買犢歸畊尋貴劍鬻文得價又收書帶經擬作傳家計不向西隣羨有餘

其七

自笑年來蹤跡迂冬來秋去任支吾雲山滿目趨吟筆風月多情共酒壺雁外波騰千嶂動鷗邊潮落一帆孤江天隱約渾如畫身在瀟湘八景圖

其八

橫空雲墮楚天低遠樹溟濛心望迷踈雨到心愁滴瀝好

石槐西失攀蹦波摧石動鷗群起枝亞船迴鳥亂啼乘興
不辭頻繫纜蒼崖幾處有留題

其九

旅蓬荏苒雪霜催一水瀟湘天地迴嘯起大風吹擊楫坐
携涼月共登台浮沉魚信經時杳斷續鴻聲入夜哀不有
小詩能遣興客中懷抱幾時開

其十

秋盡星沙雷若雷暖風十日暫宜人催詩客爱扁舟雨到
眼花偷二月春霜雁上雲歸楚塞野猿啼霧出江濱他鄉
節序愁中換煮字頻看燧火新

十一

風波閱盡任紛紜長計歸來合看雲斜日片帆愁際落連江疎雨夢中分力肩道義方能勇閒註蟲魚未是文年少幾時驚老大半生回首歎無聞

十二

西風遞莫喚愁魂病眼看山尚未昏複嶺雲開青不斷寒空秋淨碧無痕蹤跡冠帶心無悶身在江湖道自尊沙路月明歸夢好釣船斜繫舊柴門

十三

天邊倦羽鮮飛遂極目遙空沓嶺環月傍羈愁生楚岫心

隨寒雁過湘山挺知久客無多感却趁長途得小閒乘興
抱琴雲水净野情蕭散萬松間

十四

酒瓢閒却理詩瓢到眼秋光處々饒落日萬鴉迴夕陣大
江一葦溯寒潮開帆背指橘州遠歸路前通桂水遥盡日
孤篷隨雁影衡陽行斷又寥々

十五

江行博得健揮毫無數秋聲寄短騷風笛乍聞漁艇渡夕
林遥見戍樓高饒他青白猶雙眼如此頭顱已二毛最愛
孤舟月又上寒光千里碎銀濤

十六

催人節序信如梭客里雙丸感慨過小艇載愁殘菊滿溪燈作夢故園多千江月色連楓柏萬里秋風吹薜蘿七十二峰紛在眼令人遥憶採芝歌

十七

客心憔悴向天涯千里江程未到家野戍三更吹觱篥孤舟一夜宿蒹葭風塵閱我裘先化霜雪催人鬢有華正好還山剛得月（西）（夢）林鳥啼破月痕斜

十八

滿目濁醪醉復醒沙頭引興盡雙瓶殘秋送客天邊雁盡

闔懷人江上亭臥病星霜踈骨肉全生服食節蔓苓眼看
雲樹鄉關在遥指青山分外青

十九

抱膝聊爲江上吟閒愁兩耳聽遥砧寒空月小灘聲急遠
壑烟横丘色深歸夢獨尋黄葉路舊山虚佇白雲心惟應
湘渚梅花在遥入冰絃酌素琴

汪杜林云奇情迴句刻鏤江山又極渾成世無錢東澗
衆詩裒集英灵閒氣可以也○漫興三十首涉筆便成
都無次第錢考工江竹雜詩之比或以杜少陵秋興八
首開闔鈎鎖律之則又過矣

渡河

蹤跡平生道路多，廿年七遍渡黃河。却憐夜色孤帆在，又送秋風匹馬過。天闊羈愁連北雁，月高鄉夢遶南柯。何時却遂塵緣了，湘水西頭老薜蘿。

適欄

即金臺舊地，有郭隗臺、祖公廟，士稚之故里也

畿南名勝古適城，孤劍飄蕭萬里行。郭隗荒丘無駿骨，祖公遺廟有雞聲。登臺幾下黃金淚，攬轡空憐白髮生。四十頭顱止如此，可憐懷抱尚縱橫。

過中山懷中丞郝雪海夫子

一代斯文天喪之，九原難起問吾師。都亭尚憶埋輪地，峴首空留墮淚碑。老樹向人寒翠滴，青山無語夕陽移。平生

知己驚摇落腸斷秋風宋玉悲汪杜林云無窮涕泪

寄懷稟延余允蓀同年時客涞水

憶昨來京國初秋過稟延桑麻鬱百里風壤接三川酸棗前朝古甘棠後日傳喜聞新異政兼晧老同年君挽嵇生駕余聽宓子絃清風連下榻良月屢開筵對酒晴窗逈論詩夜燭燃劇談揮玉麈近刻出瑶編別後星隨馬行來早入燕濯纓白澗水到筆紫涼烟駿骨今何在雛聲即儼然感傷蹇足誰許看光戰刺字從漫滅萍蹤住往還病增無裘重寒恥綈袍憐壯志看長劍吟情託短箋北魚如有

倬雲外佇新篇

重陽前一日同朱鶴思賦

古臺千載弔黄金美盡東南此盡簪花外扣宮清縹酒樽前擊鉄玉壺吟震天孤鶩連秋水木欄荒雞雜夜砧遥憶故山英正紫閉門吟望欲霑襟

酒仙祠

酒仙祠畔酒人遊赤菓黄花正好秋我亦公田種秫今當年曾署醉鄉侯

朱鶴思爲予言往年過馬嵬見貴妃墓唯一坏荒土滿池野花而已屬賦一律

翠翹金雀委蒼苔坏土猶能重馬嵬嫮骨已銷荒塚在香
魂不散野花開六軍䲧駐無顔色一顧相傾有禍胎堪笑
鴻都天外使殷勤海上説樓臺

祖公祠

山川靈氣肅風雲桑梓陰森鎖夕曛兩晋東西誰國士大
河南北獨將軍澄清未盡中流誓俎豆難酬拓土勲千載
高山同仰止况瞻廟貌想餘芬

又

看公起舞壯心存眼底妖氛氣已吞仗節鑄兵謀北伐渡
江擊楫誓中原劉琨雅識先鞭手晋史空垂請將言古柏

廟前今日意荒雞猶伴夜烏喧

冬前五日涞水道中夜雪

塵沙撲面黯征魂衰柳寒烟接薊門時予來冬驚小雪朔風徹夜自黄昏故園𥫗竹心千里冷炕薪柴手一樽惆悵萍蹤又明日斜陽鞭影向何村

都門寒食

佳辰風雨曉烟殘御苑鶯聲春欲闌萬柳已廻宮樹緑五雲猶駐禁城寒白餳沃杏分香粥画卵雕花鬧玉盤後日清明還令節恩隨賜火滿長安

中秋夜集感懷

一天蕭瑟意節序只愁人月色還秋好鄉心入夜真遠遊
難骨肉薄命滯風塵縱有朋儕樂終傷羈旅神

春前五日宿張滿店

下馬張滿店壚沙酒一樽寒風吹野日烟火宿黄昏坎坷
元吾素艱辛亦主恩絶知春意近覺我敝裘温

張滿閤宿主人須爲置妓於室予急揮之去留題壁
間

遶庭花竹路迴環門掩殘陽尚未閑綺户迎風窺半面畫
簾捲霧出高鬟雙蛾葉情何限一曲檀槽態轉閒争奈
廣平心似鐵楚雲無夢到巫山

同岳陽除夕

辛苦天涯節序馳，湖光燈影照淒其。偏教雨雪吹蓬鬢，不放春風上柳絲。作意强謀今夜醉，擬頭閒理一年詩。莫辭守歲貪深坐，怕遣鄉愁入夢思。

汪杜林云：真得老杜風神骨力。

悦山堂詩集卷五　黔南集

清湘謝賜履勿亭著

男庭瑜
庭琪
庭琛
姪濟世
庭珏
庭玖
仝校字

再任四首

再任忝即再極邊，南崖歸去又東川。迂儒自合投荒老，苦節終難與世遷。峽暗楚雲連赤岬，山高蜀道在青天。茲生

坎窞何由出費我成都問卜錢

其二

險絶曾聞蜀地形一官萬里任流萍縱令路半驚頭白却喜山多入眼青天際嵯峨長戴雪人家烟火上連星若尋故事饒芳躅終古文翁最典型

其三

闢道峽中一罅天兩邊山木鬱蒼烟有時仰面驚猱玃到處低頭拜杜鵑馳諭何須司馬檄紀遊應費薛濤箋滿前詩景應愁絶百丈牽雲路幾千

其四

歎其四十稱强仕多難年來冀有聞嘗我尚想爲小劉此身何幸廁名山不媿案牘烟霞裡恰稱絃歌水石間一事自難仍自信最先留意是民艱

白帝城

西陵峽口大江橫天際遥遥白帝城躍馬山川曾割據出龍井殿總樣荆當年設險千峯僻終古朝宗一水縈諸葛陣圖猶在眼永安宫闕暮雲平

九里坡

側足踐陰崖旁險行猿聲不住雜溪聲雲開稍見前山路天向峽中一綫生

又

百尺危坡凡望環嶢巖分寸阻躋攀誰知不算登天險尚
有前嶝嶮十灘

峽點四月廿七日

半環殘郡倚山根邑里蕭條寂不喧蠶過幾宵勤杼軸農
忙猶自藉田園食甘薇蕨纔充腹衣綴棱欄不掩臀滿目
艱難不堪見儼然繪圖自監門

又

祥生聚猶未半丈編氓二百丁一帶荒榛環縣治三
柳縣平十營介城外地方日三十營黔南四
山營毀黔彭營制兵五百深山雖大金

隨冦（居民數被土壘抄掠）負郭田廬盡屬兵（惟近城田土頗沃以輕值鬻入營佃）
更是眼前剜肉苦催科莫遣誤深畊

六月廿二赴黔州過新開洞舟覆復安

滿眼黑風吹浪多長年束手無如何蛟宮自分千年入魚
腹翻逃一刼過詩酒另添新歲月圖書無恙舊編摩餘生
意外驚天興重向人間閲逝波

遊綠陰軒

抱郭巉巖地自偏萬壘能屏好林泉連天野色山欄入盪
壁江光石倒懸華構重新軒有待（軒久廢欲謀更新）綠陰如舊樹
依然何當竟作投簪計小傍崕邊葺數椽（陳滄洲云鷩人之句）

秋郊即事

胡桃菓落遍荒城步屧郊原趁曉晴千頃黃雲呈上瑞滿空白露歛西成村壚米價朝朝減籬落炊烟處處生最喜年豐官事少放衙閒步一身輕

乜女崖

吾鄉山水稱奇特險巇怪秘不可測忽然怒起攙高寒劃破青天森劍戟蹇予性本愛卬山所過名山必技陟足跡迎來天下半縱有佳山非匹敵自從西沂來蜀東足裏荒城廢遊歷筍輿偶過中唐鄉拍面蒼崖倚千尺略無依傍此孤趙環顧諸峯爭辟易相傳乜女隱仙巖山腰有洞其

邐迤野花寶靨留妖嬌蔓草羅裙見襞積冉冉仙衣隱洞霞冷冷玉佩乳泉滴不知之子在何處至今巖傍猶薌澤坐久元猿帶向人林影秋光兩岑寂行行回首是何所獨秀摩空杳無極恍惚身白桂林來山色天香滿胸臆停輿一望　他鄉何必雲山非故國浯溪千載有吾亭看取磨崖漫郎宅

汪杜林云波瀾老成首尾結案

昨夢

曾嗟蜀道篇崛屈不意身行蜀道篇舡載猿聲過白帝人循鳥路上青天趨來小邑無三里閬縣二里半　四長名山又一

年昨夢故園松菊好幾時歸去老斜川

石城八景 有序

黔江古石城環峯峦嶂秀削争奇山水之勝甲於巴渝然歌羅舊地介在諸蠻驛客高人屐齒各爲故罕見諸題咏余甫至見所謂三台者日在目前蒼翠萬狀心甚奇之閲邑乘草創不備既數月有清釐保甲之役簏輿涉歷所得暫多致曠瀟湘八景意吟成八首或亦後來佳話若云奇山奇水托請吟咏以傳則不能無望於風雅君子

印盒霄峥

在正陽鄉一峯秀拔矗出烟霄上有方山頬匼石琢成詢之爲印盒山云

帝剖靈符出大荒女媧更煉石爲箱隆平玉立三千丈光

鬱雲生十二芒樹鱗青鐵垂糸綫池環寳玦伴金章列侯將軍
金印紫綬之間得施玉環玦印盦山下有鯉魚池彎環若玦云蓮泥斜護無年月鳥篆蟲
書自古皇

墨池秋淨在城南十里水色深黝杳氣噴鼻亦異跡也

誰臨池上此揮毫人去嘉名今尚標蝌蚪縱橫書字古蚓
蛇迴動篆文搖麝煤馥郁香猶在魚影依稀墨未消稍待
霜高石路淨閒移曲几証逍遥

女崖蒼秀黔南山水奇秀予獨愛此山以為酷似桂林諸勝在中曹鄉突兀一峯秀出天半崖壁有峒相傳樵者於道旁見七女蹤之入此峒遂不見

秀擢寒空削不成山腰遺蹟最移情丹楓露溼胭脂色韵
竹風傳環珮聲之子飄飆神雨散仙人窟宅晚霞明翻疑
籃坐穿林去身在雙江八桂行

官渡碧聳

在五里鄉煕江溪水多險激獨此澄潭百尺碧淨無痕

略彴頻過溪水渾一溪澄碧類湘源烟迷柳岸疑無渡路
入花深别有村鳥帶殘陽衝雨脚河兼新漲沒雲根不知
風景依俙似錯認扁舟返故園

鴉觀彤雲

烏鴉觀在城西二里志載萬曆時赤陽道人題詩於壁有萬里長空彤碧霞彤雲輝映到烏鴉之句墨迹素壁後失所在

靈境清虛迹未湮，高樓曾此降仙真。爐分丹竈千年火，花覆瑶壇衆藥春。偶到山中消俗面，遊成方外羨閒身。寒鴉依舊彤雲裡，似識重來題壁人。予前遊曾題詩於壁

魚池錦浪 鯉魚池在印盒山前，霜楓照耀池光若錦

細浪魚吹池水漫，霜楓如錦泛晴瀾。無心聊爾江頭羨，此樂何殊濠上觀。深樹亂紅蘋末墜，古藤注碧石邊寒。臨風秋起鱸魚興，湘浦鷗居有釣竿。

三台鼎峙 三台山在城南三里

抱郭層巒翠作屏三峯高揷出林坰放開阮眼入閒白遥
見佛頭天外青出樹曉烟連古堞陽城夜火亂疎星閑情
坐到孤雲去相對清吟發敬亭

八面屏開

在城西北隅二十里高入乀仅綿亘數十里山形八面
如列畫圖志載上有崖壁將晴則瑩光爽朗將雨則烟
霧溟濛明邑人毛應詩令白水遇猿仙謂曰八面靈奇
爲修煉於此壽以名錄丹臺

屏峰削壁倚天披邐拱花城面々奇山色欲晴閒翡翠野
宝將雨護珉璫高人豹隱知何處往事猿仙不可期半壁
黔南資保障遥擁西北限邊陲

山令

萬山殘郭似鄉閭山令無心只晏如卓午群聲忙蜀犬前林往事笑黔驢吏情未覺滄洲遠宦迹渾同木石居最愛閑門公事散滿庭花竹對澆書

除前一日立春

細雨東郊遍灑塵青幡夾道迓農神桃桃未破紅猶小柔柳纔稀綠未匀榼酒分將千室醉舊俗春榼徧餉同僚紳士宮花簪出滿城春明宵更有辛盤晏樺燭光聯掄大新

甲申元日

艱虞慣歷遠遊身又見天涯歲月新精力漸殊年少日時

光空負太平春花城望闕朝佳節柏酒他鄉奠老親想到
酬恩緣未了莫教潘鬢遽如銀

鷺

雲影天光淨羽衣頂絲斜颺雪垂稀晚江烟樹花初落春
草池塘水正肥茹下春鉏卿自適雨中延望澹忘機無心
閒共鷗群散又欲春風上釣磯

黔署西偏傍山闢地種菊數百本

西園閒種菊菊種向人分藉手存佳色移根帶白雲土膏
春雨發山氣夕陽熏即事閑幽興悠然吾亦云

其二

逕々彭澤後豈止愛其名佳種有幽意群芳無速成根從
今雨穩花待有秋迭嘯傲西軒下還同陶令情

懷兩兄

花箋東風思不禁韶光滿眼興蕭森一春寒雨連鄉費盡
日憑鴻亂客心天畔登樓烟樹合樽前回首嶺雲深遥知
今夜池塘草青入西堂伴苦吟

憂雨

一冬苦陰翳春至靄雨隨天漏翻床已傾倒不復支山城
二三月所至浩漫瀰中庭生蛙黽積潦平增墀黔南帶蘩
菁秋半寒風吹田苗失早芻收穫慮無期久雨妨農作過

時爲失宜天心本仁愛安得與相違荒哉尤社鬼謬欲罪
南師小臣實不職仙侈尚咄茲當食不及餐憂時淚空垂
何以謝譴責深愧附聞思

軒前三槐歌

軒前五槐誰所植枝幹低昂偃山立緣皮次第雁行斜一
一昂霄皆正直移植將方培護功篤生自得真宰力盤根
據地裂厚土交蹊翻風撼山壁修柯未許鱗鬣懸苦心貴
使螻蟻蝕何必扶持成乃奇豈是連孫人不識憶初牙櫱
株蓬蒿寸莖豈免半年死干霄蔽日夫豈偶良材千尺老
始得雖復枯根不決壞不肯低頭伍樗櫟吾聞奇材遺時

刖有嘉柯亭爨下退賞漱璠來猶能根柢容輪囷詭離皆
有適䰟兮䰟兮吾茲相汝非凡材匠石先生談宜汲汲

藤杖　陳滄洲云寄托遙深

白鶴老僧頗好奇寄我藤杖何陸離奥幹非榆復非柘鏗
然金石光琉璃聲掌䃺砢有古意姿秉正直如繩治憶初
孤生憤絕壑何心媒炫期人知烟雪排盪錯老節苔鮮璘
彬襟霜皮匠石過之不肯顧等於臃腫無所施奇材理豈
終淪棄嶧峒嶰竹各有宜一朝落在高人手重之不减瓊
玉枝或言此物宜扶老君今未老焉用之吾聞孔聖六尺

秋親疏貴賤辨於斯古人所向在翼德奚但取便扶衰危
圖蟲刻鳥渾然事懿此天作非人為誠既擲空通橋殿荒
談編地拔葛陂惟有貞直理可據於鄉於國恒由茲豈無
山林節倦骨亦有挽棘隨龐眉豎如天地要輔相不有聖
賢其何資明況登天踄蜀道安可無此相扶持老僧寄我
意有在援筆感以為此詩

陳滄洲云排盪酣暢沈鬱頓挫無所不有而叙事歷落入古尤如讀左國龍門令人擊節不能已

池上亭

西臺無事早年年起詠登樓池上篇弱柳帶花飄似絮新
荷作葉小如錢橫琴客散青天月把酒鶯啼綠樹烟何必

三間重葺屋短亭溼漏當牽船 西閣池畔小亭一笠垂壞久矣予欲補茅齋有為予言宜删作長廊三間以為吟嘯地顧予能且不必也陳滄洲云必傳之句

隣竹

竹愛隣園好新梢綠未齊春風吹疎影和月過牆西勁節此相賞清樽何處攜林中茅屋趣高卧最幽棲

署齋四偏有田一區公餘無事課家童耕作

靡草墻隅半死生高林催喚杜鵑聲田園萬處家千里芍藥花時雨一城小邑傷多憂儉歲光是歲旱年荒歉諸僮乎都學深耕從今止酒看陶令官秫無多只種秔

皆人云春暮雨中臥疾時廣陵芍藥方盛枕上憶芍藥花時雨一城之句五月朔使児摺花入瓶到眼正當凡艷尽無心又見此花開却已爲吾意竟如此

夏日園亭

庭樹池荷入夏妍，一樽不費杖頭錢。先生舊種宅邊柳，君子新移亭畔蓮。光霽披來當此日，田廬歸去定何年。官衙本在林泉窟，吏案常横魚鳥前。

倪尉從吳中携致雞冠花子凡八十餘種齋前爲種兩行花開爛熳照耀一庭輙自詡奇觀甚佳

小園初築小塘東，襍花凡卉叢茸擇悉取美梢布置然

竹編籬當列墉方春一二籍點綴棣花開盡東南風一下

菊栽紛在眼此花要待秋光濃縣中倪尉頗好事携致繡
種從吳中黙然細碎渾一色區别名品勞題封鮮色理鋤
不暇懶亦復剪剔先家僮雨膏初足花初好霞光蕩壁生
般紅錯朵横陳五色爛靈泉剪出匕襄功紛紜翕赫不一
足當軒聚族披氄氄儼然二部分曹伍繡頭冥出百花藂
别有一枝擅拔萃衆中俯視雞群空旁翼葳蕤盛擁護有
似百鳥朝其宗物分動植本殊類是花安得稱羽蟲比如
鶴翎菊與鳳尾草昔人取象隨所從雞有五德冠其一冠
摸前芳何邛顯菜披錦毛争怒張百千魁首皆群雄高影
日移儼不動全德真與木雞同約畧名字數十種花冠芥

羽非凡庸觀者嗟奇我大笑主人豈是祝雞翁

陳滄洲云長篇首尾章法句法字法無一懈可擊此造五鳳樓手也

月夜飲竹懷山中兄弟

竹裏移樽坐月痕寒光吹影覆清樽雅愛此君相對飲不須大嚼過屠門憶昔山中老兄弟草堂月出連江村雙柑斗酒意自遠竹間深坐無朝昏別來三載今何似江上柚梢定幾根相憶新梢遶庭綠又是新芻麥酒熟一樽應供何人漉懸知長價登樓詩酒酣題徧臨江竹

陳滄洲云漸近自然

五月一日有感

夏仲之朔歲甲申石城兩見榴花新一度看花一度老人
是今年覽揆辰雙丸迅速不相待四十三年如飈輪少年
有志弗獲騁蹉跎老大徒酸辛憶昔十五二十時趨庭筆
墨矜璘彬堂前歲進椒花酒樓上詩傳池草春豈識他時
牽世務方將沒齒樂天倫弱冠揣摩信簡練要向明主爲
敷陳造上春官兩肘足陵陽怪石終沈淪是時覲老不無
慈一官需次甘邊巡異慈避就非所敢挂帆直濟珠海濱
南崖萬里應不近庭幃瞻戀無昏晨黍母壓天海茫愁與
鄉風物況傷神竭來坐席曾未煖酷罹天罰失慈親針線
縫衣血尚在倚閭腸斷悲無人歸來風雪飾苫塊惟月甲

子歲在寅明年慈父又見背一生遂與九死隣今則啣恤
出靡至覥然天地一鮮民嗚呼親年不可假恩暉寸草何
由伸當時一出不得已毛生捧檄為家貧何為再起千五
斗健腰折取趋風塵西來移家長秋簿青泥盤足東無巾
行盡青蓮蜀道句荒城下瞰山嶙峋差丁二百糧九十心
血枯盡為撫循一年三四對糧長但見鵠面衣懸鶉兀亂
未復瘡未起念此心折眉為顰無功坐糜朝廷粟負罪將
與卯山均回望湘山四十里欲歸道遠家無因歲事難厥
缺祇薦故園桑竹徒荒榛欲問山中老兄弟灩澦堆高無
錦鱗相憶草堂溪月出寒光三徑當松筠昨夜匡床夢魂

好青楓歸路石亂々夢見溪堂新漲闊釣船無恙舊垂綸
覺來徙倚南窗下愁絶天涯一病身兒女酒漿稍羅列爭
起勸我强沾唇把酒對花重有感豈是區々傷遇屯

趙遜戎以木假山見貽

五材適用無棄捐常苦世眼生媸妍即如山木工則度大
者楝樑小榱椽别有離奇臃腫不屑中尺度往々深山大
澤終天年年深代遠有摧折風沙剥蝕無方圓人跡罕至
甘埋没時遇好事搜剔來人間趙侯致我青銅柯意即此
類相流傳一種槎牙有古意其色斑駁奪碧鮮細看文章
刻劃渾奇絶千痕萬態疑有鬼斧相雕鐫急問此物奚由

悦山堂詩集 五

此云昔繫纜宮灘前怒濤湧出不無意竭來隨手辭淵漩嗟吁識拔信闊目譬猶伏櫪老驥一朝遭遇九方歎顯晦屈伸雖一物要之知己皆天爲向非兒神有呵禁幾何不爲爨下烟摩挲名狀不可得怪予藐見苦拘牽或曰上古燧人氏持用取火資包羲此其鑽餘棄絶鑿不者何爲竅穴遠邃攢百千或曰夏禹敷九土開河刋木循蜀川漂流塞江無所用沙激石磨精華千載不朽泊河壖或曰崩槎銀漢上曾探牛斗乘張騫至今成都尚有支機石何時精氣感召此槎復隨明河落九天灘高峽急歸不得無乃守護煩靈仙數說理則似未知然不然吾聞康干河水老松

柏截松投水三載化石堅而此虬枝老節化不盡木石依倚交錯相糾纏塵沙隱々精光起淋漓髣髴蛟龍蜒兩間物類變幻靡紀極奈何欲以兩目窺其全博物司空去已久嗟欲置辨口莫宜携向古堂横廣廡陸離光怪燭四筵非石是石更奇崛急遽下拜驚来顛古人木石與居意有在況此剛直殊辟便欲襟袂日對之久如與高人壯士相周旋感君此意深且美狂歌放筆爲君書破浣花箋

陳滄洲云此詩奇險奔放驚心駭目置之蘇集中幾不能辨

黔南

荒忽浮生夢黔南又一年人家數里外官舍萬山邊廢土

蓬蒿滿空村耒耜懸所嘶疎補救愁絶兩睗愆

又

邑小無多事安閒得未曾土風淳到古官況冷於僧山壓

孤城窄雲穿破壁蒸不勞親友問自贈一壺氷

鶴

朱頂分霞綵霜毛漬露文幾時辭碧海獨立向斜曛俯仰

如有適紛舄若不聞舉頭寥廓在曾肯戀雞群

陳滄洲云自命不凡

猿

遠峯難爲恩聞聲但顧謂探蛙抨老石挾樹撼秋風嘰嘒

金身巧攀援引臂工一般人面目爭得諱毛蟲

陳滄洲云
此筆可笑

雞冠花

在昔名花比傾國但愛花香與花色天香國色何足奇豈識花中有文德雞於五德冠四文花冠彼此真無分比之鷺有頂綠鷹有角豈如此禽此冠絳巾赤幘如丹沃奇哉此花不但形模與之同文章五色紛奪目紅如灞陵遊獵夜來還高積萬大照秋山白如神仙飄飄涉積雪鶴鷺臨風光皎潔紫如魏家平頭千葉花袷囊緞帶紛交加黃如彭澤籬邊浮小摘秋香滿座皆佳色青如大齊寶珠來白

蠻千絲網出青琅玕甃紅將軍關武庫青霜紫電森然布
紛如已公孌蓬瀛耳邊撼碎珊瑚聲中有黑若差小異全
谷鏞溢鉄如意巧訝天孫剪綵工千紅萬紫披蒙茸物象
離奇隨閶襍參差歷級削玲瓏呈新聞異當炎夏欄藥池
連遲三含初看一朶壓群芳不啻千金擅高價富貴春花
乞闌落轉眼若非成寂寞偏令小草總栽冠長共朱光爭
綽灼朱光照灼顔如酡對花輾轉愁靡他日炙錦蔦久不
雨妻溢銷落驚庭柯嘗苦歲旱民飢何安得年熟風雨和
河陽滿縣異足多即日東郊看田禾

陳滄洲云句句變幻字字奇奥[illegible]如[illegible]由之漢五都之市應接不暇

憂旱

土瘠畬田薄民貧育自來逢年猶儉獲久旱況成災方社
窮珪璧山農泣草萊心摧雲漢句萬目向昭回

其二

旱氣方生魃殷憂可奈何累旬初不雨十日更無禾但見
魚濡沫虛傳豕涉波幾時當志喜相與醉絃歌

其三

節序初流火良苗合向榮民相期歲好天豈誤秋成雲蓋
終朝會雨盆何日傾弭災無善策端愧乘長生

其四

往歲傷年歉瘡痍尚未蘇天災衡太甚民力似全無劉矣
争祈社荒哉説暴巫西郊雲又密終望潤焦枯

喜雨

天瓢傾倒溢遐陬倬彼昭回昨夜收旱魃累旬方肆虐甘
霖一注失殷憂花翻曉露香連陌藥颭薰風緑滿疇復恐
雨暘秋不定聚民荒政莫辭籌

趙遊戎席上飲喈酒歌

將軍好客何殷勤長筵冠蓋會如雲在昔侈談十日飲於
今又見平原君筵開玳瑁邀賓從小飲百觚嫌未痛杯盤
狼籍再留髠雙々捧出花甕瓷別承小几置中堂紫雲[illegible]

西列兩行銀餠滿爛泉湧入浮入數□□香主人近前
向來觴三擲一鯨鬪升飲涸須斟津潤花紅聳髆壓頭齊
□吻歛觀壓蹲次第行終坐往來皆井井斷蓬裁就酒旗
輕欹施氣口平如衡初見雲稍低安水春風拍颭如有聲
須臾一吸旗擡正四座怡然無所爭頃之肴核出案酒珍
奇脆兼無不有青蘇夜煮勞平顛生蒸春梓費纖手
雖然小器勝三蕉不覺別腸消五斗帳下新聲妙舞多蜀
纖以綺纏頭歌細腰廻雪金釵落麗曲停雲錦瑟和無歌
歌終酒旗斜三聲對出金巨羅在會諸賓多大戶席捲白
波不知數彝平舉鬪仲父言辭滿觥筆濯丈怒座上歸狂

引老兵競下酕醄醉吏部竹林瑣々衙罷豎雞領下夜如
飛觴無盡豈識真中趣身自空自此中仙鶴飜翩鷁皆無
用源似長鯨吸百川便風競注松聲沸烟霧沉々連酒氣
夜闌爐燼春聲寒添大重過者三四百來通宵綺筵叢百
壯志夜罷紅燭燒香散事不可常樂酒無厭謂之亡喪德
儀生兩無取願君不用戀醉鄉我亦從今誓止酒即席移
書絕杜撰

乙酉人日

一天春意壓孤城微雪纔飛喜又晴新天政衙將有日祥
風拂柳更無聲閑抽彩筆邀花勝旋滌雕盤薦菜羹難得

佳辰人正健梅邊綠酒莫辭傾陳滄洲云通体輕清此秋水為神玉為骨也

石牛寺西荒園中卧石相傳為織女支機物

秋入荒園草木稀昔人從此絳河歸衆槎偶伴牽牛渚卧石移從織女機雲影星光勞想像指痕都印漫依俙或指石上依俙有膝如指痕而今無復君平在不向人間辨是非

工部草堂

浣花溪畔竹蒼筤竹裏寒光帶草堂舊跡尚遺殘碣在古祠空鎖綠垣荒千年詩史留天地三賦才名動帝王齋宿拜瞻今日意曉雲秋月對羹墻

武侯祠

萬里橋邊祠屋新歲時蜀相尚明禋馳驅誓盡鞠躬瘁興復難留討賊身兩表祇今懸日月三分當日見經營山川滿目精靈在錦水西風飄綠蘋

昇仙橋

橋有昇仙跡已陳錦城北郭枕通津高車駟馬尋常過却笑當年題柱人

酒壚

睥睨人間滌器回千年膾炙長卿才而今多少當壚女猶望馱金買酒來

九月廿四日遊嘉州凌雲寺

龍宮高鎖白雲堆石路無塵天際廻蠟屐雨中虛載酒書與節後更登臺江邊二水風帆出山帶三峨雪嶺開好處對侯真不羨大蘇千載此追陪即東坡載酒時遊處

立春對雪二十韵 臘月二十一日

杪冬寒欲盡鮮淑曉來加煦氣催陽鳥舜光遍歲蛇窮凋不盡英梅着未殘花細草芭蕉翠番芹漫渚芽盤辛蕎藥甲縧亂拂簷牙喜社宜年好新懷遂景蹤煤烘群赴雁雪淨陣廻鴉野水銷冰鏡寒峰聳玉叉厌飛律管動鈞轉斗

杓斛慶節三元近榮光四塞遍春平真有象帝治本無戰
韶瑞光天寶浮生閱歲華雖驚時代遷莫傳運隆浮歲已
更新簫華仍發舊槎帷聲連土敵春色醉流霞近帝芳郊
闔迎神故事簪初風吹駘蕩一氣轉亨嘉行慶傳通國祈
年祝滿家春光十日得蓄真九年誇更願蠶桑好繰絲處
々車

丙戌元日　臘月二十一日立春

椒花浮動酒盈觴每值元辰憶故鄉歲陽一宵增老大春
光十日作韶光蹤跡兄弟多年別夢覺四圍昨夜荒難得
祀先餘澀在莫辭嘉會宴高堂

悼亡 内子没後七十日從西溪扶櫬南還 余感而有作時丁亥年六月初十日也

鎮向安仁表歲閒偏然先賦悼亡言玉堂畫掩芙花黯帳風淒柿葉翻冰鬟幾年同一夢雲山千里遠孤魂平生舊約鹿門在腸斷靈輀返故園

其二

薄祿愧將家累携清齋無復太平妻可憐舉案攢目過昔義同林比翼齊亦有賓朋爭致唁其如兒女只牽啼魂兮前路應腸斷夜聽猿聲過西溪

其三

賦成傷逝怕吟哦肯信百年轉眼過蘭蕙乍萎芳韵歇瑟

棐與恙愴懷多勉予勇退言如昨負爾夙心媿若何縱是
忘情莊生在悲來可忍鼓而歌

其四

七旬旅櫬殯荒衙丹旐南還道路賒彭澤竊來悲始室少
陵老去嘆無家一春寒雨摧朝菌六月秋霜上鬢華二十
四年殫悃過此身雖健轉堪嗟

述拙百韻

安仁嘆巧宦潛書怳然悟拙者亦宜然閒居所以賦潘誠
拙於宦早得鄉曲譽㕘余祿々昔安可循馳騖憶昔清溪
濱倫秉結茅住羅水帶其前屏山後雄踞幽徑迴柴籬濃

陰竹柏佈園蔬自灌鋤畦苗時藝樹墳索具盈几涉獵略
章句自謂足平生塵濁恥干預俯仰有餘樂孰使嬰世務
但念垂白親捧檄暫悅豫南崖數千里掛帆且東去揮淚
辭庭幃雲山恨間阻豈意哭來黔腸斷慈幃訃出門兩星
霜强半在道路匍匐既生還偏親閔喜懼溫凊隔馱江心
悅林烏哺罪逮重且深昊天不我祚何怙復何恃酷罰慘
相續叶苦塊偷餘息甕念貧裘付死事慎所終宅兆謹安
厝淞尾得新阡同穴合就祔收淚今十年崩摧沫忍遡自
從珠海還至今魂猶悸如何蠶叢天扁舟又西泝峯僑魚
腹暗灘高虎鬚怒懸猿過巫峽如象灔滪沓嶂高於天

黃鶴不得度盡雲棡扶携陰雪乘泥滑千仞豈施綆九折
此叱馭板援時復亂顛躓亦已屢荒城疊巘中半規環儆
著危閣吏人稀荒草綠增除文老闊予來倉忙各哀顧國
初亂離還顛連帶儆斷中更羅干戈元氣久耗數城中萬
荒基悍卒多鳩擾地本古歌羅邊燐帶壘甑諸貔況侮予
去汝靡瞻顧存者僅寥寥但守廬與墓荒歉又頻仍安得
事耕鋤叶所念眼前急奚敢冀富庶民艱我所切酸心聽
此語措置尚多方良籌急先務是時方首夏田間正耕作
滕釜不能炊遑問農器鑄幸有官廩儲稍救民急遽聊以
紓目前非供終歲具官廚雖不缺山蔬襍水芋粗免七七

窮空不滿僮僕飫黔園山一隅舟車不至處疎拙聊可藏
習懶與物忤琴書得消憂山水有遊娛不知身在官恬然
一布素所病性迂闊又重以膠固未帶見上官舉動限儀
注禮外盛矜莊大抵如泥塑盜鈴或掩耳豈但工回護矢
口足訣詞鞠躬多禮數我實苦生硬言更由中吐不解此
閣旋背直衆所惡頑鈍果如椎所如佳牴牾山邑號石城
山石逼交錯市小缺米鹽地偏絶貨布室罄無不懸朝弗
保日暮豈無寸祿沾聊足資藜茹瀚衣深自遣猶勝擁敗
絮安所得編氓飢寒免顛仆自古職牧民豈徒在徵輸撫
字劇多慚安忍急追呼急之輒逋亡得不為慚懷催科欲

不力復此課程誤罷辱吾不驚得失隨遭遇株守萬山中
工如通繖鮒去春苦嬰疾藥裏猶在御病起膚腠間浸淫
遂沉痼哭禍延妻孥始室遽其助兒女環我啼牽衣不得
步惆悵未忍呵斷然傷情慷殷憂從中來鬢髮倏非故谿
壑費盤旋病目猶皆昏常念朱顏改永無丹藥駐百年復
幾中夜淚如雨人生有定分宇內偶然寓志士快掀揭事
業轟轟措達人早見幾進退有餘裕自匪碩儒資疇能此
猶與昔日山有信烟壑魚鳥飛回首猶黏雲霞程無由趨
湘皋隔洞庭荒唐[illegible]園林舊花鳥作意戀杖屨松雲
遠紫荆候門懺童孺去來不須疑夢中無舟輿衾鉄擁轘

鷒鳥啼北窓曙相思在天涯恨無兩翅羽鯤魚偃溟渤元
豹澤深霧胡為天際鴻甘學罝中兎湘水清且漪洗心盥
鷗鷺一舉凌天池浩蕩看軒翥

陳滄洲云篇中至誠豈弟可泣鬼神可被金石
汪杜林云少陵北征次山舂陵行兼而有之

烏鵲觀

捩天飛閣枕蒼茫偶趁閒情過上方石瘦烟寒塵不到林
虛山靜日初長半樓竹影連朝爽一徑蘿雲接晚凉樽酒
莫嫌歸興懶吟鞍清思耐斜陽

聞幼張八叔除泰安令

意外看除目書來天一涯關心秦塞曲傍眼蜀山斜單騎
侵朝爽孤城倚暮霞到官知有日辛苦課桑麻

其二

南北殊風土秦州異桂州晨厨炊小米秋暑攬重裘山色
琴堂静人烟板屋稠烹鮮亦何有相勗愛蘭牛

其三

清白吾家訓才華叔父名從知不擇地此去有賢聲問俗
民風古均徭國賦平囊空他日意趋召兩驂輕

其四

安得西飛翮家書爲我開五年嘲拙宦一輩愧時才奚入

雲山淨賜連字水迴橋西茅屋在歸夢釣魚臺

陳滄洲云音節蹀古

望京樓

即西城南規模壯麗一色巨觀以其軒豁孤迥堪通遠望故曰望京

邑置石城古規模肇自隋遥山聯井絡分野入參旗黔志載分野參三度舊德豐碑在遺芳故老知淒涼雖滿目全盛想當時

其二

鎖鑰雄諸邑崔嵬壯此門地偏窮楚蜀壁削限乾坤劫歷干戈後風猶淳樸存近郊雖沃土殘郭帶荒村

其三

抱郭連峯起，懷城一水環。人烟分二里，形勢控三關。野秀桑麻外，雄圖氣象開。蜀疆幾沿革，仍此鎮諸蠻。環黔土司十有四，皆藉黔彈壓

其四

麗譙堪極望，迢遞拱神京。樓閣千年迥，烟塵四塞清。命名前哲意，戀闕遠臣情。萬里逢天末，雲光識帝城。

其五

城窄經營略，官衙逼市闤。重新夫子廟，喜近聖人居。新遷文廟於縣治西偏近官衙 邑喜鳴琴治，田看賣劍鋤。華風中土埒，巷說陋黔驢。

其六

敷藥青不斷相與靚妝襟錦鬬成花縣舊崔仰桂林春諳

為國政徒切望鄉心寂寞仍多感衰猿莫漫吟

其七

地僻宜予懶高樓得數攀憑神驅虎豹近以虎患禱於神害遂寢蟲亦偶然隨意補江山西南郭為山漲所噬會議開築者久矣以重億氏乃不果擬於今冬疊石護之春流無哭必循故道底事不勞而功可就矣闍境無三里計地止二里半殘城止半環北面築土廢久頹塌鬓毛仍短盡強半為民艱

其八

乘暇登樓好衰顏傍日暉尋常通帝座咫尺儼天威回斷

仍搔首身輕此振衣上方危鶻在欲逐五雲飛

皆人云起峴過杜

蜀道

千盤峒壑烟中轉三峽樓臺雨外懸身學猿猱穿石罅跡隨麋鹿上山巔

陳滄洲云語不驚人死不休

其二

路入峽中迷日月天於山半異陰晴等閒回首經過處千尺雲光地底明

其三

官程日午似昏晨晴壓山坳與水濱枝亞不知蝮在樹風

躧防有虎窺入 汪杜林云神似少陵

其四

高林日落叫鵂梟石路陰森墜葉飄向夜客尋巖際宿野猿山鬼共相邀

其五

麻葉灘高天半横拾舟覓路趂山程懸崖拔過灘頭立親見舡從嶺上行

其六

已到青天更上天關開梅子俯全川蜀東粤北三千里羽翰乘風便欲旋

黔故多虎，頻年尤甚。丁亥臯月，率别尉禱於城隍廟，浹日獵人連斃數虎，虎患頓息，非神力不至此，爰記二首

虎近頻爲患，家家急補垣。怒當官道吼，饑傍縣墻[illegible]。落日愁行路，荒城早閉門。縱無苛政擾，相顧愧劉昆。

其二

豈必虞羅發，皆言禱祀誠。牒移窟穴後，機發鬼神驚。殄惡豢幽贄，歸功匪政平。鄧浩詩：政平無虎鬪。何須二千石，[illegible]。

陳滄洲云：殛蛇斃虎，兩傳奇蹟。

蜀葵

聳直由天性葳蕤入夏榮結根雖在遠於是向陽傾

殘蕉二首

莫以霜前悴驕他雪裡姿但看心不壞展布豈無時

又

榮落尋常事何須强護持卷舒方任運争得雪霜欺

花楠行（即楠瘿）

蜀徼山多々美木梗楠梓杞不一足富商大賈槖金來採取良材蔽巖谷就中一種號花楠懸崖絶壑飽烟嵐輪囷磥砢何所適奔走匠石争先談黔邑土宜本非産上官年々買花板不辭虎穴驅貧民斧斤斲盡湍中断未知作俑

始何人雕琢小器献奇新乍可回眸光近玩不堪制用利
斯民吁嗟楠兮本嘉種長身直立干霄聳世人嗜好殊乖
常不重修柯重擁腫

渝城行

渝州雄據石爲城巨靈設造勢嶢峥信是此險由天地咨
嗟人力詎能成虚無削處風雷從一片雲根中夜圯城陰
店舍已成塵二百餘人石下死晴天叠土壘綢繆議修議
築從此始爲公辨此不勞民多用百夫期浹旬利彼椎鑚
豊我粲費我官庫纔百緡豈惟毀來不可上舊觀不改碧
嶙峋𡑞上王孫曰否々保殘守缺吾何有會須驅石補江

山功成磨碑垂峴首長官唯々可其謀官符纔下貧民愁城漕土國敢聲怨畚鍤鼛鼓何時休渝瀘州縣凡十四小邑茲役所必至縣官倖入不辭捐捐外依然到里地黔南十室九凋傷採根挑菜爲冬糧破屋牽蘿不還補何暇遠慮計金湯以茲相向泣相語死者何幸存何苦嗟我不如石下人官府鞭撲不到汝

陳起雷云訐切時事體恤民情此亦白新樂府也

陳滄洲云真樸剴切風人之遺

汪杜林云白詩新豐折臂翁此更酸楚

鴛鴦菊 葉似菊九月作花紫而斑两々相并似鴛鴦

九月菊開群卉凄天生珍偶一叢低美人誤認桐花鳳飛上枝頭對々棲

雁脚書　苗似薑莖高數尺微紫冬間作花質素而香宛然白雁脚書

霜林露濕金莖擢雪寒風傳錦字歸木落天寒白雁斷小園誰遣一行飛

烏夜啼

城烏夜半見月啼飛々觸地啼且悲木落場空禾黍盡天寒霜重羽毛摧憶爾方雛哺其母得食歸巢忍饑口不甘腐鼠嚇鵷雛不遜鷙禽傍林藪廉潔孝義禽而人鸞鸞雖文何足取黃鸞紫燕歌喉巧穿紅織綠春陰曉自來動聽

多訣言莫怪人言鸎燕好世人愛訣不愛德有耳何堪辨
淑慝願君側耳先平情毋愛歌聲惡啼聲

瘦馬吟

我始來山縣舉足愁偪仄頗籍籃轝穩不復憂喘息已復
得駑乘稍用代民力草枯食無粟骨聳如柴立客曰君瘦
馬何不益之粒歎側此不堪恐難任羈靮予謂歲失收民
饑苦艱食民食猶苦艱安忍實槽櫪君看馬芻粟皆是民
稼穡馬瘦可使肥民安免飢色瘠民以肥馬吾茲轉怵惕

陳滄洲云
長者之言
汪杜林云得毋謂公不華國乎破此
俗情真所謂鼓得菜根百事可做

讀書示兒

書不在口誦文字本陳迹古人尚頴悟頗不事膠執周磬誦汝墳起爲母捧徽安祖講鹿鳴兄弟更同食所貴感天性糟粗安足捨若乃尋章句讀之終何得

又

慶之不解書作詩但口咏倩人代捉筆出語多清勁斷王不識丁晚年頗長進至能譜小詞宗趣領其勝今人侈博通失較空疎甚由其不善用餖飣翻爲病

皆人云二詩有裨學者

催糧嘆

解糧期九秋催糧自三月田間方播種安得此鉗掣黔糧
三百餘萬目久惆憹況今十月破囤已踰時節督課自有
程失期亦有罰急公小民義爾黔敢隕越民曰黔苦甚請
爲公申說瘠土殑不毛犖确阻舟楫薄有田數頃亂石交
畛畷田少苦山多山田帶巇嶫風氣故先寒苗稀實鮮結
雨晴頃失宜哭蟲況爲孽往者欲控訴顧恐煩文牒於事
或無補驗勘滋驗屑播穫幸有期糧粒早告闕所幸免潰
堅安敢辭薇蕨自從九月來山氣逼凜冽棲櫩聊掩體作
寒愁霜雪非戀里閭好遠近理一轍瘦田苦不售甚者更
無業鄉土雖未去貧骨固已徹豈忘惟正供實坐物力竭

幸今上官好仰望上官切冀得幾須臾輸納故不缺言訖欲重訴但聞聲嗚咽嗟予聽此言心摧肝腸裂雖乏父母慈民艱頗稍晰往年憐蹂躪湯火存遺孑到官四五年畸瘠費補綴所愧才疎薄莫救民瘼忝但念征輸苦有如食𤻲噎民貧爾何罪不忍事羈縲又況加之法鞭撻使流血府檄日夜下胥役踵相接嚴限勿復逾不爾有忝楊官且無如何小民固結舌揭忝我何辭下考甘署列安得民饒足國課輸不輟國與民兩足庶使憂端歇方今重才能蹇予愧時哲撫字既乖方復此催科拙朝家錄有司廩粟非苟設徒此濫虛糜得毋增面熱以茲轉惻惶汗流衣背浹

顧今豈乏人安用此吞窮清溪老茅屋杞菊多採擷秋穫
山田腴春釀溪水冽力田給公上足以養薄劣空山歲月
長嘯歌老巖穴攬絃發韋纏吾計固當決

採根謠

十月家々盡掩門荷鋤入山採蕨根歸來不暇擇㧅杵敲
磕夜靜闃荒村濆以清溪蕨以斗篩流淘洒溪水渾風霜
酸苦何爲爾全體沾足豈得已歲々歲惡民苦饑室家綑
保賴有此草根麤澁甘如薺有口何嘗當糲米去年採根
根蒂長今年採根々復香雲山日斸腴滿筐久矣性命托
長鑱食美癡欲獻君王只愁與米完秋糧

陳滄洲云儀然鄭俠繪
圖有心者豈忍再讀

養蜂歌

二月八日天氣融家々趣暖競收蜂雲樹作房如鐵甕亦有伐竹編筠籠香泥塗處斑々涇（不拘竹木器必以泥塗罅完密）艾蒳頻薰翠烟織（類焚艾蒳薰其器以辟穢惡）其花間柳外傍雕墻四々三門向陽闢（蜂器率開三四小孔喜背北向南）晴天日午無烟霾相度便審天外來（天氣晴暖有蜂遍室徘徊以求安處曰相蜂）蟈扇蟬冠疑羽士曲廊小院依徘徊兒童濤試承蜩手攔入洞中迷小有雲灘如往又如還洞口花邊相望久往復還兮意轉親似求安宅解依仁

不知何處傷巢覆計就移家主人（劉塞後多掛去）頃之將伴時來
去傾家赴呂紛於絮欻然迅響轟蝬雷嫖姚蓊聚若雲聚
造次環屯羽衛明小隊分門魚貫行駢肩翼蔽君王入藏
鋒收哨靜無聲例遣更番修管鑰斧臂鋸牙相間作（蜂既歸器必自修其門孔）
戢眉當關虎豹蹲蝆賊蟻軍不敢奪（必有數輩守門）草間
蠢動傍棘門一聲蝟沸羽林群怒目追擒渾使氣路人拍
手飛將軍（有他蜂及蜓蚋之屬窺其門者必群起逐之）午衛略識班朝義羽舞
兩階忘盡痺献花採使望門歸翼如趨進皆相次（日午必朝）倚
天駢綴槽瑶台花榭蓮房橋閣（以巧）借神工鑿混沌倒翻
地軸掛蓬萊（房垂倒懸）璺觸山河等稊米槐安疆土何足盡明

族（蜂枒明族）十萬戴天王，渾不嗜殺誰如此（蜂王無毒）。和氣祥徵草木靈，古桐朽蔨皆生成。王台何處無豪侍，真同蜾蠃與螟蛉（蜂王所居曰王台）。朱陳村近皆姻姬，娥眉螓首篆台下。細腰宮裡美蠭斯，百子千孫此其亞。眾口食貧亦可愁，東西南北任分頭。蝶園蝓塞皆吾地，來々聊為卒歲謀。兼採歸來華屋底，手口經營從此始。瓊液黃封天府廚，元壺玉釀靈心醴。玉醴將成辛苦多，通宵交扇拂天鵝。雷聲隱々千巖外，香送金盤露一窩（蜜將成，每聲声鼓翼，俗曰扇館，香浮數武）。功成期月流甘澤，桐花雖老丹山翮。蒲穀滿眼盛春秋（蜂分者必在二分前後），歡餞讌王開新國（蜂將分，必尽食本房蜜，然後去）。桂蘽開盡菊蘽秋（割蜜在八月末九月秋）

大照阿房催夜遊（割蜜夜熏煬大）萬紫千紅渾一色玉虹堆注
寫如油髓滑蘭香补一□弄孫養老怡然樂已隨山看佐
蜀牙（蜀人以蜜汉八月土貫个 人饌佐味）□風舞處貴雲漿玉艶
氷鮮勝割肪入市貿（綵梨）易梁山農婦人耕桑黔南風
俗〻如是我亦齋中收两器搬津釀就待明年大年從此
進市奠（本草崖蜂 食之延年）閒披本草註魚蟲苦節從知不可攻入
口作甚勝柏味莫教人喚蜜翁〻

陳滄洲云寀及昆虫具見精理博識其摹寫逼真〻寫生妙
手而縱横排蕩筆力如千軍嚴陣萬馬奔騰令觀者駭嘆天
地間奇文也

虎鬚蘭有序

托生懸崖老樹間大低風蘭一類苗細而健絶無枝葉長尺許叢生若虎鬚然故名

雖愛蘭爲王者瑞愛蘭因愛與蘭類風蘭非蘭花類蘭細苗一種九殊異絲々巧削青瑯玕結根萬仞凌烟霜鳥啄墳莩下天半山樵錯認海棠香名圖搜奇多耳食采香媚骨紛弱植豈如蒼髮壯士鬚虬然怒起森如戟石嵐古雪淨蒼臞喬枝絶壁撑扶疎吁駭輕生勞掇取險於拉虎爲編鬚

丁亥長至

悶處看來復天心律管中一陽隨鳥翮吹面識融風

又

曉起望雲物瑞然循邐迤鴻雛占晷度一為卜豐盈

又

韶亞朝元會山呼萬歲亭臣愚何所献至道在安寧

又

五載巡長至崎嶇蜀道間芳芸獨應節憔悴遠人顏

皆人云氣体
直逼唐賢

又

踐長屬献襪感節此徘徊可許茅茨陋隨陽卅玉台

聽雪

的皪搓珠樹丁冬響玉池謝庭分賦日袁室閉門　臥聽
空中色吟成象外詩何須聞郢調清絶已如斯
背人云漸近自然

歲寒吟

山城風氣早秋生常苦寒仲冬霜雪盛蕭瑟非一端　枯
凝淺碧楓落無餘丹連山數十里風卷葉聲乾盪滌瀰一
色浩然天地寬向来桃李顏甘與衆草殘

又

矯々歲寒松鬱々擢林巒寒濤拂天起老石錯根盤豈不
擢擢挫屈鉄此虬蟠古幹玩殊衆貞心良獨完卓哉後凋

節由來聖所嘆

酒仙花 有序

洲仙僧書夷謂其蚤以水石濯秀亭亭清潔雅致亦然以命芙蕖雖曰不可何必此德先其味鬪霜冬寒歲暮歡祥也黃白輝煌玉臉金盞席器也臨風歎騁雄擧欲仙醉態也屢舞禰褸清狂不亂酒德也是宜名曰酒仙漫賦六言聊資捧腹

欲雪天寒日暮，園亭邀客行觴。醺人與香滿席，浮浮花香酒香。

皆人云水仙號以酒仙花秋紅號以陀者秋色嘉卉各予嘉名王是悅山堂深致當存一詩一序傳之藝林

竹枝詞

小趁春遊風日佳香泥逕印雀靴雙沙堤羅子逢芽鼻并斜
戲歸來掛玉釵

又

六銖衣薄耐微涼蠶月何曾識女桑日暮小園貪鬭草春
風吹出海棠香

又

芳徑冶葉送秋千小玉憑虛欲上天滿樹黃鸝嬌不語遊
絲飛絮鄉纏綿

又

四月農忙正種禾讙聲匝地聞鳴鑼路人多少將犢牽聽

取嬌鶯襍勞歌

又

斷雲攧翠起山晴結伴歸來路入城山裏野花紛在鬓令

人如誦負薪行

又

茶桃秋老絳囊開女伴相邀鄉里回分付兒家休漫打

數破綻見仁來

嶺南呼胡桃曰茶桃民間兒

童率以此相鄉較勝負為戲

又

何必文君肆上壚家家蜜釀勝瓊穌一樽盡日樂陶來總

酒相權不論壺（黔南號酒曰總酒）

又

九月霜殘風雨秋岸榕開過渚蓮愁煞人最是鷓鴣菊兒頭双飛枝上頭

又

陰崖雪磴阻山程十步難逢一步平泥滑路岣行不得林間那聽鷓鴣聲

又

畫閣綠牽綉幙紅繁文無事變鄉風有人昨夢冰開語一皺鸞書群嫺娥

積氷行 丁亥十二月廿一日巳刻東北方有声城中皆相顧失色次日有人云云賦此志異

蜀中雪後山失形摩盪日月晶瑩々連天萬里渾一色拔
地千尋絶點青不信其中有土石劈空削出琉璃屏琉璃
屏開照三蜀登覩結構皆積玉豈知氷雪相𢌞依氷車雪
柱摑洛澤崖間倚疊勢如山直欲千年不可鑿贅聚嵌空
累卵成剝落時作瑽琤聲前推後續迸衝擊劃然一聲山
嶽驚城中老人皆失色晴冬積向春雷鳴明日有人入城
邑問之乃云非霹靂爾時椎氷方採樵親見崖氷墜千尺
耳聞目見諒不殊昨日蒼黄今始釋憶初霏々見晛消輕
氷微雪如鵝毛誰使嵯峨盡天地誰使摧塌隨春潮積輕

折軸何足異古來一跌防勢高

歲暮無聊故山兄弟嘗爲在念吟成十二韻以寄欲往之思即懷抱可知矣

騏驥甘龍芻不屑受羈策駑駘戀棧豆何暇辭衡軛出處雖適然俯仰愧陳迹悵望山中人恍爲在疇昔疇昔輕別離似爲世故迫奔逐何所成甘此斗筲役桑竹日應榛閒闃久爲客日月倏如流歲暮增蕭索豈無升斗䅋足以供朝夕頗言共犂鋤往畊五畆宅紫桑舊荆扉稚子候彭澤踟躕欲何如使我頭更白

除夜

鄉心此夜倍真愁髮異明朝轉新想像山中兄弟停杯正話
遠人

又

辛盤滿眼細嚼蔵酒沾唇小酣安得屠蘇萬斛隨春暖遍
黔南

陳起雷云子美
廣厦萬間同意

己丑元日

復此懽新節椒觴隨俗為不知人漸老只覺歲頻移山郭
晴烟遠庭枝淑氣吹故園今日意兄弟正追隨

二月十日遣子庭瑶歸里

己作休官計，暖䑛歷歲時。可憐湘渚上，孤負水雲期。汝去家仍遠，人回信莫遲。弟兄多久別，安否報吾知。

陳滄洲云：字字真。

五月初七日别黔署

若較來時四壁同，庭陰加密樹加豊。手栽桃實三番熟，眼看榴花七度紅。城上青山仍似舊，鏡中衰鬢欲成翁。匆匆回首牽鄉思，惜別軒前古桂叢。

陳紀雷云：兩袖清風，兖然如繪。

浣花溪草堂

錦里風光碧樹陰，一溪斜帶草堂深。曾經小隊穿花入，時

猶高人載酒尋詞筆哀時千古史兵戈戀主百年心 秪今遺跡存碑版遍剔蒼苔和舊吟

七月廿八日過夔州水淹灔澦石五丈他舟無敢行者

泊岸岷江激箭流長年相戒在新秋高翻雪浪青天濕怒觸雲根白帝愁灔澦堆淹迷峽口猿猱聲急過夔州險同叱馭全無恐一葉飄來水上鷗

過巴東縣

滿耳猿聲在寬心鳥道過幸能離險阻更莫玩風波灘急水猶怒山開天始多回頭望峽口雲雨帶嵯峨

八月初二日晚泊彝陵

備舟無恙夢中身，艤棹依然楚水濱。千載過來重說命，一家榈慶始爲人。山開水面帆檣遠，烟淨沙頭魚鳥親。六載聽猿腸斷淚，那能回首不沾巾。

陳起雷云：非從蜀來者，孰知其妙。

八月十四日次湘潭遣家累南還予放舟北上

家累從南去，客程向北征。風霜八月屬，主僕兩人行。木落楚山紫，船移潭水清。撿囊應自笑，一物不能名。

囑兒

行矣家園去，諸艱未可辭。痴頑憐汝輩，教誨切斯時。膂上

難爲塵殘書有所貽目耕存世業强立是男兒

中秋昭山阻風

信宿昭山下客心繁短篷夜蟲喧古廟霜葉舞寒空萬里
程方始一年秋又中半生苦淹滯何必石尤風

呈文偉叔兄 同年待取

錦江萍聚復萍分重與天涯叙弟昆家在烏衣原共巷枝
據瓊樹勝同根年來況多相似贈後詩篇好細論珍重
池塘佳句在碎琴聲復滿都門

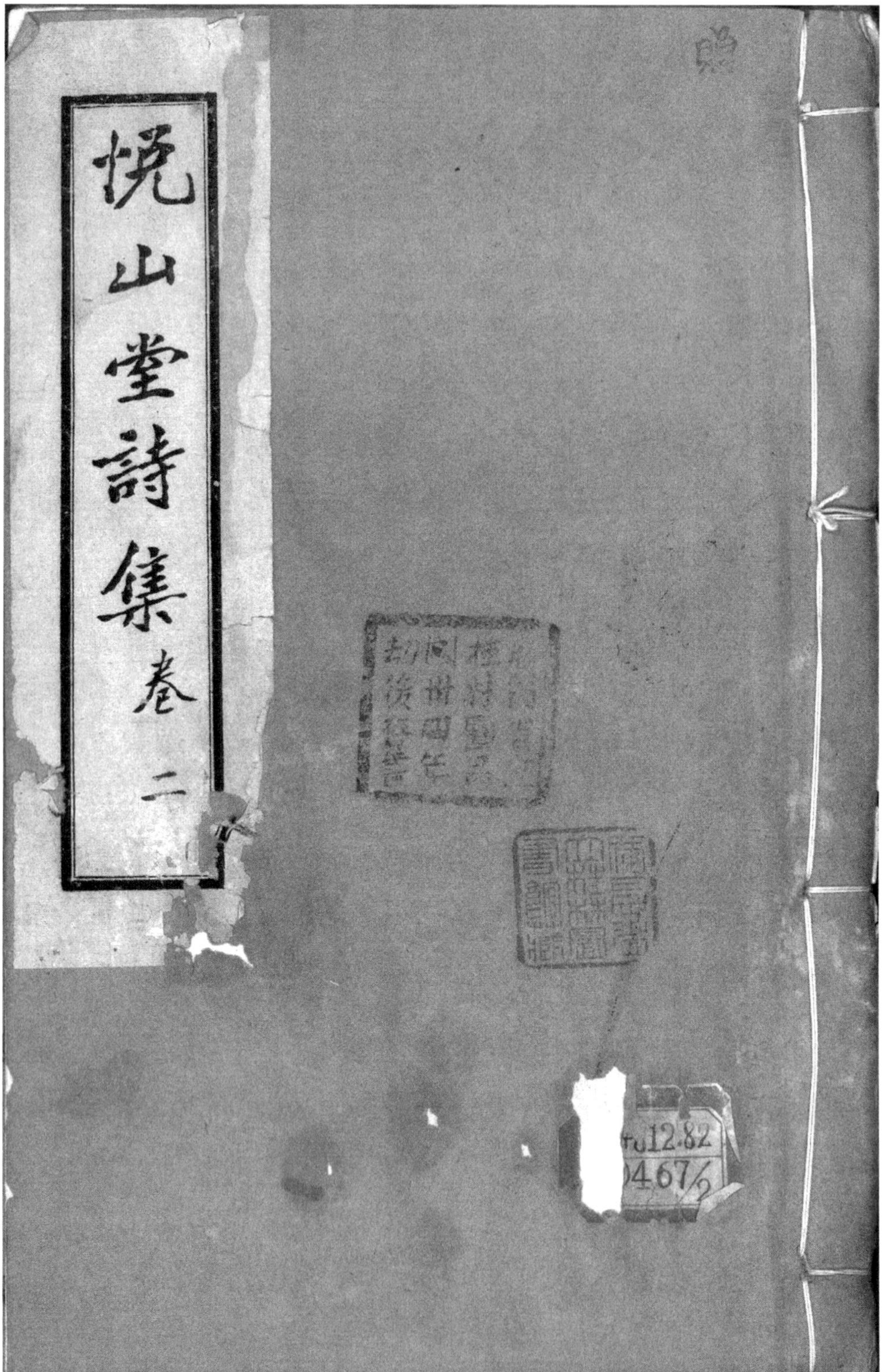
悅山堂詩集卷二

悦山堂詩集卷六 劉溪集

清湘謝賜履勿亭著

男 庭瑜
庭璜
庭璐
姪濟世
庭珏
庭玖 仝校字

晚入西境陽河驛宿彝邨

曉望鎮彝樹陽河雲靄靄村樹淡無分前崖微露背峰颭
亂山迴白雲為之碎參差見龍落翻瞰猶晻曖隱約圖畫

閒中有真詩在豈惟歎幽奇柳且富藻績刻劃即能爲安得此恣態平生一卷詩頗不後時輩所遇輒留連因之有賡載沈吟此爲久筆墨始欲廢明日萬山中此景恐難再聊復寫其略萬一存梗槩

皆人而通體力大晉蒼老氣無敵范寬畫耶鲁公書耶

西溪道中

欣圖猶隸古三巴觸目無端天一涯境僻山荒人跡春風處々馬桑花

又

亂山無地復無天客意風光共悄然野老箐中肩萋敏靈

鐵樹杪蠶叢

高磧口

躐霄細路指秋毫，石磴迷攀天際高。昔露連陰渾黯淡，青山隨處自迴遭。霜楓殘葉吹蓬鬢，春過餘寒入縕袍。惆悵諸溪人境外，此身終日混猿猱。

西河口

疊嶂限飛鳥，盤空人力能。小溪雋刳木，斷岸倚攀藤。峻急有時淩，巉岩終日來。迴看過來處，天外石崚嶒。

又

坤輿何處僻，蜀壤此間偏。客路空山雨，人家絕壁烟。鐵鳥

争羣疏鬩獲上獙蹤偏反忘身世勞生信自然陳起雷云唐句

人日

峽來送天一綫通深山昔霧悵溟濛況當客路逢人日更入蠻鄉異土風障塞自分三蜀隸車書猶見五溪同殊方何處簪春勝空有秋霜上鬢蓬

逐鹿行

山行向午經林麓山腰一抹森樸樕群夫攘臂蒼黃起合圍大噪爭逐鹿匝地置網有周阹指揮獵犬紛馳蹵春風野鹿聲呦呦長林豐草無拘束前者不驚後者尾困依得意歡綢遝豈知人間多機械既摳早觸身觳觫天物伊誰

戒暴殄移時剝倒皮角與人何爭抑何愚甘心殘害為
口腹蜀中猛虎無處無山林蹤伏待人嘯草間麋豕獻捉
搦又將人家窺六畜此嘗嗟爾不能除捷獲無罪傷生育
惡者偷生善類亡仁者緣此增顰蹙

十一日宿苦竹壩土人有餽酒者乃糟粕一囊也失
笑賦此

辭舟便棹西溪行西溪道路愁峥嶸浪底風光且愜意十
日陰霾今日晴山色晴映薄春好解鞍問宿料日明主人
迎入苦竹壩萬竹脩脩竹難啞正想一樽對此嘗詩盃嘯
咏醉其下竹間何處劇衣人云為我公進一筆小異驚喜

相爲言予亦鮮顔笑相謝携來百步藤花香覆以鑾錦承筐以異哉非樽復非氣開囊總此眞久藏缺醇哺糟何所擇異必清酹羨巴鄉拚醉一吸仰天咲我亦人間一酒囊

宿容溪

邛烟漠〻帶平沙翠繞紫蘿蹊竹斜導鳥遠勞賢地主題詩偏愛野人家荒邛客至春秋穀土人名黄粱曰秋穀隣寺僧歸帶晚鴉無限好懷吟不盡一溪横浸暮天霞

宿兜圖寨是日經回興哨

陳起雷云風致悠然

無數小溪梯石渡有時迮逕倚崖行纔問宿處人煙

處登危白髮生草沒荒坡衝虎過烟迷村路聽猿鳴人家夜入田頭黑回首天邊哨火明

道中見梅花

客蹤臨春不見春決句荊棘叢中身筍輿橫過溪橋曲一樹梅花慰旅人

省人云誠齋太平道中絕句興趣不殊

殘梅

道旁孤梅襍荊杞疎枝作花照溪水玉堂瓊樹不相謀可惜飄零萬山裏雪中花花隨風起花落春深還結子雖然訓養不到爾道上不復憂渴死一般凋落總無言成蹊倆

不如桃李

汪杜林云
大臨神趣

西溪道中雜詩

開年始三日倉忙有所之行〻至何所將赴平茶司平與
西壤接自古皆邊彝民習好慓悍文教不能移其釁起睚
眦其䀢相尋追上官慎剖析委勘戒稽遲輕裝減騎從跋
踄我何辭理與片言析遠有三旬期在昔限邊幅聚落共
五溪槃瓠有遺種介在西南陲修德使其服治之以羈縻
大禹劃九州萬古無弘規

又

[illegible][illegible]一十里來自高嶺口所見悉如昨群山但紛糾仄路
聯山深水色正深黝俯瞰危魄搖仰攀絕壁陡平步或偶
然嶮巇常八九童僕正苦饑一絕廬無有前山忽然開稍
々見畸畝傍山兩三家破屋無雞狗野寺閑寂寥飢烏守
結卿主人初我來脫粟已在臼具食苦言貧無能具肴酒
一飯更前行循崕又東走行路有如斯安得不白首

又

朝暮至土塘天陰早昏黑傍崕有人家厥往聊止憩塘頭
小茅屋朽敗但壁立入門唯一榻破竈即在側僕從五六
人如何容僂膝茴渠雖在炊環顧愁饑色衆夫遂坐卧中

夜叟起立溼葦寒燎衣噂嗒紛緯々天明登前途猶聞說昨日。

又

昔聞枏木箐終古號險惡及茲身閱歷始信耳聞確出入三十里陰晴渾不覺入口石磴迴巉巖相對削餘亘揷虛無壁立如城郭崖懸樹半出危石如欲落緑葉無冬春白晝吟猿玃爭路豺狼過嘯樹鵂鶹作聲水接平地過物相纏絡馬蹄蹩不受騰蹋聲蹋々人吏苦饑如糗糧或解橐出渠丹如砂隨手雜飧嚼相顧趁前途斜先飽山角猶見前岡路始覺天開廓迴思繞所歷酸楚猶在脚因山處道

難何曾得其畧

汪杜林云刻　皆人云鑿氷二語
劉爭庚陸　爲奇景畫所不到

又

憶昨山稍平出入在林莽曉入谿谷間所歷頗相彷忽復
升危巔始出飛鳥上不知身在高但見衆山仰平生雲海
胸豁此壓界敞僕夫指前路連山又莽蒼始歎此一隅疆
域非不廣由其俗鄙彝不足辱刑賞令各守其土襲替為
之長已復乘擾柔兇險遂搶攘卓哉諸葛侯一舉散其黨
至今千載後遺烈猶可想譬如物垢汙猶必事刮磢物尚
畏穢汙俗惡安可養司土苟得人好惡當不爽勸懲一以

公反側須平蕩溪峒數百里萬古平如掌永令佩犢民賣
刀耕堯壤

又

古王弘色舉八荒歸底奠海外脅來王何分荒與甸獨其
制九區不以廣土衙諸溪遠在邊荒僻雜慓悍至今數百
年猶衣之有緣不復側則壞薄責以貢獻當事遠綢繆一
朝通其變峒連黔楚邊梟風處鼓煽議首陳升伯專司宜
急建不必身其地分防黔江縣撫軍姑奏請朝議遂曰善
明綸昨已下迨然亦就選剌郡既有官官衙宜立繕黔邑
殫九地適者苦旱暵役費計不訾弱力詎能辦控訴亦多

門顧恐遭呵譴方今太平久邊疆幸清晏小民安目前此
舉宜不便君子樹令猷安肯拘成憲事取久大豈在掬民
顧又努力恐疾苦雖勞慎勿怨在昔拓遠謀得毋此遺算

又

馬上望溪口人烟稍團聚民不見外事衣冠驚道路小市
十餘家觀者雜歡顏峒長數輩來手提壺漿具道傍相邀
留邀我片時住復有兩老人鬚眉如縞素自言籍豫章他
鄉久留寓傍崕即成廬從入無百步山茗久在瀹起候自
天曙多謝諸父老此意甚慇注茶香酒復清愛汝好情愫
遶溪行十里亂山斜日暮解鞍宿容溪晴光滿溪樹

又

乘險十餘里側身危壁峭役夫相為言將過回興哨々卒五六人馬首為前導左手挾弩矢刀亦不在鞘云此近蠻穴聊以備巡調峒獠伺行客往者有故劫其俗不耕舂其漸遂橫暴竊發或偶然伏莽叵預料徒駭恐初經數不以情告過此不復防所如皆坦道下山又十里回頭見殘照四顧無人烟東風吹野燒

又

客子昧節序山中又無曆聞說今年春穀辰後五日今朝得無是風光如相識薄暮宿茅簷孤燈照蒼壁主人具主

莫獨酵亦在側舉杯未及飲一聲聞霹靂再聞農事舉節
候有誰測今辰始立春天意遽驚蟄節遲氣更早天時果
無忒徒令策牛人空在牛後立檐雨相續翻漏蓋聲轉急
旅況殊無聊後此增愁疾

又

佳節感覊旅遣愁々更真黔南千里外何況湘水濱燈火
去年夕老妻尚爲人兄弟雖在遠暫覺妻孥親因循悼亡
後荏苒復經春平生倚隱志覊束無由伸一官備驅遣不
敢辭苦辛遠涉非人境溪峒窮嶙峋謀訴況敗意何知節
序新村酒强斟酌酬酢兼一身剪燭坐深夜清淚溼衣巾

皆人云潘黄門韋左司
悼亡詩後復見此諷詠
陳滄洲云絶似少陵秦州入蜀諸詩而中間羈縻
撫柔諸議論老成持重非具大識見人不能道

道中雜體十四首用黄山谷題歌羅驛兒門關外莫言遠四海一家皆兄弟爲韻選七首

群山天上來紛亂交層累千里相延袤焉測所首尾村硐
遞相屬落日嘯山鬼相守窮荒中安知有仁里仇鬭如虎
狼懽聚猶鹿豕椎野固天性横暴習所使遠維開闢初不
知時代幾其間勞驅除讋服功亦偉至今太平久相承順
文軌百年山水間漠然失故壘惜哉俗輕生往往誤罹罪
台司寬大恩亂法平情理瘡痍積未療坐見元氣餒何以

胄異薄導之以詩禮絶巘攀來羅可捫蔦林一株見胴激
人行樹杪山坳迴雨過村原溪水渾到處殘梅雜石路幾
家察竹覆柴門蕭然幽絶無塵囂便欲結茅學灌園舉話
何須説差强飽看山人皆去險阻天假此追攀溪響雲樹
裂峰巒懸鳥欲還只應愁日暮迎夜宿柴關
柑樹東來轉狹隘常恐耳目不能快儵爾遠陟山巔萬
里雲山入決眦眼中畤昭割如席參差相望聚村砦俛窺
森竹視秋毫下聽風飈鳴天籟雲霞紛披千仞下飛鳥高
翔不在外半生經涉苦跼蹐一朝豁此眼界大開思平生
山水胸有目不屑領常態宇宙上下數千年奇懷乃興斯

景繪并刀剪取壓奚囊增重索裝同紫鳳皆人云二語繪出千古名人懷抱

疲茶遠行邁舉目愁羈泊賴有山水情少慰意落莫春鳥鳴喬枝浮雲赴大壑有情與無情靡不適所託嗟彼籠中羽欲飛苦嬰縛林光紛在眼傀然無與樂仰視雲間翔隼向必寥廓一聞鳴喚聲安得辭條索

環黔土司凡十四酉陽平茶即其二俗不詩書號雜野其餘想像皆一致維明末造騷然時頗聞諸獠勢恣肆縱橫番掠無不爲黔南十九遭狂噬背鄉死陡靡孑遺郭外田廬盡拋弃承平生聚六十年元氣凋落色憔悴大鈞播物

無區別繫豈適民皆異類傷心司長獨何人願使縱之為暴戾殺机一發不復收以今所見適自敵天道好還自古然詹盡相殘何足異烏知風俗貴仁讓以此治民民自治先懲凶德務力田禮樂文章其漸次不知出此尚爭鬬桀犢時々到大吏羅織漢峒無人烟抑此何功亦何利方今天子盛明威長官長官幸留意

今看此山青昨望此山碧眼中只此山所見乃非一山雲吹夕林客居無次第羇泊憐一身一逕跡如繫人語雜諸羅坐側混虻隸殊鄉異類親何暇念兄弟仰看雲中雁春風信搖曳參差斷復聯影入遙天細山木亦有根蔓

草亦有蒂我生初飄蓬如何更留滯月黑夜燈明旅館柴門閉省人云結處蕭然更欲無言

薄宦頻年滯石城那堪又作異鄉行地偏久已疎朋友俸薄何曾到弟兄落日遠天空見雁兼旬幽谷不聞鶯惟應旅館還家夢一路春山雪月明注杜林云下淚語

又雜體七首用山谷題歌羅驛五十三驛是皇州爲韻選六首

平茶介諸溪地僻境亦阻千山盡黔一水纔通楚相習耳目陋舊制衣冠古推繩可結邈然念三五帥之非其人橫

暴恣求取民貧無所之强者至跋扈一法不能加贅疣視官府雖未擅予奪長官守空土痿痺久不仁此症吾目睹豈徒罪在民其漸固有所民俗亦何常轉移視所主安在風鄙彝不可爲鄒魯

注杜牧云老杜謂元次山得如公輩十數落落然參錯天下爲邦伯萬物吐氣天下得少安吾于公亦云西溪諸漢詩微婉頓挫亦何減當時元使君也

過來千萬峰至今在胸臆餓眼雖得飽急喘猶未息業牘不辭勞草草公事畢屈指尋當還兆已慈脚都憶初來黔南我年已四十未知身强弱鬚與髮正黑回頭復幾何舉動見衰色古人重折腰況有性命慼垂堂家所戒何不惜

雖助山荒風雨羶閉門萬感集
陳滄洲云不到極奇極苦境界那得有此奇詩雨溪一行
不但俗及遠人即能載奚囊不可謂非造化所玉成也
明月清風我樽前勝友三對鴉翻覺陋揮麈不復談野館
俗塵遠他鄉邨酎軌解醒烹鱉筍策酒劈黃柑獨酌仍移
席頻斟莫計甌暫忘身在役自覺興能酣苔砌連山菓節
擔倚西楠兩溪沙際轉列岫霧中添積翠頻依座閒雲不
去澤烟銷竹箇々風軟柳毿々接近䕃篁處欣逢一草菴
禿毫濡子墨小句寫雲藍奉檄寧辭遠適時若未諳自應
安譾劣人或為包涵到處疲奔走何時使負擔五年空帶
印即日欲抽簪狂顏嫌韁鎖哀歌扣劍鐔驚棲同夜鶴絲

縛類春蠶老覺三能省其如七不堪酸心傷已賦慰意故
人南山色遥天外烟光返照含行旌凌翠巘歸騎拂晴嵐
幽結烟霞契閒尋峒壑探倦裝何日束回首望黔南
人生飄々何所似應似落葉隨風起依々墮地復翻飛噓
遍天涯無底止江湖京國與山林雲屯星散皆如是我辭
根柢久飄零蕩入西南千萬里不逐扶搖上九重飛々只
在萬山裏萬山滿目風雨多吹去吹來襍泥滓何當一夜
東南風遥々吹向湘江渓湘江兩岸花木深周玉川句落花滿
地鋪如綺縱使無復上故枝絶勝他山混蓬藟
一月非人境艱辛得飽嘗溪遭循虎跡天上走羊腸蜿屋

吹慶甑荒沙撲檄裝倦餘雖穩卧不敢羨羲皇

荒陰釀雨暗林郊春色蕭條欲似秋苗地風烟愁遠目花
時文酒失同遊經過覽物山川異到處題詩姓字留吏上
最高遙北望依稀萬里見皇州

蓆門行（所寓館週無墻前無門館人編蓆代屏寔代門也）

百年逆旅如轉睫畫堂草屋何分別僦屋野館無門墻四
壁爭先受雲月遙山一抹混天碧樹色雲光交點綴天然
粉墨謝餘飾十二玲瓏亦不屑主人無知强解事八尺琉
璃爲我設豈知耳目戒壅蔽出入幨帷皆可撤屏耶門耶
兩無取空憐玉箸排霜節曲逆門巷徒依然門外誰爲長

元夜

容易天涯節序遷紙窗木榻坐留連他鄉濁酒娛今夕舊俗華燈憶往年歷過諸山愁入夢攢來百感怕妨眠故園不用關懷抱客裏并州路幾千

十五夜聽蠻童歌

荒唐風信不吹花吹來酒客落平茶平茶土俗無燈節村僻夜靜聽林鵝隸人知更矮簷下土鼓無聲帶雨撾一盃愁絶不得飲萬山回首空咨嗟冷窗凍壁不成卧索寞今宵此為過館人喚取蠻童歌樽酒携闌良夜賀陽阿郢曲

空爾爲下里巴歈仍寡和雖非七寳障前聽勝對三騶車
上坐春風滿屋懽聲鬨松燈竹火明交光酒盡不須東道
主詩成肯數南面王雲破雨收溪月出一聲雞唱林鳥翔
山横當庭吏案在天明日出公務忙

十六夜放歌

倘必他鄉異故鄉斷蓬蹤跡久飄颻着處相逢皆戲場千
金一刻風景忙月華如練照溪洸昨日放歌歌未央今日
放歌歌復狂松燈把照明虛堂要與銀燭爭熒煌燈下濁
醪凡幾行濤濤聊亦勝茶湯沾唇細作松葉香仙人莫倚
驕雲漿奚童數輩來侑觴春鶯宛轉鐙復鏘手挼紅牙歌

數章短歌多是小秦王（土歌率七言四句）家中突出花奴裝芙蓉初日麗方塘曲終入破聲柳揚滿堂回首皆徬徨春宵如此不可忘一舉累觴樂無量漏聲欲盡林鳥翔童子開門看東方洗盞更酌燈更張不信旅況有凄涼忽憶昔人戒荒亡此樂得無已太康推酒移燈向匡牀欲睡不睡愁夜長歌成自咏立蒼茫攬衣起舞影在傍歌聲欲放神摧藏酒醒月斜傷肝腸悄然泪落沾衣裳

十七日陳副戎手書至自石城備述華燈歌管之盛兼有竹馬魚龍諸戲念余遠涉遐方頗不得同歡賞良宵戀々情見乎詞

自咲玆行何草々新年更涉殊鄉道豈眞異域各乾坤未免同心閱襟抱知己緘書天外來懷人情緒行間嫋特問天涯眠食宜輙言縣中景物好發揮春色沫云無點綴太平眞不少急管紛々吹迷離艷歌曲々聲繚繞三千雲馬耀鴻衢十二燭龍照蒼昊銀花簇裏鎮留春大樹光中不知曉頓令酸心寂寞人于玆回首蒼茫老知君此地曾經過念我此時必潦倒衣服五溪槃瓠多山河一寸髑髏小幾時到眼有鶯花終日攢眉對奚獠天畔誰憐道路難書中爲囑旋歸早友聲何處來喬枝歸心一夜同鷗鳥

苦寒

夜寒不成寐淚衾冷如鐵燈火帷紅燼起呼殘燈滅北風
天上來千里數凜冽纏踪茅簷下九閩紙窗裂隙昨正苦
雨寒骨猶未徹止殺半日開氣候寒參列畫子組開門滿
眼空庭畫前却難止啼門外無山行

曾八五六
朝人句

春寒

春寒旅館閉沉沉旅櫬杖藜客思侵千里閩關正月首一
旬風雨五更心病身怯冷綿猶襖野市連陰泥尚深最是
荒林不敘寞賸詩得句共猿吟

苦雨

客廛閉門居苦雨逾數日風急雞群動淋漓天地濕野烏靜不噪饑鳥斷空飛旅客愁無憀坐對昏燈壁北風撲亂點滴穿簷入空庭寂無人但見葉[illegible]凄寒花[illegible][illegible][illegible][illegible]碍公事畢

又

極殘燈已罷節序始和煦苦此雨翻盆滿眼無乾土居者猶不堪何以慰羈旅終日敲虛堂塊然寡遊處臨河小磨市珠貴到糧柰荒村少炊烟得如摩在全野壙濁日暮家々防豺虎雨中飢無食夜窺人環堵歌哭雜眘曉所得是淒楚傷心非一事不但苦霪雨

鵂鶹悪聲萬南中偶一聞之輙以爲不祥自西至平十許日朝夕在耳而平茶旅館遶屋樸樕聒噪尤甚豈風氣然耶聞而歔之

春雨霰々暗邊徼苦霧陰々連汗淖鶯歌燕語兩寂然嗚々終日鵂鶹嘯嗟吁此地舊蠻荒開闢千年阻聲教終古不聞絃頌音戾氣悪聲相感召豈無高岡梧與桐縱有鳳凰亦窮笑平疆千里廓昀々水秀山青風必醇椎埋剽斂豈天性導之禮樂皆良民自来風俗有移易去殺勝殘須善人

鎮江寺

石磴披雲入紫門，為我開地偏滝積雪，樹老剝蒼苔，花影晴光媚，溪聲野色廻，所經幽絶處，剩作夢中猜。

其二

遶閣烟梢護，空庭寂不喧，諸山皆秀發，兩水互潺湲，竹静香千境，梅開韵一園，道心深坐裏，何處問真源。

其三

雲光興溪色，滿屋坐溶溶，老石撑欹壁，長廊卧廢鐘，齋心清磬滿，佛像暗塵封，只在疎村裏，烟霞深幾重。

其四

一逕空塵襟情因勝地邊灘聲搖氣象隱勢鎮江天客坐林間雪竹分浦上烟老僧勤瀹茗歸路夜燈燃

近日

千山雄峙雄連西一水翻宗逕向東近日夜郎知漢大於今率土盡王臣

其二

豈無子弟拋書戲亦有田疇佩犢過今日文翁方教授好銷刀劍事絃歌是時蜀中院司興舉義學

其三

莫將萬里問千年井底山河一掌大閒看怒蛙爭缺甃豈知虞芮有閒田

向來司民多因山地爭奪起釁或致仇殺相尋

乾龍野望

滿眼右丞筆奇墨若泉涌托身圖畫間環顧驚種々今晨了無事信步即荒隴亂山多僻易遠秀森揖拱白雲隔林明流麗如可捧前山稍迴環山雲兩不動人烟隱參差竹樹淡欝翁遶村春溪潤其執頗須洞弄聲薄霧中微辨波光泡好景不可常薄作片時奉一過適目前怡然蘇膈孔回思簿領中寧不嘆塵冗

其二

禹服不能處，勿云此幽僻。傍眼無墝土，溝塍劃如織。溪邨遠人烟，曖々間疎密。雜犬互鳴吠，耳目亦不寂。假使良司長，從而事撫輯。奉職備邊障，得不為善國。蜀東逼深阻，碁布錯郡邑。顧此沃壤區，安可例中爂。稍闢邊鄙民，内附情頗急。其執恐復然，寧得久荒塞。嶺南及甌越，海外皆歸極。勗哉守土人，民艱宜力卹。

汪杜林云：此意拳拳往復，所望于凡百君子亦孔殷矣。

新晴

纔覺東窗曙，雙眸枕上明。鮮顔聽鳥韵，傾耳辨山晴。風速

花間信天憐客裏情駕機夜有受春服幾時成

又

野秀隨遙目凌晨分外濃烟光連水氣春色帶山容雨足高田沃晴薰細草茸輕裝何日束歸課石城農

望雷音寺

抱膝此孤坐杜門絕遊指今晨步前庭久雨爲我霽山嘴帶人烟修林暧交翠館人爲予言雷音有野寺陡隨面前溪々廻若有意作晴水氣高日薄烟光賦陽溪無心雲隨風過林際想見寺中人雲深門欲閉嗟我苦牽纏欲往無由至我生初浮雲終當慰幽寄

一逕桂林西繞之河
東渠中幾無以辨
昔人云幽絶境
欲使幽情長遣

旅夜

寒燈挑欲盡風雨況殘更天畔無朋友山中有弟兄客愁
何處寄春色爲誰生活々溪頭漲難爲永夜情

又

愁緒滿天地難爲獨夜支風塵嫌傲吏奔遂媿男兒客夢
青山在歸心白髮知橋東舊林壑宵負野人期

正月廿八夜雷電交作雪深數寸是日雨水節

雨水未應乖節序風光如不到天涯游雷一夜堪愁絕不
放春花放雪花

酉溪大樹行

酉陽溪邊有大樹結根如山縱盤踞深入千尋資土膏直
上三霄沃雨露纖枝要非櫰楠材踈幹如堪廟廊柱巨材
擢秀非偶然應有百靈相守護歲時父老挂紙錢焚香再
拜精神聚豈知生意有時蹉跎竅穴剝蝕生蟲蠹風雨因之
敗其中根柢空巃嵸狐兔雖然斧斤不敢加眾情已覺失
依附孤危垂壞空呺然行者欲前皆却步本撥豈其厚土
乾物久或者巨靈妬自茲歲月復幾何恐終必爲爨烟具

愀然歎息對之久狐鼠唧吟愁日暮

牧童謠

早起驅牛出薄騎牛歸斜日野風吹短笛乍晴山色滿蓑衣何處岡頭青草好群趍飽齧莫相違吾將飯汝令汝肥含汝春來方犁侵晨穿鼻繫柴扉田間無草常苦飢叱策不煎筋力微努力莫使主人怒々心一起即殺機

皆人云結語似直非直中有勸懲

又

日出放牛出牛屋村原門巷群相觸牧童一々爲屬目不見老牛舐黃犢道旁屠者賣牛肉衆牛見之皆觳觫老畊

旱土牛勞碌草根飢嚙身局縮為君歲致穀百斛主人於此何不足與辜恩就剝割酷嗚呼安得推此牧童心盡置天下庖丁腹

獨夜無聊思欲一醉不可得憮然賦此

伊昔彭澤雖在官種秫工頃五十畝臨没猶恨飲不足杯杓欲其常在口竹林七子亦復然荷鍤劉伶愚其婦我今室内已無人不用托詞誓止酒況是羈孤天外身埽愁不可無此帚巫閭何必須良朋烟鳥風沙皆酒友豈知一舉瓶盆翻隣壁有瓮生塵垢萬山莫覓杏花邨興來停却傳杯手白日青山空復情吻渴三更坐回首翻身仰見酒旗

星欲上青天挽北斗

明鏡歌

粤崎嶷嵸遍天峻孕産青銅何清勁冶人斲取付紅爐良工巧鑄盤龍鏡圜尺有三作小天數取四時還置閏銖稱磨拭況精工要與秋月爭熒瑩不屑妝台寫翠眉不照佳人顏如舜精神清迥寒森々嚴氣孤光其物性却憶山齋初買時黯然如漆見鬚鬢蹉跎老大今何如一々年華有印証勝乘旅次曉堂懸湛如水天一色淨隔溪烟樹隱參差千里雲山分遠近吏人廝卒當庭趨不但須麋皆可認無心恭慢形之容要識胸中有邪正安得借此青銅先辨

盡天下贊與佞百種奸邪不敢前心胆照裂肝腦迸噫嘻神物利用曾有時無端擿伏亦當慎綉囊珍重謹收藏韜光滑實奚所病

陳滄洲云大學問人語右人所以有察及淵魚之戒

眼中

眼中非故山剩有故山意修竹帶青溪々迴柴門閉

皆人云清閟翁胷次時着此景

又

更無多人家茆屋只兩座鳥啼深樹烟中有幽人過

荒雞行

欲寐不寐夜漸深昨聞荒鷄誰起舞輾轉仰天明星大起
坐披衣洞交落憶昔年少雞初鳴竹窗夜讀心魂清弱冠
遠遊事道路鳴鞭上馬霜月明一聲起舞頗自快雄心壯
志何縱横無何遲暮傷衰惻惻胸萬感緣聲生荒雞荒雞
聲不惡此夜聽之同惡聲

正月初四日宿金溪書正堂樽桐過夜話

羈愁無睡坐蒼茫有客相過夜來共餘論未須煩謝朓短
歌聊擬贈王郎燈前傾倒論文地花外頻繁問字觴見說
陽溪門巷在春風還燕舊時堂

初五日至鎮㬎王生璠楊生維楙偕子爍李生廣偕

姪正陽謝生繳諸友携酒過寓

春光欲媚柳條妍縛酒論心不偶然新歲過來剛五日德星一聚足千年訶鄉人物衣冠盛螢國山川道路偏東望西溪亭障在天涯只隔渡江舡

其二

安排行李渡扁舟且住為佳復此留浪跡一官輕跋涉過從多士愛綢繆梅花香處堪携手草色莛前欲上眸惜别萬山明日意吞風悲聽友聲求

悦山堂詩集卷七 筆下集

晴㵎謝賜履勿亭著

男庭瑜
庭琪
庭琛
姪濟世
庭珏
庭玖仝校字

廖黛起別十年矣己丑冬手書戀々来自尊君赤城署中兼索近作却寄

星聚萍分歲幾遷欣聞折桂已三年　冥庭從渥水啼麐駿養

就丹山翼已全傍塞書來勞驛使過庭詩在羡家傳不知
鮑照才初盡猶索參軍俊逸篇

弔梁貞女

新會梁羅主年十七許婚未嫁丙辰三月為流寇所掠罵賊求死賊不殺驅廹登舟至中流謂同难者曰吾今必死但恨劬勞未報歸告吾親數日屍浮水上面色如生

澆仗氷操撼賊威百年身世事全違從容一死遑他恤寂
寞中流得所歸良玉碎來終莫玷明珠沉去尚含輝春江
猶似貞魂在嵗々啼鵑慘落暉

陳滄洲云醇古淡泊之音

涯杜撰云只如此令人
双凋迸落所以爲真詩

燕臺除夕

蜀嶠京華萬里餘夢魂猶自怯舟車一年已向忙中過此
夕還來客裏除天近星辰連劍珮春回氣色動簪裾如何
簫鼓紛々夜樺燭深更照索居

帝京元夕

長安元夕號繁華々燈滿眼相交加萬物有形皆吐鉄九
衢無地不開花清宵轉換作白晝掩映參差成錦綉遊人
不約盡趋先妙技爭陳唯恐後歌管紛騰不夜城星裘簇
裏麗人行霧鬟雲鬢香滿路遺簪墮珥不聞聲妖童結束

花奴樣弄竹調絲皆馬上綠雲欲駐月徘徊艷歌一闋皆
惆悵茶坊酒舍盡隨宜豪伯監奴半醉時旋割駝峰攢綺
席爭烹雀舌出花甆耳畔轟傳看烟火空裏一聲如掣鎖
仙官玉女倏忽來軒蓋旛幢良久墮萬人隊裏出硃牌傳
道巡城御史差紅燭絲棚當要路綉衣白筆趁街別有
粗人品斯下使酒凭陵渾慢罵小立猶令斥四傍讓路直
教避三舍晨光欲出月霏微樂極興闌取次歸日高三丈
門猶掩塵滿六街跡尚稀幾回屈指來燕即萬事如今皆
昔比惟應此夜盛豪華二十年前只如此稱家豐儉不言
貧傾城忙煞買燈人千日計工猶恨速百金酬值爲爭新

吁嗟乎太平樂事競遊賞大樹光中愁夜短莫道驕奢讓
往年一燈尚貴中人產
皆人云初唐四子之遺

二月朔興諸同人於都城闉見一鶴主人雜水鶴飼
之垂翅摧頹無復翩翻騫翥之態感賦二首

鵠爾從何來甘充耳目娛珠頂蒙瘡痍霜毛沾泥淤俯啄
塵沙中盡日不滿嗉欲飛苦不高豈無兩翅羽懿此本閒
潔俯仰若有度腐鼠飢不飡味溼蔆蘅露胡爲雜鶖鶬稻
粱分雞鶩萬物有本性逸足無蹢步會看踩翮全翀翩接
鸞翥爲君呈羽儀翱翔在天路遠食玉山木還棲瑶島樹

一舉超塵寰不使弋者慕

鸛

鸛生江湖間飛止依江沽伊誰此好事羅致来城郭長啄毛離披闊項睛烱爍腥穢帯涔潦甘此飲與啄延頸無虛望所向有撲捉糧粒豈不足稟籺圂貪濁仁不如鵝雛勇不如山鶴信不如塒羽文不如孔雀序不如鴻雁瑞不如鸑鷟義不如健鶻智不如乾鵲和不如雎鳩奮不如鵰鶚主人何為好為其貌似鶴噫嘻如以貌豈唯物相若孔子大聖人陽貨亦不悪

自笑

□□崎嶇百歛身尺書催落軟紅塵霜鬚入鏡纔知老緗帙堆牀不似貧自領尚堪移酒郡傍觀只好作詩人芳郊綺陌花如繡放醉狂吟處處春

汪杜林云程孟陽評錢牧翁文字只是停當吾嘗謂之知言世人評詩但取一二清綺之句以為佳絶不知通體停當乃所謂庾信文章老更成也讀公詩如熱台除夕自笑等篇不愧停當二字世有解人庶几旦暮遇之

詩人云與蒲院花闌境別

風雨

樓藏愁坐暗銷魂遠屋春泥見鮮痕風雨偏侵孤客舍鶯花常傍五侯門殘紅到眼無多句重碧開顔有一樽好是

天邊留滯意散吟閒步亦君恩

春分前數日見海棠一枝甚艷乃從地窨中取煖先開者

京國亦香國春來有一枝化工人已斂風信爾先期仙子應無匹佳人欲聘誰雅於梅格稱爭奈不同時

雨後見海棠

春來二十四番風吹過春分二月終高柳垂烟千樹綠名花經雨一枝紅巫山夢溼行雲外金谷魂銷步障中香國舊遊回首隔年々清醥醉芳叢

昔人云自ゟ好

悶雨

雨々風々欲断魂，梨花時節正黄昏。懸知酒價頻平減，十日春泥只閉門。

又

溼烟低壓雨如秋，枵腹長安待詔愁。堪笑東方飢欲死，不知辟穀學留侯。

春暮

春城烟霧謁霏微，天氣朝來欲減衣。公子柳邊蹴踘戲，美人花外漸裙歸。香飄綺陌紅如繡，雨過芳郊綠正肥。重到小樓吟雪處，木蘭風颭酒旗飛。

風雨

風々雨々晝冥々高卧龍烟拂綺屏飛翠亂迷沽酒店澄紅低壓護花鈴驚條舶鰉門還掩繡步衙泥屐尚停參秀欲寒春漸老双柑何日向郊坰

皆人云晚唐佳句

寒食有感

東風吹月滿燕臺萬里鄉心物候催到眼杏麋知冷節撥爐榆火見殘灰時清尚喜身能健老大應憐客來回三尺塋田先隴在夜深歸夢掃除來

堂懸玻瓈瓶貯金魚友人屬賦四首

玉壺徹底此澄鮮一勺清盈注石泉寒蕊乍疑空際舞錦
鱗真在鏡中懸雲窗霧閣爭相賞吓綠翻紅劇可憐身近
雕梁蠹蠹鳥似桃花春水隔天淵

其二

天池尺澤總逍遥涓滴猶舒鱗介勞玉井移蓮披蕩漾冰
壺濁錦見纖毫山根未逐雲雷去堂上空隨燕雀高誰惜
錦鱗終日繫綺窗吟望當觀濠

其三

靈泉溥瓮貯冲融影采繽紛四照空誰放蟾蜍生月裏欲
迴江海入壺中瑶池萍藻初分綠玉洞桃花已綴紅渾似

艷妝嬌不定霞裙飄蕩水晶宮

其四

倩作龍宮大海觀琉璃清淨碧漫々蒙莊樂境齋頭得半續清風畫裏看獺尾漂搖氷彩亂紫鱗浮動鏡光寒春来遍是仙源水買盡江湖一掌寬

陳滄洲云此等題寫出極細膩又極闊大極香艷亦極沉着足令观者縮首咋以

賦得首夏猶清和和陳崐霞太史

芳郊樽酒餞春歸尚有鳴鳩拂羽飛麥秀乍寒紅藥褪花纔盡綠陰肥歌台小樣初裁扇舞席輕羅欲換衣爭似玉堂清絕地日長風細讀書幃

陳滄洲云沈博絕麗

禁林聞曉鶯和陳崐霞限林字十二韻

春暉彌御苑，霽景耀仙岑。翠浥芳條靚，光浮碧樹陰。祥風披麗藻，善物感珍禽。清哢圓于管，奇毛炫若金。過來烟漠々，啼處露涔々。鳴已諧鄒律，和應叶舜琴。輕梭隨柳轉，清韻隔花沈。細逐雲璈响，遥分法曲音。傳聲催漏板，激賞動朝簪。天畔遷喬意，人間求友心。于飛丹禁迥，相喚碧雲深。似命谷中侶，聯翩集上林。

陳滄洲云唐人集中所少

汪杜林云深情一往

蔣石塘惠故園峒茶

峒山香味勝蒙山白絹封題爲啟看雲外凍雷驚雀舌大前新焙敵龍團携拼雪液甘泉潑入鼎松聲驟雨寒一啜渴塵消欲盡詩腸攪並酒腸寬

陳滄洲云賞心佳句

送時茂超之官浦城

浦城自昔清僬地江令之官逸興長到日橘奴霜後熟及春茶客雨前忙山連海國雲千樹嶺隔仙霞水一方賦就筆花還入夢更看循吏有文章

陳滄洲云絕妙好詞　汪杜林云可使錢郎避席

送勵齋令弟還嶺

送君南去重依々，高柳鳴蟬綠正肥。眉戟未揚俠氣在，壓壺欲缺倦遊歸。月斜驛路輕裝束，潮滿珠江健帶飛。到日山寒岩桂發，海雲深下讀書帷。

榴花

園亭過雨淨塵埃，火綴珠榴似錦裁。到眼正當凡艷盡，與心又見此花開。盡根尚帶仙槎古，嘉樹元從漢苑來。稍待秋風天酒熟，與分彫實佐金罍。

皆人云領聯妙絶古今矣，榴花乍見時人人具此意境，却從未有人道來。

新秋苦雨次韵

積潦平堦欲種魚軒窗深閉護殘書寒聲入枕溪相似急勢翻盆瀑不如舊雨來人空宛在新秋作客況愁予江湖滿眼無舟楫廣廈何時定卜居

陳滄洲云趁筆寫出絕無推敲湊泊之痕詩人到此真未易々

寄懷文素菴

朔雪分襟十載前袖鞭遙指棧雲連巴山聽雨渾如昨燕樹驚秋又一年江上雁書空悵望日邊鳧舄待聯翩羈懷欲話何由共空對西窗夜燭然

四月廿七日引見蒙溫旨行取官俱好着留京食俸候補紀恩

未明魚鑰啟重關御苑香飄綵仗環冠佩分行隨鷺序風

雲入際觀龍顏胥慰已荷天書與霄次第叨月俸須自省
安居慙報稱何時籌筆繪民艱
別石塘之黔南壬午仲冬廿五日也旋聞提南宮與
館選御試高等為之甚喜歲己丑行取北来霄次長
安明年七月石塘定省還朝樽酒留連因有是作
一從氷雪別燕關往蒲崎嶇蜀道艱正喜省書聞月捷争
傳禅翰動天顏十年栽娩歷埃夢萬里君還侍從班何幸
西窗今夜雨挑燈重與話巴山
庚寅閏月七夕
共知前月今宵好正是双星夜會時一閏適當流火後三

句又見渡河斛天還乞興從教巧世上祈求總喚癡唯有人間無限別不堪從此感羈離

送劉潤川銓曹歸彭澤

旗亭折柳重依依燕樹秋風落葉飛蜀道累年淹宦轍修門幾日掛朝衣林間酒熟山公去籬下花開陶令歸多少人材須啓擬江湖未許戀漁磯

三稜餅

鎚鑪寫物隨所敍千手一形唯俗匠四角縮一見斷餅三脊稜稜不相讓至道無奇平即奇小物要具參天狀規模簡古衆所厭大市塵埋乾凋喪謝子一見相拂拭君欲名

貴世無兩從今滌刷見精神土花半蝕奇光露商彝周鼎

無雷同一代質文閱好尚彼圓而卿誠不肴即方而臯亦

過當君看不圓復不方此豈有意趨時樣葡萄斜絡瘦藤

行露葉風梢遞相向一瓶盎溢寒泉清四壁虫魚共摧濺

菊風滿座吹秋意恍然置我羲皇上

端溪天然硯

端溪々山秀可掬靈粹中含蘊清淑海天星日稠𥙿摩盪

孕琳璆釋岩谷危峽老色攙高寒仄岍氷凍渟滀漾天地

至寶神所護輕生偷琢碧山腹縋身坑坷千仞下斷破雲

根出紫玉鏗然屹璧謝人工妙匠洛嗟歎良璞拂拭紅潤

色如肝摩挲滑膩肌無粟豈無抉鼻頰螻螘却有活眼明鴝鵒試墨直令龍尾羞濡毫徧稱蔚煤馥秋原狡兔穎如鋒不惜臨池為君秃風流未辨寫紅牋簡策相期汗青竹鍾王顔柳徒區々臣朔欲草三千牘

端爐

在昔聖王御九有既壽且昌俗仁厚善氣感召來鵷鷟鳳凰儀庭麟遊藪維麟之屬曰甪端愚殺好生九無偶足閒擇地重傷生虺蛇蟉然盤跟肘博山鑪鑄肖山銅丁護巧擅般輸後奇禽怪獸蔑不為盡態直欲窮飛走自來良工妙制器厥義有取夫豈苟鐫鍥鰥魚象無瞑階鑄狻猊嵩

善守豈如此器壽無窮義取千年躋仁壽圓腓虛腹狀彭高昂首張舌似哮吼款識磨滅不知年古色斑駁雜深黝鑿鏤奇古近所無下視宣爐皆儗帚晨興自起續蘭烟淡對一日遠塵垢交涼一任總無心暖熱何嫌可炙手憶昔吾友端溪君誓與磨礱期皓首譬則取物猶取人惟有端人堪耐久大凡明窗看主人金石堅貞称吾友取人實失徒循名許靖虛名何足取

九日席間賞菊々本戲以草誁

何事登高繫絳囊閉門聊亦作重陽一遭坐客夜冠懸恥說南朝落帽狂

其二

小橋金翅泛鶺翎秋光吹影上疏櫺玉盤瓷斗俱不用銹瓦綃濤作膽瓶

其三

無多撮土託根芳依舊東籬秋色佳恰似當年義熙叟菩痕和露濕芒鞵

送石塘太史瘿樽四十韵

物無材不材潤晦視遭遇信美若良璞苦爲貪夫守殘齾有餘桐或遇賞識覩造化每如斯愚者徒貿貿瘿樽顧一物々理當可究木瘿寔木疾附贅若瘡瘻空山就愴悽碨

砢霜皮皺理無中繩墨材豈任堂構須堅牢礪角蠡招啄
木味翻以不材故得蒙樵斧宥製之代樽罍甘取俗眼詬
輪囷瓠腹圓臃腫藤節瘦亘惟去雕飾天然謝矯揉蹇予
久嗜酒老瓦羚席壽湛靡世所趨寶此真率救一掬琉璃
滑出入在懷袖鬱若古法物陸離紛殽稀正可對溪山米
用觴朋舊在昔山中田一頃可種豆薄言執之赤秋穫酒
亦厚開瓮輙兀然何物為宇宙自從縛塵嬰芳醪遂絕漱
長安珠桂鄉謁來又臈伏頗急瓮中糜還問樽中酎衣裘
質到無缾盎貸不售甑杓雖無恙宮徵不復扣譬彼耰鉏
在久不事畊耨又如文墨儒土苴視甲胄唯君信趨雅銀

杯厭鑿鏤忽羨甑飲風求之惟見後沾者或有待私之真
大謬與使生埃塵無寧奉左右逢佐阮尉豪永辭顏巷陋
知君詩酒興引滿若危漏一斗一百篇日助奚囊富物過
慮為災辛稼軒止酒詞物無美惡過則為災勿為故習狃徇雅雖可人泥之
亦仇敵既以相持贈聊用小詩侑君如忽此言物固不佳
疢三爵即何傷戒之在多又

陳滄洲云一篇中分作四段逐發出無限妙理佳句
縱橫排奡全無艱澀亦全不覺冗長所以為不可及
汪杜林云想見
空洞渾無物

一郊外春遊

無情節物去如流截取三分付酒甌石上醉吟紅亂水邊斑坐綠茵柔平郊斜日生芳草高樹頹垣見廢止賴有翹生頻入座丁香花下不知愁是日移樽丁香花下

春郊

郊遊本為避諠譁鼓吹時煩兩部蛙偶過茶像分茗飲重過酒肆問斜花綠陰多處頻欹坐紅藥闌邊便駐車醉卧不知西日墜柳邊歸路月痕斜

首蓿菜山菜南方不產

山園小摘翠盈筐鹽豉烹調旋筆薑下箸尚饒風味脆飣

盤初愛露芽香天教漢使留遺種日遣先生得飽嘗從此
齋廚增北產春風不羨大官羊

晚雨乍晴

安排詩蓋過芳蹊分付詩瓢貯小題向曉卧聞簷有溜乍
晴愁見路成泥小桃經雨紅初破新柳搓烟綠未齊稍待
日高携酒去雙柑無礙聽黃鸝

栽柳

新種宅邊隨意栽柔條猶未解藏鴉一辭花月章台伴與
悅琴書陶令家深巷約烟籠曉閣小窓垂綠護晴紗閑心

寺鐘江頭樹定依溪翁繫釣槎

過僧寺見兩府海棠有作

兩年擕轉遂屢將節物避歲歲華塵跡自從別香國舊
遊何處訪名花無心又落詩人手一笑個逢佛子家作記
珠宮天女在翠袖映閣護春紗

白牡丹

神綃飛盡綻芳蕊一樹穠花壓綺寮白璧煙來真富貴紅
顏渠去轉嬌倚眼前金谷春將老句裏藍關雪未消最是
不堪發尾後斷香殘粉共飄颻

其二

去入迷在雕欄外見向瑤台何處逢未覺能行猶悵望無猿解語始情鍾華沐露濕春風面粹澤魂銷夜月容渾似雪中看華岳芙蓉削出一重々

其三

花化從各同韵不關玉雕紫閣簇玲瓏香迷粉蝶知何處光卧銀塘定幾叢在圃爭奇多是紫楊家一捻湯成紅畫師莫狥時人眼總看胭脂便未工

其四

仙人承雪凈膚肌為問人間得似無一種丰神摹寫實十分幾費屠蘇姑姚家譜畫叢本色能國真嬌脂粉汙堪笑凡

天愛朱紫相公袍艷世情趨

臈月廿日過蔣容江索飲神仙酒一醉如泥賦此呈笑

向聞酒家參疑信今過爵頭信所聞一斗分將盤上露傳（李公 姓名）餅汲出甕中雲從知玉友能娛客恐是麻姑送與君（云適麻姑送酒來與君飲）已辨小車拚倒載欄街一笑又斜暉（江杜林云才調風情全是東坡）

除夜

爐烟欲燼醉初沈竹爆聲中尚苦吟老去天涯今日意客中歲盡故園心嚴威漸減知春近清漏頻移覺夜深三仕

博料年五十不闕部署二毛侵

祁勵齋除夕惠茶

多時湯社疎寮友即日珍緘荷故人石蓝遠分山頂露瑞芽初摘雨前春自携竹犬匯泉品作聽松風捲渴塵破睡無眠宜此夜詩腸搜徹歲光新

壬辰元日

不親吏事垂三載重忝君恩又浹旬臘月廿一命下計十日矣拜命適當繊篆日適封印日命下不及視事理財須過耗磨辰擬於今月十七日到官古謂正月十六為耗磨日官私不開倉庫予職忝戶曹改云偷閒拍酒聊謀醉隨俗桃符已換新一事十年虛悵望鉏犁抛卻故園春

其二

每逢佳節感羈離況是百端交集時愁逐霜蓬凋鬢髮哀纏風樹入心脾椎牛祭墓求何得買犢歸畊志可知稍待恩釋貢泉壤未應計料到山貲

其三

京華一着腐儒身眼底風光三度新年年每驚皆甲子歲晝不覺換主辰詩逢好處多留眼酒遇佳時縱入唇卻憶故鄉兒女輩椒盤遥念後杯人

其四

欠捹歲月付飄風一入今年似不同未必近來總覺老卻

從此後即稱翁（石湖句人生五十即稱翁）趨朝樓鼓三更白逐隊街塵十丈紅自是酬恩緣未了天邊不敢羨冥鴻

正月十二日蔣容江以和予元日四章韻見示仍依韻酬之選一首

跛脚蹇足步纖離蟲臂蒙恩且歲時傲屋芳容陶令鄰加餐休問沈家髀年來趨走筋骸懶客裏光陰鬢髮知自幸吹竽如我濫崇卑那復計班資

蝴蝶繭

繭出羅浮山中翰鄧君分餉二九五得之嶺南驛使蓋進獻之餘者懸之軒牖漫賦四章

一簇花下覆蒙莊正是長安春草芳朽麥曾看生羽翼壞

裙袴換舞衣裳從知習性元飄蕩無限風情只閒藏珍重高人爲持贈不須如氣羨扶桑

其二

壺隱高懸蓬閣陰梯雲羅致費幽尋杳迷細路梅村遠（羅浮有梅花村）樓傍橋枝橋塢深（古今注蝶生江南橘樹間）岩壑不藏囷樹屋天涯空抱住山心東園一覺仙遊夢惆悵花群隔翠岑

其三

未肯仙衣學御風早從蝮屈感飄蓬脫身尸解皮囊在換嘗捐成故宅空舊日雲岑依抱朴他生花樹伴秦宮形神變幻都如此鵬化鯤遊一草蟲

其四

從來尤物皆爲累笑爾多奇信有之花板欲開金粉翅烟梢先折霧巢枝不教與世資衣被翻類於今重繭絲容易軒窗聊一玩豈知辛苦上龍墀

榆錢

山貧百萬擁蓬廬應是東皇贈戴符撲樹暗飛翻蛺蝶用唐宮中金玉錢洗蝴蝶事匝林成聚亂青蚨從他朽貫元非癖依舊清風宵信手絕勝冥爐三十座顏原門巷未曾無

其二

山材何處覘經濟地上横流亦貨泉野飯憶曾誇口寔榆莢

（和題作飯甚矣）吳囊於此富腰纏，裝成埒地應無數。恣買江天定幾千，莫訝不堪田舍計，虛名寔刹未相懸。

其三

春留富貴橘山阿，滿眼青錢貫綠蘿。措大漫驚屋子破，遊人如掛杖頭過。未堪與世遍羸縮，恰稱尋春買笑歌。偏是朱門無見處，水邊林下不勝多。

（陳滄州云：無一句不工，無一字不穩，可謂毫髮無遺憾矣。）

送穡部郁勵齋歸里

五年京洛共風塵，即日陽關隔笑顰。名士舊來多水部，劇曹今日一詩人。誓辭簪蹕別僚友，歸着宮衣娛老親。尤有

一番堪色喜喚無官物累清貧

傳寅長屬賦扇頭潴蓮翔鷺

滌長梅天雨汗揮香風懷袖作依々花光獨潴千荷淨草色連天一鷺飛愛此清標渾不染知君澹對已忘機點塵未怕元規過身傍濂溪霽月輝

皆人云近人唯南田草衣能以此語入畫

四月四日同汪蒼孚汪夢九天壇北廊看牡丹

一種嬌嬈畫不成蔫紅落粉尚風情香分蘭麝薰元圃霞剪衣裳出太清到眼已驚三月後賞心猶喜二難并坐疑一枕遊仙夢萬樹瑱花亞碧城

次汪倉孚過怡園韵

見說名園好嶢峭野徑通吟情流水遠酒境條壓空家尉
粘天綠幽花入夏紅不知觴詠處肯讓晉人風

五日同自東陳侍御李敬生湯初菴兩富長飲鄧口
口口
口節起遨逸興同蒲沓過引入花繞縹緲結構天然處便
有林泉物外風勝緒好宜千縷續劇談又許一尊空相憐
明日東華路回首街塵十丈紅

悅山堂詩集卷八 碣石集

清湘謝賜履勿亭著

男庭瑜 庭琪 庭琛

姪濟世 庭珏 庭玖 仝校字

九月十五日傍晚登望海樓（在山海關）

征軺東盡盧龍塞，百尺層樓霄漢間。積水浮空通絕域，長城竟海闢重關。霜摧樸樕秋原闊，日落溪山故壘閒。中外

一家歸有道燧烽烟靜遍瀛寰

張天門云細膩與致光並妙而氣格則少陵

燕山道中

半生辛苦京華路觸熱衝寒十往還鞭鐙只今緣未了又騎欵段過燕山

昨夢

一麾倍覺家山遠廿載從知道路難昨夢平生釣遊處短蓑微雨蓼花灘

皆人云平生胸次可想

石佛峒 昌黎縣西十里

峯連碣石多奇縱劈破雲根作巖洞山根遥指翠微深徤步岩能先僕從神刀鬼斧運無痕巖腹虛圓同覆氣幽澗碧漱石泉冷高枝藥壚珍禽哢傍崖小閣九孤清坐見山雲生石縫遠岫欲迴几案前百里提封歸坐控人間福薄不敢有拱手靈奇异僧衆山花掩映日月燈巖草𦳝花都作供空山一衲孤於鶴藥草無畦隨意種下看邯鄲道上人黃粱垂熟猶倥偬題詩便欲問山靈百尺蒼崖待磨礱停車一坐足千年落日驅人歸輪動出山歸路烟濛濛林影東搖似相送悵然回首愧山僧牽纏又入塵埃夢

偏涼汀 灤州北五里

偶然驅馬横山麓緩步攀躋到上頭翠壁臨流開鳥道白沙隈岸繫魚舟霜凋樹影亭臺逈穴古雲痕㟌壑幽餘興不辭歸路晚坐携涼月過汀洲

虎頭石 郡城南八里相傳漢北平太守李將軍夜歸疑爲伏虎一射飲羽即此石也

將軍射虎留遺跡指點初煩道上翁應手昔曾驚飲羽垂頭今尚類傷弓負嵎情狀依稀在貫石雄姿想像中自幸盛朝方偃武腐儒謬許襲餘風

又

一射何心成異事流傳史冊已千秋將軍久已無猨臂老石依然有虎頭尚想威名雄障塞猶疑殺氣傍林邱山沓

路暗歸來夕我亦驚猜欲挽繮

觀太虛子畫虎

高齋日暖春鮮妍主人上堦欲不前山木飄蕭風草偃中有猛虎嘷蒼烟炯炯目眈々似巖電壯士曾見卒淺只々為定凝神還諦視始訝高人工寫意絹素飄零蛺蝶飛墨一痕斑駿猶涇膩欲起不起緣迴身昂首撐蹯踞平地凝然不動屹如山來周諳人來投畀奇墨潑處看無欲化工奪取入三昧朱梁道士厲歸真貌虎痴欲貌虎神精棚喬木觀意態歸來縱筆稱絕倫太虛老人七十七筆帚老硬初奇闢猛乾雄心畧點染奔走百獸爭辟易窮邊荒塞不堪言康

莊白日豺狼喧何當借汝縱一搏無使饞吻滋民冤莫更
昏黑窺墻屋但向人家竊六畜

汪杜林云好摹寫

前賑饑韻三十

北平民苦瘠窮邊連海徼即無雨暘愆恒若遭旱澇矧況
秋雨霪重以灤河暴奔騰厚土沉豈惟田苗漂莊曲
、、、互爲吊有司真偶人竟不以災報明々聖上亂曰
懼罪破骨粤予既到官可無綿力效駕言省民艱朱輪苦
汙滓舍車或偶然泥濘没靴鞠路逢饑莩骨臨風久棲悼
嗟々太平民休養固有道目擊猶顛連何以安耕鑿徙薪

不及謀焦頭蒙訕笑所賴賢臺司其諸古周卲聞請遽發粟隣員有徵調始者念民貧但云減價糶已復賑貧兼始賀瘡痍療鰥寡與獨煢古稱窮無告囊橐有提携相屬逮老少連䟫數千石移時已如掃婦子各追隨鮮須理朽竈喜聞舂磨聲炊烟亦稍々救饑如救焚此言真復訃是時三月初東風動土膏道傍扶犁叟好語有慰勞努力事深耕豚蹄固妄禱屈指二麥收一飽庶可料恭惟皇上仁況下錫祖詒未雨謹綢繆豢民策其要

禊詩二首

騏驥從西來歷塊過通都通都千萬匹自謂掩驍渠九方

不可接孰辨骨格殊雖有廐中龍蹻若轅下駒方今重揵足謂可備長驅自非戰場剎鮮不困鹽車苦遭凡人目棄取視肥癯是使索駿者但按韓幹圖

其二

鳳凰本仁鳥養翮丹山側貪泉渴不飲腐鼠飢不食棲必瓊樹枝音中黃鐘律百年不一見端爲聖人出覽煇千仞上片羽爲儀吉若隨鶬鶊群俛啄稻粱粒是與山鳥同亦可羅而縶所以士君子甘心守蓬蓽

張天門云置之詠怪三十首中几不能辨

義學葺成拈示就學諸生

郡中有義塾生徒久星散棟宇垂傾頹誠知非一旦猶算謀庀材酧緡不十萬北爲都講堂東則肆業館聊爾存規模孰云美侖奐急興擇良工楩楠儲楨幹才不擇地生公侯出里閈況此山海區美材多倚辦庶幾負笈來詩旨析疑難學必要其成功無足得半勉之在身心求矣工幼學與壯行其理本一貫大業固恢弘厥修仍簡練若徒邀利達僭々何足算鄙諺足規箴質詞鮮枝蔓勗哉二三子斯言無河漢

偏涼汀小憩

橫山萬仞入青冥碧油下瞰波光渟天空霧豁鳥飛盡瀰

河一帶通滄溟山腰梯雲磴道迴何年錘鑿煩五丁支節歷級不暇懶仰見小閣撐空青階蝕苔痕蝸篆古崖迸石瑠蛟涎鯉雲根佛子誰所作鈔相掩映輝臺亭奇懷領畧不可狀烟光山黛彌芳汀當前萬物胥我適坐看魚鳥俱忘形茗椀倦揮曲肱後泉甘舌本留餘馨歸路夕陽鳥相喚上方僧梵清冷冷蹇予半生苦馳逐南北漂流坐淹爲愛清涼聊一憩甓將真面對山靈稍待日長重邀山鳥歇禪扃

萬壽節經壇恭紀四首

九重門啟漏初終憶得趨朝殿燭紅三月韶光春正好萬

年聖壽日方中衣冠會處龍顔壽品級三分虎拜同今日
一麾慚外吏謬稚班首效呼嵩
聖節長至支郡守
例得告天祝壽

其二

雲開海日曉曈曨梵唄聲飈桃李風壇上齋心祈西祚佛
前贊千齡年豈闕門紫粇東來滿山海關在東郡帝座紅雲西望
遥擬獻千秋金鑑録小臣無路効愚忠

其三

龍香初紅御柳青南星遥拱北辰星寶圖已卜綿千祀壽
域何須昇九齡民物昇熙同老壽乾坤貞光自清寧欲知

聖澤淪肌髓勝挹堯樽酌濮醽

其四

六祀相承享太平千年長此頌河清恭聞列聖貽謀遠佑啟真人應運生花外旌旗迴振鷺柳邊歌曲聽調鶯環城深水春濤壯似答山呼萬歲聲

憂旱 時議祈雨

去秋方苦雨入春轉憂旱愁霖愁未已閔雨益浩嘆北平舊風俗蓋藏無夙辦賑貸雖頻繁未遽救急難所望二麥收如待滌釜爨沙礫土膏遲不閔節候晏麥苗喜青出土無寸丰膏澤此遷延難必諸一旦或曰誠可格屠沽可

光斷明當告雨師洗心祈幽贊

喜雨 是日穀雨

冬春少氷雪臨畊憂旱土所望天歘傾庶便農事舉惆悵
隔年荒正坐愁霖苦天心本仁愛即事偏鄙齡十日恐無
麥未忍屈指數今晨始作雲一雨遠如許珠玉寸足言黙
滴皆穲黍即未慶盈寧眼前慰貧窶野忭看農夫市歌聽
商賈糴米價平覺烟浮春樹好雨知時節良辰即穀雨
於以兆豐年有秋築場圃

後賑饑 三十韻

昨年秋苦雨盆翻漲亦陡無論尺寸苗漱刷秃高柳平州

數百里傷澇十八九高田雖劣收十中倘亦偶本無斗升
儲得免溝中否草根豈糗糧長鑱向林藪災禍信由天竆
餓非自取幸有上官仁恩加撫綏厚檄下撿災黎逐村注
某々硃墨苦狼籍點勘胝右手自從仲冬來今已三月後
所至瞳䀖屬扶携逮童與蒙袂或垂頭提襟或露肘病者
或捧心悲者或疾首或嫗提其孩或女挽其母或則手壺
瓢或則肩簍藪奔走盈腹枵塵土蹭面垢菜色似柴乞對
之辛酸久始患水齊警今若星在蜀太歲雖在申空聞乞
撥酒何以均倉稍瑣屑較丁口手自酌增損歷辰常過酉
童稚人五升壯者率一斗殘廢及疲癃倍給救衰朽間亦

乞與錢老弱省戴負月凡一爲周不令背鄉走稍聞事犁鋤從新理杵臼匪曰瘡痏平田廬厭相守告汝災傷黎未幸尚南訛罷勉待秋成吹豳歌大有

陳滄洲云精詳周到何減富鄭公之在青州也

松林道中

即不遇年饑應悲生事微市喧知米貴土瘦覺苗稀破屋多懸釜殘村半掩扉眼前急補救單騎戴星飛

道中觀饁餉

比戶曾無隔宿糧盤飧不廢餉農忙荒村傍午廚烟起炊得家々野菜香

荒村逢酒店

壚烟漠々帶春潮，米哄魚喧兩寂寥。浹日不曾逢酒漢，何須高着酒旗招。

荒濱

雨過荒濱路，㘭涔撲鼻鯹。河聲吹黯黮，春色帶飄零。鹻土沙逾白，腴田草又青。老人年百歲，見說未曾經。

瀕海散賑

于役賑貧乏，循歷至海隅。海隅信荒塞，不類人所居。頗聞去年秋，瀿波濺太虚。霪雨助之虐，噴薄蛟龍趋。田苗隨蕩滌，老幼半爲魚。所存饑困骨，渾不任犂鋤。至今瘠鹵地，彌

望多榛蕪上官懃恤恩賑貧空倉稍雖末肉白骨盡起溝中癯弭災顧乏策補救須良圖恐復急升斗臨去還躊躇皆人云惻然仁義之懷

望海

行行頻海濱但見水天碧未至六七里動地風濤擊排空蕩無際惟恐坤輿溺灤河口外來千里一綫窄奈何去千秋横挾新漲激衝波連海勢翻動蛟龍宅遠想開闢初此水何年積孰為主張是終古惟潮汐澇不為節縮旱不為潤澤徒為四瀆尊藏納無別擇所以精衛女甘心啣木石此理殊浩蕩俛仰波光夕

卜梨

今支有佳梨聞産卜氏園採置玉盤中四坐吹蘭蓀乍疑元圃摘含消釋餶煩往年供玉食霜後謹收存正如食芹美不敢忘至尊自從霪雨災腐盡禾黍根應無獨熟理空餘枝葉蕃常恐民飢死此物何足論恭承明旨下早荷賑貸恩關西數百里感激聲闐喧

灤鯽

城北五里許灤水清且洌千尺碧嶤巖棟根蛟鼉窟游鱗飽石髓不知有丙穴漁子捕入市脫網猶鱍々霜刀宜斫膾隨手飛縷雪輦下諸貴人珍錯極閩越此物貴新鮮爭

致羞嘉設維時三月中民饑苦菱亦作苦臨河羨淹網魚
由結誰為炊香杭併助饁餉缺

無心白果

果中有銀杏南北靡二致縱使肥瘦殊必非甘苦異惟其
以無心判若區種類物理或偶然異哉兒女態飣盤務爭
新漸為習俗敝重以適俗人包裹紛相遺不見蓮中菂苦
心含生意今使生理無兼忘苦口利是與美疢同將為口
體累所以士君子寧取人所棄

露甑核桃

在昔乘槎使鑿空出天潢往々將佳種歸來植未央此物

入東土珍重來遐方中腴外堅纖䏶之𧍧有匡亦如海中蛤磊砢多文章奈何喜歎美翻取露𪗋𪗋吾聞百果熟頗與五穀妨維此信豐美未見勝秕穅自來稱上瑞惟取歲豐穰安用生尤物無補眼前瘡

嘉禾篇

自古嘉禾稱上瑞芝房竹寔非其類和粹充盈稌黍豐往往一莖作數穗平州昨歲獻嘉禾不知此物何由致是時秋雨正纏綿崖農相守泣中田耳聞目覩何親切猶道其占爲有年無何坐視秋成失千村見告民乏食當時造物豈相掩眼前虛美終何益嗚呼古來惟有鄭監門不鮮太

平須粉飾

十三日賑饑城紫撒灤牧齋錢不至適明日當至連

相庄

單車涉遠道問我何孜孜孜孜復汲汲言念賑窮簷分糈豈不足錢刀便携持其敢惜府庫忘彼眼前饑飛撒灤州牧相成毋遲遲情急勢莫副即事多參差循迹類膜視小民夫何知所懸出納吝吾將罪有司明日又東去早興前村期豈不苦奔逐於義不敢辭

杖天門云起法極古知穀食於漢魏深矣

宿灤州豐裕社有述

出城五十里欲行已昏黑所不憚馳驅本爲民之食民食既已足我食安可得厨人早滌釜欲爨無糧粒嗟嗟社中民安免飢餓色我生初崎嶇苦辛嘗慣習爲知二十載艱難脊茲役程書坐夜深燈光燭四壁范生稱郝接逡巡懷刺入須臾壺觴至雞黍副急迫一飽謝主人弦月已西仄明日何可知作詩記今夕

喜雨次韻和郭敷五孝廉

綠浪翻時作意青濕光吹翠滿前庭誰知便是催詩雨佳句先成問字亭

多病思歸爲日已久陳齊韓以詩相留次韻抒懷

擬歸茅屋老溪山松際柴門只返關衰至尚嫌貧骨傲官忙不放病身閒尋盟渚鷺應相憶舊隱烟蘿許重扳却愧廿年虛忝竊更無毫髮利民艱

己亥夏五赴檀州工所

百遍泥塗執朴行又衝暑雨赴嚴程三年未斷坳漕手五月猶驚鼙鼓行命日量功勞令尹（經孫大司空料估勒限）閒謳行築笑書生新成堤障山形似沙際雲根一道明

自題深山野人圖

先生雲鶴姿不群適塵俗弱冠弄琴書放曠窮山谷露坐或一罇天光墮鄗漈木癭存真率長杓便陸續惜哉掛世

網欲得不可復草々三十年稿梁隨鵷鷺豈惟乘襟挹引𨓜憎面目故人罵我真故態驚童僕天真信爛熳形骸自土木乍見山中人流光嘆轉燭相對鬢如銀無復面如玉還我舊琹尊坐我蒼崖曲掃我衣上塵松風晝謖々悵然念昨非歸心寄鴻鵠潑眼山翠明彌路野芳馥看即着芒屩醉踏湘皋綠

丹青引贈蔣滄侯表弟

君從長安來名噪長安久餘技妙丹青高興耽文酒侯貴得君生面開要向毫端借不朽徐熙風節雲林迂脚跡青踏權門否飄飖書劍來遼西纔一相識嗟何後劉盧由來

是世親吾家祖姑君祖母我初離家君始孩君今三十我
白首寫照傳神古所難何意盛名君早致及觀小阮勘書
圖（曾為予姪濟世作抗上看書圖神情畢肖）意謂良工合歛手運思直奪造
物盡筋脉神情皆料擻念吾一官久縛束苦厭簪紳猶械
杻濡毫貌作深山人（為吾作深山野人圖雅有深致）石瘦松寒作三疊琴
書不屏為消憂瓢杓横陳拂慈帚芒鞵野服觽蕭閒使我
一見忘老醜塵路崎嶇三十秋若年好尚今何有一番投
効誓收身病夫那作邊城守骨相元非肉食人江湖未敢
扶犁嬰身同羈羽閑樊龍心遂同群戀林藪還須畫我歸
田圖茅屋石田畊數畝半灣松竹帶嵁巘十里溪山對虛

牖明當與君歸去來箕踞盤山俛高柳秫田秋穫酒新篘
歸召相邀酌大斗

孤竹堂後院三松

古堂涉雲際雄踞平山頂俯瞰山海匯傍眼信孤迥堂北
古松株偃蹇入青冥其一故欹斜撑突傾猛梗有如老蛟
龍急遭鐵索捆翻身欲奔竄倉卒不可還陡上學馳峯忽
矗背鶴頸拳枝披倒鬚瘦節生怒瘿稍出雕甍上虬髯拂
觸吻其一半死生皆剝霜皮瘠直拔聳高寒連蜷縮菌蠢
枯骨雖崇立長身猶乂挺青峥白鶴棲月墮蒼龍影枯枿
錯蘖牙壞棄投針頭奇墨柔不就天然出神品其一若傍

侍風格標秀整雖之奇崛姿竦直由天稟依稀兩仙老比肩無差等（并列臺上）傍列一肩隨降階不敢並（在臺下）盖偃互參差貌古多嚴冷䚯々凉颸清蕭々晚色静賣幽忘物役復此塵囂屛茗飲酌花甕蘭烟續寶鼎何必孔廣来須ㄗ人薄須

清風臺次韻十首

北平古孤竹舊國有遺址荒臺萬松迴尚志賢人里兩聖執天倫棄國如脫屣凜々叩馬諫明々子臣理太公直[illegible]豪云是義人耳就養同来歸情激獨深恥悵然念黃虞絶粟豈得已千古孰能餓卓哉伯叔氏殷土有蕨薇周邦多

祿米嗟々八百國曾不如二子環顧食粟人腹果神已餒
翻疑首陽下兩聖初未死死者其形質生氣配流峙亘升
年死生靡二視落日滿平山秋光吹漆水長嘯激清風烟
空暮山紫

其二

平山漆水側即古孤竹址祠屋帶崇臺清聖有遺里所求
在得仁此外直敝屣黄農與虞夏執此登上理二老歸西
伯寔亦歸仁耳干戈既横放兄弟引爲耻正令綱常活絶
食死則已非謂首陽薇不屬姬周氏若然鉅橋粟猶是殷
邦米明知暴易暴偷生豈臣子義死賢於生理歟真爲餒

義人既執去獨夷亦誅死天地皆崩墜惟見西山峙至今
清風臺貪懦漸仰視豈惟臺上風山氣清於水荒原薇蕨
献根莖發深紫

其三

孤竹跡久湮祠垣其遺址伯叔交推讓相率去故里父命
與天倫不敢棄如從兄弟惟同心同心同此理維彼仁讓
興干戈階厲耳移孝作孤忠大義激深恥叩馬諫不用必
死而後已所云採薇食誤筆由史氏薇在周土毛食薇猶
食粟厥初歸西伯率叛戴天子孰知事大謬就養適就餒
苟向新國活寧隨故君死臺荒何必眞輶山英雄峙周曆

卜云長不堪轉瞬視惟此百世風高永並山水徘徊西日
況塞上烟光紫

其四

夷齊去我久舊都但基址郡治在其東相距二十里千齡
割如織二聖視如縫意謂蔑仁讓雖國何能理稍闡孟津
會臨河欲洗耳譬彼醉不知不醉反為恥干戈排揖讓禍
釁開未已慨然懷隆古不獨陶唐氏黄帝並以衆神農教
粒米有虞仍相禪遂夏始傳子力取或速敗如耕反得餒
志士不必生佐命不必死清濁還高下山河並流峙節義
與功名無爲苦歧視颯々臺上松清々臺下水嚴戴迴凛

秋他山霜葉紫

其五

清聖遜此都至今存故址不顧國墟上飄然去仁里仲民
念世守不敢效脫屣假使兩聖人左右相助理正恐民歸
之不任姬周耳其如兩人者得國以爲恥明々子承父国
讓且不已今日看域中天下屬誰氏西伯亦人臣踐土食
粒米黃鉞擅征誅殺父封其子無論善人富坐見義人餓
向聞養老來今作餓夫死滄海既橫流山嶽亦失峙惟有
西山色不改當年視惟有北海歸不改漆河水古塞即盧
龍薄暮胭脂紫

其六

故宮既禾黍蔓草迷荒址聖賢六七君至今惟故里當時
賢與仁播棄如遺屣伯夷居海濱避之國其理卒能叩馬
諫此人所難耳煌々武周業切切夷齊恥彼我各兄弟行
其志而已及觀新設施悉反殷紂政撤鹿臺財復發詎
簡米封墓旌比干解縛釋微子惟有兩聖魂不免若敖餒
祈澤不聞加義士亦竟死誰知千年名有如五嶽峙當年
貴予人安可等類視吟卧祠前雲盥漱臺邊水洗眼讀殘
碑剝落苔痕紫

其七

遥々清風臺萬古尚芳址夷々追聖君千秋有遺黙周邦雖舊新代陽亦敝屣匹夫與帝王相尚惟此理東征師滿目西山歌在耳周召以為崇夷齊以為恥其跡背道馳其寔一而已求仁不求生賢哉墨胎氏心存殷社稷口絕周粟米一餓古無匹或曰陳仲子匍匐天嘈餘於陵三日餓井李與山巖聖狂雖同死一如鴻毛輕一如泰山峙泰山與鴻毛輩孺且二視朝宗滄海清洋々灤河水趾々首陽山矗兀烟靄紫

其八

自古聖賢跡編篇重遺址不関帝王都不在勲戚里豈無

墳臺樹一廢跡如屣天地得不轉惟此貞觀理內聖一以
清得大獨厚耳吾君則渭亂獨非臣子恥交相捐去國潔
身非得已所賴宗祏延國人擁仲氏捐國重捐軀去殷食
周粟及周代有殷歸父去其子有腹飽仁義不食豈憂餓
君看周君臣百年各有死玉食非不豐糗糧亦云峙苟死
得其所彭殤可齊視想像臺上人青松照碧水瞻拜秋風
清饋卹靈雲際

其九

文王都岐周陰築太平城臨陲一彈丸境土纔百里殷封
有驕慾蔑視猶棄屣天既厭殷德興廢固常理南巢昔不

經西伯戡尤耳載主殲東伐殆雪羑里恥倒戈豈人力不敢努不已眼前變古今改王更姓氏靜中觀觸豈得圖赤粰米大義誰當伸孤竹賢人子不義而食粟固不如餓餒害仁以求生固不如速死千載仰高山巍巍天外峙人代聚蠅蝱不滿一噬視靈氣清於風秋爽冷如水擾霄十丈松霜老龍鱗紫

其十

今之北平郡古之孤竹址蹇余寔碩儒濫廁聖人里高台得數過乘輿此地凝聖語同超絶人心無二理天下既宗周率土皆臣耳列伊吾國身食粟云何恥皇皇而聖心誰

知不得已先世偏屏藩不異周姬氏珪分世土茅禄食豆
朝米伯叔雖不國國是殷臣子社稷一丘墟宗廟神皆餒
諫伐不爲納絶食猶能死高節垂無窮不殊喬嶽峙雖有
千駟富榮辱詎同視介推不食食許由但飲水猶跡類能
清奪朱正惡紫

秋茉莉

寒城落邊風庭柯秋葉卷百草淒以腓惟有菊在眼瓊芳
何處乘舶珠重南產（叢瓣含珠者南中號寶珠茉莉）素艷觴朱明胡乃霜
蹊流小園久應燕鄉土無由賤猶記橋西莊落花浮茗盌

盆梅

古幹何離奇蒼勁青銅色本無適俗態桃李非匹敵哥窯
舊甆瓦斗好事該移植杯土活其根申縮由人力枯榮兩三
花寒瓊光的皪幽芳固殊衆物性寡所適坐令尋丈姿俯
首就屈抑何如老空山養此柯幹直

復以迂拙儒生乙未秋由戶曹出守北平四年碌々
署無禆補地方春初引疾乞休當事者不允方圖再
擧十月廿五日蒙九卿以爲人和平操守好公擧臣
復奉　旨謝賜復做官好朕知之甚悉是臣
復閱邸抄不勝慚悚

藥餌無權老病攻辭榮未遂愚微躬方慊棄郡歸休晚誤

辱蓋廣厲剡公天語過褒臣職稱官僚友慶主恩隆顧慚

迂拙全無補深恐不才累聖聰

悦山堂詩集卷九 瀛海集

清湘謝賜履勿亭著
男庭瑜
庭琪
庭琛
姪濟世
庭珏
庭玖 仝校字

庚子正月廿六日引見瀋寧居恭紀

苑城春曉露華零御柳絲絲尚未青郎署一麾辭玉陛使車重入覲珠庭畫旗卓處侵晨立金鑰開時帶漏聽自省

涓埃難仰答湛恩深媿似滄溟

二月二日到天津道住

簡自宸衷拜命新豸冠持節向三津環城舸艦河冰泮上市魚蝦海岸春民困幾時重使富俗澆何術再還淳雖然虛薄慚時哲不敢浮沉負此身

二月十三日到趙北口候駕

物候日邊早韶光海上明煖烘花信動寒盡柳條輕農事方于耜皇仁急省耕歲豐欣有象蔾草已先生

扈從郭里口

春滿瀛州蹕日遲翠華巡幸省耕時九河冰解澌方動二

月花明柳未絲時河冰初泮柳色未青而遊御製詩有春草烟樓入目句浮泛烟波迴鷁舫海天魚鳥狎龍旗吾皇茂對多仁育湯網頻開面面宜

十四日上駐蹕郭里口蒙賜御饌又賜松子榛仁蜜餞山楂紀恩

玉輦巡行農扈春最先膏澤下諸臣甘分御果恩輝遍味出天廚拜賜頻日每賜食二次邊郡四年慚素食津門二月望清塵共歡遊豫同民樂不為遭逢慶此身

汪杜林云古純臣之言

廿三日雄縣五里莊送駕恭述

天迴玉輦向皇州清蹕繞應十日留旌罕先途騰萬騎旗旐夾道從千乘晴天烟霧隨龍馭淑氣氤氳接鳳樓承渥小臣躬盛事耳聞夏諺入歌謳

津門萬壽經壇行香

經壇祝嘏盛威儀彩徹層霄物象奇天際魚龍疑蜃吐空中樓閣任雲移花明水國春容媚香裊晴穹麗日遲樂事繁華誰不羨九重恭儉少人知

土城花園賞牡丹 紅白二種

芳郊烟霧鎖山房竹路花亭薜荔墻曉日催忙蜂蝶上春風浮動麝蘭香楊家醉臉分嬌態虢國水容洗艷妝金谷

酒闌人影散一林啼鳥送殘陽

白牡丹四月八日赴宋興亭招

迎夏相邀載酒船河干取醉借山堂俗逢佛日懽遊賞花爲今辰發妙香千葉素雲披玉板九霄清露濕霓裳夜深不用燒銀燭眉月分輝助澹妝

河豚

津門接洋淀春半蒲芽蕃蒲荳河豚腴爭致無朝昏居人甘此鼎不啻勝熊蟠捨命聞鄉語此間亦有捨命食河豚之語適口禍之源相戒盍猛省抉此昏瞶根豈唯耳如充故作達人言云此信蓄毒聊足資饔飧共食偶一死餘者皆長存城中

萬烟大西有潚澤園朝々人送墊絡繹西城門為詢死之由初非為河豚放筋差無恙果腹聊一押習牢不可破告語覺徒煩食本以養生誤死寧非冤輕生圖一飽賢愚不足論誰當為爾惜剪紙招饞魂

瀛州

瀛州踐澤國地本九河衝浸淫連數縣洋淀遥相通逴来有進艇登陟無支節（河間閻無山）居民與水族襍處共舊蒙雖乏耕桑利足資鮭菜豐扁舟初問俗縱目窮闊空吹面菰蒲雨鮭鼻魚苗風自来卑濕地留意防沙蟲

辛丑春夏苦旱民食告艱制府啟奏奉　旨遣　臣履

清釐真順兩郡屬倉穀隨宜平糶以濟民艱五月朔

行次廣川宿李方伯園亭 是日爲予六十初度

[illegible]釐出入貸趍遑不雨綢繆策救荒自頃備官輕蔽粟時州縣倉儲或缺額此時籌國重倉箱花宜觸忿從侵榻草藉忘憂暫舉觴王事未遑今日意泪痕猶溼蓼莪章

自壽五首

五年旅竹長詒許移天津瀛州屬十八尚待周諮詢頃者南郡災沃土皆荒榛臺憲方奏請詒遣臣分巡馳驅廣川路埽榻停車輪衆花故爛熳回眼不爲親炊熟未及飧先

箸籌貧民黽勉趨王事不敢忘微辰

其二

人生無智愚欲壽心則一苟無貞恒理大年安可必我生砅迂鈍兼抱柔脆質迂者無欲速鈍則不傷物道術吾不知守正平生舉萬感撌心來鬢髮星々出衡門引領在奔逐增悲疾百年天一笑俯仰猶今日

其三

二十舉於鄉甘貧頗好義貧乃士之常夷然投壁志三十後服官廉隅頗自厲廉亦吏之常脫然懷璧累澹泊衷格言滿櫝懲欽器以茲六十年所嚴在義利高明鬼瞰室獨

醒衆所忌智矣箕山翁瓢响終當弃

其四

父母弃我去偷生兹二紀昨夢掃先塋刺心生荆杞元昆隔九原仲氏在萬里孀妹歎無家小弟纔繼起念此肝如刲未見賢於死陶令念昨非老氏訓知止如何富貴情欲陳且姑已慚惶似羽身年々候恩旨

康熙五十七年四月上顧諸大臣云永平知府謝賜履到是做好官聞張伯行要行社倉法却累在那里了五十八年十月九卿廷奏臣履為人和平操守好上云謝賜履做官好朕知之甚久舉得極是六十年正月内引見月選官一縣令奏稱舉人出身上云舉人中儘有好人如天津道亦是舉人出身三月内上旨意有云進士不

過大臣所取門生加謝賜發張懸詔宣發甲非舉人出身之好官爭

其五

迂拙不宜官濫竽亦已久殫精二十年及茲成瞎瞽此行雖平難任必按丁口所至米價平敲磕閒杆臼固要忍飢劬簿書常在手僮僕出蔬盤慇懃酌蒲酒少須解衰顏作詩聊自壽夏仲當月朔歲書紀辛丑

五月十七日赴常山西北路減難途次下安避暑福泉寺

何必駮迦地能空塵俗情寺前雙柏古階下一泉清滿壑含風意隔屏濾水聲方知河朔飲逃暑亦虛名

井陘五月十九日

夏五衛夾濤山城到井陘雨餘苗有紫霧外樹無形石路
侵霄過村煙薄暮暝經過須記日一葉始凋黄

五月廿二日自行唐之阜平去箕山廿許里迫王事
不得一過帚巢許高風感賦

石磴參差觸熱攀生民未遂髮全斑監門擬繪飢形進彭
澤終看鳥倦還洗耳千年懷潁水側身十里望箕山何時
真得拂衣去瓢樹無聲任此間

內邱過田氏紫荆城即其故里也

田家兄弟有遺村物與人非蹟尚存花敝分根甘速朽香

憐同氣鮮還魂離根棠棣仍聯萼沙際鶺鴒不在原閒誦
庭前看玉樹連枝腸斷想梁園

柳陰小憩

每於勞悴長精神磔石光中煉此身憩憁柳陰聊一憩個
中天際有真人

早行

一句單傳苦侵晨綠樹青山辨未真花下五更殘醉客柳
邊孤月趁明人　昔人云分明畫出

聞武安兄罷官消息

歸計傳聞决初疑信未真官徧能速謗仕本不嫌貧異地

同漂泊分山待隱淪鶺鴒原上草應伴柳園春

又

居然成擺脫無事更相關酷暑餘今日清風滿故山銜茅

三畝在囊橐一琴還歸路瀟湘闊扁舟兩髩斑

喜雨

枕上聽雨聲如聽雨蔌栗喜極不能寐起坐燒殘燭曉行

新河路新綠撲眉目幽禽翻曙光寒烟淡林木莊農喜相

告有秋卿可卜安得救荒人坐見民給足

其二

皇天久不雨一雨伊誰力絲絲如不知霑足遂盈尺青回

赤日焦潤接黃泉遲一飽廉可料相顧失愁疾皇家賑貧
恩萬口仰倉粒非關故紅朽救汝眼前急

道中雜詩

鳳凰本祥禽章身被文藻麒麟號仁獸顧步惜生草德非
世所需偶出跡亦埽獵犬利在牙鞲鷹利在爪唯彼爪牙
才技言鷹犬好指揮健搏噬顧盼憐馴擾所得乖毫毛爲
害遍林藪古來凌削風階禍由群小

其二

馬中有奔踶泛駕恣騰驤安轡遵九衢或不如馴良吏中
有廉謹字人惟慈祥剸机資一割或不如剛強俾適國家

用才德無兼長古之相馬者無分驪與黃取德不遺才將以備疆場古之察吏者唯在激與揚取才不先德所以表琏璋因之治進古百物呈嘉祥

五月三十日得孫喜作

却喜見生孫終傷衰老辰問年先六甲閏月長三旬（月朔為予六十初度）貽汝青緗舊憐予白髮新眼看强似犢扶得倚節身

過微水弔漢淮陰侯

攬轡經常山解鞍憩微水溪水何幽咽山石亦碨礧太息弔淮陰功高古莫比往年背水戰乘勝拔趙壘伏軍此制奇如出自地底至今求遺跡父老莫能指或疑帶水間深

不踰尺咫厥功雖幸成厥地猶非死吾聞陵谷遷高深變流峙得非千載来昔險今非矣趙下群雄讋燕齊各披靡立納左車言不煩遺一矢假使無韓侯楚一勍敵耳雖有隆準公能無重瞳子功成蒙殺戮漢皇豈如此維彼蕭曹輩坐觀良足恥李廣數則奇蒯通豈知己當時室前鍾終古恨未已九原如可作願為執鞭弭陰風上天来慘澹怒濤起

哭大司農趙松五先生

天德惟剛正地道惟直方乾坤正直氣鍾毓必清剛生爲
鄂對望死爲史册光我公真其人百折無摧藏屹矣中流
柱壁立絶依傍事業稱敭歷氣作百川障公晉司農卿予
備尚書郎錙毫小必謹管庫擇尤詳積弊自於水若雪沃
以湯振筆敵豺虎觀者汗如漿孤忠留天地寧與人存亡
太息不可作若決河堤防當時知己言鏤心何日忘到部未几即日吾規粤西謝君端人也平生風義在揮淚增惋傷

伏暑中驟雨聞鳴蛙聲欣然有作

元陽入三伏萬彙如在烹田夫赤身立車水救西成徹風
從東來仰見片雲生倏忽變白日隱々滂沱情作晴復陰

曀雨腳十里橫雷先走相逐急天飄傾田頭亂流水故作拮据聾風急良苗颭歷亂攜新賑前芃芃意如見百室盈歡聲喧鼓吹快意聽蛙鳴

入夏苦旱　上軫念貧民詔議賑濟至秋收日止制府檄令就近監賑真順二府屬至六月連雨霑足秋苗暢茂閏月終猶往來兩郡地方料理秋賑期以八月收穫告竣回津

夏首懲陽甚皇心軫念加湛恩先雨遍續賑入秋賒祇事三津節歸期八月搓此時歌帝力豐穰自家家

懷舊二絕有序

己丑歲吾鄉行取者予與路令祁勵齋源水令廖松亭三人皆先後同朝勵齋以劉曹歸嶺南嘯傲烟霞今七十有二尚健飯如昔日松亭以侍御歸湘源詩社酒廢頹然自放雖長予六歲自少與予爲詩酒交今長逝五年矣獨予匏繫海濱求歸弗得懷良友雨散[illegible]搖執筆愴然

祁勵齋

箕踞烟霞汗漫身風光占斷嶺南春羅浮採藥逢仙老丹鼎無忘寄遠人

廖松亭

千鍾大戶推詩敵五字長城仗酒巡一旬步兵凋謝後可憐旗鼓屬何人

六月廿九日次任縣溽暑為災越五日負病過平鄉有作

暑夏久奔馳鬱蒸爍肌髓陡雨挾炎溽積為臟腑累殘喘急彭亨旁觀慮不起縣小無醫師有亦不可恃予本不知藥節宣違醫旨不辭苦口良三黃兼橘枳一啜腹腸寬大類飲厌洗豈真藥物靈偶然得不死餘生既分外王事省他委賑貸迫民依登車七十里

十七日新樂道中作 時赴滄州靖漫

北來仍走馬東去始乘舟殘暑猶纏夏輕陰欲換秋 小晴雲影淡細雨露光浮明日滄洲岸龍移窟宅湫

新樂河遇雨 時苦秋霖

曉度新樂河瀰漫浩無際厥淺不可舟厥深猶可厲急雨橫空來倉卒何能避衣裳不足惜無乃壞苗穡日出烟霏銷禾黍晴光媚槐古不知年落花黃滿地

閏月廿八日過滹沱河

五月至閏月王事此驅遣往來三四過挐舟常苦淺自從新秋還一雨至阻險停車向五日喜聞怒濤減烟除雨初收蒹上露猶泫隔河見馬牛微茫不可辨登舟坐未定白浪蛟鼉卷衆夫心力一始幸扁舟免艤棹望河干泥濘詎能踐沙壖稌黍豐千畝平如毯

閱家書兒輩於宅左方購地結茅爲吾作歸隱計一溪横浸屏山麓上有幽人舊卜築兒子知予遲暮心退耕先我作茅屋

兒輩方買山築室企予歸寄示二首

憶吾别墅枕溪隈溪上山桃襍野梅空翠滿庭簾捲入黙塵撲座竹欄回秋蔬作美從兼味春氣初香自潑醅元亮舊林迴倦羽卒瞻衡宇賦歸來

其二

計汝爲吾規隱地先求竹樹覆柴關固應禽向皆逃世豈必巢由定買山卜築未成青嶂下歸心已在翠微間從今

主爲承官去收拾琴還與鶴還

恒陽令送葡萄 出恒山水 晶音君一

北渠葡萄最圓亭引晨長春芭大泊熟寔綾水晶凉餉遍

凌晨摘鮮宜掩露當傾筐三百顆一々勝々司般

留人三自足

厝人氣弱

人秋聞慶雲不雨荒甚可憂

三春悦水鄉長夏寔門雨時哉露澤匀及秋好禾黍樂陵

界在東焦枯連東土民貧有自来壤地多不肉不麥復不人

未滞泣望場圃賑貧雖頻仍恐終屬小補

秋夜

樽殘燭滅素琴横起坐空庭河漢明晶鏡半沉雲影散玉
瓶雙覆月華生秋聲入枕愁先覺寒氣侵幃睡未成入事
仰觀天有象攙槍銷盡六符平

秋至祀先雖鄉俗猶古禮也予離家二十餘家矣歲
時祇薦未能如儀今又行役歲事坐廢感念節物愴
然有作

椎牛墓道非吾志逮養雞豚負此心歲事〻乏蓮祇薦寒
羞無復儼来歆眼前穲稏黄雲繞夢裏松楸白雲深重出
舊山成底用廿年霜雪鬢毛侵

絶句

坤隤乾碓人世間雹激風旋夢裏身鏤菓枉勞操壁手着
鞭忙殺擘津人

紫荊菴老僧以自種茶瓜見餉二首

意外烟霞侶茶瓜餉故人東陵傷往日北苑摘先春蘭臭
原同味氷雪詎有塵偶吟留客句獨享愧茲辰

其二

觸熱人情厭蠲煩物性能鏤宜乞巧女啜稱掩關僧緱氏
百錢值盧仝七椀勝契予嚴冷意勝贈一壺氷

別墅竹

十載茅檐共此君予居別墅凡十年一從別後久懸懃遥聞溪上

還相待猶約新雲與舊雲

箕山

巢許遺蹤未絶群千年相伴有閒雲世人盡羨終南隱誰上箕山弔古墳

七月十四日登箕山用前阜平道中望箕山韻

清風逸跡此追扳細路無塵苔蘚斑野水尚殘牛飲處暮巢猶見鶴飛還高秋雲石翹仙侶終古烟霞滿舊山老我欲歸々未得故園茅屋剩三間

曉行

曉樹蟬無聲殘月掛半破收穫正家々倉忙不暇惰東鄰

响連枷西舍聞春磨回思閔雨時此景聊自賀尚念田園蕪無由親督課

過田家飯

茆檐土屋傍林卯高樹蟬聲滿耳秋臨路□花皆可愛環山香稻亦全收盤羞爛鴨迴爪頭玉削蹲鴟饌芋頭風味田家殊不惡濁醪一斗又新芻

刻若園遺詩引

吾弟若園、十齡登山、咏歸禺之翩翾、塾師歎其工、謂曰聖童舞象之初、鹿鳴載歌、鯉庭聞詩、雛鳳嗟奇、釋褐入宦、爰在弱冠、既廉而明、入頌神君、遂移大邑、緣遷司牧、愈益騰聞、借箸奔紛、大官寮屬拱手張目、

帝簡於心、剡郡是任、惟在々遺盤錯、吟諷殆落々矣、嘗鈔悅山堂詩成編、將謀槧行、以憂歸里門、瞿々忡々、舉五棺就封蓋、自十載以暨官私交頓示微疾、以永逝、嗚呼歒矣會群從校刋先集、即其鈔本爲質的、而稍損益焉、因念若園詩思早茁、中丞公所開殖、至竟歷碌仕轍、芝焚玉折、弗

緝於先烈其可惜也爰撿故篋得遺詩如干幅擇而錄焉
雕工既畢用附卷末纖鱗片羽亦足探其襟抱所貯云爾
歲在元黓涒灘菊有黃華棟園兄瑜書於大鸞山莊

若園遺詩

清湘謝庭琪若園著　男延福承先
兄庭瑜棣園選定　姪延祜篤宗校字
弟庭琛鹿園　延洮悦山
庭珏玉雙編
庭玖璚石錄

登獨秀山

孤光摩大虛元氣直噴薄突兀一峯起壁立千仞削仰看
天柱撐俯恐坤軸弱自是大鈞力非假鬼斧鑿危磴纔數
盤怪石相磊硌躋險常自持顛蹶未敢卻稍々下一瞰目

蕩鷲神魄曲折既屢度徑轉見飛閣時復得平地曠然望寥廓百粵画圖闇呈露俱各々山光半檻出水派連萬壑春烟靄樓臺古木壯城郭平生山水情及兹愈磅礴因疑造化工設施果何托藉使寄中州勝事爭㩻拓胡為限一隅千古長寂寞豈少人多石誠如子厚語或者幸不幸凡物理相若此事非偶然焉能覓臆度我欲問山靈晚風吟猿玃

結語意味無窮古詩御泥策君屢即其論必似康樂遊山諸詩

觀黃山人畫雨景

山人善畫舊知名奇妙欲比通神手尤工雨景世爭傳天

機趣到不可有毫端淋漓元氣浮萬里雲光映座隅蕭然景物絶塵氛依稀如在瀟湘數半川芳草帶輕烟一葉漁舟依蒻柳更看遠勢近溟濛江天一抹露峰背在昔李成工驟雨時稱第一莫與偶後來繼者有襄陽大米小米遞相受郭熙寒林董羽水百家紛紛何足取山人於此擅能事會與吳鄭無不朽更須珍重莫輕爲無乃靈神煩護守

筆端有奇氣雨景亦復々寫得出

雨霽

晚晴新雨後隨意向前陂流水響暗谷幽禽囀春枝微風動林木清翠自依依徘徊良已久心領遂忘疲竹堂烟水

外落月滿岩扉

雜詩

舞上有鳳凰覽揮巢阿閣夫豈藩籬鷃槍榆隨燕鵲竹寔滿亦食梧桐棲託終當凌青雲萬里翔寥廓

其二

神龍潛物功浩蕩誰能測一朝興雨雲萬類仰滋殖當其蟄蟲時宛轉蟠尺澤

登黃鶴樓

極眺渾無際高樓四照通廾沉千古憂唯見夕陽紅

升沉說不盡此却從空處慨嘆一切升沉俱在其中用筆妙

金陵夜泊

三楚風光望欲無，金陵勝槩控全吳。天消王氣山形在，海咽潮聲月色孤。日落炊烟連睥睨，夜深漁火照菰蒲。垂楊一帶東風裏，古渡蒼烟宛畫圖。

舟次早發

秋過河漢高，殘星猶未沒。蒼烟淡不分，稍稍棹聲發。江館鳴寒雞，水樹籠曉月。清溪時一轉，岸火漁舟泊。隱隱曙色開，前山見突兀。

字字是舟次早發所以為佳

溪口步月

寒塘飛鳥盡遥水遠鐘發烟際片帆來微茫見秋月

廣陵舟夜聞笛

霜滿孤蓬夜正遥高樓吹笛向寒宵誤疑春入竹西早落盡梅花廿四橋

行行

行々復行々驛路秋風起前林霜葉紅古道斜陽裏

有畫意

京口夜泊

日暮烟波闊孤舟繫夜寒鐘生南浦月帆落大紅潮西舸

[illegible]欸棠青帘酒店招明朝風信好携榼上金焦

[illegible]泊潤老叢
[illegible]兒然在目

古松歌

[illegible]古松肯立千仞撐蒼空修鱗虬奇偃龜鶴盤根錯節卧野龍唯知突兀礧砢隨吾性不學世間柔脊弱植爭春榮孤根裂地鬼神護古幹參天雲氣通後凋未辱聖人歎争扶何勞秦帝封山中梅竹爲三友龍頭端屬蒼髯叟孤高壓外貴知希品物儔中稱耐久君不見柏臺楓陛各有宜松兮松兮會須遭遇良工棟梁大厦垂不朽

夜雪

朔風淒緊漏聲稀，門掩殘燈欲下帷。小閣清寒虛白處，隔牕誤認月霏微。

望雪

竹樹失蓊蔚，連林花皎潔。野渡少人行，溪橫一舟雪。

平山堂

平山堂迴倚蒼穹，竹柏蕭條磴道通。一代文章留宋史，千秋俎豆重歐公。天連淮海濤聲壯，樹擁蜀岡夕照空。模範至今勞仰止，獨來齋肅拜清風。

晚行口占

颯々北風颼，淡雲籠殘月。寒雞催曙光，行人踏霜菜。

早行苦雪

嚴飈吹朔野向夜彌凜冽輾轉不成寐重枕冷于鐵僕夫起秣馬終夜尝眉々燈大五更頭驛柝猶未歇門外鈴鐸聲我馬亦鮮紲提鞭出門立未行愁冰雪豈不念辛苦遠道與中毀行々三十里店火樸明滅遥想山中人高眠門正閉

雪霽登皆山樓

高樓雪後此凭欄霽色新添眼界寬天際雲開千嶂白城中烟鎖萬家寒搖空清影竹初健繞屋書香梅欲發層疊與山皆玉削倚天披作畫圖看

詠梅

最愛仙姿絶點塵一枝無語自丰神真教何遜為知己止有林逋作解人淡月欲扶疎影出清風覺送素香頻憑君檢盡群芳譜不許凡花占早春

柳

淡烟踈雨寫窓紗萬縷柔條接水涯故歛翠眉陪謝草却開青眼傍潘花章臺雪後驚春曉長信風來覺恨賒最是青樓歌管散夜烏啼處月痕斜

其二

已帶殘陽又帶烟臨風裊裊獨生妍灞陵折贈千條在彭

澤歸来五樹邊隋上𧵍迷金絡馬樓頭頻拂翠花鈿最憐
造物春風巧裁剪絲𮗜二月天

雨望

溼雲雜雨飛輕烟吹不起飄蕩釣魚船隱々垂楊裏

送倪贊衡之官羅源

解纜東風生移舟日薄午慇懃一相送惆悵無多語君行
職牧民々僉曰父母副此名寔難尚敢辭辛苦黽勉爲循
良方不愧服古行矣慎風波聖朝多異數

西湖

一水浮天濶清寒處々同樓臺春樹裏鐘磬夕陽中山色

連晴霽湖光映晚虹盪胸無蔕芥萬頃碧冲瀜

弔林和靖

烟霞一帶鎖荆榛想見逋仙千古情明月正高秋水淨孤山如舊暮雲橫梅撩小閣花仍放鶴去空亭草欲平仰止道風如在目天光湖影共清々

雨霽

連朝坐春雨寂々柴扉閉日斜小窗明開簾喜新霽雲山各參差到眼亦次第蒼烟浮遠景林光洗新翠時聞好鳥鳴忽見雙蝶戲悠然耳目開襟抱發幽寄小徑春草深東風吹蘭蕙

聽雨

柴門深閉雨瀟々，點滴空階倍寂寥。夜半朦朧殘醉裡，聲々和夢入芭蕉。

通首只冤得一听字

月夜懷晋人二兄

樽酒論文共嘯歌，竹西長計仲兄過。遥知康樂清吟處，閒向荆溪步月多。

題方朴山師秋帆圖

秋風蕩微波，叢蘆花帯雪。漠々水雲中，一帆斜掛月。

賞桂

薔飀吹白露金粟落岩風嶺北堂懸古淮南樹旬叢天香侵枕簟秋影上簾籠欲擬山〻句摘詞媿未工

荆軻

壯士重義氣草管視七尺秦皇并天下九有遭毒螫嗟〻一荆卿衝冠指怒髮携持匕首去誓絕祖龍嗑一擊縱不成固已奪其魄悲哉不復還天地皆崩迴

讀史二首

西楚有項羽壯哉寔人傑常學萬人敵此外皆不屑猛氣吞九州叱咤山河裂大小七十戰所向皆摧折勝敗非人力拔山〻徒勇決秦祚一以終天意歸隆準功業雖未就意

氣固轟烈

其二

吾羡嚴子陵，高標垂芳矩。炎漢既再興，客星逦偶聚。歸来富春江，一簑釣烟雨。所貴全吾真，泥塗視珪組。至今釣臺下，清風足千古。

悼亡有序

丙子以丁巳九月九日没于廣州官舍，每欲作詩悼之，輙心酸未能落筆。庚申秋，抄自都還，晉途次上谷，適值重九，感成若干首。

海枯石爛是何時，飲恨吞聲無盡期。一自鏡臺人去後，三年未續悼亡詩。

其二

相期偕老語猶新，昧旦雞鳴勸勉頻。彈指春風剛十度（自戊申歸予至是纔十載），可憐舉案已無人。

其三

多病從來天賦姿，豈期伏枕遂難支。夜來曾入莊生夢，玉骨珊瑚似舊時。

其四

襁抱嬰孩失母時，蘇々隕涕寔堪悲（內人亡時祉兒方兩歲餘，已知哭母）。嬌兒已中東牀選，寂寞泉臺可得知（近在都門已與祉兒議婚）。

其五

歸路迢遥繫我思內人靈櫬以丁巳又九月歸粤香魂應傍粤江湄年々風雨黄花節一卷淒清孫楚詞

其六

暗數郵籤第六程燕臺風景不勝情嗟予此日雖猶健舊恨經心醉未成

杜詩有明年此會知誰健之句

張籍孫云九日黄花三年別恨兩行珠淚七首新詩文逸情生自能典切字隨意遣不暇推敲河陽之賦似覺未工奉倩之詞殊爲寡色作者乃以瑩心讀者自應危涕

喜雨

溼雲欲罷晝簷垂搖曳輕風到柳枝正是晚衙初放後秀容樓畔雨如絲

其二

桐華時節鳥關關烟雨千門入望閒天半五峯雲際出治北有五峯山居然墨妙米家山

其三

伏枕經旬草滿庭予時新病初起晨聞好雨洒疎櫺明朝擬踏東郊去鶡鴠聲中衆浪責

引疾得請後賦此

吏跡多年頻轉蓬乞身纔得遂初衷從今不作刀州夢漱玉岩前理釣筒

送同年王香海刺史之隰州

廿年同譜契金蘭經術還從治績看却羨玉皇香案史（君兩次奉召侍直武英殿叅修書史）一麾重拜大夫官

其二

綏綰堯封再夢州使君不改舊風流遥知露冕行郊處竹馬爭迎郭細侯（君兩刺蒲子不殊郭伋再守并州也）

其三

一桒一鶴向山城滿地棠陰拂晝旌唯有妙樓峰畔月與
君心跡自雙清

同從兄梅莊蔣協一遊礲岩

風聞礲岩名咫尺結遥想玆辰偕勝流登陟愜幽賞卓哉
大鈞播秀氣鍾奇爽山腰鬼斧鑿嵌空絶塵坱須臾徑竇
迷陰晦窮躋仰老僧爲前導列炬散餘晃苔痕粲文茵泉
聲漱鏘鏗響綠縢布參差赭纖懸高敞岩中石田石纖靡不奇絶巨靈
恣摶弄睇矚增惝怳嗟予塵土胃廿年嬰世網徒嘶蓄五
車每羡屐幾兩置身邱壑中悵然念疇曩歸䧺度遠岑清
梵出蓊蕩幽景難久留新月上林莽

咄咄子墓表

歲在旃蒙作噩咄咄子時年六十有六自草墓表命子頤祖類祖藏其稿俟身後而泐諸石咄咄子曰吾讀五柳先傳竊嘆陶淵明不得志於時而傳中爲此讀書樂道絶無夸誕虚矯語故見分尤高然則墳前片石人苟不自昧其寔何不可如淵明之自傳雖云蓋棺論定要非三不朽即逮古作者而誌之亦公家言之虚譽蔡中郎嘗謂吾爲碑銘皆有慙德惟郭有道碑無愧色耳白太傅青石詩云不願作人家墓前神道碣墳土未乾名已滅不願作官家道旁德政碑不鐫寔錄鐫虚詞近之士大夫人各有傳墓盡

悦山堂詩集

鐫銘皆倩達官貴人執筆下至田舍翁多收十斛麥亦必有文一篇銘數韻大書深刻於貞珉若咄咄子碌碌無所短長與草木同腐耶用自述見處坎坷而不能讀書樂道如淵明云咄咄子姓謝氏父名之曰延祧師字之曰集勲説山則以為號晩又號咄咄子自曾祖祖父三世皆貴顯咄咄子亦嘗擬科矣然養翮振羽屢躓後騰亦嘗通籍矣然名位卑賤無足掛齒頗其馳逐名場也少年意氣亦思脫穎釋褐窃廾斗以養父母不能如淵明之不慕榮利及老通半綰早已風木興悲子欲養而親不待矣其讀書也鹵莽滅裂亦不甚解顧資質魯鈍不能如淵明之欣然會

心雖日讀數千言彼啜古人糟粕耳其飲也每當酒酣耳熱百感茫茫歎歲月之如流傷遭逢之不偶擊筑悲歌憂從中來不能如陶淵明之適性陶情醉益得趣也其歸休林下也守先人敝廬磽确之田數畝妻孥凍餒未免縈懷不能如淵明之簞瓢屢空晏如也夫淵明詩文膾炙古今人口咄咄予則學殖荒落雖亦涉獵秦漢魏晉唐宋之詩古文詞而造詣不深未窺作者堂奧剽擬蹈襲殊乏性情故脫稿輒棄去偶有所存亦瓶口閣物耳俯仰生平無善足錄何必乞言於大賢君子嗟夫咄咄子跡地不羈固曠達輩流也自中年落拓興志銷磨塊壘填胸臆矣使其生

於羲熙之世得從淵明遊相與種豆南山采菊東籬銜觴賦詩忘懷得失抑亦無懷氏之民也葛天氏之民也何人事之足累云咄咄子自表

舉世皆同乞墓銘先生自敘獨翻新若憑石上鐫題語塚内都無遺行人文筆雖工清議重姓名不朽史評真空山多少豐碑在誰訪卬墳弔愴神十載南儀鬓雪絲清風兩袖去官時不遺身後積金請但有墳前泐石詞盤谷堪棲歸自適玉樓若召去何悲雖碑草罷还餘興要向同人索

輓詩

右題墓表贈咄咄子　　既山謝延祧

老去風懷杜牧之傳來碑草索哀詞文章遊戲真佳話想見揮毫得意時作觀咄咄子奇文也詑先生何許人一作墳碑一作傳居然兩個葛天民雞碑題罷又題詩不比疊山却聘詞即以陶文當輓贈樂夫天命復奚疑

俚句奉題

既山老棣台大人碑草

圯橋弟鄒永圻拜贈

杖屨東山老壽康天公未遽遣巫陽隨園索輓惑星命不

此題碑遂興長自寫原羞世俗癡流傳豈在墓前碑龔黃政績程朱學笑煞詩人下筆時

甌北集云有客忽扣門來送潤筆需乞我作墓誌要我工為諛言政必龔黃言等必程朱吾聊以為戲如其意所須

嗟予没世固無聞槖筆饑驅幸識君他日不求銘與誄只今求草送窮文

恭題

既山老夫子碑草

嘉應朱炳拜贈

我年七十餘鬚髮白如鹽去日雖苦多壯志猶未已君本

浩落人困於窮博士今既賦遂初掛冠歸故里可守先人
壟可奉先人祀或摘南山芝或采北山芷無官一身輕即
事可由己於焉養天和百年長不死一旦草墓碑索輓更
推吾悲死人之情豈君獨好此亦欲借酒杯以消塊壘耳
惟是健在時易說而為誄不知何措詞還問咄咄子

敬題

悅山棣台碑草

桂軒兄擷善稿

陶公多曠達公亦見吾真未作修文客先看表墓新一碑
千古志百代兩奇人更索生歌挽風流絶等倫　奉題

悅山老兄大人碑草　　棋村弟俞廷元拜贈

厭說長生采紫芝讀書懷古自題碑此碑萬使淵明見也
恨達人不并時耽却朝衫返里門清襟堪比義熈民從今
菊放東籬下如對當年舊主人向人復索艷詩篇游戲如
斯興欲顛我贈名花聊當句清香供奉老臞仙（居好水仙贈一盆）敬題

山二十五兄碑草　　吉弟延暉

烏飛兔走甚悤悤回首前程一夢中昔是少年同筆硯而

今兩個白頭翁我是休文病且窮君稱得意仕途通梧江解組歸何早為慕淵明隱士風不肯折腰便棄官晋時元亮興齊觀林泉瀟洒遣逸興變格碑文仔細看五柳先生獨絶倫興來搦管寫天真翻新又見咄咄子今古相侔衹二人君本簪纓世宦家不求祿利興聲華放懷天地胸襟濶生死關頭認弗差世上皆爭身後名倩人諛墓表躬行何如自寫生前照留取寔修教子孫人生事業復何常評品何妨自主張堪歎北邙山下塚諛詞不僅蔡中郎魏收作傳失其真信史如斯尚誣人何況墳前一片石後來誰個問原因晚景消閑酒興詩風光不減義熙時游心物外

託豪素才已奇来文亦奇紀来花甲六添籌學養天姿老
更優君寿岡陵我預輓俚言聊當祝千秋
里言錄應
說山廿五兄雅囑
愚姻弟劉昌諄拜贈

共道咄咄子作碑太好奇似君真酒落懷古寫襟期孰醉
澆坟酒誰酬吊墓詩淵明嘗自輓所以在生時　奉題
說山老表兄碑草祈
誨正　聲光弟馬名楊拜贈

集陶題碑應

悅山老寅長先生命
歸去來山中杜門不復出羈鳥戀舊林棲遲詎爲拙采菊
東籬下即事多所欣斂襟獨聞謠遥々望白雲緬焉起深
情萬化相尋繹寒暑有代謝人生少至百百年歸邱隴零
落同草莽達人鮮其會虛室絕塵想緑酒開芳顏聊用忘
華簪時還讀我書懷古亦何深從古皆有没徒没空自遺
奇文共欣賞爲君作此詩

寅愚弟黃立咏

五柳先生傳古今人盡讀君別有寄慨讀之生感觸窮嘆
訣墓詞溢美可寔錄君子恥過情能無愧幽獨濡毫用自

敘翻盡從來局詞謙心愈下欲然不自足放懷今古間高
瞻而遠矚古人雖已往於傳深私淑淵明固高潔貧甘栗
里伏曠達無拘忌君也殊不俗一傳與一碑千載繼芳躅
碑既翻新我輓亦進熟不歌萬里曲松柏九如祝東山歲
月長清愛清閒福憶昔蒼梧別一帆歸去速安得棹湘江
來訪烟霞谷當此梅花開山中正芬馥

俚句奉題

既山老同年碑草即請

正韵

厚菴年弟張淳

既分年逾七十矣神仙中供奉無龍鳴精海神鶴盤此中

主持別有[illegible]靈光一殿尚巋然偶爾游戲興翩翩漫道此翁兜率返文成碑待貞珉鐫吁嗟今非古之世泉壤增光有成例諛墓必須蔡中郎田舍翁亦青雲第空中樓閣總荒唐言非其人死者傷　公竟詞必由己出親切真比他人强曠達之中兼風雅崔迎原在長松下人共爭傳作異聞我更爲　公浮一觴君不見名流老來多貪生諱求僊道冀僊成又不見俗流慾多甚怕死佞佛祈禱情最鄙何如　先生高且清結習全消絕營營俯仰皆足深自得一日不爭千古名

俚言敬題碑草應

既山老姻叔大人命即請
教正　　　心池姪俞思貞拜
自古有生皆有死人人畏死怖不已到老翻然忌諱多何
況生前碑自擬既山先生素達觀興來搖筆有餘歡更索
輓詩向親友詞源倒峽生波瀾我今撫卷甚驚羨今古達
人世少見惟有淵明自祭文奇事奇人千秋擅先生會得
斯旨真委任化葛天民超出紅塵三千界陶公於此有
晉人蒿曲薤露終有日身前豫亡悲何必縱壽百歲夢一
場借題寫意情致逸盤谷採山釣水時玉樓縹緲瑰異辭
見先生詩灑々洋々翻新調得　公又是增一奇　先生之才

本天授家學淵源閥閱舊臨風玉樹何皎如亭亭真爲謝
家秀壯年手折桂枝香直欲凌空入玉堂天使鄭虔爲世
範春風化雨頌聲揚官海浮沉心忽悟巢父掉頭不肯住
歸作羲皇以上人菊花香採南山露樂天知命無拘拘迴
然吾亦見真吾泉石風花酣嘯傲濟人功與良相俱公精醫理
常慨世人多嗜慾牽纏名利不知足安得高舉清如鵠豁
然達觀遠避俗忘懷得失惟淵明歸來遺興賦閑情五柳
先生自作傳詩中甲子紀年庚義熙以後不再　上下古
今都覽徧孰能迴與世情違孰能休官無係懸　咄咄
子碑銘領異標新邁等倫恥務虛名沒寔事襟懷瀟灑罵

天真生所欲兮死所惡誰肯生前自表墓因鑒　世尚浮
華訣詞碑碣人欣慕戲將筆墨挽狂瀾不求名達官
寬暖躬行聊自狀愧他俗子政顏靦吁嗟古塚人弔新
豎豐碑更可笑郤夫野老陡發跡也倩虛文爭炫耀君不
見唐世張說愛玩好傳美姚崇卽索稿又不見魏收索米
作佳傳穢史千秋人輕賤何如元亮詩與酒不干名譽名
不朽謝君鑒古以觀兮曠世感懷爲尚友奇文變格向翻
新典午迄今兩個人若傳若文真絕倒陶是前身謝後身
此日康强攜壽考杖履東山風景好頗言易魏而爲祝仙
籌添向蓬萊島題詞唾玉盡琳瑯亘賦長篇各擅場依稀

葫蘆栽便畫班門弄斧總荒唐

里言錄奉

䝔山廿五老姻叔大人并乞

郢政

姻愚姪劉永卓拜贈

廣西省立桂林圖書館
登記號 122279
分類號 #812.82
0467
著